普通高等院校经济管理类“十四五”应用型精品教材

【会计系列】

政府与非营利组织会计

GOVERNMENT AND NON-PROFIT ORGANIZATION ACCOUNTING

主编 袁继安

参编 伏珂颖 谭泽璐 尹文婧

机械工业出版社
China Machine Press

图书在版编目（CIP）数据

政府与非营利组织会计 / 袁继安主编 . -- 北京：机械工业出版社，2021.6
（普通高等院校经济管理类“十四五”应用型精品教材 · 会计系列）
ISBN 978-7-111-68376-6

I. ①政…　II. ①袁…　III. ①单位预算会计 – 高等学校 – 教材　IV. ① F810.6

中国版本图书馆 CIP 数据核字（2021）第 107261 号

本书共四篇，第一篇为政府与非营利组织会计导论，主要内容为政府与非营利组织会计概述、基本理论和基本方法；第二篇为财政总预算会计，主要阐述财政总预算会计理论与实务；第三篇为行政事业单位会计，主要阐述行政事业单位财务会计和行政事业单位预算会计理论与实务；第四篇为民间非营利组织会计，主要阐述民间非营利组织会计理论与实务。

本书可供高等学校会计学专业、财政学专业和其他相关经济管理类专业的本科与专科教学使用，也可供专升本和跨专业学生学习使用，还可供财务会计实务工作者和其他会计学爱好者使用。

出版发行：机械工业出版社（北京市西城区百万庄大街 22 号　邮政编码：100037）

责任编辑：李晓敏	责任校对：马荣敏
印　　刷：北京市荣盛彩色印刷有限公司	版　　次：2021 年 6 月第 1 版第 1 次印刷
开　　本：185mm × 260mm　1/16	印　　张：21
书　　号：ISBN 978-7-111-68376-6	定　　价：49.00 元

客服电话：（010）88361066　88379833　68326294　　投稿热线：（010）88379007
华章网站：www.hzbook.com　　读者信箱：hzjg@hzbook.com

政府与非营利组织会计是我国会计工作的重要组成部分，广泛应用于政府财政部门、各级行政单位、事业单位和各类民间非营利组织。2014 年，国务院发布《国务院关于批转财政部权责发生制政府综合财务报告制度改革方案的通知》，启动新一轮政府会计改革。2018 年，新修订的《中华人民共和国预算法》规定各级政府财政部门应当按年度编制以权责发生制为基础的政府综合财务报告。到 2020 年，财政部集中发布了系列会计准则和会计制度。至此，我国政府与非营利组织会计发生了深刻的变化。这些会计准则和会计制度主要包括：2015 年的《政府会计准则——基本准则》和《财政总预算会计制度》；2016 年的《政府会计准则第 1 号——存货》《政府会计准则第 2 号——投资》《政府会计准则第 3 号——固定资产》以及《政府会计准则第 4 号——无形资产》；2017 年的《政府会计制度——行政事业单位会计科目和报表》《政府会计准则第 5 号——公共基础设施》和《政府会计准则第 6 号——政府储备物资》；2018 年的《政府会计准则第 7 号——会计调整》《政府会计准则第 8 号——负债》和《政府会计准则第 9 号——财务报表编制和列报》；2020 年的《政府会计准则第 10 号——政府和社会资本合作项目合同》等。

除了会计准则和会计制度，财政部还于 2019 年发布了《2020 年政府收支分类科目》《政府财务报告编制办法（试行）》《政府部门财务报告编制操作指南（试行）》《民间非营利组织会计制度解释第 1 号（征求意见稿）》和《政府会计准则制度解释第 1 号》；2020 年，《政府会计准则制度解释第 2 号》开始施行，还发布了《政府综合财务报告编制操作指南（试行）》和《政府会计准则制度解释第 3 号》等。

本教材以政府发布的上述准则制度及相关规范为编写依据，由四篇共 10 章组成。第一篇为政府与非营利组织会计导论，以《政府会计准则——基本准则》为主要编写依据，内容包括第 1 章与第 2 章，主要阐述政府与非营利组织会计概述以及政府与非营利组织会计理论和方法。第二篇为财政总预算会计，以《财政总预算会计制度》《政府会计制度》以及《2020 年政府收支分类科目》等为主要编写依据，由第 3 章至第 6 章组成，主要阐述财政总预算会计基本情况，资产、负债、收入、支出与净资产的核算和报表编制等。第三篇为行政事业单位会计，该篇编写依据为《政府会计制度——行政事业单位会计科目和报表》《政府会计准则——基本准则》及各项具体准则、《政府财务报告编制办法（试行）》等，由第 7 章至第 9 章组成，包括行政事业单位会计概述、行政事业单位财务会计和行政事业单位预算会计。其中，行政事业单位财务会计阐述单位资产、负债、收入、费用与净资产的核算及财务会计报表的编制；行政事业单位预算会计内容为单位预算收入、预算支出与预算结余的核算及预算会计报表的编制。第四篇为民间非营利组织会计，以《民间非营利组织会计制度——会计科目和会计报表》为主要编写依据，由第 10 章组成，阐述民间非营利组织主要会计事项的账务处理与会计报表的编制。

本教材有以下特色：

1. 时效性强。政府与非营利组织会计近年来改革成果迭出，为确保知识点的准确性与时效性，本教材依据政府部门发布的最新规范及有效在用文件编写。如财政部 2019 年发布的旨在“进一步健全和完善政府会计准则制度”的《政府会计准则制度解释第 1 号》，因其与《政府会计制度》具有同等效力，所以在编入教材相应章节的同时予以交代，方便读者了解掌握。又如，2019 年财政部发布的《政府会计准则第 10 号——政府和社会资本合作项目合同》，自 2021 年开始施行，对该准则规定的关键会计事项，本教材也在相应章节择要编用。

2. 重点突出。由于财政总预算会计与行政事业单位预算会计在课程体系中不存在与会计专业其他课程的业务重复问题，为突出重点同时避免重复，本教材对这两部分的总分类科目均进行充分讲解与示例编排，其中，对行政事业单位预算会计业务还同时按“平行记账”要求再逐一编制财务会计分录。对于行政事业单位财务会计，在充分讲解准则制度规定内容的基础上，着重阐述国库集中支付制度下的账务处理和其他体现行政事业单位财务会计特点的业务核算办法。对于民间非营利组织会计，则着重介绍体现其核算特点的会计事项，注意避免与行政事业单位财务会计账务处理上的重复问题。

3. 规范实用。本教材编写体例规范，结构紧凑合理，便于教学安排；严格按准则和制度编写，条理清晰，通畅达意，利于学习掌握；所举示例简洁实用，紧扣会计事项核算要点，方便对各知识点的理解与巩固。本教材配有完整的参考教辅材料，方便教学与测试选用。

本教材由袁继安博士主编。袁继安编写了第 1 ～ 7 章，伏珂颖编写了第 8 章，谭泽璐编写了第 9 章，尹文婧编写了第 10 章。伏珂颖、谭泽璐、尹文婧三位参编还负责教辅材料的编写工作。机械工业出版社华章分社的高伟先生和张翠编辑对本教材的策划与组编工作提供了宝贵意见，我们深表感谢！

由于水平所限，书中疏漏不妥之处在所难免，恳请读者批评指正。

编者

2021 年 4 月

【教学目标】

1. 理论目标：熟悉我国政府与非营利组织会计的历史沿革，特别是中华人民共和国成立以后各阶段的改革情况以及 2014 年以来的政府与非营利组织会计改革基本理论。掌握政府与非营利组织会计分类、会计目标、特征及会计信息质量要求，熟悉政府与非营利组织会计要素的确认与计量方法。了解国库集中支付制度改革的基本理论与成果。掌握财政总预算会计收付实现制基础下的账务处理原则、政府收支分类与财政总预算会计收入支出关系等。熟悉行政事业单位财务会计与预算会计分类核算的基本原理和要求等。

2. 实务目标：熟悉财政总预算会计、行政事业单位财务会计与预算会计以及民间非营利组织会计各部分的会计要素、会计科目、主要会计事项的账务处理及各主要会计报表的填列方法。掌握国库集中支付制度下行政事业单位会计账务处理方法；熟悉行政事业单位财务会计与预算会计“双分录”的基本要求与核算方法；理解财政总预算会计和行政事业单位会计之间的业务对应关系；掌握民间非营利组织主要会计事项的账务处理等。

【前期需要掌握的知识】会计学原理、《中华人民共和国会计法》《中华人民共和国预算法》等。

【课时分布建议】

教学内容	学习要点	课时安排	
		本科	专升本
第 1 章　政府与非营利组织会计概述	1. 政府与非营利组织会计及其组成体系 2. 政府与非营利组织会计改革	1	2
第 2 章　政府与非营利组织会计理论和方法	政府与非营利组织会计要素的确认与计量	2	2
第 3 章　财政总预算会计概述	财政总预算会计的特征与会计科目	1	1
第 4 章　财政总预算会计资产与负债	1. 财政性存款的核算 2. 应收与应付转贷类款项的核算 3. 应付政府债券的核算	4	6
第 5 章　财政总预算会计收入、支出与净资产	1. 一般公共预算收入和支出的分类与核算 2. 转移性收入和支出的核算 3. 债务收入和支出的核算 4. 资产基金与结转结余的核算	4	5
第 6 章　财政总预算会计报表	1. 财政总预算会计报表的分类 2. 财政总预算会计资产负债表的编制	1	1
第 7 章　行政事业单位会计概述	1.《政府会计制度》的背景与意义 2. 行政事业单位会计概念、分类与平行记账	1	1
第 8 章　行政事业单位财务会计	1. 零余额账户用款额度的管理与核算 2. 财政拨款收入与事业收入的核算 3. 业务活动费用与单位管理费用的核算 4. 应缴财政款与本期盈余的核算	12	14
第 9 章　行政事业单位预算会计	1. 财政拨款预算收入的核算 2. 事业预算收入的核算 3. 行政支出与事业支出的核算 4. 财政拨款结转结余的核算	8	10
第 10 章　民间非营利组织会计综述	1. 民间非营利组织分类 2. 民间非营利组织主要资产与负债的核算	2	4
合计		36	46

Contents
目　录

第二篇 财政总预算会计

PART 1

第一篇

政府与非营利组织会计导论

政府与非营利组织会计概述

学习目标

1. 了解政府与非营利组织的分类，掌握政府与非营利组织会计的含义和组成体系。
2. 熟悉我国政府与非营利组织会计的历史沿革和改革现状。
3. 系统掌握我国现行的政府与非营利组织会计的相关规范。

参考案例

第十一届宋庆龄儿科医学奖在京揭晓

2020年1月13日，第十一届宋庆龄儿科医学奖颁奖暨中西部基层儿科医务人员培训项目启动仪式在京举行。来自中国人民政治协商会议第十二届全国委员会、中国宋庆龄基金会、国家卫生健康委员会、国家中医药管理局的领导出席会议并为获奖者颁奖。

中华人民共和国成立以来，儿童健康事业走过了71年的辉煌历程，取得了显著成绩。宋庆龄儿科医学奖自设立以来，为更多儿童卫生优秀人才的脱颖而出搭建了良好的平台，也对充分调动广大儿童卫生工作者的积极性和创造性发挥了重要作用。当天，中国宋庆龄基金会联合国家卫生健康委员会启动了“中西部基层儿科医务人员培训项目”。该公益项目针对中西部儿科医疗资源不均衡的问题，聚焦基层儿科人才建设，对中西部经济欠发达地区的儿科医护工作者开展培训，以加强中西部基层危重新生儿救治中心的医护救治能力，培养一支危重新生儿救治队伍。

思考：非营利组织在促进文明进步和社会发展方面的价值。

资料来源：中国宋庆龄基金会．第十一届宋庆龄儿科医学奖在京揭晓 [EB/OL].(2020-01-14)[2020-04-15]. http://www.sclf.org/gysy/gyzx/202001/t20200120_18046.htm.

1.1　政府与非营利组织的概念及特征

1.1.1　政府与非营利组织的概念与分类

现代社会组织主要由三种不同类型的组织构成，它们是营利组织、政府和非营利组织。其中，营利组织又称企业组织或企业，是以营利为主要目的，通过为社会提供商品和服务，履行其满足社会物质与文化生活需要职能的组织。本书主要介绍政府与非营利组织。

1. 政府的概念与分类

政府有广义政府和狭义政府之分。广义政府是指一个主权国家中执掌国家公共权力的各级各类组织与机构，包括国家立法机关、司法机关和行政机关，通过立法、司法和行政管理，履行其公共管理与服务职能。狭义政府是指国家行政管理机关，即国家公共权力的执行机关。

立法机关是行使立法权的国家机关，负责制定、修改和废除法律，是国家最高权力机关。我国的国家立法机关是全国人民代表大会及其常务委员会，负责制定、修改和废除全国性法律。而地方性法规的起草、修改等工作则由地方各级人民代表大会及其常务委员会负责。司法机关是指行使司法权的国家机关，有广义和狭义之分。广义司法机关包括法院、检察院、公安机关，分别负责依法审判、检察和侦查，既各司其职，又相互制约。狭义司法机关是指法院和检察院。行政机关是指依法行使行政权的国家机关，负责组织和管理国家事务，是国家权力机关的执行机关。

本书所指政府为广义政府，可以从两个角度划分：第一，按政府层级划分，包括中央人民政府、省级（自治区、直辖市、特别行政区）人民政府、市（地、区、州）级人民政府、县级（县级市、市属区、自治县）人民政府、乡镇人民政府。第二，按履行的政府管理与服务职能划分，包括国家事务管理、经济文化建设、公共秩序维护等方面，如立法机关、司法机关、行政机关、各党派和人民团体等。各级国家机关相应组成各级人民政府。

2. 非营利组织的概念与分类

非营利组织是指不以营利为目的，不从事物质产品生产且不具备行政管理职能，通过向社会提供精神产品或各类公益服务来履行其社会公益职能的组织。非营利组织按所有制形式可分为公立非营利组织和民间非营利组织。

我国以公有制为主体，公立非营利组织占主导地位，传统上被称为行政事业单位，主要从事教育、科学、文化、卫生、传媒、福利等活动。因其具有政府服务职能的延伸功能，而且以政府提供资源为主，在资源投入、人力资源管理、监督评价以及设立与解散等方面，均由政府主导，所以行政事业单位在我国被纳入政府单位序列，其财务会计被统一在政府会计体系中。

民间非营利组织是指非公立的，不以营利为目的的，主要从事民办教育、文化、医疗卫生、慈善、宗教等活动的社会公益性组织。它主要包括社会团体、基金会和民办非企业单位。民间非营利组织的资源主要来自社会捐赠、会费、服务收入、政府补助等。资源提供者不谋求任何形式的经济回报。我国大力发展民间非营利组织，是因为它们在提供公益服务，促进社会稳定与和谐发展等方面发挥着积极作用，是国家公益与社会服务事业的重要补充力量。

西方国家的非营利组织主要有教育机构，如高校、中小学、幼儿园等；医疗与福利机构，如医院、健康服务、疗养机构、社区卫生组织等；还有慈善机构、宗教组织、基金会以及其他非营利组织等。非营利组织一般分为公立非营利组织和私立非营利组织，西方国家以私立非营利组织为主。

1.1.2 政府与非营利组织的特征

营利组织、政府与非营利组织所处的社会经济环境相同，都是经济体系中的重要成员，使用相同或相似的经济资源，通过提供产品或服务来满足社会需求。同营利组织相比，政府与非营利组织具有如下特征。

（1）公权性。公权性为政府的特点。国家立法机关代表国民意志，依法进行公权设计，并以法律形式颁行。国家司法机关通过侦查、检察与审判，依法执法并监督执法，是对公权的执行与监督。国家行政机关则对因公权产生的行政管理与行政服务事项进行具体执行。

（2）公益与服务性。公益与服务性主要是非营利组织的特点。社会事务除了一部分依靠政府使用公权力推行以外，另有大量公益与服务性事务需要依靠非营利组织完成。

（3）非营利性。政府与非营利组织的宗旨在于维护国家安全，维护政治、经济与文化等的稳定与发展，维护社会和谐，而不是为了谋求经济利益或任何其他形式的回报。

（4）受托责任的多层次性。政府因其权力与收入均来自人民及其代表机关，所以受托责任也来自人民；非营利组织因其取得资源的方式与渠道的多样性，其受托责任则来自政府、社会单位、自然人等。

（5）资源获得的无偿性。政府的收入主要来自国家税收，税收的强制性和无偿性决定了政府获得资源的无偿性特征。非营利组织因其不以营利为目的，不为获取收入而提供相应对价，主要为行政服务事务和社会公益服务事务提供服务，因而资源提供者并不追求与所提供资源相对应的经济利益，非营利组织在获得这些资源时也就无须偿还。

（6）资源使用的限定性。资源使用的限定性取决于政府与非营利组织的非营利性以及资源获得的无偿性。政府与非营利组织获得的资源，被限制用于国家事务管理、公益与社会服务等非营利性活动。

（7）业绩评价的模糊性。由于政府与非营利组织的活动内容十分丰富，而且不以营利为目的，所消耗的资源一般无法用对应的经济利益来衡量与评估，同时，其支出或费用所形成的经济与社会价值亦难以用常规方法加以分析，这使得政府与非营利组织的业绩评价相对于营利组织而言较为模糊与复杂。

1.2　政府与非营利组织会计及其组成体系

政府与非营利组织会计是政府与非营利组织进行核算并反映其财务状况、运行情况、现金流量、公共受托责任履行情况、预算执行情况的专业会计。政府与非营利组织会计包括政府会计与非营利组织会计。

1.2.1　政府会计

政府会计是政府会计主体进行核算并反映政府及政府各部门、各单位的财务状况、运行情况、现金流量、公共受托责任履行情况以及预算执行情况的专业会计。政府会计由政府预算会计和政府财务会计构成。政府预算会计是指以收付实现制为基础对政府会计主体预算执行过程中发生的全部收入和全部支出进行会计核算，主要反映和监督预算收支执行情况的专业会计。政府预算会计包括财政总预算会计和行政事业单位预算会计。政府财务会计即行政事业单位财务会计。

财政总预算会计是各级政府财政核算、反映、监督政府一般公共预算资金、政府性基金预算资金、国有资本经营预算资金、社会保险基金预算资金以及财政专户管理资金、专用基金和代管资金等资金活动的专业会计。行政事业单位预算会计是行政事业单位核算与反映预算执行情况的专业会计。

行政事业单位财务会计是行政事业单位进行核算并反映单位财务状况、运行情况和现金流量等的专业会计。行政事业单位预算会计和行政事业单位财务会计统称为行政事业单位会计、政府单位会计，或简称单位会计。

因此，行政事业单位会计是行政事业单位进行核算并反映行政事业单位预算执行情况、财务状况、运行情况和现金流量等的专业会计。事业单位虽不具备行政管理职能，但因为其具有公立性和非营利性特征，所以，我国事业单位会计也纳入政府会计范畴。

1.2.2 非营利组织会计

非营利组织会计是非营利组织进行核算并反映其财务状况、收支结余和现金流量的专业会计。由于公立非营利组织以事业单位身份纳入政府会计范畴，所以，我国非营利组织会计实际上主要指民间非营利组织会计，由社会团体会计、基金会会计、民办非企业单位会计等组成。

在西方国家，公立非营利组织的收入主要来自政府拨款，其会计核算亦纳入政府会计体系。如美国的公立非营利组织会计就采用政府会计准则委员会发布的准则和公告，而私立非营利组织会计则一般采用财务会计准则委员会和美国注册会计师协会发布的准则和公告。

西方国家的非营利组织会计大多采用基金会计模式，如美国医院会计就采用基金会计模式，根据资金来源的限定性，又分为医院普通基金会计、医院限定性基金会计等。其会计报表包括资产负债表、业务运营情况表、现金流量表、基金变动表及报表附注等。

1.3 政府与非营利组织会计的历史沿革

政府会计与国家税收夙具渊源。国家财计随着国家政权的产生而产生，以记录国家赋税收支为主要内容。我国政府会计历史悠久，《尚书·禹贡》记载，夏王朝“任土作贡”“成赋中邦”，开启了奴隶制国家财计之先河，当是我国政府会计的起点。至殷商时期，从出土的甲骨刻辞发现，商朝已经在对王朝的经济活动进行专门记录和报告，包括赋税收入、战争支出、祭祀支出、狩猎支出、占卜支出等。西周设立司会一职对财务收支活动进行月计岁会，下面又设有司书、职内、职岁与职币四个职位，专司国家财政收支的核算与考评。《周礼·天官》所载之九赋、九贡与九式收支分项，实为早期的政府收支分类。继而，由秦汉的治粟内史与大司农财政官设置，历隋唐的度支与金、仓二部职司设计，经明清户部制度的规范化，到民国期间近现代政府会计的迭代更替与西为中用，中国政府会计渐臻形备。

中华人民共和国从成立至今，政府与非营利组织会计大体经历了三个发展阶段：中华人民共和国成立初期至20世纪60年代的预算会计初创阶段；1996年至1998年间政府与非营利组织会计的系统改革阶段；进入21世纪之后，尤其是2005年以来的深化改革阶段。

1.3.1 中华人民共和国成立初期预算会计的初创

中华人民共和国成立之初，在经济恢复及经济体制建立的选择方面，借鉴苏联社会主义经济建设经验，选择计划经济体制势在必行。因此，当时在推行会计改革与建立中华人民共和国的会计制度方面直接向苏联学习也就顺理成章。

1950年3月，政务院发布《关于统一国家财政经济工作的决定》后，借鉴苏联会计模式，国家开始安排制定政府和经济组织会计制度，并率先从政府会计制度开始设计和发布。当年，随着《各级税务机关暂行会计制度》《各级人民政府暂行总预算会计制度》《各级人民政府暂行单位预算会计制度》等制度的发布，产生了中华人民共和国第一批会计制度。当时，我国把政府财政总预算会计、行政事业单位会计等政府部门会计统称为预算会计，其中，行政事业单位会计又称为单位会计，并统一制度。系列政府预算会计制度的发布，使政府会计核算体系得以初步形成。自此，金库、税务、总预算及单位预算四方面有了统一的会计规范，使中华人民共和国成立初期的政府经济核算与管理工作有了操作规章和制度保障。

1950 年财政部颁布施行的《各级人民政府暂行单位预算会计制度》中明确规定各单位的会计核算应采用收付实现制与复式簿记原理，并用现金收付记账法登记账目，在记账方法方面保留了传统做法。1951 年，在对该项制度进行修订后，改为“采用复式簿记原理、按借贷记账法登记账目”。但是修订之后的制度对各级预算会计单位采用收付记账法还留有一定余地。1965 年财政部发布《行政事业单位会计制度》和《财政机关总会计制度》，基本采用“收付记账法”，以“资金来源 - 资金结存 = 资金占用”为结算平衡公式，以资金平衡表为主要报表。

中华人民共和国成立初期的预算会计制度初创，统一了当时预算会计核算方法和信息披露制度，使中华人民共和国的财政总预算会计、行政事业单位会计迅速走上正轨，在会计核算方面形成了统一的局面，从而为 1953 年我国国民经济由恢复走向发展，并步入大规模的计划经济建设时期创造了重要条件。

1.3.2　1996 年至 1998 年的预算会计改革

随着经济体制改革的顺利推进和 1992 年企业会计“两则两制”的成功改革，时称“新会计”的企业会计开始向国际会计惯例靠拢，并推出了《企业会计准则》和系列新会计制度，企业会计面貌焕然一新。很快，预算会计制度改革就被提上日程。随着《中华人民共和国预算法》(以下简称《预算法》) 的颁行，1996 年 2 月，以财政部发布的“财预字〔1996〕26 号”《预算会计核算制度改革要点》为标志，国家启动了新一轮的预算会计改革。从 1996 年到 1998 年，财政部推出了一系列预算会计规范，包括《财政总预算会计制度》《行政单位财务规则》《行政单位会计制度》《事业单位财务规则》《事业单位会计准则》和《事业单位会计制度》等。

预算会计改革的主要内容包括：取消使用“收、付”记账符号，统一改用“借、贷”记账符号；重新划定会计要素，分为资产、负债、净资产、收入和支出，并以“资产 = 负债 + 净资产”为资产负债表平衡公式；根据新划会计要素，相应设计统一的会计科目，不再按预算内和预算外分设科目；重新规范记账基础，财政总预算会计采用收付实现制，行政事业单位会计一般也采用收付实现制，但事业单位经营性收支业务可采用权责发生制；改革了预算会计的支出列报口径，财政总预算会计以拨作支，行政事业单位会计据实列支；确定了会计核算的一般原则，与企业会计采用的一般公认会计原则基本一致；

重新设计财务会计报告体系，其中主要报表有资产负债表、各种收入支出表、各种支出明细表以及单位基本数字表等。

1996 年至 1998 年之间的预算会计改革，顺应了当时企业会计改革的大潮流，部分向国际通用的政府与非营利组织会计靠拢，规范了预算会计工作基础，从记账符号、记账基础到确认与计量，从会计要素、会计科目到会计报表等，进行了全新设计和制度安排，使预算会计工作呈现崭新局面。

1.3.3 政府与非营利组织会计深化改革

2001 年 2 月，国务院原则上同意了财政部和中国人民银行上报的《财政国库管理制度改革试点方案》，确立了中国财政国库管理制度改革的目标、原则、内容及实施步骤。改革试点方案明确提出，在“十五”期间全面推行“以国库单一账户体系为基础、资金缴拨以国库集中收付为主要形式”的财政国库管理制度改革，所有财政性资金收入支出都纳入国库单一账户管理，支出则主要采用财政直接支付与授权支付的方式，将资金通过国库单一账户体系，直接支付给商品或服务供应者。这一改革深刻影响了政府预算管理工作，从而拉开了政府会计改革的序幕。

紧接着，《中华人民共和国政府采购法》（以下简称《政府采购法》）于 2003 年 1 月 1 日正式生效，《政府采购招标投标管理暂行办法》和《政府采购资金财政直接拨付管理暂行办法》等系列制度的推出，使政府采购程序与财政资金结算发生深刻变化。此外，政府收支分类改革也取得实质性进展。2005 年，《民间非营利组织会计制度》开始实施。为适应上述改革，这期间，财政部一直在对当时已有的政府与非营利组织会计相关规范进行适时修改和补充，直到 2012 年年底发布新的《事业单位会计准则》和《事业单位会计制度》，并于 2013 年开始实施；2013 年年底，发布了新的《行政单位会计制度》，自 2014 年开始实施；2015 年 10 月，发布全新的《财政总预算会计制度》，并于 2016 年开始实施。需要特别指出的是，2015 年 10 月，财政部发布了《政府会计准则——基本准则》，并随后发布了一系列具体会计准则，标志着我国政府会计准则取得了阶段性的建设成果。

2019 年，随着《政府会计制度——行政事业单位会计科目和报表》（以下简称《政府会计制度》）的正式实施，长期以来分别建立制度的行政单位会计和事业单位会计正式合并为政府会计，并实行“双轨制”核算与报告，部分业务运用“平行记账法”，以此为标志，政府会计进入全新的历史时期。

上述进程中，随着非公有制经济的发展，民间非营利组织发展迅速，2005 年实施《民间非营利组织会计制度》后，其经济活动有了统一的核算与报告制度。近年来，民间非营利组织的数量与业务量更是有明显的增长，民间非营利组织在国民经济发展和社会文明进步中的作用越发明显，其经济参与度亦大幅提高，因此对民间非营利组织会计工作的要求与规范也相应提高。2019 年 11 月，财政部发布的《关于征求〈民间非营利组织会计制度解释第 1 号（征求意见稿）〉意见的函》即为重要标志。

1.4　政府与非营利组织会计规范

同营利性经济组织一样，政府与非营利组织的经济活动和其他相关活动也要受法律法规的约束。这些活动主要包括：政府与非营利组织的设立、调整和解散；政府预算的编制、执行与分析评价；政府财政取得税收收入等预算收入的内容、方法以及收入的入库管理；政府财政预算支出的执行方式与结果；财政总预算会计报告的编审；行政事业单位的设立、调整和解散；行政事业单位取得收入的管理；行政事业单位费用的内容和支付方式管理；行政事业单位财务会计报告的编审；民间非营利组织的设立、调整和解散；民间非营利组织收入、费用的管理以及财务会计报告的编审等。

政府与非营利组织会计的会计规范主要包括以下三个层次。

1.4.1　法律法规及其实施细则

法律是调整社会政治经济活动中的法律关系的基础性规范。该层次规范是指同政府与非营利组织会计相关的会计法律，如《中华人民共和国会计法》(以下简称《会计法》)，它同时适用于国家机关、社会团体、公司、企业、事业单位和其他组织，是政府与非营利组织会计工作的根本大法。同政府与非营利组织预算编制和执行相关的法律是《预算法》，政府预算、决算的编制，审查，批准，监督，以及预算的执行和调整等，必须按照《预算法》及《预算法实施条例》的规定执行，以规范政府收支行为，强化预算约束，加强对预算的管理和监督，建立健全规范、公开和透明的预算制度，保障经济社会的健康发展。至于政府与非营利组织的诸多日常经济行为，均须遵守相应的法律规定，如各级国家机关、事业单位和团体组织使用财政资金购买集中采购目录以内的或限额标准以上的货物、工程和服务，必须按照《政府采购法》及《政府采购法实施条例》的规定执行，以规范政府采购行为，提高政府采购资金的使用效益，维护国家利益和社会公共利益，保护政府采购当事人的合法权益，促进廉政建设。

1.4.2　会计准则

会计准则是国际上约束会计行为、确保会计信息质量的传统规范形式，它的指导性和可操作性强，且被普遍接受，历来是会计规范的重要组成部分。会计准则一般包括基本准则、具体准则、应用指南和准则解释等。目前，我国政府与非营利组织会计准则主要是政府会计的相关准则，其发布实施时间集中在 2017 年至 2020 年，包括《政府会计准则——基本准则》《政府会计准则第 1 号——存货》《政府会计准则第 2 号——投资》《政府会计准则第 3 号——固定资产》及其应用指南、《政府会计准则第 4 号——无形资产》《政府会计准则第 5 号——公共基础设施》《政府会计准则第 6 号——政府储备物资》《政府会计准则第 7 号——会计调整》《政府会计准则第 8 号——负债》《政府会计准则第 9 号——财务报表编制和列报》《政府会计准则第 10 号——政府和社会资本合作项目合同》及其应用指南、《政府会计准则制度解释第 1 号》等。

1.4.3 会计制度

中华人民共和国成立以来，我国会计实务中的一个特色是长期和系统地设计与使用会计制度。目前仍然是准则与制度并行时期。会计制度的内容主要包括会计科目使用说明和会计报表项目的填列说明，其特点是通俗易懂，操作性强。现行政府与非营利组织会计制度主要包括《民间非营利组织会计制度》（2005）、《财政总预算会计制度》（2016）、《政府会计制度——行政事业单位会计科目和报表》（2019）、《民间非营利组织会计制度解释第 1 号（征求意见稿）》（2019）。为政府、行政事业单位和各类社会团体、基金会以及民办非企业单位设计通用的会计制度，体现了我国政府与非营利组织会计制度的统一性和规范性。

思考题

1. 我国政府与非营利组织包括哪些主要类型？
2. 我国政府与非营利组织会计的概念与特征有哪些？
3. 我国政府与非营利组织会计由哪几个部分组成？
4. 我国政府与非营利组织会计自中华人民共和国成立以来有哪几个主要改革阶段？当前阶段的主要情况如何？
5. 我国政府与非营利组织会计现行的规范主要有哪些？

练习题

通过扫描二维码获取

政府与非营利组织会计理论和方法

学习目标

1. 了解政府与非营利组织会计的工作目标。
2. 理解政府与非营利组织会计和企业会计在核算基础上的异同。
3. 掌握政府与非营利组织会计要素、会计科目、决算报告与财务报告的基本内容等。

参考案例

财政部发布《政府会计准则第9号——财务报表编制和列报》

为了适应权责发生制政府综合财务报告制度改革需要，规范政府财务报表的编制和列报，提高会计信息质量，根据《政府会计准则——基本准则》，财政部制定了《政府会计准则第9号——财务报表编制和列报》。该准则规定，政府会计主体应当以持续运行为前提，根据实际发生的经济业务或事项，按照政府会计准则制度的规定对相关会计要素进行确认和计量，在此基础上编制财务报表。政府会计主体不应以附注披露代替确认和计量，也不能通过充分披露相关会计政策而纠正不恰当的确认和计量。

如果按照政府会计准则制度规定披露的信息不足以让财务报表使用者了解特定经济业务或事项对政府会计主体财务状况和运行情况的影响，政府会计主体还应当披露其他必要的相关信息。除现金流量表以收付实现制为基础编制外，政府会计主体应当以权责发生制为基础编制财务报表。财务报表项目的列报应当在各个会计期间保持一致，不得随意变更，但政府会计准则制度和财政部发布的其他有关规定要求变更财务报表项目的除外。

思考：如何准确理解政府会计主体不应以附注披露代替确认和计量，也不能通过充分披露相关会计政策而纠正不恰当的确认和计量？

资料来源：财政部．关于印发《政府会计准则第9号——财务报表编制和列报》的通知：财会〔2018〕37号[EB/OL](2018-12-26)[2020-03-21]. http://www.mof.gov.cn/gkml/caizhengwengao/wg201901/wg2019011/201905/t20190506_3245944.htm.

2.1 政府与非营利组织会计目标和会计信息质量要求

2.1.1 政府与非营利组织会计目标

一般而言，会计目标是为会计信息使用者提供真实且决策有用的会计信息。因此，政府与非营利组织会计目标主要涉及两个方面的问题：一个是需要提供哪些会计信息，另一个是需要向哪些使用者提供会计信息。因为政府与非营利组织会计包括财政总预算会计、行政事业单位预算会计、行政事业单位财务会计和民间非营利组织会计，根据《政府会计准则——基本准则》，政府会计主体应当编制决算报告和财务报告，根据《民间非营利组织会计制度》，民间非营利组织应当编制财务会计报告。

（1）政府决算报告目标。根据《政府会计准则——基本准则》，决算报告的目标是向决算报告使用者提供与政府预算执行情况有关的信息，综合反映政府会计主体预算收支的年度执行结果，有助于决算报告使用者进行监督和管理，并为编制后续年度预算提供参考和依据。

政府决算报告使用者包括各级人民代表大会及其常务委员会、各级政府及其有关部门、政府会计主体自身、社会公众和其他利益相关者。根据《预算法》，人民代表大会审查本级预算草案及预算执行情况的报告。经人民代表大会或者本级人民代表大会常务委员会批准的预算、预算调整、决算、预算执行情况的报告及报表，应当向社会公开。因此，人民代表大会及其常务委员会是政府会计信息的最主要使用者。《预算法》还规定，政府各部门编制本部门预算、决算草案；组织和监督本部门预算的执行；定期向本级政府财政部门报告预算的执行情况。各单位编制本单位预算、决算草案；按照国家规定上缴预算收入，安排预算支出，并接受国家有关部门的监督。因此，政府各部门及各单位是政府会计信息的关键使用者。政府会计主体自身是政府会计核算者和决算报告的编报者，当然也是信息使用者。其他利益相关者包括政府债券投资者、有关企业和单位、国际货币基金组织等。

（2）政府财务报告目标。根据《政府会计准则——基本准则》，财务报告的目标是向财务报告使用者提供与政府的财务状况、运行情况（含运行成本，下同）和现金流量等有关信息，反映政府会计主体公共受托责任履行情况，有助于财务报告使用者做出决策或者进行监督和管理。

政府财务报告使用者包括各级人民代表大会常务委员会、债权人、各级政府及其有关部门、政府会计主体自身和其他利益相关者。

政府财务会计与政府预算会计一样，因其资源获得的公开性、政府预算安排的统一性、公共服务的透明性以及业务运营的非营利性，使其财务具有相当程度的公开性。较之于财政总预算会计和行政事业单位预算会计，其经济资源的核算更具宽泛性，经济业务活动更具多样性，尤其因资源获得渠道的多样化，使其财务会计信息使用者也相对多样化。

（3）民间非营利组织会计目标。《民间非营利组织会计制度》规定，民间非营利组织提供的会计信息应当能够真实、完整地反映其财务状况、收支结余和现金流量，以满足会计信息使用者的需要。民间非营利组织会计的信息使用者至少包括各级政府、民间非营利组织的政府相关管理部门、政府财政部门、民间非营利组织的业务主管部门（如对民间慈善组织、基金会提供业务指导和管理的中国红十字基金会）、相关国际组织、民间非营利组织行业协会或类似组织、社会相关中介机构、民间非营利组织会计主体自身、国内外捐赠组织和捐赠个人、受赠方、社会公众、会员等。向这些会计信息使用者提供真实可靠和能够完整及时地反映财务状况、业务活动情况和现金流量信息的财务会计报告，是民间非营利组织会计的目标。

总之，政府与非营利组织会计目标可以概括如下：为会计信息使用者提供与政府预算执行情况，政府会计主体财务状况、运行情况、现金流量和公共受托责任履行情况等有关的决算报告、财务报告或财务会计报告，有助于报告使用者进行决策、监督和管理。

在政府与非营利组织会计理论体系中，政府与非营利组织会计目标是核心，它明确了该项会计工作的指导思想和具体内容。

2.1.2　政府与非营利组织会计信息质量要求

政府会计信息质量要求包括：

（1）真实性。政府会计主体应当以实际发生的经济业务或者事项为依据进行会计核算，如实反映各项会计要素的情况和结果，保证会计信息真实可靠。

（2）完整性。政府会计主体应当将发生的各项经济业务或者事项统一纳入会计核算，确保会计信息能够全面反映政府会计主体预算执行情况和财务状况、运行情况、现金流量等。

（3）相关性。政府会计主体提供的会计信息，应当与反映政府会计主体公共受托责任履行情况以及报告使用者决策或者监督、管理的需要相关，有助于报告使用者对政府会计主体过去、现在或者未来的情况做出评价或者预测。

（4）及时性。政府会计主体对已经发生的经济业务或者事项，应当及时进行会计核算，不得提前或者延后。

（5）可比性。政府会计主体提供的会计信息应当具有可比性。同一政府会计主体不同时期发生的相同或者相似的经济业务或者事项，应当采用一致的会计政策，不得随意变更。确需变更的，应当将变更的内容、理由及其影响在附注中予以说明。不同政府会计主体发生的相同或者相似的经济业务或者事项，应当采用一致的会计政策，确保政府会计信息口径一致，相互可比。

（6）明晰性。政府会计主体提供的会计信息应当清晰明了，便于报告使用者理解和使用。

（7）实质重于形式。政府会计主体应当按照经济业务或者事项的经济实质进行会计核算，不限于以经济业务或者事项的法律形式为依据。

非营利组织会计信息质量要求除了上述7项外，还包括：权责发生制、配比原则、实际成本原则、谨慎性原则、合理划分收益性支出与资本性支出以及重要性原则。

2.2 政府与非营利组织会计假设和会计核算基础

2.2.1 政府与非营利组织会计假设

会计假设是对会计核算的对象和环境所作的一些基本设定，即会计核算的基本前提，包括时间、空间、计量单位等。政府与非营利组织会计假设包括会计主体、持续运行、会计分期、货币计量。

（1）会计主体。会计主体是指会计工作为之服务的特定对象，是会计工作的特定空间范围。政府会计的会计主体是各级政府、各部门、各单位。这里的各部门、各单位是指与本级政府财政部门直接或者间接发生预算拨款关系的国家机关、军队、政党组织、社会团体、事业单位和其他单位。具体来说，各级政府是各级财政总预算会计的会计主体。各级各类行政事业单位是行政事业单位会计的会计主体。已纳入企业财务管理体系的单位和执行《民间非营利组织会计制度》的社会团体，不是政府会计的会计主体。民间非营利组织会计的会计主体是社会团体、基金会和民办非企业单位等。

（2）持续运行。持续运行指政府与非营利组织会计主体的业务活动将无限期地延续下去，在可预见的未来，不会被解散或清算。政府与非营利组织会计主体的持续运行前提，可以使会计核算保持稳定和一致，能够正常使用其拥有的各种资源，按以往的偿还条件偿还承担的各种债务，按一直以来的决算报告、财务报告或财务会计报告模式编制和报送报告，从而保证会计信息真实可靠。比如，正是因为持续运行假设，政府与非营利组织会计才可以对资产采用历史成本计量，而不是采用清算价格等。正是因为持续运行假设，行政事业单位财务会计和民间非营利组织会计才可能使用权责发生制。一旦会计主体不能持续运行，那么计量属性、计账基础、会计方法和信息披露等都将发生重大变化。

（3）会计分期。会计分期指将政府与非营利组织会计主体的持续不断的经济活动划分为一定的期间，并据以分期结算账目，按规定分期编制决算报告、财务报告或财务会计报告。政府与非营利组织会计的会计期间有年度、季度和月度。其中，会计季度和会计月度又称为会计中期。会计期间的起讫日期采用公历日期。正是因为有了会计分期假设，才有了本期与非本期的区别，也就有了各会计期间的对比分析；正是因为会计分期假设，行政事业单位财务会计和民间非营利组织会计才能对费用按不同期间进行摊销，也才有了当期费用和下期费用的划分等。

（4）货币计量。货币计量是指政府与非营利组织会计在核算过程中统一采用货币作为计量单位，用以核算、反映其经济活动。参与政府与非营利组织经济活动的资源形态多样，有现金和各种存款，有实物资产也有无形资产，其价值表现形式可以多种多样。根据《政府会计准则——基本准则》和《民间非营利组织会计制度》，政府与非营利组织会计核算统一以人民币作为记账本位币。发生外币业务时，应当将有关外币金额折算为人民币金额计量，同时登记外币金额。采用货币计量，就可以使会计主体的各类经济业务有一个统一的计量标准和口径，从而可以对经济业务在数量上进行直接运算，方便与其他类似会计主体的会计信息进行对比分析。

2.2.2　政府与非营利组织会计核算基础

会计核算基础是指会计确认、计量和报告的基础，主要有收付实现制和权责发生制两种。政府与非营利组织会计同时采用这两种核算基础。

财政总预算会计核算一般采用收付实现制，部分经济业务或者事项按照规定可在年末采用权责发生制核算。例如，年末可采用权责发生制将国库集中支付结余列支入账。

行政事业单位财务会计核算采用权责发生制，财务会计报表的编制主要以权责发生制为基础，以单位财务会计核算生成的数据为准；行政事业单位预算会计核算采用收付实现制，预算会计报表的编制主要以收付实现制为基础，以单位预算会计核算生成的数据为准。

民间非营利组织会计核算一般以权责发生制为基础。

《政府会计准则——基本准则》所称的收付实现制，是指以现金的实际收付为标志来确定本期收入和支出的会计核算基础。凡在当期实际收到的现金收入和支出，均应作为当期的收入和支出；凡是不属于当期实际发生的现金收入和支出，均不应当作为当期的收入和支出。权责发生制，是指以取得收取款项的权利或支付款项的义务为标志来确定本期收入和费用的会计核算基础。凡是当期已经实现的收入和已经发生的或应当负担的费用，不论款项是否收付，都应当作为当期的收入和费用；凡是不属于当期的收入和费用，即使款项已在当期收付，也不应当作为当期的收入和费用。

2.3　政府与非营利组织会计要素的确认和计量

会计要素是对经济事项的分类，是决算报告、财务报告或财务会计报告的主要内容。因为政府与非营利组织会计包括财政总预算会计、行政事业单位预算会计、行政事业单位财务会计、民间非营利组织会计，它们的核算基础不尽相同，会计目标也有差异，所以，其会计要素和计量原则并不一样。

2.3.1 财政总预算会计要素的确认和计量

根据《财政总预算会计制度》，财政总预算会计要素包括资产、负债、净资产、收入和支出。

1. 资产

资产是指政府财政占有或控制的，能以货币计量的经济资源。财政总预算会计核算的资产，应当按照取得或发生时的实际金额进行计量。

2. 负债

负债是指政府财政承担的能以货币计量、需以资产偿付的债务。财政总预算会计核算的负债，应当按照承担的相关合同金额或实际发生金额进行计量。

3. 净资产

净资产是指政府财政资产减去负债后的差额。

4. 收入

收入是指政府财政为实现政府职能，根据法律法规等所筹集的资金。其中，一般公共预算本级收入、政府性基金预算本级收入、国有资本经营预算本级收入、财政专户管理资金收入和专用基金收入应当按照实际收到的金额入账。转移性收入应当按照财政体制的规定或实际发生的金额入账。债务收入应当按照实际发行额或借入的金额入账，债务转贷收入应当按照实际收到的转贷金额入账。

5. 支出

支出是指政府财政为实现政府职能，对财政资金的分配和使用。其中，一般公共预算本级支出、政府性基金预算本级支出、国有资本经营预算本级支出一般应当按照实际支付的金额入账，年末可采用权责发生制将国库集中支付结余列支入账。从本级预算支出中安排提取的专用基金，按照实际提取金额列支入账。财政专户管理资金支出、专用基金支出应当按照实际支付的金额入账。转移性支出应当按照财政体制的规定或实际发生的金额入账。债务转贷支出应当按照实际转贷的金额入账。债务还本支出应当按照实际偿还的金额入账。

2.3.2　行政事业单位预算会计要素的确认和计量

根据《政府会计准则——基本准则》，预算会计要素包括预算收入、预算支出和预算结余。

1. 预算收入

预算收入是指政府会计主体⊖在预算年度内依法取得的并纳入预算管理的现金流入。预算收入一般在实际收到时予以确认，以实际收到的金额计量。

2. 预算支出

预算支出是指政府会计主体在预算年度内依法发生并纳入预算管理的现金流出。预算支出一般在实际支付时予以确认，以实际支付的金额计量。

3. 预算结余

预算结余是指政府会计主体预算年度内预算收入扣除预算支出后的资金余额，以及历年滚存的资金余额。预算结余包括结余资金和结转资金。结余资金是指年度预算执行终了，预算收入实际完成数扣除预算支出和结转资金后剩余的资金。结转资金是指预算安排项目的支出年终尚未执行完毕或者因故未执行，且下年需要按原用途继续使用的资金。

符合预算收入、预算支出和预算结余定义及其确认条件的项目应当列入政府决算报表。

2.3.3　行政事业单位财务会计要素的确认和计量

根据《政府会计准则——基本准则》，财务会计要素包括资产、负债、净资产、收入和费用。

1. 资产

资产是指政府会计主体过去的经济业务或者事项形成的，由政府会计主体控制的，预期能够产生服务潜力或者带来经济利益流入的经济资源。服务潜力是指政府会计主体利用资产提供公共产品和服务以履行政府职能的潜在能力。经济利益流入表现为现金及现金等价物的流入，或者现金及现金等价物流出的减少。按照流动性，资产分为流动资产和非流动资产。符合资产定义的经济资源，在同时满足以下条件时，确认为资产：①与该经济资源相关的服务潜力很可能实现或者经济利益很可能流入政府会计主体；

⊖ 在 2.3.2 节和 2.3.3 节中，政府会计主体即指行政事业单位会计主体。

②该经济资源的成本或者价值能够可靠地计量。

资产的计量属性主要包括历史成本、重置成本、现值、公允价值和名义金额。在历史成本计量下，资产按照取得时支付的现金金额或者支付对价的公允价值计量。在重置成本计量下，资产按照现在购买相同或者相似资产所须支付的现金金额计量。在现值计量下，资产按照预计从其持续使用和最终处置中所产生的未来净现金流入量的折现金额计量。在公允价值计量下，资产按照市场参与者在计量日发生的有序交易中，出售资产所能收到的价格计量。无法采用前述计量属性的，采用名义金额（即人民币1元）计量。

政府会计主体在对资产进行计量时，一般应当采用历史成本。如采用重置成本、现值、公允价值计量，应当保证所确定的资产金额能够持续、可靠计量。符合资产定义和确认条件的项目，应当列入资产负债表。

2. 负债

负债是指政府会计主体过去的经济业务或者事项形成的，预期会导致经济资源流出政府会计主体的现时义务。现时义务是指政府会计主体在现行条件下已承担的义务。未来发生的经济业务或者事项形成的义务不属于现时义务，不应当确认为负债。按照流动性，负债分为流动负债和非流动负债。符合负债定义的义务，在同时满足以下条件时，确认为负债：①履行该义务很可能导致含有服务潜力或者经济利益的经济资源流出政府会计主体；②该义务的金额能够可靠地计量。

负债的计量属性主要包括历史成本、现值和公允价值。在历史成本计量下，负债按照因承担现时义务而实际收到的款项或者资产的金额，或者承担现时义务的合同金额，或者按照为偿还负债预期需要支付的现金计量。在现值计量下，负债按照预计期限内需要偿还的未来净现金流出量的折现金额计量。在公允价值计量下，负债按照市场参与者在计量日发生的有序交易中，转移负债所须支付的价格计量。

政府会计主体在对负债进行计量时，一般应当采用历史成本。如采用现值、公允价值计量，应当保证所确定的负债金额能够持续、可靠计量。符合负债定义和确认条件的项目，应当列入资产负债表。

3. 净资产

净资产是指政府会计主体资产扣除负债后的净额。净资产金额取决于资产和负债的计量。净资产项目应列入资产负债表。因为政府与非营利组织的非营利性，不存在以利益为导向的明确的所有者群体，所以，在政府与非营利组织会计中，没有所有者权益要素，尽管所有者权益与净资产的计量方法相同。

4. 收入

收入是指报告期内导致政府会计主体净资产增加的、含有服务潜力或者经济利益的经济资源的流入。收入的确认应当同时满足以下条件：①与收入相关的含有服务潜力或者经济利益的经济资源很可能流入政府会计主体；②含有服务潜力或者经济利益的经济资源流入会导致政府会计主体资产增加或者负债减少；③流入金额能够可靠地计量。符合收入定义和收入确认条件的项目，应当列入收入费用表。

5. 费用

费用是指报告期内导致政府会计主体净资产减少的、含有服务潜力或者经济利益的经济资源的流出。费用的确认应当同时满足以下条件：①与费用相关的含有服务潜力或者经济利益的经济资源很可能流出政府会计主体；②含有服务潜力或者经济利益的经济资源流出会导致政府会计主体资产减少或者负债增加；③流出金额能够可靠地计量。符合费用定义和确认条件的项目，应当列入收入费用表。

2.3.4　民间非营利组织会计要素的确认和计量

按照《民间非营利组织会计制度》，民间非营利组织会计要素包括资产、负债、净资产、收入、费用。资产是指过去的交易或者事项形成并由民间非营利组织拥有或者控制的资源，该资源预期会给民间非营利组织带来经济利益或者服务潜力。负债是指过去的交易或者事项形成的现时义务，履行该义务预期会导致含有经济利益或者服务潜力的资源流出民间非营利组织。净资产是指资产减去负债后的余额。收入是指民间非营利组织开展业务活动取得的、导致本期净资产增加的经济利益或者服务潜力的流入。费用是指民间非营利组织为开展业务活动所发生的、导致本期净资产减少的经济利益或者服务潜力的流出。

民间非营利组织会计要素的确认和计量，与行政事业单位财务会计要素的确认和计量相同。

2.4　政府与非营利组织财务会计报告

2.4.1　政府综合财务报告和政府部门财务报告

会计实现其目标的主要方式是按规定以报告形式提供财务会计信息和其他相关信息。根据《政府会计准则——基本准则》和《政府财务报告编制办法（试行）》，政府会计主体应编制和提供决算报告和财务报告。其中，政府决算报告的具体内容及编制要求等，由财政部另行规定。限于篇幅，本教材主要介绍政府财务报告及其会计报表。

政府财务报告包括政府综合财务报告和政府部门财务报告，含财务报表和其他应当在财务报告中披露的相关信息和资料。财务报表是对政府会计主体财务状况、运行情况和现金流量等信息的结构性表述。财务报表包括会计报表和报表附注。

1. 政府综合财务报告

政府综合财务报告是指由政府财政部门编制的，反映各级政府整体财务状况、运行情况和财政中长期可持续性的报告。政府综合财务报告应当包括财务报表、财政经济分析和财政财务管理情况等。

（1）财务报表包括会计报表和报表附注。会计报表主要包括资产负债表和收入费用表等。

资产负债表重点反映政府整体年末财务状况。资产负债表应当按照资产、负债和净资产分类分项列示。其中，资产应当按照流动性分类分项列示，包括流动资产、非流动资产等；负债应当按照流动性分类分项列示，包括流动负债、非流动负债等。收入费用表重点反映政府整体年度运行情况，按照收入、费用和盈余分类分项列示。

（2）政府财政经济分析应当包括财务状况分析、运行情况分析、财政中长期可持续性分析等。

财务状况分析主要包括：资产方面，重点分析政府资产的构成及分布，对于货币资金、长期投资、固定资产、在建工程、公共基础设施、政府储备物资、保障性住房等重要项目，分析各资产比重变化趋势以及对于政府偿债能力和公共服务能力的影响。负债方面，重点分析政府债务规模大小、债务结构以及发展趋势。通过政府资产负债率等指标，分析政府当期债务风险情况。

运行情况分析主要包括：收入方面，重点分析政府收入规模、结构及来源分布、重点收入项目的比重及变化趋势，特别是宏观经济运行、相关行业发展、税收政策、非税收入政策等对政府收入变动的影响。费用方面，重点按照经济分类分析政府费用规模及构成、重点费用项目的比重及变化趋势，特别是政府投融资情况对政府费用变动的影响。通过收入费用率等指标，分析政府运行效率。

财政中长期可持续性分析主要包括：基于当前政府财政财务状况和运行情况，结合本地区经济形势、重点产业发展趋势、财政体制、财税政策、社会保障政策、相关负债占 GDP 比重等，预测财政收支缺口，全面分析政府未来中长期收入支出等变化趋势。

（3）政府财政财务管理情况，主要反映政府财政财务管理的政策要求、主要措施和取得成效等。

政府财政部门应当对本级财政总预算会计报表、部门财务报表、土地储备资金财务报表、物资储备资金会计报表等进行合并，编制本级政府综合财务报表。编制本级政府综合财务报表时，应对上述被合并报表之间经济业务或事项进行确认后抵销，并编制抵销分录，在此基础上分项生成合并财务报表项目。县级以上政府财政部门要合并本级政府综合财务报表和下级政府综合财务报表，编制本行政区政府综合财务报表。

2. 政府部门财务报告

政府部门财务报告是指政府各部门、各单位按规定编制的财务报告。政府部门财务报告应当包括财务报表和财务分析。

（1）财务报表包括会计报表和报表附注。会计报表主要包括资产负债表和收入费用表等。

资产负债表重点反映政府部门年末财务状况，应按照资产、负债和净资产分类分项列示。收入费用表重点反映政府部门年度运行情况，按照收入、费用和盈余分类分项列示。

（2）财务分析主要包括财务状况分析、运行情况分析、财务管理情况等。

政府各部门应当对所属各单位财务报表进行合并编制本部门财务报表。编制合并财务报表时，对部门内部单位之间发生的经济业务或事项应当经过确认后抵销，并编制抵销分录，在此基础上分项生成合并财务报表项目。

政府会计的现金流量表（选编）是反映政府会计主体在一定会计期间内现金及现金等价物流入和流出情况的报表。会计报表附注是对在资产负债表、收入费用表、现金流量表等报表中列示项目所作的进一步说明，以及对未能在这些报表中列示项目的说明。

2.4.2　民间非营利组织财务会计报告

民间非营利组织的财务会计报告是反映民间非营利组织财务状况、业务活动情况和现金流量等的书面文件，包括会计报表、会计报表附注和财务情况说明书等。会计报表包括资产负债表、业务活动表、现金流量表。民间非营利组织的财务会计报告按报告期分为年度和中期（半年度、季度、月度）财务会计报告。

思考题

1. 政府与非营利组织会计的主要目标是什么？与企业会计目标有何不同？
2. 政府与非营利组织会计的会计假设和会计信息质量要求是什么？
3. 政府与非营利组织会计各分支在核算基础上有什么不同？
4. 政府与非营利组织会计各分支的会计要素有哪些？各要素下会计科目的安排情况如何？
5. 政府与非营利组织会计的决算报告、财务报告或财务会计报告是如何进行分类和安排的？

练习题

通过扫描二维码获取

财政总预算会计

财政总预算会计概述

学习目标

1. 了解我国国家预算基本知识和财政总预算会计的基本概念、组成体系及其基本特征。
2. 掌握财政总预算会计的基本工作目标与会计信息质量要求。
3. 熟悉财政总预算会计的会计要素、会计科目和会计报表的安排情况。

参考案例

福建专员办：强化财政总预算会计监督的几点建议

财政总预算会计作为各级政府财政核算、反映、监督政府资金活动的专业会计，如何强化会计监督参与预算管理，对更深层次推进建立现代预算制度具有重要理论和现实意义。但由于各种主观或客观原因，当前地方财政在财政总预算会计信息质量方面仍然参差不齐，在硬化预算约束方面发挥作用有限，不少地方仍存在账表不一致、超预算执行、预算科目随意调剂等突出问题。基于此，我们建议从以下几个方面进一步强化财政总预算会计监督，充分发挥其“约束”作用。

一是以信息系统为依托加强总会计核算，充分发挥监督作用。进一步完善预算执行管理信息系统，可以实现与预算指标管理系统的对接，每笔账面支出必须有对应的预算指标，真正实现“无预算不支出”，建立约束有力的现代财政制度。另外，信息系统不仅能及时提供执行动态情况，而且能根据需要由总会计账自动生成上级需要的报表，减少人为干扰等主观因素的影响。

二是建设高素质的财政总预算会计队伍，夯实组织保障基础。财政总预算会计工作是财政工作的基础，是国库管理和预算执行的重要组成部分。我们在近年工作中，发现个别县区财政在国库科室人员配备上存在“缺位”现象，“重预算轻国库”，在财政总预算会计基础工作管理上比较薄弱，会计机构和会计人员的自我监督机制形同虚设，亟待加强。

三是尽快出台预算资金调剂的相关行政法规，及时完善制度建设。新《预算法》(2015)规定，“严格控制不同预算科目、预算级次或者项目间的预算资金的调剂，确需调剂使用的，按照国务院财政部门的规定办理”，但一直没有出台具体的规定和细则。从目前情况看，由于尚未细化明确调剂权限和调剂范围，造成政府预算科目之间的资金调剂仍然比较频繁和随意，预算资金挤占挪用和随意调账等问题仍然突出。

思考：如何理解上述材料中的“财政总预算会计工作是财政工作的基础”？

资料来源：财政部.福建专员办：强化财政总预算会计监督的几点建议 [EB/OL].(2018-12-26)[2020-03-26]. http://fj.mof.gov.cn/gzdt/caizhengjiancha/201812/t20181226_3108445.htm.

3.1 财政总预算会计的概念与特征

3.1.1 财政总预算会计的概念与组成体系

财政总预算会计简称总预算会计或总会计，是各级政府财政核算、反映、监督政府一般公共预算资金、政府性基金预算资金、国有资本经营预算资金、社会保险基金预算资金以及财政专户管理资金、专用基金和代管资金等资金活动的专业会计。财政总预算会计的会计主体是各级人民政府，而不是各级政府财政部门，各级政府财政部门是财政总预算会计的执行机构。财政总预算会计的会计主体也不是政府单位，政府单位是政府会计的会计主体。我国实行一级政府一级预算的制度，共设五级政府，根据政府层级产生的各级财政总预算会计如下。

(1) 中央人民政府(国务院)财政部门设立中央财政总预算会计。

(2) 省、自治区、直辖市人民政府财政部门设立省(自治区、直辖市)财政总预算会计。

(3) 设区的市、自治州政府财政部门设立市(自治州)财政总预算会计。

(4) 县、自治县、不设区的市、市辖区政府财政部门设立县(区)财政总预算会计。

(5) 乡、民族乡、镇政府财政部门设立乡(镇)财政总预算会计。

其中，省以及省以下各级人民政府财政总预算会计统称为地方财政总预算会计，它和中央财政总预算会计共同构成国家财政总预算会计。

财政总预算会计的核算目标是向会计信息使用者提供政府财政预算执行情况、财务状况等会计信息，反映政府财政受托责任履行情况。这里的会计信息使用者包括人民代表大会、政府及其有关部门、政府财政部门自身和其他会计信息使用者。

3.1.2 财政总预算会计的特征

1. 以国家预算为基础，核算与反映预算执行情况及其结果

根据《预算法》，国家预算按预算收支范围分为中央预算和地方预算，按预算编制主体可分为财政总预算和各部门、各单位预算。各部门预算由本部门及其所属各单位预算组成，各部门编制本部门预算，各单位编制本单位预算。政府各部门负责监督检查所属各单位的预算执行，各部门汇总所属单位预算后，报本级政府财政部门，经本级财政部门汇总后即形成本级政府财政总预算。

国家预算收入和预算支出包括一般公共预算收支、政府性基金预算收支、国有资本经营预算收支、社会保险基金预算收支。《财政总预算会计制度》暂不包含社会保险基金预算收支的核算内容。

2. 财政总预算会计要核算反映各级政府财务状况

政府作为会计主体，同样具有会计主体的一般特征，即在该会计主体确定的空间范围内，除了有收入、支出和结余外，还有资产和负债，尽管这些资产和负债的形成原因主要是财政资金的运动变化而非常见的实物资产流动与商品销售或劳务提供。有了资产和负债以及由此形成的净资产，客观上也就形成了一级政府会计主体的财务状况基础。因此，财政总预算会计除了要反映各级人民政府财政总预算的执行情况外，还要核算与反映政府的资产、负债和净资产等财务状况，以综合反映政府公共受托责任履行情况。可见，财政总预算会计核算与反映的内容，超过了财政总预算本身的内容。

3. 财政总预算会计核算对象中没有实物资产与无形资产等项目

财政总预算会计核算政府本级财政收入、支出和结余等，以预算资金的运动变化及其结果为内容，这些收入、支出和结余具体表现为一般公共预算本级收入、政府性基金预算本级收入、国有资本经营预算本级收入等收入，一般公共预算本级支出、政府性基金预算本级支出、国有资本经营预算本级支出等支出，以及一般公共预算结转结余、政府性基金预算结转结余、国有资本经营预算结转结余等。财政总预算会计的核算对象并不包括固定资产、存货、无形资产等项目，这些项目属于行政事业单位财务会计的核算对象。同样，财政总预算会计中也没有成本费用相关的核算内容。

4. 财政总预算会计的会计核算一般采用收付实现制，部分业务采用权责发生制

财政总预算会计以反映预算收支执行情况为主，根据《财政总预算会计制度》，财

政总预算会计的会计核算一般采用收付实现制，根据实际发生数确认收入和支出。部分经济业务或者事项按照规定可以采用权责发生制。如，在国库集中支付中，按照财政部门批复的部门预算，当年未支付而需结转下一年度支付的应付国库集中支付结余的核算就应采用权责发生制先行列支。地方各级财政部门除国库集中支付结余外，不得采用权责发生制列支。权责发生制列支只限于年末使用，平时不得采用。

5. 财政总预算会计部分业务采用双分录核算

财政总预算会计在核算某些重要资产、负债项目时，除了确认资产和负债的变动，还要同时确认对应的净资产的变动，以加强对相应资产和负债项目的核算与监管。根据《财政总预算会计制度》的规定，这些资产项目包括应收地方政府债券转贷款、应收主权外债转贷款、股权投资和应收股利，并专门给这类资产设置了“资产基金”科目以进行对应的核算。需要同时在净资产中核算反映的负债项目包括应付短期政府债券、应付长期政府债券、借入款项、应付地方政府债券转贷款和应付主权外债转贷款等，对此，专门设置了“待偿债净资产”科目。

3.2 财政总预算会计基本任务与会计信息质量要求

3.2.1 财政总预算会计基本任务

根据《财政总预算会计制度》，财政总预算会计的基本任务主要包括以下几个方面。

（1）进行会计核算。办理政府财政各项收支、资产负债的会计核算工作，反映政府财政预算执行情况和财务状况。

（2）严格财政资金收付调度管理。组织办理财政资金的收付、调拨，在确保资金安全性、规范性和流动性的前提下，合理调度管理资金，提高资金使用效益。

（3）规范账户管理。加强对国库单一账户、财政专户、零余额账户和预算单位银行账户等的管理。

（4）实行会计监督，参与预算管理。通过会计核算和反映，进行预算执行情况分析，并对总预算、部门预算和单位预算执行实行会计监督。

（5）协调预算收入征收部门、国家金库、国库集中收付代理银行、财政专户开户银行和其他有关部门之间的业务关系。

（6）组织本地区财政总决算、部门决算的编审和汇总工作。

（7）组织和指导下级政府总预算会计工作。

3.2.2 财政总预算会计信息质量要求

为了规范各级政府的财政总预算会计核算，提高会计信息质量，充分发挥财政总预算会计的职能作用，财政总预算会计信息质量应达到以下要求。

1. 真实性

财政总预算会计应当以实际发生的经济业务或者事项为依据进行会计核算，如实反映各项会计要素的变动情况及其结果，保证会计信息真实可靠，全面反映政府预算执行情况、财务状况以及公共受托责任的履行情况等。真实性体现在财政总预算会计必须做到数据真实、表述准确、记录可靠；能够经受第三方的复核和验证。同时，财政总预算会计提供的信息应保证客观公允，符合标准，而不应持有选择性和主观偏好。财政总预算会计信息的真实性关系到国计民生与政府财政安全。

2. 相关性

财政总预算会计提供的会计信息应当与政府受托责任履行情况的反映，会计信息使用者的监督、决策和管理需要相关，要有助于会计信息使用者对政府财政的过去、现在或未来的情况做出评价或预测。财政总预算会计信息是否具有相关性，取决于其提供的会计信息是否具有预测价值和反馈价值。会计信息的预测价值是相关性的重要内容，会计信息使用者能根据具有预测价值的财政总预算会计信息进行合理估计，并做出决策。财政总预算会计信息的反馈价值，体现为通过财政总预算会计把决策的执行情况向决策者进行反馈。相关性信息质量要求影响到财政总预算会计的工作范围与工作内容等。

3. 及时性

财政总预算会计对于已经发生的经济业务或者事项，应当及时进行会计核算。财政总预算会计以国家预算为基础，是对国家预算执行情况的会计反映。每年，我国各级财政决算和财政预算需要经过各级人民代表大会的审议和批准，最终形成国家财政决算和国家财政预算，再经每年春季召开的全国人民代表大会审议和批准。各级政府财政总预算会计必须保证核算的及时性和报告的及时性，方可确保国家预、决算的及时编报。

4. 可比性

财政总预算会计提供的会计信息应当具有可比性。同一政府财政在不同时期发生的相同或者相似的经济业务或者事项，应当采用一致的会计政策，不得随意变更。确需变更的，应当将变更的内容、理由和对政府财政预算执行情况、财务状况的影响在附注中予以说明。不同政府财政发生的相同或者相似的经济业务或者事项，应当采用统一的会计政策，确保不同政府财政的会计信息口径一致、相互可比。财政总预算会计信息的可比性，是会计信息具有利用价值的重要前提。

5. 明晰性

明晰性又称可理解性。财政总预算会计提供的会计信息应当清晰明了，便于会计信息使用者理解和使用。只有使用者能够充分理解的会计信息才能发挥作用，才有价值。财政总预算会计信息的使用者极为广泛，从政府机构到普通民众，从国家内部到国际社会，包括各行各业、各个阶层，财政总预算会计应保证会计信息明白易懂和便于分析利用。明晰性是财政总预算会计信息决策有用的重要保证。

3.2.3　财政总预算会计的组织与管理

根据《财政总预算会计制度》，财政总预算会计的会计核算应当以本级政府财政业务活动持续正常地进行为前提，应当划分会计期间，分期结算账目和编制会计报表。会计期间至少分为年度和月度。会计年度、月度等会计期间的起讫日期采用公历日期。年度终了后，可根据工作特殊需要设置一定期限的上年决算清理期。财政总预算会计应当以人民币作为记账本位币，以元为金额单位，元以下记至角、分。发生外币业务，在登记外币金额的同时，一般应当按照业务发生当日中国人民银行公布的汇率中间价，将有关外币金额折算为人民币金额记账。财政总预算会计采用借贷记账法记账，其会计记录应当使用中文，少数民族地区可以同时使用本民族文字。

各级财政总预算会计采用的会计信息管理系统必须符合《财政总预算会计制度》规定的核算方法，并与预算编制、预算执行等业务系统相衔接，不断提高账务处理的自动化程度。各级财政总预算会计不得直接在会计信息管理系统中更改登记有误的账簿信息，应当采取冲销法或补充登记法重新填制调账记账凭证，复核无误后登记会计账簿。信息系统储存的财政总预算会计原始数据应当由专人定期备份至专用存储设备。保存电子会计数据的存储介质应当纳入容灾备份体系妥善保管。

各级财政总预算会计应加强对各项财政业务的核算管理与会计监督。要严格依法办事，对于不合法的会计事项，应及时予以纠正或按程序反映。应加强对预算单位财政资金使用情况的管理，及时了解掌握有关单位的用款情况，发现问题及时按程序反映。各级财政总预算会计应自觉接受审计、监察部门，以及上级政府财政部门的监督，按规定向审计、监察部门，以及上级政府财政部门提供有关资料。

3.3　财政总预算会计科目与会计报表

3.3.1　财政总预算会计要素与会计科目

财政总预算会计要素包括资产、负债、净资产、收入和支出 5 项，共设置总分类会计科目 59 个，见表 3-1。

表 3-1　财政总预算会计科目表

序号	会计科目编号	会计科目名称	序号	会计科目编号	会计科目名称
一、资产类			34	3081	资产基金
1	1001	国库存款		308101	应收地方政府债券转贷款
2	1003	国库现金管理存款		308102	应收主权外债转贷款
3	1004	其他财政存款		308103	股权投资
4	1005	财政零余额账户存款		308104	应收股利
5	1006	有价证券	35	3082	待偿债净资产
6	1007	在途款		308201	应付短期政府债券
7	1011	预拨经费		308202	应付长期政府债券
8	1021	借出款项		308203	借入款项
9	1022	应收股利		308204	应付地方政府债券转贷款
10	1031	与下级往来		308205	应付主权外债转贷款
11	1036	其他应收款		308206	其他负债
12	1041	应收地方政府债券转贷款	四、收入类		
13	1045	应收主权外债转贷款	36	4001	一般公共预算本级收入
14	1071	股权投资	37	4002	政府性基金预算本级收入
15	1081	待发国债	38	4003	国有资本经营预算本级收入
二、负债类			39	4005	财政专户管理资金收入
16	2001	应付短期政府债券	40	4007	专用基金收入
17	2011	应付国库集中支付结余	41	4011	补助收入
18	2012	与上级往来	42	4012	上解收入
19	2015	其他应付款	43	4013	地区间援助收入
20	2017	应付代管资金	44	4021	调入资金
21	2021	应付长期政府债券	45	4031	动用预算稳定调节基金
22	2022	借入款项	46	4041	债务收入
23	2026	应付地方政府债券转贷款	47	4042	债务转贷收入
24	2027	应付主权外债转贷款	五、支出类		
25	2045	其他负债	48	5001	一般公共预算本级支出
26	2091	已结报支出	49	5002	政府性基金预算本级支出
三、净资产类			50	5003	国有资本经营预算本级支出
27	3001	一般公共预算结转结余	51	5005	财政专户管理资金支出
28	3002	政府性基金预算结转结余	52	5007	专用基金支出
29	3003	国有资本经营预算结转结余	53	5011	补助支出
30	3005	财政专户管理资金结余	54	5012	上解支出
31	3007	专用基金结余	55	5013	地区间援助支出
32	3031	预算稳定调节基金	56	5021	调出资金
33	3033	预算周转金	57	5031	安排预算稳定调节基金
			58	5041	债务还本支出
			59	5042	债务转贷支出

如表 3-1 所示，财政总预算会计资产类和负债类科目基本上都是货币类和资金类科目，并无各类实物资产科目及相关后续计量科目。收入类和支出类科目则呈明显的业务对应关系，分别反映政府财政不同性质的各类收入和支出。同样，作为收入与支出差额的总预算会计净资产也相应地体现为不同性质资金的结转结余。

各级财政总预算会计应当对有关法律、法规允许进行的经济活动，按照《财政总预算会计制度》的规定使用会计科目进行核算；不得以该制度规定的会计科目及使用说明作为进行有关经济活动的依据。各级财政总预算会计按照《财政总预算会计制度》的规定设置和使用会计科目，不需使用的总账科目可以不用；在不影响会计处理和编报会计报表的前提下，可以根据实际情况自行增设该制度规定以外的明细科目，或者自行减少、合并该制度规定的明细科目。各级总预算会计应使用统一规定的会计科目编号，不得随意打乱重编。

3.3.2 财政总预算会计报表

财政总预算会计报表是反映政府财政预算执行结果和财务状况的书面文件。财政总预算会计报表包括资产负债表、收入支出表、一般公共预算执行情况表、政府性基金预算执行情况表、国有资本经营预算执行情况表、财政专户管理资金收支情况表、专用基金收支情况表等会计报表和会计报表附注。

资产负债表是反映政府财政在某一特定日期财务状况的报表。资产负债表应当按照资产、负债和净资产分类、分项列示。

收入支出表是反映政府财政在某一会计期间各类财政资金收入、支出和结转结余情况的报表。收入支出表根据资金性质按照收入、支出、结转结余的构成分类、分项列示。

一般公共预算执行情况表是反映政府财政在某一会计期间一般公共预算收支执行结果的报表，按照《政府收支分类科目》中一般公共预算收支科目列示。

政府性基金预算执行情况表是反映政府财政在某一会计期间政府性基金预算收支执行结果的报表，按照《政府收支分类科目》中政府性基金预算收支科目列示。

国有资本经营预算执行情况表是反映政府财政在某一会计期间国有资本经营预算收支执行结果的报表，按照《政府收支分类科目》中国有资本经营预算收支科目列示。

财政专户管理资金收支情况表是反映政府财政在某一会计期间纳入财政专户管理的财政专户管理资金全部收支情况的报表，按照相关政府收支分类科目列示。

专用基金收支情况表是反映政府财政在某一会计期间专用基金收支情况的报表，按照不同类型的专用基金分别列示。

会计报表附注是对在会计报表中列示项目的文字描述或明细资料，以及对未能在会计报表中列示项目的说明。

思考题

1. 什么是财政总预算会计？财政总预算会计有何特点？
2. 财政总预算会计的基本任务有哪些？
3. 财政总预算会计的基本工作目标是什么？
4. 财政总预算会计要素与会计科目有何特点？

练习题

通过扫描二维码获取

财政总预算会计资产与负债

学习目标

1. 了解财政总预算会计资产与负债分类的基本情况。
2. 掌握国库集中支付方式下财政资金的划拨程序与结果。
3. 熟悉财政性存款、上下级财政往来的种类与核算以及政府债务的分类及其核算等。

参考案例

加快调度拨付财政资金，保障新冠肺炎疫情防控经费

2020年年初，疫情防控形势十分严峻。地方各级财政部门要统筹一般公共预算、政府性基金预算等财政资金以及社会捐赠资金，加大对疫情严重、防控资金缺口较大地区的转移支付力度。各地不得将上级财政安排的疫情防控相关转移支付资金用于平衡预算。地方各级财政部门要按照“急事急办、特事特办”的原则，协调人民银行、代理国库集中支付业务的商业银行、经办财政专户业务的商业银行等，开通资金支付绿色通道，及时足额支付预算安排的疫情防控资金。省级财政部门要密切关注各市县库款情况，督导疫情防控任务重、库款保障水平偏低的市县科学调度资金，并适时予以专项调度支持，切实保障基层疫情防控支出需要。

思考：国库集中支付模式与财政资金高效调拨之间有何关系？

资料来源：财政部．关于进一步做好新型冠状病毒感染肺炎疫情防控经费保障工作的通知：财办〔2020〕7 号[A/OL]. (2020-01-31)[2020-04-04]. http://www.mof.gov.cn/zcsjtsgb/gfxwj/202001/t20200131_3583743.htm.

4.1　财政总预算会计资产

财政总预算会计资产，是指由一级政府财政控制的，能以货币计量的经济资源。财政总预算会计资产按照流动性，分为流动资产和非流动资产。流动资产是指预计在 1 年内（含 1 年）变现的资产，非流动资产是指流动资产以外的资产。财政总预算会计核算的资产具体包括财政性存款、有价证券、暂付与应收类款项（预拨经费、应收股利、借出款项）、应收转贷类款项和股权投资等。财政总预算会计对符合资产定义的经济资源，应当在取得对其相关的权利，并且能够可靠地进行货币计量时确认。符合资产定义并确认的资产项目，应当列入资产负债表。财政总预算会计核算的资产，应当按照取得或发生时的实际金额进行计量。

财政总预算会计的资产只有货币类资产，没有实物类资产。财政总预算会计的资产是一级政府用来安排财政支出、确保预算顺利执行的根本保证。

4.1.1　财政性存款

财政性存款是指政府财政部门存放于国库及规定的金融机构的财政资金。财政性存款包括国库存款、国库现金管理存款以及其他财政存款等。财政性存款的支配权属于同级政府财政部门，并由财政总预算会计负责管理，统一在国库或选定的银行开立存款账户，统一收付，不得透支，不得提取现金。

1. 国库存款

国库存款是指政府财政存放在国库单一账户的款项，是一级政府财政的主要存款。

为核算各级政府存放于国库的款项，财政总预算会计设置“国库存款”科目。当财政总预算会计收到国库传来的预算收入报表，确认款项到库时，借记“国库存款”科目，贷记有关预算收入科目。当日收入数为负数时，以红字记入（采用计算机记账的，用负数反映）。收到国库存款利息收入时，借记“国库存款”科目，贷记“一般公共预算本级收入”科目。收到缴入国库的来源不清的款项时，借记“国库存款”科目，贷记“其他应付款”等科目。国库存款减少时，按照实际支付的金额，借记有关科目，贷记“国库存款”科目。

期末，“国库存款”科目为借方余额，反映政府财政国库存款的结存数。

【例 4-1】某市财政总预算会计收到国库传来的预算收入日报表。其中，一般公共预算本级收入 200 000 元，政府性基金预算本级收入 100 000 元。

借：国库存款 300 000
　贷：一般公共预算本级收入 200 000
　　　政府性基金预算本级收入 100 000

【例 4-2】某市财政总预算会计通过国库为某预算单位支付一般预算资金 180 000 元。

借：一般公共预算本级支出 180 000
　贷：国库存款 180 000

2. 国库现金管理存款

国库现金管理存款是指政府财政因国库现金管理业务存放在商业银行的款项。国库现金管理存款是一级政府财政除国库存款外的重要财政性存款。为核算这类款项，财政总预算会计设置了“国库现金管理存款”科目。

财政总预算会计按照国库现金管理有关规定，将库款转存商业银行时，按照存入商业银行的金额，借记“国库现金管理存款”科目，贷记“国库存款”科目。将国库现金管理存款收回国库时，按照实际收回的金额，借记“国库存款”科目，按照原存入商业银行的存款本金金额，贷记“国库现金管理存款”科目，按照两者的差额，贷记“一般公共预算本级收入”科目。

期末，“国库现金管理存款”科目为借方余额，反映政府财政因国库现金管理业务持有的存款。

【例 4-3】某市财政总预算会计收回原存放于某国有商业银行的国库现金管理存款，国库已收回本金 500 000 元。同时，收到利息 10 000 元。

借：国库存款 510 000
　贷：国库现金管理存款 500 000
　　　一般公共预算本级收入 10 000

3. 其他财政存款

其他财政存款是指政府财政未列入“国库存款”“国库现金管理存款”科目的各项存款，包括未设国库的基层乡镇财政存放于商业银行的财政资金、政府财政存放于商业银行的专用基金存款、未纳入预算且实行财政专户管理的资金存款等。该类款项一般存放于财政国库以外，是地方财政性存款的重要内容。

为核算政府的其他财政性存款业务，财政总预算会计设置了“其他财政存款”科目并按照资金性质和存款银行等进行明细核算。当财政总预算会计的财政专户收到款项时，按照实际收到的金额，借记“其他财政存款”科目，贷记有关科目。其他财政存款产生的利息收入，除规定作为专户资金收入外，其他利息收入都应缴入国库纳入一般公共预算管理。取得其他财政存款利息收入时，按照实际获得的利息金额，按规定作为专户资金收入的，借记“其他财政存款”科目，贷记“应付代管资金”或有关收入科目；按规定应缴入国库的，借记“其他财政存款”科目，贷记“其他应付款”科目。将其他财政存款利息收入缴入国库时，借记“其他应付款”科目，贷记“其他财政存款”科目。同时，借记“国库存款”科目，贷记“一般公共预算本级收入”科目。其他财政存款减少时，按照实际支付的金额，借记有关科目，贷记“其他财政存款”科目。

期末，“其他财政存款”科目为借方余额，反映政府财政持有的其他财政存款。

【例 4-4】某市财政总预算会计收到财政专户存款的季度利息入账清单，收到利息共计 50 000 元。按规定，该利息应全额缴存同级财政国库。

	借方	贷方
借：其他财政存款	50 000	
贷：其他应付款		50 000

【例 4-5】接上例。该市财政总预算会计将上述利息 50 000 元缴入财政国库存放。

	借方	贷方
借：其他应付款	50 000	
贷：其他财政存款		50 000

同时：

	借方	贷方
借：国库存款	50 000	
贷：一般公共预算本级收入		50 000

4.1.2 有价证券

有价证券是指政府财政按照有关规定取得并持有的对特定财产拥有所有权或债权的凭证。

为核算有价证券的购入、持有和转让等业务，财政总预算会计设置了“有价证券”科目，并按有价证券的种类和资金性质进行明细核算。财政总预算会计购入有价证券时，按照实际支付的金额，借记“有价证券”科目，贷记“国库存款”“其他财政存款”等科目。转让或到期兑付有价证券时，按照实际收到的金额，借记“国库存款”“其他财政存款”等科目，按照该有价证券的账面余额，贷记“有价证券”科目，按其差额，贷记“一般公共预算本级收入”等科目。

期末，“有价证券”科目为借方余额，反映政府财政持有的有价证券金额。

【例 4-6】某市财政动用一般预算结余资金 500 000 元购买当年中央财政发行的政府 A 类债券。该债券已办妥相关确认手续。

	借方	贷方
借：有价证券	500 000	
贷：国库存款		500 000

【例 4-7】接上例。该市财政用一般预算结余资金购买的 500 000 元债券现到期兑付，收到本金及利息共计 550 000 元。该债券已办理相关交割手续。

借：国库存款 550 000
　贷：有价证券 500 000
　　一般公共预算本级收入 50 000

政府财政购买有价证券，应注意以下几点：第一，在保证支付的前提下，只能用本级财政的结余资金购买符合规定的有价证券。第二，不能将购买有价证券的资金按列支处理。第三，当期有价证券兑付的利息或转让有价证券取得的收入与账面成本的差额，应计入当期收入。原用一般预算结余资金购买的，应计入一般公共预算本级收入；原用基金预算结余资金购买的，应计入政府性基金预算本级收入。第四，财政总预算会计购入的有价证券要视同货币资金进行管理。

4.1.3 暂付与应收类款项

暂付与应收类款项是指政府财政应从下级财政、预算单位或其他单位收回的短期债权，以及财政总预算会计在决算清理期过渡处理的未达账项。它包括在途款、预拨经费、借出款项、应收股利、与下级往来、其他应收款等，这类暂付与应收类款项应当及时收回或清理，不得长期挂账。

1. 在途款

在途款是指政府财政在决算清理期和库款报解整理期内发生的需要过渡处理的属于上年度收入、支出等的款项。政府财政在年度终了，会对年度财政收入与支出进行清理，该段时间称为决算清理期和库款报解整理期，在该期间，可能会收到属于上年度的收入或者收回上年度的支出。收到存款与确认收入，或收到存款与冲减支出，应分别记录在两个年度账上。

为核算需要过渡处理的上年度收支款项，财政总预算会计设置了“在途款”科目。在库款报解整理期和决算清理期内收到属于上年度的收入时，在上年度账目中，借记“在途款”科目，贷记“一般公共预算本级收入”“补助收入”“上解收入”等有关收入科目；收回属于上年度的拨款或支出时，在上年度账目中，借记“在途款”科目，贷记“预拨经费”或“一般公共预算本级支出”等有关支出科目。冲转在途款时，在本年度账上，借记“国库存款”科目，贷记“在途款”科目。

期末，“在途款”科目为借方余额，反映政府财政持有的在途款金额。

【例 4-8】某市财政总预算会计在决算清理期内，收到国库报来的一般预算收入日报表，收到属于上年度的一般预算收入 80 000 元。

（1）在上年度账上：

借：在途款　　80 000
　贷：一般公共预算本级收入　　80 000

（2）冲转在途款时，在本年度账上：

借：国库存款　　80 000
　贷：在途款　　80 000

2. 预拨经费

预拨经费是指政府财政已预拨给预算单位但尚未列为预算支出的款项。对于未纳入国库集中支付体系的行政事业单位，政府财政在年度预算正式下达前，为保证单位正常运行，有时会预先下拨部分经费。

为核算已预拨但暂未列为支出的款项，财政总预算会计设置了“预拨经费”科目，该科目应按照预拨经费种类、预算单位等进行明细核算。财政拨出款项时，借记“预拨经费”科目，贷记“国库存款”科目。财政转列支出或收回预拨款项时，借记“一般公共预算本级支出”“政府性基金预算本级支出”“国库存款”等科目，贷记“预拨经费”科目。

期末，“预拨经费”科目为借方余额，反映政府财政年末尚未转列支出或尚待收回的预拨经费金额。

【例 4-9】年终，某市财政预拨给所属行政单位次年第一季度经费 200 000 元，款项通过国库支付。

借：预拨经费　　200 000
　贷：国库存款　　200 000

【例 4-10】接上例。次年年初，该市财政将上年预拨给行政单位的经费 200 000 元列为一般预算支出。

借：一般公共预算本级支出　　200 000
　贷：预拨经费　　200 000

3. 借出款项

借出款项是指政府财政按照对外借款管理的相关规定，借给预算单位临时急需的应按期收回的款项。

为核算已借出待收回的财政资金，财政总预算会计设置了“借出款项”科目，并按照借款单位等进行明细核算。财政总预算会计将款项借出时，按照实际支付的金额，借记“借出款项”科目，贷记“国库存款”等科目。收回借款时，按照实际收到的金额，借记“国库存款”等科目，贷记“借出款项”科目。

期末，“借出款项”科目为借方余额，反映政府财政借给预算单位的尚未收回的款项。

【例 4-11】某市财政总预算会计应某预算单位的要求，借给该单位 150 000 元，规定用于日常业务活动。款项已通过其他财政存款账户支付。

借：借出款项　　150 000

　贷：其他财政存款　　150 000

4. 应收股利

应收股利是指政府因持有股权投资而应当收取的现金股利或利润。根据《政府会计准则第 2 号——投资》，政府的长期股权投资在持有期间，通常应当采用权益法进行核算。对持有期间的应收股利，应按照被投资单位宣告分派的现金股利或利润计算应享有的份额，确认为应收股利，同时减少长期股权投资的账面余额。

为核算政府应收取的现金股利或利润，财政总预算会计设置了“应收股利”科目，并按照被投资主体进行明细核算。同时，财政总预算会计在净资产要素中设置了“资产基金——应收股利”科目进行关联核算。财政总预算会计持有股权投资期间，被投资主体宣告发放现金股利或利润时，按应上缴政府财政的部分，借记“应收股利”科目，贷记“资产基金——应收股利”科目；按照相同的金额，借记“资产基金——股权投资”科目，贷记“股权投资（损益调整）”科目。实际收到现金股利或利润时，借记“国库存款”等科目，贷记有关收入科目；按照相同的金额，借记“资产基金——应收股利”科目，贷记“应收股利”科目。

期末，“应收股利”科目为借方余额，反映政府尚未收回的现金股利或利润。

【例 4-12】某市财政用政府性基金预算结余资金投资的某基金发布了股利分派公告。财政总预算会计对该项投资采用权益法核算，根据投资所占对方权益的份额，计算出应收股利 85 000 元。该项股利于次月收到。

（1）计算应收股利时：

借：应收股利　　85 000

　贷：资产基金——应收股利　　85 000

同时：

借：资产基金——股权投资　　85 000

　贷：股权投资（损益调整）　　85 000

（2）次月收到上述股利时：

借：国库存款　　85 000

　贷：政府性基金预算本级收入　　85 000

同时：

借：资产基金——应收股利　　85 000
　贷：应收股利　　85 000

5. 与下级往来

与下级往来是指本级政府财政与下级政府财政之间的往来待结算款项。因财政收入体制结算制度，上下级政府财政之间会产生下级财政按规定需上解上级财政的资金，以及上级财政按规定需补助下级财政的款项。另外，还存在上级财政临时借垫款项给下级财政周转使用的情况等。这些上下级财政之间发生的往来，对上级财政而言，是应予收回的款项，是一种财政资产。

为核算上下级政府财政之间的这类往来待结算款项，财政总预算会计设置了“与下级往来”科目，并按照下级政府、资金性质等进行明细核算。借给下级政府财政款项时，借记“与下级往来”科目，贷记“国库存款”科目。体制结算中应当由下级政府财政上交的收入数，借记“与下级往来”科目，贷记“上解收入”科目。借款收回、转作补助支出或体制结算应当补助下级政府财政的支出，借记“国库存款”“补助支出”等有关科目，贷记“与下级往来”科目。发生上解多交应当退回的，按照应当退回的金额，借记“上解收入”科目，贷记“与下级往来”科目。发生补助多补应当退回的，按照应当退回的金额，借记“与下级往来”科目，贷记“补助支出”科目。

期末，“与下级往来”科目既可能出现借方余额，也可能出现贷方余额，是双重性质的科目。期末借方余额反映本级政府财政应收下级政府财政的款项，期末贷方余额反映本级政府财政应付下级政府财政的款项。

【例 4-13】某市财政借给下级政府财政预算资金 900 000 元，款项已通过财政国库划付。

借：与下级往来　　900 000
　贷：国库存款　　900 000

【例 4-14】接上例。经批准，该市财政借给下级财政的 900 000 元预算资金收回 600 000 元，其余 300 000 元转作对下级财政的补助。

借：国库存款　　600 000
　　补助支出　　300 000
　贷：与下级往来　　900 000

【例 4-15】在年终决算中，根据财政收入体制结算规定，某市财政总预算会计计算并确认下级政府财政应上解本市财政款项 230 000 元。

借：与下级往来　　230 000
　贷：上解收入　　230 000

6. 其他应收款

其他应收款是指政府财政临时发生的其他应收、暂付、垫付款项，以及项目单位拖欠外国政府和国际金融组织贷款本息和相关费用，导致相关政府财政为项目单位履行担保责任，代偿的贷款本息。

为核算临时发生的该类款项，财政总预算会计设置了“其他应收款”科目，并按照资金性质、债务单位等进行明细核算。当财政总预算会计产生其他应收款项时，借记“其他应收款”科目，贷记“国库存款”“其他财政存款”等科目。收回款项或转作预算支出时，借记“国库存款”“其他财政存款”或有关支出科目，贷记“其他应收款”科目。政府财政对使用外国政府和国际金融组织贷款资金的项目单位履行担保责任，代偿贷款本息时，借记“其他应收款”科目，贷记“国库存款”“其他财政存款”等科目。政府财政行使追索权，收回项目单位贷款本息时，借记“国库存款”“其他财政存款”等科目，贷记“其他应收款”科目。政府财政最终未收回项目单位贷款本息，经核准列支时，借记“一般公共预算本级支出”等科目，贷记“其他应收款”科目。

财政总预算会计应及时清理结算其他应收款。年终，“其他应收款”科目原则上应无余额。

【例 4-16】某市财政为市某单位临时垫付一笔 600 000 元的款项，解决其特殊情况下的资金需求。该款项已通过财政国库存款户划付。

	借方	贷方
借：其他应收款	600 000	
贷：国库存款		600 000

【例 4-17】经批准，上例中临时垫付给该单位的 600 000 元中的 400 000 元现予收回并存入国库，其余列支。

	借方	贷方
借：国库存款	400 000	
一般公共预算本级支出	200 000	
贷：其他应收款		600 000

4.1.4 应收转贷类款项

应收转贷类款项是指政府财政借入资金转贷给下级政府财政的款项，包括应收地方政府债券转贷款、应收主权外债转贷款等。

1. 应收地方政府债券转贷款

应收地方政府债券转贷款是指本级政府财政转贷给下级政府财政的地方政府债券资金的本金及利息。因地方政府的债券发行资质限制或转移支付的需要等，上级政府财政通过发行债券募集资金，转贷给下级政府财政使用，形成应收地方政府债券转贷款，下级政府财政相应地形成应付地方政府债券转贷款。上下级政府财政间的应收应付地方政府债券转贷款业务，属于地方政府之间的转移性收支业务。

为核算上级政府财政转贷给下级政府财政的地方政府债券资金的本金及利息，财政总预算会计设置了“应收地方政府债券转贷款”科目，该科目下应当设置“应收地方政府一般债券转贷款”（以下简称一般债券转贷款）和“应收地方政府专项债券转贷款”（以下简称专项债券转贷款）明细科目，再在上述明细科目下分别设置“应收本金”和“应收利息”两个明细科目，并按照转贷对象进行明细核算。同时，财政总预算会计另设置“资产基金——应收地方政府债券转贷款”科目做关联核算。

当上级政府财政向下级政府财政转贷地方政府债券资金时，按照转贷的金额，借记“债务转贷支出”科目，贷记“国库存款”科目；根据债务管理部门转来的相关资料，按照到期应收回的转贷本金金额，借记“应收地方政府债券转贷款”科目，贷记“资产基金——应收地方政府债券转贷款”科目。期末确认地方政府债券转贷款的应收利息时，根据债务管理部门计算出的转贷款本期应收未收利息的金额，借记“应收地方政府债券转贷款”科目，贷记“资产基金——应收地方政府债券转贷款”科目。

收回下级政府财政偿还的转贷款本息时，按照收回的金额，借记“国库存款”等科目，贷记“其他应付款”或“其他应收款”科目；根据债务管理部门转来的相关资料，按照收回的转贷款本金及已确认的应收利息金额，借记“资产基金——应收地方政府债券转贷款”科目，贷记“应收地方政府债券转贷款”科目。

扣缴下级政府财政的转贷款本息时，按照扣缴的金额，借记“与下级往来”科目，贷记“其他应付款”或“其他应收款”科目；根据债务管理部门转来的相关资料，按照扣缴的转贷款本金及已确认的应收利息金额，借记“资产基金——应收地方政府债券转贷款”科目，贷记“应收地方政府债券转贷款”科目。

期末，“应收地方政府债券转贷款”科目为借方余额，反映政府财政应收未收的地方政府债券转贷款本金和利息。

【例4-18】某省财政通过国库向下级某市财政转贷3年期地方政府一般债券资金，金额为1 000 000元，该转贷债券按年计息，每年利息60 000元。债券到期时，市财政一次性还本付息，再由省财政偿还给债权人。

借：债务转贷支出——地方政府一般债务转贷支出 1 000 000
　贷：国库存款 1 000 000

同时：

借：应收地方政府债券转贷款——一般债券转贷款（应收本金）1 000 000
　贷：资产基金——应收地方政府债券转贷款 1 000 000

【例4-19】接上例。年末，该省财政计算确认应从下级市财政收取债券利息60 000元。

借：应收地方政府债券转贷款——一般债券转贷款（应收利息） 60 000
　贷：资产基金——应收地方政府债券转贷款 60 000

【例 4-20】接上例。该 3 年期地方政府一般债券转贷款到期，省财政总预算会计已累计确认应收转贷债券利息 180 000 元。省财政现收回全部本息 1 180 000 元，款项存入国库。

借：国库存款　　1 180 000
　贷：其他应付款——应付地方政府一般债券转贷款　　1 180 000

同时：

借：资产基金——应收地方政府债券转贷款　　1 180 000
　贷：应收地方政府债券转贷款——一般债券转贷款（应收本金）　　1 000 000
　　应收地方政府债券转贷款——一般债券转贷款（应收利息）　　180 000

财政总预算会计的应收地方政府债券转贷款核算同时用到了收付实现制和权责发生制。收回的转贷债券本息应兑付给债券投资者，不构成本级财政收入。

2. 应收主权外债转贷款

应收主权外债转贷款是指本级政府财政转贷给下级政府财政的外国政府和国际金融组织贷款等主权外债资金的本金及利息。该项业务常因下级政府财政的外债举借资质、用款需要或转移收支问题产生。

为核算本级政府财政转贷给下级政府财政的主权外债业务，财政总预算会计设置了“应收主权外债转贷款”科目，并在该科目下设置了“应收本金”和“应收利息”两个明细科目，按照转贷对象进行明细核算。同时，财政总预算会计另设置了“资产基金——应收主权外债转贷款”科目做关联核算。本级政府财政向下级政府财政转贷主权外债资金，且主权外债最终还款责任由下级政府财政承担的，相关账务处理如下。

（1）本级政府财政支付转贷资金时，根据转贷资金支付的相关资料，借记“债务转贷支出”科目，贷记“其他财政存款”科目；根据债务管理部门转来的相关资料，按照实际持有的债权金额，借记“应收主权外债转贷款”科目，贷记“资产基金——应收主权外债转贷款”科目。

（2）外方将贷款资金直接支付给用款单位或供应商时，本级政府财政根据转贷资金支付的相关资料，借记“债务转贷支出”科目，贷记“债务收入”或“债务转贷收入”科目；根据债务管理部门转来的相关资料，按照实际持有的债权金额，借记“应收主权外债转贷款”科目，贷记“资产基金——应收主权外债转贷款”科目；同时，借记“待偿债净资产”科目，贷记“借入款项”或“应付主权外债转贷款”科目。

本级政府财政支付转贷资金与外方直接支付转贷资金两种情况下的账务处理有差别，主要是因为本级政府在支付转贷资金前已确认债务收入和借入款项负债。

期末确认主权外债转贷款的应收利息时，根据债务管理部门计算出的转贷款的本期应收未收利息金额，借记“应收主权外债转贷款”科目，贷记“资产基金——应收主权外债转贷款”科目。

收回转贷给下级政府财政主权外债的本息时，按照收回的金额，借记“其他财政存款”科目，贷记“其他应付款”或“其他应收款”科目；根据债务管理部门转来的相关资料，按照实际收回的转贷款本金及已确认的应收利息金额，借记“资产基金——应收主权外债转贷款”科目，贷记“应收主权外债转贷款”科目。扣缴下级政府财政的转贷款本息时，按照扣缴的金额，借记“与下级往来”科目，贷记“其他应付款”或“其他应收款”科目；根据债务管理部门转来的相关资料，按照扣缴的转贷款本金及已确认的应收利息金额，借记“资产基金——应收主权外债转贷款”科目，贷记“应收主权外债转贷款”科目。

期末，“应收主权外债转贷款”科目为借方余额，反映政府财政应收未收的主权外债转贷款本金和利息。

【例 4-21】 某省政府财政将从国外某金融机构借入的贷款 6 980 000 元转贷给省内某市政府财政，款项已从省财政的其他财政存款账户划付。

借：债务转贷支出	6 980 000	
贷：其他财政存款		6 980 000

同时：

借：应收主权外债转贷款——应收本金	6 980 000	
贷：资产基金——应收主权外债转贷款		6 980 000

4.1.5 股权投资

股权投资是指政府持有的各类股权性质的投资，包括国际金融组织股权投资、投资基金股权投资和企业股权投资等。政府财政在确保预算支出的前提下，经批准可按规定程序对外进行股权投资。财政总预算的股权投资一般采用权益法核算。

为核算政府的股权性质投资业务，财政总预算会计设置了“股权投资”科目，并在该科目下按照“国际金融组织股权投资”“投资基金股权投资”“企业股权投资”设置明细科目，在明细科目下，可根据管理需要，再按照被投资主体进行明细核算。对每一个被投资主体还可以按照“投资成本”“收益转增投资”“损益调整”“其他权益变动”进行明细核算。同时，财政总预算会计另设置了“资产基金——股权投资”科目做关联核算。

1. 国际金融组织股权投资

政府财政代表政府认缴国际金融组织股本时，按照实际支付的金额，借记“一般公共预算本级支出”等科目，贷记“国库存款”科目；根据股权投资确认的相关资料，按照确定的股权投资成本，借记“股权投资”科目，贷记“资产基金——股权投资”科目。从国际金融组织撤出股本时，按照收回的金额，借记“国库存款”科目，贷记“一般公共预算本级支出”科目；根据股权投资清算的相关资料，按照实际撤出的股本，借记“资产基金——股权投资”科目，贷记“股权投资”科目。

2. 投资基金股权投资

政府财政对投资基金进行股权投资时，按照实际支付的金额，借记“一般公共预算本级支出”等科目，贷记“国库存款”等科目；根据股权投资确认的相关资料，按照实际支付的金额，借记“股权投资——投资基金股权投资（投资成本）”科目，按照确定的在被投资基金中占有的权益金额与实际支付金额的差额，借记或贷记“股权投资——投资基金股权投资（其他权益变动）”科目，按照确定的在被投资基金中占有的权益金额，贷记“资产基金——股权投资”科目。

期末，根据政府财政在被投资基金的当期净利润或净亏损中占有的份额，借记或贷记“股权投资——损益调整”科目，贷记或借记“资产基金——股权投资”科目。政府财政将归属财政的收益留作基金滚动使用时，借记“股权投资——收益转增投资”科目，贷记“股权投资——损益调整”科目。

被投资基金宣告发放现金股利或利润时，按照应上缴政府财政的部分，借记“应收股利”科目，贷记“资产基金——应收股利”科目；同时，按照相同的金额，借记“资产基金——股权投资”科目，贷记“股权投资——损益调整”科目。被投资基金发生除净损益以外的其他权益变动时，按照政府财政持股比例计算应享有的部分，借记或贷记“股权投资——其他权益变动”科目，贷记或借记“资产基金——股权投资”科目。

核算投资基金存续期满、清算或政府财政从投资基金退出须收回的出资时，政府财政按照实际收回的资金，借记“国库存款”等科目，按照收回的原实际出资部分，贷记“一般公共预算本级支出”等科目，按照超出原实际出资的部分，贷记“一般公共预算本级收入”等科目；根据股权投资清算的相关资料，按照因收回股权投资而减少在被投资基金中占有的权益金额，借记“资产基金——股权投资”科目，贷记“股权投资”科目。

【例 4-22】某市财政经批准，按年度投资预算，向某投资基金投出资金 850 000 元，占该基金净资产份额的 30%，采用权益法核算。该项投资的成本与确定的在被投资基金中占有的权益金额相等，投资款已从国库划付。

借：一般公共预算本级支出	850 000	
贷：国库存款		850 000

同时：

借：股权投资——投资基金股权投资（投资成本）	850 000	
贷：资产基金——股权投资		850 000

【例 4-23】接上例。投资存续期满，市财政从投资基金收回出资 850 000 元，同时收回投资收益 40 000 元，共计 890 000 元，存入国库。

借：国库存款	890 000	
贷：一般公共预算本级支出		850 000
一般公共预算本级收入		40 000

同时：

借：资产基金——股权投资	850 000	
贷：股权投资——投资基金股权投资（投资成本）		850 000

3. 企业股权投资

企业股权投资的账务处理，根据管理条件和管理需要，参照投资基金股权投资的账务处理。期末，“股权投资”科目借方余额反映政府持有的各种股权投资金额。

财政总预算会计资产类科目中的“财政零余额账户存款”科目和“待发国债”科目分别属于国库支付机构会计和中央财政总预算会计，本章不做介绍。

4.2　财政总预算会计负债

财政总预算会计负债是财政承担的能以货币计量，须以资产偿付的债务。

我国当前实行积极的财政政策，年度预算一般会安排一定量的财政赤字，上下级政府财政之间也会产生往来性质的债权债务等。财政总预算会计按照负债的流动性，分为流动负债和非流动负债。流动负债是指预计在 1 年内（含 1 年）偿还的负债，非流动负债是指流动负债以外的负债。财政总预算会计负债具体包括应付国库集中支付结余、暂收及应付款项、应付政府债券、借入款项、应付转贷款、其他负债、应付代管资金等。对于符合负债定义的债务，财政总预算会计应当在对其实际承担偿还责任，并且能够可靠计量时予以确认。符合负债定义并经确认的负债项目，应当列入资产负债表。政府财政承担或有责任（偿债责任需要通过未来不确定事项的发生或不发生予以证实）的负债，不列入资产负债表，但应当在报表附注中披露。财政总预算会计核算的负债，应当按照承担的相关合同金额或实际发生金额进行计量。

财政总预算会计负债核算具有如下特点：第一，债务主体的特殊性。财政总预算会计所核算的负债，是一级政府的负债而不是财政机关自身的负债。第二，债务账务处理的特殊性。政府发行债券所得款项，既确认为负债，又确认为收入。第三，债务偿还上的特殊性。政府财政承担的债务，一般只能以减少资产或承担新债的方式来偿还。

各级财政机关必须严格控制和掌握往来款项的发生，无论是财政机关上下级之间的预算往来款项，还是财政机关与各单位之间的往来款项，都应当按照有关规定办理。各级财政机关对于上下级财政之间的往来借垫款项，属于预算补助范围以内的，应直接用

"补助支出"科目核算，不得长年用往来科目挂账。年终应彻底清理往来借款，该收回的收回，该归还的归还，该结算的结算。属于应当列为当年收入或当年支出的，应及时结算转账，列入当年预算。除了长期借入款项外，原则上一般往来款项年末应无余额。

4.2.1 应付短期政府债券与应付国库集中支付结余

发行政府债券取得资金是政府财政筹措资金的重要方式之一。按政府债券的发行主体，分为中央政府发行的债券和省级人民政府发行的债券，前者即国债，后者又被称为地方债。其中，国债按债券品种可分为记账式国债和储蓄国债等，记账式国债可上市流通。按政府债券的存续期，可分为短期政府债券和长期政府债券。

1. 应付短期政府债券

应付短期政府债券是指政府财政部门以政府名义发行的期限不超过 1 年（含 1 年）的国债和地方债。

为核算政府的短期债券业务，财政总预算会计设置了"应付短期政府债券"科目，该科目下应当设置"应付国债""应付地方政府一般债券""应付地方政府专项债券"等明细科目，在明细科目下再分别设置"应付本金""应付利息"明细科目，分别核算政府债券的应付本金和利息。债务管理部门应当设置相应的辅助账，详细记录每期政府债券金额、种类、期限、发行日、到期日、票面利率、偿还本金及付息情况等。同时，财政总预算会计另设置"待偿债净资产——应付短期政府债券"科目做关联核算。

财政总预算会计实际收到短期政府债券发行收入时，按照实际收到的金额，借记"国库存款"科目，按照短期政府债券实际发行额，贷记"债务收入"科目，按照发行收入和发行额的差额，借记或贷记有关支出科目；根据债券发行确认文件等相关债券管理资料，按照到期应付的短期政府债券本金金额，借记"待偿债净资产——应付短期政府债券"科目，贷记"应付短期政府债券"科目。

期末确认短期政府债券的应付利息时，根据债务管理部门计算出的本期应付未付利息金额，借记"待偿债净资产——应付短期政府债券"科目，贷记"应付短期政府债券"科目。

实际支付本级政府财政承担的短期政府债券利息时，借记"一般公共预算本级支出"或"政府性基金预算本级支出"科目，贷记"国库存款"等科目；实际支付利息金额中属于已确认的应付利息部分，还应根据债券兑付确认文件等相关债券管理资料，借记"应付短期政府债券"科目，贷记"待偿债净资产——应付短期政府债券"科目。

实际偿还本级政府财政承担的短期政府债券本金时，借记"债务还本支出"科目，贷记"国库存款"等科目；根据债券兑付确认文件等相关债券管理资料，借记"应付短期政府债券"科目，贷记"待偿债净资产——应付短期政府债券"科目。

省级财政部门采用定向承销方式发行短期地方政府债券置换存量债务时，根据债权债务确认相关资料，按照置换本级政府存量债务的额度，借记“债务还本支出”科目，贷记“债务收入”科目；根据债务管理部门转来的相关资料，按照置换本级政府存量债务的额度，借记“待偿债净资产——应付短期政府债券”科目，贷记“应付短期攻府债券”科目。

期末，“应付短期政府债券”科目为贷方余额，反映政府财政尚未偿还的短期政府债券本金和利息。

【例 4-24】某省按照年度预算，于 20×× 年 1 月 1 日通过承销机构，公开发行 1 年期、年利率 5%、每半年还息、到期还本的地方政府债券 50 000 000 元，用于政府性基金预算类开支，扣除发行手续费，财政国库实际收到债券发行收入 49 000 000 元并于上半年末计算应付利息。

（1）发行债券时：

借：国库存款　49 000 000
　　政府性基金预算本级支出　1 000 000
　贷：债务收入——地方政府专项债务收入　50 000 000

同时：

借：待偿债净资产——应付短期政府债券　50 000 000
　贷：应付短期政府债券——应付地方政府专项债券（应付本金）　50 000 000

（2）上半年末，确认该债券的应付利息时：

借：待偿债净资产——应付短期政府债券　1 250 000
　贷：应付短期政府债券——应付地方政府专项债券（应付利息）　1 250 000

【例 4-25】接上例。20×× 年 7 月 1 日，财政总预算会计支付该债券的上半年利息 1 250 000 元。

借：政府性基金预算本级支出　1 250 000
　贷：国库存款　1 250 000

同时：

借：应付短期政府债券——应付地方政府专项债券（应付利息）1 250 000
　贷：待偿债净资产——应付短期政府债券　1 250 000

【例 4-26】接上述两例。该债券到期时，财政总预算会计支付债券本金及下半年的利息共计 51 250 000 元。

借：债务还本支出——地方政府专项债务还本支出　50 000 000
　　政府性基金预算本级支出　1 250 000
　贷：国库存款　51 250 000

同时：

借：应付短期政府债券——应付地方政府专项债券（应付本金）50 000 000
　贷：待偿债净资产——应付短期政府债券　50 000 000

2. 应付国库集中支付结余

应付国库集中支付结余是指政府财政采用权责发生制列支，预算单位尚未使用的国库集中支付结余资金。预算单位的国库集中支付指标数在预算年度结束时尚未用完的，财政总预算会计年末须按规定采用权责发生制予以确认支出，并结转到下年由预算单位继续使用。这些已确认为支出但实际未安排使用的国库集中支付结余，构成了财政总预算会计对预算单位的负债，这些负债在次年由预算单位经批准使用时，方告偿清。

为核算按权责发生制确认的应付国库集中支付结余，财政总预算会计设置了“应付国库集中支付结余”科目，财政机关应当根据管理需要，按照政府收支分类科目等进行相应的明细核算。年末，对当年形成的国库集中支付结余采用权责发生制列支时，借记有关支出科目，贷记“应付国库集中支付结余”科目。以后年度实际支付国库集中支付结余资金时，分以下情况进行处理：①按原结转预算科目支出的，借记“应付国库集中支付结余”科目，贷记“国库存款”科目；②调整支出预算科目的，应当按原结转预算科目进行冲销处理，借记“应付国库集中支付结余”科目，贷记有关支出科目，同时按实际支出预算科目进行列支账务处理，借记有关支出科目，贷记“国库存款”科目。

期末，“应付国库集中支付结余”科目为贷方余额，反映政府财政尚未支付的国库集中支付结余资金。

【例 4-27】某市财政总预算会计在年终决算时，发现某预算单位当年国库集中支付指标结余 800 000 元，财政总预算会计按规定结转并列入一般预算支出。次年，该预算单位使用上述结余时，财政总预算会计根据批复的预算调整方案，将上年该结余的支出预算科目调整为政府性基金预算支出。

（1）年末，财政总预算会计确认应付国库集中支付结余时：

借：一般公共预算本级支出　800 000
　贷：应付国库集中支付结余　800 000

（2）次年，该预算单位实际使用上年结余，财政总预算会计调整支出科目时：

借：应付国库集中支付结余　800 000
　贷：一般公共预算本级支出　800 000

同时：

借：政府性基金预算本级支出　800 000
　贷：国库存款　800 000

4.2.2　与上级往来、其他应付款与应付代管资金

1. 与上级往来

与上级往来是指本级政府财政与上级政府财政的往来待结算款项。财政总预算会计本级财政的与上级往来和上级财政的与下级往来相对应。在上下级政府财政之间，因财政体制结算需要，年末，下级政府财政会产生按规定须上解上级政府财政的资金，以及从上级政府财政临时借入的需要偿还的周转使用款项等。这些上下级政府财政之间发生的往来，对于下级政府财政而言，是应予偿付的款项，是一种财政负债。

为核算本级政府财政与上级政府财政的往来待结算业务，财政总预算会计设置了“与上级往来”科目，该科目应当按照往来款项的类别和项目等进行明细核算。本级政府财政从上级政府财政借入款项或体制结算中发生应上解上级政府财政款项时，借记“国库存款”“上解支出”等科目，贷记“与上级往来”科目。本级政府财政归还借款、转作上级补助收入或体制结算中应由上级补助款项时，借记“与上级往来”科目，贷记“国库存款”“补助收入”等科目。

期末，“与上级往来”科目余额可以在贷方，也可以在借方，是双重性质结构科目。该科目贷方余额反映本级政府财政应付上级政府财政的款项，借方余额反映本级政府财政应收上级政府财政的款项。

【例 4-28】年末，某区财政根据体制结算规定，计算出区本级财政应向上级市财政上解一般预算款项 170 000 元。

借：上解支出　　170 000
　贷：与上级往来　　170 000

【例 4-29】年终，某区财政根据财政体制结算规定，计算出市财政应拨给该区财政补助款 156 000 元。

借：与上级往来　　156 000
　贷：补助收入　　156 000

【例 4-30】某市财政预算周转困难，向上级省财政借款 8 300 000 元。款项已存入国库。

借：国库存款　　8 300 000
　贷：与上级往来　　8 300 000

【例 4-31】接上例。当省财政将借给该市财政的 8 300 000 元转作对该市财政的补助时，市财政总预算会计应做如下账务处理。

借：与上级往来　　8 300 000
　贷：补助收入　　8 300 000

2. 其他应付款

其他应付款是指政府财政临时发生的暂收、应付和收到的不明性质款项，包括税务机关代征入库的社会保险费、项目单位使用并承担还款责任的外国政府和国际金融组织贷款。

为核算其他应付性质的负债项目，财政总预算会计设置了“其他应付款”科目，该科目应当按照债权单位或资金来源等进行明细核算。财政总预算会计收到暂存款项时，借记“国库存款”“其他财政存款”等科目，贷记“其他应付款”科目。将暂存款项清理退还或转作收入时，借记“其他应付款”科目，贷记“国库存款”“其他财政存款”或有关收入科目。社会保险费代征入库时，借记“国库存款”科目，贷记“其他应付款”科目。社会保险费从国库缴存至社保基金财政专户时，借记“其他应付款”科目，贷记“国库存款”科目。

收到项目单位承担还款责任的外国政府和国际金融组织贷款资金时，借记“其他财政存款”科目，贷记“其他应付款”科目。付给项目单位时，借记“其他应付款”科目，贷记“其他财政存款”科目。收到项目单位偿还贷款资金时，借记“其他财政存款”科目，贷记“其他应付款”科目。付给外国政府和国际金融组织项目单位还款资金时，借记“其他应付款”科目，贷记“其他财政存款”科目。

期末，“其他应付款”科目的贷方余额反映政府财政尚未结清的其他应付款项。

【例 4-32】 某市财政总预算会计收到国库传来的收入日报表，收到一笔性质暂不明确的款项 60 000 元，将其计入“其他应付款”科目。后经确认，该款项为一项税收收入。

（1）确认为其他应付款：

借：国库存款	60 000	
贷：其他应付款		60 000

（2）结转其他应付款：

借：其他应付款	60 000	
贷：一般公共预算本级收入		60 000

3. 应付代管资金

应付代管资金是指政府财政代为管理的、使用权属于被代管主体的资金。

为核算由政府财政代为管理的款项，财政总预算会计设置了“应付代管资金”科目，该科目应当根据管理需要进行相关明细核算。财政总预算会计收到代管资金时，借记“其他财政存款”等科目，贷记“应付代管资金”科目。支付代管资金时，借记“应付代管资金”科目，贷记“其他财政存款”等科目。代管资金产生的利息收入按照相关规定仍属于代管资金的，借记“其他财政存款”等科目，贷记“应付代管资金”

科目。

期末，“应付代管资金”科目的贷方余额反映政府财政尚未支付的代管资金。

【例 4-33】某市财政总预算会计收到为某预算单位代为管理的资金 70 000 元，款项已存入财政指定的某商业银行。

借：其他财政存款　70 000

　贷：应付代管资金　70 000

4.2.3　应付长期政府债券与借入款项

1. 应付长期政府债券

应付长期政府债券是指政府财政部门以政府名义发行的期限超过 1 年的国债和地方债的应付本金和利息，是政府可以长期利用的预算收入。

为核算政府发行的长期债券，财政总预算会计设置了“应付长期政府债券”科目，该科目下应当设置“应付国债”“应付地方政府一般债券”“应付地方政府专项债券”等明细科目，在明细科目下，再分别设置“应付本金”“应付利息”明细科目，分别核算政府债券的应付本金和利息。债务管理部门应当设置相应的辅助账，详细记录每期政府债券金额、种类、期限、发行日、到期日、票面利率、偿还本金及付息情况等。同时，财政总预算会计另设置“待偿债净资产——应付长期政府债券”科目做关联核算。

财政总预算会计实际收到长期政府债券发行收入时，按照实际收到的金额，借记“国库存款”科目，按照长期政府债券实际发行额，贷记“债务收入”科目，按照发行收入和发行额的差额，借记或贷记有关支出科目；根据债券发行确认文件等相关债券管理资料，按照到期应付的长期政府债券本金金额，借记“待偿债净资产——应付长期政府债券”科目，贷记“应付长期政府债券”科目。

期末确认长期政府债券的应付利息时，根据债务管理部门计算出的本期应付未付利息金额，借记“待偿债净资产——应付长期政府债券”科目，贷记“应付长期政府债券”科目。实际支付本级政府财政承担的长期政府债券利息时，借记“一般公共预算本级支出”或“政府性基金预算本级支出”科目，贷记“国库存款”等科目；实际支付利息金额中属于已确认的应付利息部分，还应根据债券兑付确认文件等相关债券管理资料，借记“应付长期政府债券”科目，贷记“待偿债净资产——应付长期政府债券”科目。

财政总预算会计实际偿还本级政府财政承担的长期政府债券本金时，借记“债务还本支出”科目，贷记“国库存款”等科目；根据债券兑付确认文件等相关债券管理资料，借记“应付长期政府债券”科目，贷记“待偿债净资产——应付长期政府债券”科目。本级政府财政偿还下级政府财政承担的地方政府债券本息时，借记“其他应付款”或“其他应收款”科目，贷记“国库存款”科目；根据债券兑付确认文件等相关债券管理资料，按照实际偿还的长期政府债券本金及已确认的应付利息金额，借记“应付长期政府债券”科目，贷记“待偿债净资产——应付长期政府债券”科目。

省级财政部门采用定向承销方式发行长期地方政府债券置换存量债务时，根据债权债务确认相关资料，按照置换本级政府存量债务的额度，借记“债务还本支出”科目，按照置换下级政府存量债务的额度，借记“债务转贷支出”科目，按照置换存量债务的总额度，贷记“债务收入”科目；根据债务管理部门转来的相关资料，按照置换存量债务的总额度，借记“待偿债净资产——应付长期政府债券”科目，贷记“应付长期政府债券”科目。同时，按照置换下级政府存量债务额度，借记“应收地方政府债券转贷款”科目，贷记“资产基金——应收地方政府债券转贷款”科目。

期末，“应付长期政府债券”科目为贷方余额，反映政府财政尚未偿还的长期政府债券本金和利息。

【例 4-34】某省财政总预算会计按照年度预算，通过承销机构，于当年年初公开发行 5 年期、年利率 3%、到期还本付息的地方政府一般债券 1 000 000 元，扣除各项发行费用，实际收到债券发行收入 990 000 元。当年年末，计算上述债券应付利息 30 000 元。

（1）年初发行债券时：

借：国库存款　990 000
　　一般公共预算本级支出　10 000
　贷：债务收入　1 000 000

同时：

借：待偿债净资产——应付长期政府债券　1 000 000
　贷：应付长期政府债券——应付地方政府一般债券（应付本金）　1 000 000

（2）年末确认应付债券利息时：

借：待偿债净资产——应付长期政府债券　30 000
　贷：应付长期政府债券——应付地方政府一般债券（应付利息）　30 000

【例 4-35】接上例。上述债券到期，已计提了 5 年的应付利息，共计 150 000 元。财政总预算会计现一次性偿还全部本息共计 1 150 000 元。

借：债务还本支出　1 000 000
　　一般公共预算本级支出　150 000
　贷：国库存款　1 150 000

同时：

借：应付长期政府债券——应付地方政府一般债券（应付本金）1 000 000
　　应付长期政府债券——应付地方政府一般债券（应付利息）150 000
　贷：待偿债净资产——应付长期政府债券　1 150 000

2. 借入款项

借入款项是指政府财政部门以政府名义向外国政府和国际金融组织等借入的款项，以及通过经国务院批准的其他方式借入的款项。为核算政府的对外借款业务，财政总预算会计设置了“借入款项”科目，并在该科目下设置“应付本金”“应付利息”明细科目，分别对借入款项的应付本金和利息进行明细核算，还应当进一步按照债权人进行明细核算。债务管理部门应当设置相应的辅助账，详细记录每笔借入款项的期限、借入日期、偿还及付息情况等。同时，财政总预算会计另设置“待偿债净资产——借入款项”科目做关联核算。

以借入主权外债的账务处理为例，本级政府财政收到借入的主权外债资金时，借记“其他财政存款”科目，贷记“债务收入”科目；根据债务管理部门转来的相关资料，按照实际承担的债务金额，借记“待偿债净资产——借入款项”科目，贷记“借入款项”科目。

本级政府财政借入主权外债，且由外方将贷款资金直接支付给用款单位或供应商时，应根据以下情况分别处理：

（1）本级政府财政承担还款责任，贷款资金由本级政府财政同级部门（单位）使用。本级政府财政部门根据贷款资金支付的相关资料，借记“一般公共预算本级支出”等科目，贷记“债务收入”科目；根据债务管理部门转来的相关资料，按照实际承担的债务金额，借记“待偿债净资产——借入款项”科目，贷记“借入款项”科目。

（2）本级政府财政承担还款责任，贷款资金由下级政府财政同级部门（单位）使用。本级政府财政部门根据贷款资金支付的相关资料及预算指标文件，借记“补助支出”科目，贷记“债务收入”科目；根据债务管理部门转来的相关资料，按照实际承担的债务金额，借记“待偿债净资产——借入款项”科目，贷记“借入款项”科目。

（3）下级政府财政承担还款责任，贷款资金由下级政府财政同级部门（单位）使用。本级政府财政部门根据贷款资金支付的相关资料，借记“债务转贷支出”科目，贷记“债务收入”科目；根据债务管理部门转来的相关资料，按照实际承担的债务金额，借记“待偿债净资产——借入款项”科目，贷记“借入款项”科目；同时，借记“应收主权外债转贷款”科目，贷记“资产基金——应收主权外债转贷款”科目。

期末确认借入主权外债的应付利息时，根据债务管理部门计算出的本期应付未付的利息金额，借记“待偿债净资产——借入款项”科目，贷记“借入款项”科目。

偿还本级政府财政承担的借入主权外债本金时，借记“债务还本支出”科目，贷记“国库存款”“其他财政存款”等科目；根据债务管理部门转来的相关资料，按照实际偿还的本金金额，借记“借入款项”科目，贷记“待偿债净资产——借入款项”科目。偿还本级政府财政承担的借入主权外债利息时，借记“一般公共预算本级支出”等科目，贷记“国库存款”“其他财政存款”等科目；实际偿还利息金额中属于已确认的应付利息部分，还应根据债务管理部门转来的相关资料，借记“借入款项”科目，贷记“待偿债净资产——借入款项”科目。

偿还下级政府财政承担的借入主权外债的本息时，借记“其他应付款”或“其他应收款”科目，贷记“国库存款”“其他财政存款”等科目；根据债务管理部门转来的相关资料，按照实际偿还的本金及已确认的应付利息金额，借记“借入款项”科目，贷记“待偿债净资产——借入款项”科目。被上级政府财政扣缴借入主权外债的本息时，借记“其他应收款”科目，贷记“与上级往来”科目；根据债务管理部门转来的相关资料，按照实际扣缴的本金及已确认的应付利息金额，借记“借入款项”科目，贷记“待偿债净资产——借入款项”科目。列报支出时，对应由本级政府财政承担的还本支出，借记“债务还本支出”科目，贷记“其他应收款”科目；对应由本级政府财政承担的利息支出，借记“一般公共预算本级支出”等科目，贷记“其他应收款”科目。

债权人豁免本级政府财政承担偿还责任的借入主权外债本息时，根据债务管理部门转来的相关资料，按照被豁免的本金及已确认的应付利息金额，借记“借入款项”科目，贷记“待偿债净资产——借入款项”科目。债权人豁免下级政府财政承担偿还责任的借入主权外债本息时，根据债务管理部门转来的相关资料，按照被豁免的本金及已确认的应付利息金额，借记“借入款项”科目，贷记“待偿债净资产——借入款项”科目；同时，借记“资产基金——应收主权外债转贷款”科目，贷记“应收主权外债转贷款”科目。

其他借入款项的账务处理参照借入主权外债业务的账务处理。期末，“借入款项”科目为贷方余额，反映本级政府财政尚未偿还的借入款项本金和利息。

【例 4-36】某省人民政府从国际金融组织借入款项折合人民币 7 000 000 元，该笔借款由省本级政府财政承担还款责任，由本级政府财政的同级单位用作一般预算支出。款项由外方直接划至用款单位。

借：一般公共预算本级支出	7 000 000	
贷：债务收入		7 000 000

同时：

借：待偿债净资产——借入款项	7 000 000	
贷：借入款项——应付本金		7 000 000

【例 4-37】接上例。该省财政总预算会计通过国库存款归还上述借款本金及利息折合人民币 7 300 000 元。还款前，财政总预算会计未确认应付利息。

借：债务还本支出	7 000 000	
一般公共预算本级支出	300 000	
贷：国库存款		7 300 000

同时：

借：借入款项——应付本金	7 000 000	
贷：待偿债净资产——借入款项		7 000 000

4.2.4 应付转贷类款项与其他负债

应付转贷类款项是指地方政府从上级财政借入转贷资金而形成的债务，包括应付地方政府债券转贷款和应付主权外债转贷款。

其他负债是指政府财政因有关政策明确要求其承担支出责任的事项而形成的应付未付款项。

1. 应付地方政府债券转贷款

应付地方政府债券转贷款是指地方政府财政从上级政府财政借入的地方政府债券转贷款的本金和利息。本级政府财政的应付地方政府债券转贷款与上级政府财政的应收地方政府债券转贷款有业务对应关系。

为核算从上级财政借入转贷资金形成的负债，财政总预算会计设置了“应付地方政府债券转贷款”科目，并在该科目下设置了“应付地方政府一般债券转贷款”（以下简称一般债券转贷款）和“应付地方政府专项债券转贷款”（以下简称专项债券转贷款）一级明细科目，在一级明细科目下再分别设置“应付本金”和“应付利息”两个明细科目，分别对应付本金和利息进行明细核算。同时，财政总预算会计设置了“待偿债净资产——应付地方政府债券转贷款”科目做关联核算。

本级政府财政收到上级政府财政转贷的地方政府债券资金时，借记“国库存款”科目，贷记“债务转贷收入”科目；根据债务管理部门转来的相关资料，按照到期应偿还的转贷款本金金额，借记“待偿债净资产——应付地方政府债券转贷款”科目，贷记“应付地方政府债券转贷款”科目。

期末确认地方政府债券转贷款的应付利息时，根据债务管理部门计算出的本期应付未付利息的金额，借记“待偿债净资产——应付地方政府债券转贷款”科目，贷记“应付地方政府债券转贷款”科目。

偿还本级政府财政承担的地方政府债券转贷款本金时，借记“债务还本支出”科目，贷记“国库存款”等科目；根据债务管理部门转来的相关资料，按照实际偿还的本金金额，借记“应付地方政府债券转贷款”科目，贷记“待偿债净资产——应付地方政府债券转贷款”科目。偿还本级政府财政承担的地方政府债券转贷款的利息时，借记“一般公共预算本级支出”或“政府性基金预算本级支出”科目，贷记“国库存款”等科目；实际支付利息金额中属于已确认的应付利息部分，还应根据债务管理部门转来的相关资料，借记“应付地方政府债券转贷款”科目，贷记“待偿债净资产——应付地方政府债券转贷款”科目。

偿还下级政府财政承担的地方政府债券转贷款的本息时，借记“其他应付款”或“其他应收款”科目，贷记“国库存款”等科目；根据债务管理部门转来的相关资料，按照实际偿还的本金及已确认的应付利息金额，借记“应付地方政府债券转贷款”科目，贷记“待偿债净资产——应付地方政府债券转贷款”科目。

被上级政府财政扣缴地方政府债券转贷款本息时，借记“其他应收款”科目，贷记“与上级往来”科目；根据债务管理部门转来的相关资料，按照实际扣缴的本金及已确认的应付利息金额，借记“应付地方政府债券转贷款”科目，贷记“待偿债净资产——应付地方政府债券转贷款”科目。列报支出时，对本级政府财政承担的还本支出，借记“债务还本支出”科目，贷记“其他应收款”科目；对本级政府财政承担的利息支出，借记“一般公共预算本级支出”或“政府性基金预算本级支出”科目，贷记“其他应收款”科目。

采用定向承销方式发行地方政府债券置换存量债务时，省级以下（不含省级）财政部门根据上级财政部门提供的债权债务确认的相关资料，按照置换本级政府存量债务的额度，借记“债务还本支出”科目，按照置换下级政府存量债务的额度，借记“债务转贷支出”科目，按照置换存量债务的总额度，贷记“债务转贷收入”科目；根据债务管理部门转来的相关资料，按照置换存量债务的总额度，借记“待偿债净资产——应付地方政府债券转贷款”科目，贷记“应付地方政府债券转贷款”科目。同时，按照置换下级政府存量债务额度，借记“应收地方政府债券转贷款”科目，贷记“资产基金——应收地方政府债券转贷款”科目。

期末，“应付地方政府债券转贷款”科目为贷方余额，反映本级政府财政尚未偿还的地方政府债券转贷款的本金和利息。

【例 4-38】某市政府财政总预算会计收到上级政府财政转贷的一般预算类地方政府债券资金 800 000 元，存入国库，并于当年年末确认应付利息 40 000 元。

（1）市财政收到转贷的债券款项时：

借：国库存款	800 000	
贷：债务转贷收入——地方政府一般债务转贷收入		800 000

同时：

借：待偿债净资产——应付地方政府债券转贷款	800 000	
贷：应付地方政府债券转贷款——一般债券转贷款（应付本金）		800 000

（2）年末，市财政确认转贷款应付利息 40 000 元。

借：待偿债净资产——应付地方政府债券转贷款	40 000	
贷：应付地方政府债券转贷款——一般债券转贷款（应付利息）		40 000

【例 4-39】接上例。上述应付地方政府债券转贷款到期，市财政偿还本金及利息 840 000 元。款项通过国库支付。

借：债务还本支出	800 000	
一般公共预算本级支出	40 000	
贷：国库存款		840 000

同时：

借：应付地方政府债券转贷款——一般债券转贷款（应付本金）　800 000
　　应付地方政府债券转贷款——一般债券转贷款（应付利息）　40 000
　贷：待偿债净资产——应付地方政府债券转贷款　840 000

2. 应付主权外债转贷款

应付主权外债转贷款是指本级政府财政从上级政府财政借入的主权外债转贷款的本金和利息。本级政府财政的应付主权外债转贷款和上级政府财政的应收主权外债转贷款有业务对应关系。

为核算政府应付主权外债转贷款业务，财政总预算会计设置了“应付主权外债转贷款”科目，并在该科目下设置了“应付本金”和“应付利息”两个明细科目，分别对应付本金和利息进行明细核算。同时，财政总预算会计在净资产要素中设置了“待偿债净资产——应付主权外债转贷款”科目做关联核算。

本级政府财政收到上级政府财政转贷的主权外债资金时，借记“其他财政存款”科目，贷记“债务转贷收入”科目；根据债务管理部门转来的相关资料，按照实际承担的债务金额，借记“待偿债净资产——应付主权外债转贷款”科目，贷记“应付主权外债转贷款”科目。

从上级政府财政借入主权外债转贷款，且由外方将贷款资金直接支付给用款单位或供应商时，应根据以下情况分别处理：

（1）本级政府财政承担还款责任，贷款资金由本级政府财政同级部门（单位）使用。本级政府财政根据贷款资金支付的相关资料，借记“一般公共预算本级支出”等科目，贷记“债务转贷收入”科目；根据债务管理部门转来的相关资料，按照实际承担的债务金额，借记“待偿债净资产——应付主权外债转贷款”科目，贷记“应付主权外债转贷款”科目。

（2）本级政府财政承担还款责任，贷款资金由下级政府财政同级部门（单位）使用。本级政府财政部门根据贷款资金支付的相关资料及预算指标文件，借记“补助支出”科目，贷记“债务转贷收入”科目；根据债务管理部门转来的相关资料，按照实际承担的债务金额，借记“待偿债净资产——应付主权外债转贷款”科目，贷记“应付主权外债转贷款”科目。

（3）下级政府财政承担还款责任，贷款资金由下级政府财政同级部门（单位）使用。本级政府财政部门根据贷款资金支付相关资料，借记“债务转贷支出”科目，贷记“债务转贷收入”；根据债务管理部门转来的相关资料，按照实际承担的债务金额，借记“待偿债净资产——应付主权外债转贷款”科目，贷记“应付主权外债转贷款”科目；同时，借记“应收主权外债转贷款”科目，贷记“资产基金——应收主权外债转贷款”科目。

期末确认主权外债转贷款的应付利息时，按照债务管理部门计算出的本期应付未付利息的金额，借记“待偿债净资产——应付主权外债转贷款”科目，贷记“应付主权外债转贷款”科目。

偿还本级政府财政承担的借入主权外债转贷款的本金时，借记“债务还本支出”科目，贷记“其他财政存款”等科目；根据债务管理部门转来的相关资料，按照实际偿还的本金金额，借记“应付主权外债转贷款”科目，贷记“待偿债净资产——应付主权外债转贷款”科目。偿还本级政府财政承担的借入主权外债转贷款的利息时，借记“一般公共预算本级支出”等科目，贷记“其他财政存款”等科目；实际偿还利息金额中属于已确认的应付利息部分，还应根据债务管理部门转来的相关资料，借记“应付主权外债转贷款”科目，贷记“待偿债净资产——应付主权外债转贷款”科目。偿还下级政府财政承担的借入主权外债转贷款的本息时，借记“其他应付款”或“其他应收款”科目，贷记“其他财政存款”等科目；根据债务管理部门转来的相关资料，按照实际偿还的本金及已确认的应付利息金额，借记“应付主权外债转贷款”科目，贷记“待偿债净资产——应付主权外债转贷款”科目。

被上级政府财政扣缴借入主权外债转贷款的本息时，借记“其他应收款”科目，贷记“与上级往来”科目；根据债务管理部门转来的相关资料，按照被扣缴的本金及已确认的应付利息金额，借记“应付主权外债转贷款”科目，贷记“待偿债净资产——应付主权外债转贷款”科目。列报支出时，对本级政府财政承担的还本支出，借记“债务还本支出”科目，贷记“其他应收款”科目；对本级政府财政承担的利息支出，借记“一般公共预算本级支出”等科目，贷记“其他应收款”科目。

上级政府财政豁免主权外债转贷款本息时，根据以下情况分别处理：

（1）豁免本级政府财政承担偿还责任的主权外债转贷款本息。根据债务管理部门转来的相关资料，按照豁免转贷款的本金及已确认的应付利息金额，借记“应付主权外债转贷款”科目，贷记“待偿债净资产——应付主权外债转贷款”科目。

（2）豁免下级政府财政承担偿还责任的主权外债转贷款本息。根据债务管理部门转来的相关资料，按照豁免转贷款的本金及已确认的应付利息金额，借记“应付主权外债转贷款”科目，贷记“待偿债净资产——应付主权外债转贷款”科目；同时，借记“资产基金——应收主权外债转贷款”科目，贷记“应收主权外债转贷款”科目。

期末，“应付主权外债转贷款”科目为贷方余额，反映本级政府财政尚未偿还的主权外债转贷款本金和利息。

【例 4-40】某省财政收到上级政府财政转贷的主权外债资金 600 000 元，已存入财政指定的其他存款账户，该笔款项由本级财政使用并偿还，计划用于一般预算类开支。

	借方	贷方
借：其他财政存款	600 000	
贷：债务转贷收入——主权外债转贷款收入		600 000

同时：

借：待偿债净资产——应付主权外债转贷款　600 000
　贷：应付主权外债转贷款——应付本金　600 000

【例 4-41】接上例。上述应付主权外债转贷款到期，财政总预算会计偿还本金及利息共计 690 000 元。款项从其他财政存款户划付。

借：债务还本支出　600 000
　　一般公共预算本级支出　90 000
　贷：其他财政存款　690 000

同时：

借：应付主权外债转贷款——应付本金　600 000
　贷：待偿债净资产——应付主权外债转贷款　600 000

3. 其他负债

为核算其他负债业务，财政总预算会计设置了“其他负债”科目，在该科目下按照债权单位和项目等进行明细核算。当政府根据有关政策，明确政府财政应承担的支出责任时，财政总预算会计应按照确定应承担的金额，借记“待偿债净资产”科目，贷记“其他负债”科目。政府实际偿还负债时，借记有关支出等科目，贷记“国库存款”等科目，同时按照相同的金额，借记“其他负债”科目，贷记“待偿债净资产”科目。

期末，该科目为贷方余额，反映政府财政承担的尚未支付的其他负债余额。

【例 4-42】某市政府根据本级人大规定，下半年内，市本级财政应承担追加的公共卫生与疾控专项支出 2 800 000 元。财政总预算会计根据该项政策确认相应的支出责任。

借：待偿债净资产——其他负债　2 800 000
　贷：其他负债　2 800 000

【例 4-43】接上例。该市财政实际支付了一笔公共卫生与疫情防控支出 65 000 元。

借：一般公共预算本级支出　65 000
　贷：国库存款　65 000

同时：

借：其他负债　65 000
　贷：待偿债净资产——其他负债　65 000

财政总预算会计负债类科目中的“已结报支出”科目是国库执行机构会计核算用科目，本章不做介绍。

思考题

1. 财政总预算会计资产包括哪几类？各有什么内容？
2. 国库存款的核算规定是什么？
3. 与下级往来、与上级往来应如何核算？
4. 应收地方政府债券转贷款与应收主权外债转贷款分别应如何核算？
5. 应付短期政府债券和应付长期政府债券分别应如何核算？

练习题

通过扫描二维码获取

财政总预算会计收入、支出与净资产

学习目标

1. 了解政府本级预算类收入和支出的概念、分类及核算方法。
2. 掌握财政总预算会计转移性收入和支出的分类与核算方法。
3. 熟悉财政总预算会计债务类收入的分类与核算方法。
4. 理解财政总预算会计净资产的分类标准和方法，特别注意其中与部分资产和负债相对应的净资产的核算特点。

参考案例

积极财政的政策效果逐步显现

——2020 年 1 ～ 2 月全国财政收支运行综述

财政部最新公布的数据显示，2020 年 1 ～ 2 月，全国一般公共预算收入 35 232 亿元，同比下降了 9.9%。其中，中央一般公共预算收入 17 242 亿元，同比下降了 11.2%；地方一般公共预算本级收入 17 990 亿元，同比下降了 8.6%。

2020 年 1 ～ 2 月，全国一般公共预算支出 32 350 亿元，同比下降了 2.9%。其中，中央一般公共预算本级支出 4 269 亿元，同比增长了 4.7%；地方一般公共预算支出 28 081 亿元，同比下降了 3.9%。

由于多数税种主要是根据上月情况申报纳税，2020 年 1 月，全国财政收入主要受减税降费翘尾等因素影响，下降了3.9%。疫情对财政收入的影响在2月明显显现，当月全国财政收入同比下降21.4%。从行业看，受疫情影响较大的行业中，住宿餐饮、居民服务、交通运输行业的税收收入分别下降了55.1%、41.6%、37.3%；房地产、建筑、批发零售、制造等行业的税收收入也大幅下降。受到疫情的影响，经济增长大幅度下滑，财政收入也随之下滑，但没有超出预期。与此同时，医疗卫生支出大幅度增长。总体来看，当前财政运行处于合理区间，各项重点支出得到了较好的保障，积极财政的政策效果正在逐步显现。

思考：财政收支规模与国民经济和社会发展的关系。

资料来源：李忠峰．积极财政政策效果逐步显现——1～2月全国财政收支运行综述[N/OL]. 中国财经报，（2020-03-26）[2020-04-15]. http://www.cfen.com.cn/zyxw/bjtj/202003/t20200326_3489045.html.

5.1 财政总预算会计收入

政府收入是指政府财政为实现政府职能，根据法律法规等所筹集的资金。政府收入由财政总预算会计负责核算。按《政府收支分类科目》，政府收入科目包含类、款、项、目四级，由类级至目级，层级逐渐降低。政府收入类级科目见表5-1。

表5-1 政府收入类级科目

类级科目代码	科目名称	类级科目代码	科目名称
101	税收收入	104	贷款转贷回收本金收入
102	社会保险基金收入	105	债务收入
103	非税收入	110	转移性收入

其中，除社会保险基金收入另置机构专门核算外，其他各大类收入均由财政总预算会计核算。其他各大类收入分置为一般公共预算本级收入、政府性基金预算本级收入、国有资本经营预算本级收入、财政专户管理资金收入、专用基金收入、转移性收入、债务收入、债务转贷收入等，统称为财政总预算会计收入。其中，一般公共预算本级收入含“税收收入”和“非税收入”（基金预算性质的非税收入除外）；政府性基金预算本级收入含“非税收入”类下的“政府性基金收入”和“专项债券对应项目专项收入”，以及“债务收入”和“转移性收入”类中的基金预算性质收入；国有资本经营预算本级收入含“非税收入”类下的“国有资本经营收入”，以及“转移性收入”类下的“国有资本经营预算转移支付收入”。

《政府收支分类科目》是政府组织财政收入，安排财政支出，编制财政预决算和加强预算管理的主要依据。要注意的是，《政府收支分类科目》中的科目名称与财政总预算会计中的收支科目名称不完全相同。

总预算会计各项收入的确认原则是：一般公共预算本级收入、政府性基金预算本级收入、国有资本经营预算本级收入、财政专户管理资金收入和专用基金收入应当按照实际收到的金额入账；转移性收入应当按照财政体制的规定或实际发生的金额入账；债务收入应当按照实际发行额或借入的金额入账，债务转贷收入应当按照实际收到的转贷金额入账。

已建乡（镇）国库的地区，乡（镇）财政的本级收入以乡（镇）国库收到数额为准。县（含县本级）以上各级财政的各项预算收入（含固定收入与共享收入）以缴入基层国库数额为准。未建乡（镇）国库的地区，乡（镇）财政的本级收入以乡（镇）总预算会计收到县级财政返回数额为准。

总预算会计应当加强各项收入的管理，严格会计核算手续。对于各项收入的账务处理必须以审核无误的国库入库凭证、预算收入日报表和其他合法凭证为依据。发现错误，应当按照相关规定及时通知有关单位共同更正。对于已缴入国库和财政专户的收入退库（付），要严格把关，强化监督。凡不属于国家规定的退库（付）项目，一律不得冲退收入。属于国家规定的退库（付）事项，具体退库（付）程序按财政部的有关规定办理。

5.1.1　一般公共预算本级收入

1. 一般公共预算本级收入的分类

一般公共预算本级收入是指政府财政筹集的纳入本级一般公共预算管理的税收收入和非税收入，是一级政府的主要收入来源。《政府收支分类科目》中一般公共预算收入包括税收收入、非税收入、债务收入、转移性收入，见表 5-2。

表 5-2　一般公共预算收入分类（节选）

科目代码				科目名称	科目代码				科目名称
类	款	项	目		类	款	项	目	
101				税收收入	103				非税收入
	01			增值税		02			专项收入
		01		国内增值税		04			行政事业性收费收入
			01	国有企业增值税		05			罚没收入
			02	集体企业增值税	105				债务收入
		02		进口货物增值税		03			中央政府债务收入
	02			消费税		04			地方政府债务收入
	04			企业所得税	110				转移性收入

第一类，税收收入。税收收入反映政府从税收中取得的收入。该类级科目分设如下款级科目：

（1）增值税。反映按《中华人民共和国增值税暂行条例》征收的国内增值税、进口货物增值税和经审批退库的出口货物增值税。

（2）消费税。反映按《中华人民共和国消费税暂行条例》征收的国内消费税、进口消费品消费税和经审批退库的出口消费品消费税。

（3）企业所得税。反映按《中华人民共和国企业所得税法》征收的国有冶金工业所得税、国有有色金属工业所得税、国有煤炭工业所得税、国有电力工业所得税、集体企业所得税、股份制企业所得税、私营企业所得税等。

（4）企业所得税退税。反映财政部门按“先征后退”政策审批退库的企业所得税。

（5）个人所得税。反映按《中华人民共和国个人所得税法》等征收的个人所得税，个人所得税税款滞纳金、罚款收入。

（6）资源税。反映按《中华人民共和国资源税法》征收的海洋石油资源税、水资源税收入等。

（7）城市维护建设税。反映按《中华人民共和国城市维护建设税暂行条例》征收的国有企业城市维护建设税、集体企业城市维护建设税、股份制企业城市维护建设税等。

（8）房产税。反映按《中华人民共和国房产税暂行条例》征收的国有企业房产税、集体企业房产税等。

（9）印花税。反映按《中华人民共和国印花税暂行条例》征收的证券交易印花税、其他印花税等。

（10）城镇土地使用税。反映按《中华人民共和国城镇土地使用税暂行条例》征收的国有企业城镇土地使用税、集体企业城镇土地使用税、股份制企业城镇土地使用税等。

（11）土地增值税。反映按《中华人民共和国土地增值税暂行条例》征收的国有企业土地增值税、集体企业土地增值税、股份制企业土地增值税等。

（12）车船税。反映按《中华人民共和国车船税法》征收的车船税，车船税税款滞纳金、罚款收入。

（13）船舶吨税。反映按《中华人民共和国船舶吨税暂行条例》征收的船舶吨税，船舶吨税税款滞纳金、罚款收入。

（14）车辆购置税。反映按《中华人民共和国车辆购置税暂行条例》征收的车辆购置税，车辆购置税税款滞纳金、罚款收入。

（15）关税。反映按《中华人民共和国进出口关税条例》《中华人民共和国反倾销条例》《中华人民共和国反补贴条例》《中华人民共和国保障措施条例》等征收的进口关税、出口关税、反倾销税、反补贴税等。

（16）耕地占用税。反映按《中华人民共和国耕地占用税暂行条例》征收的耕地占用税、耕地占用税退税等。

（17）契税。反映按《中华人民共和国契税暂行条例》征收的契税，契税税款滞纳金、罚款收入。

（18）烟叶税。反映按《中华人民共和国烟叶税暂行条例》征收的烟叶税，烟叶税税款滞纳金、罚款收入。

（19）环境保护税。反映按《中华人民共和国环境保护税法》征收的环境保护税，环境保护税税款滞纳金、罚款收入。

（20）其他税收收入。反映除上述项目以外的其他税收收入。

税收收入在一般公共预算收入中占比最大，它体现了政府与纳税人之间的非交换关系。

第二类，非税收入。非税收入反映各级政府及其所属部门和单位依法利用行政权力、政府信誉、国家资源、国有资产或提供特定公共服务征收、收到、提取、募集的除税收和政府债务收入以外的财政收入。非税收入包括以下款级科目。

（1）专项收入。反映纳入一般公共预算管理的有专项用途的非税收入，包括教育费附加收入、铀产品出售收入、三峡库区移民专项收入等。

（2）行政事业性收费收入。反映依据法律、行政法规、国务院有关规定、国务院财政部门会同价格主管部门共同发布的规章或者规定，以及省、自治区、直辖市的地方性法规、政府规章或者规定，省、自治区、直辖市人民政府财政部门会同价格主管部门共同发布的规定收取的各项收费收入。该款级科目分设公安、法院、司法、外交、商贸、财政、税务、海关、审计、教育、建设、交通运输、卫生、民政、证监会等行政事业性收费收入。

（3）罚没收入。反映执法机关依法收缴的罚款、没收款、赃款，没收物资、赃物的变价款收入，包括一般罚没收入、缉私罚没收入、缉毒罚没收入等。

（4）国有资本经营收入。反映各级人民政府及其部门、机构履行出资人职责的企业（即一级企业）上缴的国有资本收益，包括利润收入、股利股息收入、产权转让收入、国有企业计划亏损补贴等。

（5）国有资源（资产）有偿使用收入。反映有偿转让国有资源（资产）使用权而取得的收入，包括海域使用金收入、场地和矿区使用费收入、利息收入、无居民海岛使用金收入等。

（6）捐赠收入。反映按《财政部关于加强非税收入管理的通知》规定以政府名义接受的捐赠收入，包括国外捐赠收入、国内捐赠收入。

（7）政府住房基金收入。反映按《住房公积金管理条例》等规定收取的政府住房基金收入，包括上缴管理费用、公共租赁住房租金收入等。

第三类，债务收入。债务收入反映政府取得的各类债务收入，包括中央政府债务收入、地方政府债务收入。

第四类，转移性收入。反映政府间的转移支付以及不同性质资金之间的调拨收入，包括返还性收入、一般转移支付收入、专项转移支付收入、上解收入、调入资金等。

政府征收的非税收入总体上体现政府与缴款人之间直接的物品或服务非等价交换关系或成本补偿关系。

2. 一般公共预算本级收入的管理

一般公共预算收入是政府实现其职能的重要财力保证，各级总预算会计应加强各项收入的管理，严格会计核算手续。对于各项收入的账务处理必须以审核无误的国库入库凭证、预算收入日报表和其他合法的凭证为依据。发现错误，应在发现的月份按有关规定，及时通知有关单位共同更正。

一般公共预算收入的收缴方式有直接缴库、集中汇缴和征收单位自收汇缴等。各收缴方式的程序如下。

（1）直接缴库。缴款单位或缴款人按照有关法律和法规的规定，直接将应缴款项缴入财政国库。在直接缴库的方式下，直接缴库的税收收入，由纳税人或税务代理人提出纳税申报，经征收机关审核无误后，由纳税人通过开户银行将税款直接缴入财政部门在中国人民银行开设的国库存款账户。直接缴库的其他收入，比照上述程序缴入财政国库存款账户。

（2）集中汇缴。由征收机关按照有关法律和法规的规定，将所收取的应缴款项汇总缴入财政国库。在集中汇缴的方式下，小额零散税收和其他有关应缴非税收入，尤其是非税现金收入等，由征收机关于收到应缴款项的当日汇总缴入财政部门在中国人民银行开设的国库存款账户。

不管是直接缴库还是集中汇缴，征收机关都不需要设立应缴款项的过渡账户。征收机关不需要将收到的应缴款项先存入自身在银行开设的专门账户，然后通过该专门账户将应缴款项缴入财政国库存款账户。直接缴库和集中汇缴是财政国库单一账户制度下一般预算收入的两种主要收缴方式。

（3）征收单位自收汇缴。这是一种传统的一般预算收入的收缴方式。它与财政国库单一账户制度下的直接缴库和集中汇缴两种收缴方式形成对比，适用于尚未实行国库单一账户制度的情况。在征收单位自收汇缴的方式下，征收单位在按照规定收取了应缴财政预算的款项后，先存入各自在银行开设的银行存款账户，然后通过各自的银行存款账户，将收取的应缴财政预算的款项汇总缴入财政国库存款账户。在征收单位自收汇缴的方式下，征收单位各自在银行开设的银行存款账户成为一般预算收入在收缴过程中的过渡账户。

无论是采用直接缴库的方式、集中汇缴的方式，还是采用征收单位自收汇缴的方式，国库在收到税收收入后，都须按照财政管理体制的要求，将收入在中央财政与地方财政之间，以及在地方各级财政之间进行划分。按照现行有关规定，税收收入在中央财政与地方财政之间的划分情况为：①中央财政固定收入，包括国内消费税、车辆购置税、关税、船舶吨税、海关代征的增值税。②地方财政固定收入，包括城镇土地使用税、耕地占用税、土地增值税、房产税、车船税、契税、烟叶税。③中央财政与地方财政共享收入，包括增值税、企业所得税、个人所得税、资源税、城市维护建设税、印花税。这种制度规范了中央与地方的财力分配关系，保证了中央财政收入的稳定，也调动了地方财政组织收入收缴的积极性。

3. 一般公共预算本级收入的核算

为核算政府本级的一般公共预算收入，财政总预算会计设置了“一般公共预算本级收入”科目，该科目根据《政府收支分类科目》中一般公共预算收入科目的规定进行明细核算。政府财政收到预算收入时，根据当日预算收入日报表所列的一般公共预算本级收入数，借记“国库存款”等科目，贷记“一般公共预算本级收入”科目。年终转账时，将该科目贷方余额全数转入“一般公共预算结转结余”科目，借记“一般公共预算本级收入”科目，贷记“一般公共预算结转结余”科目。“一般公共预算本级收入”科目平时为贷方余额，反映一般公共预算本级收入的累计数。年终结转后，该科目无余额。

【例 5-1】某市财政总预算会计收到国库报来的预算收入日报表，日报表列示当日各项税收收入为 370 000 元，各项行政事业性收费收入为 120 000 元。

借：国库存款 490 000
　贷：一般公共预算本级收入——税收收入 370 000
　　一般公共预算本级收入——非税收入 120 000

【例 5-2】年终，某市财政总预算会计将全年一般公共预算本级收入累计金额 950 000 元转入一般公共预算结转结余。

借：一般公共预算本级收入 950 000
　贷：一般公共预算结转结余 950 000

5.1.2 政府性基金预算本级收入

1. 政府性基金预算收入的分类

政府性基金预算收入是指政府财政筹集的纳入本级政府性基金预算管理的非税收入。根据我国《预算法》，政府性基金预算是对依照法律、行政法规的规定在一定期限内向特定对象征收、收取或者以其他方式筹集的资金，专项用于特定公共事业发展的收支预算。政府性基金预算应当根据基金项目收入情况和实际支出需要，按基金项目编制，做到以收定支。政府性基金预算收支范围，按照法律、行政法规和国务院的规定执行。

政府基金预算收入是对一般公共预算收入的重要补充。政府性基金预算收入按《政府收支分类科目》规定进行功能分类和经济分类，专款专用。财政总预算会计核算的政府性基金预算本级收入，属于《政府收支分类科目》非税收入大类下的 01 款——政府性基金收入，具体分类科目见表 5-3。

表 5-3 政府性基金预算收入分类（节选）

科目代码				科目名称	科目代码				科目名称
类	款	项	目		类	款	项	目	
103				非税收入	103	01	55		彩票公益金收入
	01			政府性基金收入				01	福利彩票公益金收入
		02		农网还贷资金收入				02	体育彩票公益金收入
			01	中央农网还贷资金收入			58		国家重大水利工程建设基金收入
			02	地方农网还贷资金收入				01	南水北调工程建设资金
		06		铁路建设基金收入				02	三峡工程后续工作资金
		10		民航发展基金收入			75		废弃电器电子产品处理基金收入
		48		国有土地使用权出让收入			78		污水处理费收入
			01	土地出让价款收入			80		彩票发行机构和彩票销售机构的业务费用

新的《政府收支分类科目》对政府性基金预算收入的项级分类具体如下：

（1）农网还贷资金收入。中央与地方共用收入科目。反映按《农网还贷资金征收使用管理办法》征收的农网还贷资金收入，包括中央农网还贷资金收入、地方农网还贷资金收入。

（2）铁路建设基金收入。中央收入科目。反映铁路运输部门按《铁路建设基金管理办法》征收的铁路建设基金。

（3）民航发展基金收入。中央收入科目。反映按《民航发展基金征收使用管理暂行办法》征收的民航发展基金收入。

（4）海南省高等级公路车辆通行附加费收入。地方收入科目，反映海南省征收的高等级公路车辆通行附加费收入。

（5）港口建设费收入。中央与地方共用收入科目。反映交通运输部门按《港口建设费征收办法》征收的港口建设费。

（6）旅游发展基金收入。中央收入科目。反映按《旅游发展基金管理暂行办法》征收的旅游发展基金收入。

（7）国家电影事业发展专项资金收入。中央与地方共用收入科目。反映广电部门按《国家电影事业发展专项资金征收使用管理办法》从电影票房收入中收取的国家电影事业发展专项资金。

（8）国有土地使用权出让收入。中央与地方共用收入科目。反映不含计提和划转部分的国有土地使用权出让收入，包括土地出让价款收入、划拨土地收入（含拆迁补偿费等）等。

（9）大中型水库移民后期扶持基金收入。中央收入科目。反映按《大中型水库移民后期扶持基金征收使用管理暂行办法》规定征收的大中型水库移民后期扶持基金收入。

（10）大中型水库库区基金收入。中央与地方共用收入科目。反映按《大中型水库库区基金征收使用管理暂行办法》征收的中央与地方大中型水库库区基金收入。

（11）三峡水库库区基金收入。中央收入科目。反映按《财政部关于三峡水库库区基金有关问题的通知》征收的三峡水库库区基金收入。

（12）彩票公益金收入。中央与地方共用收入科目。反映按《彩票公益金管理办法》征收的彩票公益金收入，包括福利彩票公益金收入和体育彩票公益金收入。

（13）小型水库移民扶助基金收入。地方收入科目。反映地方按《国务院关于完善大中型水库移民后期扶持政策的意见》征收的小型水库移民扶助基金。

（14）国家重大水利工程建设基金收入。中央与地方共用收入科目。反映国家为支持南水北调工程建设、解决三峡库区遗留问题以及加强中西部地区重大水利工程建设，利用三峡工程建设基金停征后的电价空间设立的政府性基金，包括南水北调工程建设资金、三峡工程后续工作资金、省级重大水利工程建设资金。

（15）车辆通行费。地方收入科目。该科目反映交通部门收到的用于偿还公路等建设债务的车辆通行费。

（16）核电站乏燃料处理处置基金收入。中央收入科目。反映按《可再生能源发展基金征收使用管理暂行办法》征收的可再生能源发展基金。

（17）船舶油污损害赔偿基金收入。中央收入科目。反映按《船舶油污损害赔偿基金征收使用管理办法》征收的船舶油污损害赔偿基金。

（18）废弃电器电子产品处理基金收入。中央收入科目。反映按《废弃电器电子新产品处理基金征收使用管理办法》征收的废弃电器电子产品处理基金，包括税务部门和海关征收的废弃电器电子产品处理基金收入。

（19）污水处理费收入。中央与地方共用收入科目。反映住房城乡建设部门收取的污水处理费。

（20）彩票发行机构和彩票销售机构的业务费用。反映彩票发行机构和彩票销售机构上缴财政的费用。

2. 政府性基金预算收入的管理

政府性基金预算收入应当按照规定的征收使用管理办法收取、使用和管理，不能随意挪作他用。比如，地方征收和管理小型水库移民扶助基金时，必须严格遵守《国务院关于完善大中型水库移民后期扶持政策的意见》规定的扶持范围、扶持标准、扶持期限、扶持方式、扶持资金筹集（提高电价和因为提高电价增收的增值税）和扶持资金管理办法。

建立政府性基金预算制度，对于筹集政府需要开展的有关专项业务的资金，保障有关专项业务活动的顺利进行，减轻政府财政一般预算的压力，具有重要意义。在政府性基金预算管理中，要坚持收入按标准、支出按规定，专款专用，自求平衡，单独核算的原则。收入要按照国家规定标准取得，不得擅自扩大范围和提高标准。支出要坚持专款专用，保证相关事业的资金需要。各项基金预算要争取做到量入为出，略有结余。按照现行财政预算资金的管理模式，政府一般预算和政府性基金预算应当分别管理，分别平衡。如果一般预算资金与基金预算资金之间需要调剂使用，应当经过批准，并分别在一般预算和基金预算中作为转移性收入或转移性支出进行处理。

政府性基金预算收入的收缴方式和程序，划分和报解方法等比照政府一般预算收入执行。

3. 政府性基金预算收入的核算

为核算政府财政筹集的纳入本级政府性基金预算管理的非税收入，财政总预算会计设置了“政府性基金预算本级收入”科目，该科目应当根据《政府收支分类科目》中政府性基金预算收入科目的规定进行明细核算。政府财政收到基金预算收入款项时，根据当日预算收入日报表所列收入数，借记“国库存款”等科目，贷记“政府性基金预算本级收入”科目。对于财政部门规定在指定银行存储的基金，应按规定办理转存手续。在指定银行的存款利息收入，作为基金预算收入处理。取得存款利息时，借记“国库存款”，贷记“政府性基金预算本级收入”科目。年终转账时，该科目贷方余额全数转入

"政府性基金预算结转结余"科目，借记"政府性基金预算本级收入"科目，贷记"政府性基金预算结转结余"科目。该科目平时为贷方余额，反映政府性基金预算本级收入的累计数。年终结转后，该科目无余额。

【例 5-3】某市财政总预算会计收到国库传来的基金预算收入报表，收到农网还贷资金收入 58 000 元；收到应专户存储的重大水利建设工程资金收入 32 000 元，月末转存专户。

（1）收到基金预算收入时：

借：国库存款　　90 000

　贷：政府性基金预算本级收入——农网还贷资金收入　　58 000

　　　政府性基金预算本级收入——重大水利建设工程资金收入　　32 000

（2）月末转存专户时：

借：其他财政存款　　32 000

　贷：国库存款　　32 000

【例 5-4】年终，某市政府性基金预算本级收入全年累计 620 000 元，现结转到"政府性基金预算结转结余"账户。

借：政府性基金预算本级收入　　620 000

　贷：政府性基金预算结转结余　　620 000

5.1.3 国有资本经营预算本级收入

1. 国有资本经营预算本级收入的分类

国有资本经营预算本级收入是指政府财政筹集的纳入本级国有资本经营预算管理的非税收入，是政府财政预算收入的重要组成部分。执行国有资本经营预算制度，可增强政府的宏观调控能力，完善国有企业收入分配制度，推进国有经济布局和结构的战略性调整，集中解决国有企业发展中的体制性、机制性问题，具有重要的现实意义。

财政总预算会计核算的国有资本经营预算本级收入，属于《政府收支分类科目》中非税收入大类下的 06 款——国有资本经营收入，具体分类科目见表 5-4。

表 5-4 国有资本经营预算收入分类（节选）

科目代码				科目名称	科目代码				科目名称
类	款	项	目		类	款	项	目	
103				非税收入	103	06	03		产权转让收入
	06			国有资本经营收入				01	国有股减持收入
		01		利润收入				04	国有股权、股份转让收入
			03	烟草企业利润收入			04		清算收入
			04	石油石化企业利润收入				01	国有股权、股份清算收入
		02		股利、股息收入				02	国有独资企业清算收入

（续）

科目代码				科目名称	科目代码				科目名称
类	款	项	目		类	款	项	目	
			02	国有控股公司股利、股息收入	110				转移性收入
			03	国有参股公司股利、股息收入		05	01		国有资本经营预算转移支付收入

“国有资本经营收入”款级科目下包括如下项级科目。

（1）利润收入。反映中国人民银行、国有独资企业等按规定上缴国家的利润，主要包括烟草企业、石油石化企业、电力企业、电信企业、煤炭企业、有色冶金采掘企业、钢铁企业、化工企业、运输企业、电子企业、机械企业、投资服务企业、纺织轻工企业、贸易企业、建筑施工企业、房地产企业、建材企业、医药企业、军工企业等的利润收入。

（2）股利、股息收入。反映国有控股、参股企业国有股权（股份）上缴的股利、股息收入，包括国有控股公司股利、股息收入，国有参股公司股利、股息收入，金融企业股利、股息收入（国资预算）等。

（3）产权转让收入。反映国有资产（含国有股权）转让或出售收入，包括国有股权、股份转让收入，国有独资企业产权转让收入，金融企业产权转让收入等。

（4）清算收入。反映国有独资企业清算收入（扣除清算费用）以及国有控股、参股企业国有股权（股份）分享的公司清算收入（扣除清算费用），包括国有股权、股份清算收入，国有独资企业清算收入，其他国有资本经营预算企业清算收入。

（5）国有资本经营收入退库。

（6）国有企业计划亏损补贴。

（7）其他国有资本经营预算收入。

政府一般公共预算、政府性基金预算以及国有资本经营预算共同构成我国政府财政预算的三大基本预算。国有资本经营预算收入的收缴方式和程序，以及划分报解方法等比照政府一般公共预算收入执行。

2. 国有资本经营预算本级收入的管理

国有资本经营预算本级收入应当按照国有资本经营预算本级支出的内容综合安排使用，我国自 2007 年开始实施国有资本经营预算制度。

根据政府预算的统一性与完整性原则，作为政府复式预算的重要组成部分，国有资本经营预算的编制主体为国家财政部门，并纳入各级政府财政预算管理，同政府一般公共预算一并报请本级人民代表大会批准后执行。国有资本经营预算采取“统一领导、分级管理”的管理体制。国家统一制定国有资本经营预算的方针政策，统一规定预算收入和支出项目，统一规范预算的有关规章制度等。各预算编制与执行部门在总预算范围内安排本级国有资本经营预算。国有资本经营预算的管理，既要体现政府预算的完整性和统一性，又要保证不同预算的相对独立性，能够满足各类不同性质支出的需要。

财政部代表中央人民政府（国务院），委托授权国务院国有资产监督管理委员会作为国有资本经营预算的实际主体，负责编制中央国有资本经营预算草案，上报财政部审核，财政部连同政府一般公共预算汇编成政府总预算呈报全国人民代表大会批准。地方各级人民政府的国有资本经营预算由各地方人民政府财政厅（局）代表地方人民政府，委托授权地方国有资产监督管理部门编制并报各地方人民政府财政厅（局），由各地方人民政府财政厅（局）连同政府一般公共预算汇编成各地方人民政府预算呈报各级人民代表大会批准执行。国有资产营运机构或权属企业是基层国有资本经营预算的编制主体，负责制定本级次的预算并上报国有资产监督管理部门，组织预算收入的收缴和支出的管理，完成预算目标。经过审批的预算由本级国有资产管理部门组织执行，并下达给下一级单位具体实施。国有资本决算按有关规定和程序编报，汇入同级政府决算，报同级人民代表大会批准。

3. 国有资本经营预算收入的核算

为核算纳入本级财政国有资本经营预算管理的非税收入，财政总预算会计设置了“国有资本经营预算本级收入”科目，该科目应当根据《政府收支分类科目》中国有资本经营预算收入科目的规定进行明细核算。政府财政收到国有资本经营预算本级收入款项时，根据当日预算收入日报表所列收入数，借记“国库存款”等科目，贷记“国有资本经营预算本级收入”科目。年终转账时，该科目贷方余额全数转入“国有资本经营预算结转结余”科目，借记“国有资本经营预算本级收入”科目，贷记“国有资本经营预算结转结余”科目。该科目平时为贷方余额，反映国有资本经营预算本级收入的累计数，年终结转后，该科目无余额。

【例 5-5】某市财政收到国库报来的收入日报表，当日收到本市国有企业上缴的利润 62 000 元，股利、股息收入 31 000 元。

借：国库存款　　93 000
　　贷：国有资本经营预算本级收入——利润收入　　62 000
　　　　国有资本经营预算本级收入——股利、股息收入　　31 000

【例 5-6】年终，市财政将全年累计国有资本经营预算收入 790 000 元全数转入“国有资本经营预算结转结余”科目。

借：国有资本经营预算本级收入　　790 000
　　贷：国有资本经营预算结转结余　　790 000

5.1.4 财政专户管理资金收入和专用基金收入

1. 财政专户管理资金收入

财政专户管理资金收入是指政府财政纳入财政专户管理的教育收费等资金收入。为加强对预算单位收入的管理，对其取得的部分收入，要求按规定缴存至财政专户，实行专户管理制度。

为核算财政专户管理的收入，财政总预算会计设置了“财政专户管理资金收入”科目并按照《政府收支分类科目》中收入分类规定进行明细核算。同时，根据管理需要，该科目还应按部门（单位）等进行明细核算。政府财政收到财政专户管理资金时，借记“其他财政存款”科目，贷记“财政专户管理资金收入”科目。年终，该科目贷方余额全数转入“财政专户管理资金结余”科目，借记“财政专户管理资金收入”科目，贷记“财政专户管理资金结余”科目。该科目平时为贷方余额，反映财政专户管理资金收入的累计数。年终结转后，该科目无余额。

【例 5-7】年末，某市本级财政总预算会计收到代理银行转来的由缴款人直接缴纳的市属某中学教育收费 8 000 元。

借：其他财政存款　　8 000
　贷：财政专户管理资金收入——教育收费　　8 000

【例 5-8】年终，某市财政总预算会计将全年累计收到的财政专户管理资金收入 726 000 元全数结转。

借：财政专户管理资金收入　　726 000
　贷：财政专户管理资金结余　　726 000

2. 专用基金收入

专用基金收入是指政府财政按照法律法规和国务院、财政部规定设置或取得的粮食风险基金等专用基金收入。政府财政除了基金预算收入外，还设有类似粮食风险基金在内的其他专用基金，作为政府性基金收入的重要补充。

为核算政府管理的专用基金收入业务，财政总预算会计设置了“专用基金收入”科目，并按照专用基金的种类进行明细核算。通过预算支出安排取得专用基金收入转入财政专户的，借记“其他财政存款”科目，贷记“专用基金收入”科目，同时借记“一般公共预算本级支出”等科目，贷记“国库存款”“补助收入”等科目。退回专用基金收入时，借记“专用基金收入”科目，贷记“其他财政存款”科目。通过预算支出安排取得专用基金收入仍存在国库的，借记“一般公共预算本级支出”等科目，贷记“专用基金收入”科目。年终，该科目贷方余额全数转入“专用基金结余”科目，借记“专用基金收入”科目，贷记“专用基金结余”科目。该科目平时为贷方余额，反映取得专用基金收入的累计数。年终结转后，该科目无余额。

【例 5-9】某市财政收到上级财政拨付的“粮食风险基金”360 000 元，款项已收入该市农业发展银行“粮食风险基金”专户。

借：其他财政存款——粮食风险基金存款　　360 000
　贷：专用基金收入——粮食风险基金收入　　360 000

需要注意的是，“粮食风险基金”是上级财政通过补助支出的形式拨付下级财政的，不作为上级财政的预算支出处理，应由具体使用资金的下级财政列支。如果某项资金是上级财政通过预算支出补助下级财政的，则下级财政不能再列支，否则会导致重复列支。

【例 5-10】某省财政通过一般预算支出安排“粮食风险基金”420 000 元，并将资金拨入在该省某政策性银行开设的“粮食风险基金”专户。

借：一般公共预算本级支出 420 000

  贷：国库存款 420 000

同时：

借：其他财政存款——粮食风险基金存款 420 000

  贷：专用基金收入——粮食风险基金收入 420 000

如果安排“粮食风险基金”收入时没有发生财政资金的划拨，则应借记“一般公共预算本级支出”科目，贷记“专用基金收入——粮食风险基金收入”科目。

【例 5-11】年终，某省财政“粮食风险基金”收入全年累计 7 900 000 元，现将专用基金收入结转到“专用基金结余”账户。

借：专用基金收入——粮食风险基金收入 7 900 000

  贷：专用基金结余——粮食风险基金结余 7 900 000

专用基金收入与政府性基金预算收入的主要区别在于，基金预算收入来自按预算规定取得且纳入预算管理的基金，而专用基金收入是由财政部门按规定设置或取得并单独管理的资金。基金预算收入要按照预算级次解缴国库，而专用基金收入一般是开立专户储存，也可以存放在国库。

5.1.5 转移性收入和债务类收入

转移性收入是指在各级政府财政之间进行资金调拨以及在本级政府财政不同类型资金之间调剂所形成的收入，包括补助收入、上解收入、地区间援助收入和调入资金等。一级人民政府财政内部的转移性收入，会使该级内的各级政府财政资金产生流动变化，但不会影响该级政府财政资金总量。政府债务类收入包括债务收入和债务转贷收入。

《政府收支分类科目》对转移性收入的分类安排见表 5-5。

表 5-5 转移性收入分类（节选）

科目代码				科目名称	备注
类	款	项	目		
110				转移性收入	
	01			返还性收入	一般公共预算
	02			一般性转移支付收入	一般公共预算

（续）

科目代码				科目名称	备注
类	款	项	目		
	03			专项转移支付收入	一般公共预算
	04			政府性基金转移收入	政府性基金预算
	05			国有资本经营预算转移支付收入	国有资本经营预算
	06			上解收入	一般公共预算
	09			调入资金	一般公共预算 / 政府性基金预算
	11			债务转贷收入	一般公共预算 / 政府性基金预算
	15			动用预算稳定调节基金	一般公共预算
	20			收回存量资金	综合

按照《政府收支分类科目》的安排，转移性收入涵盖一般公共预算收入、政府性基金预算收入、国有资本经营预算收入、社保基金预算收入四大类。其中，一般公共预算收入性质的转移性收入占比最大，主要是一般性转移支付收入和专项转移支付收入。

1. 补助收入

补助收入是指上级财政按照规定或因专项需要补助给本级财政的款项，包括税收返还、转移支付等。为核算上级财政补助给本级财政的收入，财政总预算会计设置了“补助收入”科目，并在该科目下按照不同的资金性质设置了“一般公共预算补助收入”“政府性基金预算补助收入”等明细科目。

本级财政收到上级财政拨入的补助款时，借记“国库存款”“其他财政存款”等科目，贷记“补助收入”科目。专项转移支付资金实行特设专户管理的，政府财政应当根据上级财政下达的预算文件确认补助收入。年度当中收到资金时，借记“其他财政存款”科目，贷记“与上级往来”等科目；年度终了，根据专项转移支付资金预算文件，借记“与上级往来”科目，贷记“补助收入”科目。财政总预算会计将与上级往来余额转入补助收入时，借记“与上级往来”科目，贷记“补助收入”科目。有主权外债业务的财政部门，贷款资金由本级财政同级部门（单位）使用，且贷款的最终还款责任由上级财政承担的，本级财政部门收到贷款资金时，借记“其他财政存款”科目，贷记“补助收入”科目；外方将贷款资金直接支付给供应商或用款单位时，借记“一般公共预算本级支出”，贷记“补助收入”科目。

与上级财政年终结算时，根据预算文件，按照尚未收到的补助款金额，借记“与上级往来”科目，贷记“补助收入”科目。退还或核减补助收入时，借记“补助收入”科目，贷记“国库存款”“与上级往来”等科目。

年终结转时，“补助收入”科目贷方余额应根据不同资金的性质分别转入对应的结转结余科目，借记“补助收入”科目，贷记“一般公共预算结转结余”“政府性基金预算结转结余”等科目。该科目平时为贷方余额，反映补助收入的累计数。年终结转后，“补助收入”科目无余额。

【例 5-12】某市财政收到上级拨入的一般预算补助款 60 000 元。财政总预算会计收到国库报来的转移收入日报表。

借：国库存款 60 000
　贷：补助收入——一般公共预算补助收入 60 000

【例 5-13】上月，某市财政临时从上级财政借入 500 000 元，已记入与上级往来账。本月，经上级研究决定，将该笔款项转作对本级财政基金预算性的补助，市财政总预算会计收到有关借款转补助的通知时，做如下账务处理。

借：与上级往来 500 000
　贷：补助收入——政府性基金预算补助收入 500 000

【例 5-14】年终，某市财政总预算会计的政府性基金预算补助收入全年累计 2 470 000 元，现予结转。

借：补助收入——政府性基金预算补助收入 2 470 000
　贷：政府性基金预算结转结余 2 470 000

2. 上解收入

上解收入是指按照规定由下级财政上交给本级财政的款项，主要包括体制上解收入和专项上解收入。上解收入体现上下级财政之间对财政收入的分配关系，上下级财政可以相互代征收入。

为核算下级财政上解到本级财政的款项，财政总预算会计设置了“上解收入”科目，该科目下应当按照不同资金的性质设置“一般公共预算上解收入”“政府性基金预算上解收入”等明细科目。同时，还应当按照上解地区进行明细核算。本级财政收到下级财政的上解款时，借记“国库存款”等科目，贷记“上解收入”科目。年终与下级财政结算时，根据预算文件，按照尚未收到的上解款金额，借记“与下级往来”科目，贷记“上解收入”科目。退还或核减上解收入时，借记“上解收入”科目，贷记“国库存款”“与下级往来”等科目。

年终转账时，该科目贷方余额应根据不同资金的性质分别转入对应的结转结余科目，借记“上解收入”科目，贷记“一般公共预算结转结余”“政府性基金预算结转结余”等科目。该科目平时为贷方余额，反映上解收入的累计数。结转后，“上解收入”科目无余额。

【例 5-15】某市财政收到所属县财政的一般公共预算上解收入 40 000 元，款项已存入国库。

借：国库存款 40 000
　贷：上解收入——一般公共预算上解收入 40 000

【例 5-16】某市财政计算确认所属县财政应上解市本级财政一般预算收入 720 000 元，

实际已上解 650 000 元。市财政在年终决算时，将应收而未收到的上解收入 70 000 元作为往来处理。

借：与下级往来　　70 000
　贷：上解收入——一般公共预算上解收入　　70 000

【例 5-17】年终，某市财政总预算会计结转“上解收入”200 000 元。其中，一般公共预算上解收入 130 000 元，政府性基金预算上解收入 70 000 元。

借：上解收入——一般公共预算上解收入　　130 000
　　上解收入——政府性基金预算上解收入　　70 000
　贷：一般公共预算结转结余　　130 000
　　　政府性基金预算结转结余　　70 000

3. 地区间援助收入

地区间援助收入是指受援方政府财政收到援助方政府财政转来的可统筹使用的各类援助、捐赠等资金收入。地区间政府财政援助是充分利用财政资金，促进资源有序流动和地区间经济协同发展的重要财政手段。

为核算地区政府财政之间的援助业务，财政总预算会计设置了“地区间援助收入”科目，该科目应当按照援助地区及管理需要进行相应的明细核算。财政收到援助方财政转来的资金时，借记“国库存款”科目，贷记“地区间援助收入”科目。年终转账时，该科目贷方余额全数转入“一般公共预算结转结余”科目，借记“地区间援助收入”科目，贷记“一般公共预算结转结余”科目。该科目平时为贷方余额，反映地区间援助收入的累计数。结转后，该科目无余额。

【例 5-18】某市财政从对口提供财政援助的外省某市财政收到财政援助款项 660 000 元，计划用于一般预算类支出。

借：国库存款　　660 000
　贷：地区间援助收入　　660 000

【例 5-19】年终，某市财政总预算会计将全年累计收到的一般预算类地区间援助收入 950 000 元全数结转。

借：地区间援助收入　　950 000
　贷：一般公共预算结转结余　　950 000

4. 调入资金

调入资金是指政府财政为平衡某类预算收支，从其他类型预算资金及其他渠道调入的资金。与其他转移性收入发生在不同政府主体间相区别的是，调入资金发生在本级财政内部不同性质的预算资金之间。

为核算政府财政内部资金的调拨业务，财政总预算会计设置了“调入资金”科目，并在该科目下按照不同资金的性质设置了“一般公共预算调入资金”“政府性基金预算调入资金”等明细科目。当政府财政从其他类型预算资金及其他渠道调入一般公共预算资金时，按照调入的资金金额，借记“调出资金——政府性基金预算调出资金”“调出资金——国有资本经营预算调出资金”“国库存款”等科目，贷记“调入资金——一般公共预算调入资金 ”科目。从其他类型预算资金及其他渠道调入政府性基金预算资金时，按照调入的资金金额，借记“调出资金——一般公共预算调出资金”“国库存款”等科目，贷记“调入资金——政府性基金预算调入资金”科目。

年终转账时，该科目贷方余额应分别转入相应的结转结余科目，借记“调入资金”科目，贷记“一般公共预算结转结余”“政府性基金预算结转结余”等科目。该科目平时为贷方余额，反映调入资金的累计数。结转后，“调入资金”科目无余额。

【例 5-20】为平衡政府一般预算类收支，某市财政从本级政府性基金预算中调入 200 000 元，从国有资本经营预算中调入 700 000 元。

借：调出资金——政府性基金预算调出资金　　200 000
　　调出资金——国有资本经营预算调出资金　　700 000
　贷：调入资金——一般公共预算调入资金　　900 000

【例 5-21】年终，某市财政总预算会计“调入资金——一般公共预算调入资金”科目余额为 520 000 元，“调入资金——政府性基金预算调入资金”科目余额为 300 000 元，现予结转。

借：调入资金——一般公共预算调入资金　　520 000
　　调入资金——政府性基金预算调入资金　　300 000
　贷：一般公共预算结转结余　　520 000
　　　政府性基金预算结转结余　　300 000

5. 动用预算稳定调节基金

动用预算稳定调节基金是指政府财政为弥补本年度预算资金的不足，调用的预算稳定调节基金。在财政短收年份，政府为平衡本级财政收支或缩小收支缺口，可按规定调用本级财政历年结转的预算调节基金。动用预算稳定调节基金会减少本级财政积累的预算稳定调节基金，形成一般公共预算性质的调入收入，但这种内部调拨不会引起财政存款的变化。

为核算政府财政预算稳定调节基金的动用业务，财政总预算会计设置了“动用预算稳定调节基金”科目。当政府财政调用预算稳定调节基金时，借记“预算稳定调节基金”科目，贷记“动用预算稳定调节基金”科目。年终转账时，该科目贷方余额全数转入“一般公共预算结转结余”科目，借记“动用预算稳定调节基金”科目，贷记“一般公共预算结转结余”科目。该科目平时为贷方余额，反映动用预算稳定调节基金的累计数。结转后，该科目无余额。

【例 5-22】某市财政在第三季度因上半年临时新增支出产生了一般公共预算收支失衡问题，经批准，动用预算稳定调节基金 9 500 000 元，用于平衡一般公共预算。

借：预算稳定调节基金	9 500 000	
贷：动用预算稳定调节基金		9 500 000

【例 5-23】年终，某市财政全年累计动用预算稳定调节基金 9 500 000 元，现予结转。

借：动用预算稳定调节基金	9 500 000	
贷：一般公共预算结转结余		9 500 000

动用预算稳定调节基金实质上是把历年滚存的预算稳定调节基金调入以弥补一般公共预算资金结转结余。

6. 债务收入

债务收入是政府财政按照国家法律法规、国务院规定以发行债券等方式取得的，以及向外国政府、国际金融组织等机构借款取得的纳入预算管理的财政收入。其中，发行债券一般是指政府在国内发行债权性质的有价证券。债务收入是一级政府的重要预算收入。债务收入与税收收入、非税收入、转移性收入等构成政府的一般公共预算收入。《政府收支分类科目》中债务收入分类情况见表 5-6。

表 5-6 债务收入分类（节选）

科目代码				科目名称	备注
类	款	项	目		
105				债务收入	一般公共预算 / 政府性基金预算
	03			中央政府债务收入	一般公共预算
		01		中央政府国内债务收入	
		02		中央政府国外债务收入	
	04			地方政府债务收入	一般公共预算 / 政府性基金预算
		01		一般债务收入	一般公共预算
			01	地方政府一般债券收入	
			02	地方政府向外国政府借款收入	
		02		专项债务收入	政府性基金预算
			01	海南省高等级公路车辆通行附加费债务收入	
			02	港口建设费债务收入	

《政府收支分类科目》中债务收入为第 105 大类，由中央政府债务收入和地方政府债务收入两款构成，其下再细分为若干项目。各项债务收入又分一般公共预算收入和政府性基金预算收入。

为核算一级政府的债务收入，财政总预算会计设置了“债务收入”科目，该科目应当按照《政府收支分类科目》中的规定进行明细核算。当省级以上政府财政收到政府债券发行收入时，按照实际收到的金额，借记“国库存款”科目，按照政府债券实际发行额，贷记“债务收入”科目，按照发行收入和发行额的差额，借记或贷记有关支出科目。根据债务管理部门转来的债券发行确认文件等相关资料，按照到期应付的政府债券本金金额，借记“待偿债净资产——应付短期政府债券/应付长期政府债券”科目，贷记“应付短期政府债券”“应付长期政府债券”等科目。

政府财政向外国政府、国际金融组织等机构借款时，按照借入的金额，借记“国库存款”“其他财政存款”等科目，贷记“债务收入”科目。根据债务管理部门转来的相关资料，按照实际承担的债务金额，借记“待偿债净资产——借入款项”科目，贷记“借入款项”科目。

本级政府财政借入主权外债，且由外方将贷款资金直接支付给用款单位或供应商时，应根据以下情况分别处理：

（1）本级政府财政承担还款责任，贷款资金由本级政府财政同级部门（单位）使用。本级政府财政根据贷款资金支付的相关资料，借记“一般公共预算本级支出”科目，贷记“债务收入”科目；根据债务管理部门转来的相关资料，按照实际承担的债务金额，借记“待偿债净资产——借入款项”科目，贷记“借入款项”科目。

（2）本级政府财政承担还款责任，贷款资金由下级政府财政同级部门（单位）使用。本级政府财政根据贷款资金支付的相关资料及预算指标文件，借记“补助支出”科目，贷记“债务收入”科目；根据债务管理部门转来的相关资料，按照实际承担的债务金额，借记“待偿债净资产——借入款项”科目，贷记“借入款项”科目。

（3）下级政府财政承担还款责任，贷款资金由下级政府财政同级部门（单位）使用。本级政府财政根据贷款资金支付的相关资料，借记“债务转贷支出”科目，贷记“债务收入”科目；根据债务管理部门转来的相关资料，按照实际承担的债务金额，借记“待偿债净资产——借入款项”科目，贷记“借入款项”科目；同时，借记“应收主权外债转贷款”科目，贷记“资产基金——应收主权外债转贷款”科目。

年终转账时，“债务收入”科目下“专项债务收入”明细科目的贷方余额应按照对应的政府性基金种类分别转入“政府性基金预算结转结余”相应的明细科目，借记“债务收入”科目（专项债务收入明细科目），贷记“政府性基金预算结转结余”科目；该科目下其他明细科目的贷方余额全数转入“一般公共预算结转结余”科目，借记“债务收入”科目（其他明细科目），贷记“一般公共预算结转结余”科目。平时该科目为贷方余额，反映债务收入的累计数。年终结转后，该科目无余额。

【例5-24】某省级人民政府通过发行5年期地方政府债券，取得一般债务收入本金7 000 000元，存入国库。

借：国库存款	7 000 000	
贷：债务收入——地方政府债务收入（一般债务收入）		7 000 000

同时：

借：待偿债净资产——应付长期政府债券 7 000 000
　贷：应付长期政府债券——应付本金 7 000 000

【例 5-25】接上例。年末，该省财政总预算会计将上述 7 000 000 元地方政府债务收入转入结转结余科目。

借：债务收入——地方政府债务收入（一般债务收入） 7 000 000
　贷：一般公共预算结转结余 7 000 000

7. 债务转贷收入

债务转贷收入是指省级以下（不含省级）政府财政收到上级政府财政转贷的债务收入。与政府取得债务收入会增加政府财政资金和提升财力不同，债务转贷收入只不过是政府债务收入在上下级政府间的转移，不会提升总的财力。债务转贷收入属于转移性收入，在《政府收支分类科目》中的分类安排见表 5-7。

表 5-7 债务转贷收入分类（节选）

科目代码				科目名称	备注
类	款	项	目		
110				转移性收入	一般公共预算 / 政府性基金预算
	11			债务转贷收入	一般公共预算 / 政府性基金预算
		01		地方政府一般债务转贷收入	一般公共预算
			01	地方政府一般债券转贷收入	
			02	地方政府向外国政府借款转贷收入	
		02		地方政府专项债务转贷收入	政府性基金预算
			11	国有土地使用权出让金债务转贷收入	
			19	车辆通行费债务转贷收入	

为核算政府财政转贷的债务收入，财政总预算会计设置了“债务转贷收入”科目，并在该科目下设置了“地方政府一般债务转贷收入”“地方政府专项债务转贷收入”明细科目。当省级以下（不含省级）政府财政收到政府债券转贷资金时，按照实际收到的金额，借记“国库存款”科目，贷记“债务转贷收入”科目；根据债务管理部门转来的相关资料，按照到期应偿还的转贷款本金金额，借记“待偿债净资产——应付地方政府债券转贷款”科目，贷记“应付地方政府债券转贷款”科目。

当省级以下（不含省级）政府财政收到主权外债转贷资金时，借记“其他财政存款”科目，贷记“债务转贷收入”科目；根据债务管理部门转来的相关资料，按照实际承担的债务金额，借记“待偿债净资产——应付主权外债转贷款”科目，贷记“应付主权外债转贷款”科目。

从上级政府财政借入主权外债转贷款，且由外方将贷款资金直接支付给用款单位或供应商时，应根据以下情况分别处理：

（1）本级政府财政承担还款责任，贷款资金由本级政府财政同级部门（单位）使用。本级政府财政根据贷款资金支付的相关资料，借记“一般公共预算本级支出”科目，贷记“债务转贷收入”科目；根据债务管理部门转来的相关资料，按照实际承担的债务金额，借记“待偿债净资产——应付主权外债转贷款”科目，贷记“应付主权外债转贷款”科目。

（2）本级政府财政承担还款责任，贷款资金由下级政府财政同级部门（单位）使用。本级政府财政根据贷款资金支付的相关资料及预算文件，借记“补助支出”科目，贷记“债务转贷收入”科目；根据债务管理部门转来的相关资料，按照实际承担的债务金额，借记“待偿债净资产——应付主权外债转贷款”科目，贷记“应付主权外债转贷款”科目。

（3）下级政府财政承担还款责任，贷款资金由下级政府财政同级部门（单位）使用。本级政府财政根据转贷资金支付的相关资料，借记“债务转贷支出”科目，贷记“债务转贷收入”科目；根据债务管理部门转来的相关资料，按照实际承担的债务金额，借记“待偿债净资产——应付主权外债转贷款”科目，贷记“应付主权外债转贷款”科目；同时，借记“应收主权外债转贷款”科目，贷记“资产基金——应收主权外债转贷款”科目。下级政府财政根据贷款资金支付的相关资料，借记“一般公共预算本级支出”科目，贷记“债务转贷收入”科目；根据债务管理部门转来的相关资料，按照实际承担的债务金额，借记“待偿债净资产——应付主权外债转贷款”科目，贷记“应付主权外债转贷款”科目。

年终转账时，“债务转贷收入”科目下“地方政府一般债务转贷收入”明细科目的贷方余额全数转入“一般公共预算结转结余”科目，借记“债务转贷收入”科目，贷记“一般公共预算结转结余”科目。“债务转贷收入”科目下“地方政府专项债务转贷收入”明细科目的贷方余额按照对应的政府性基金种类分别转入“政府性基金预算结转结余”相应的明细科目，借记“债务转贷收入”科目，贷记“政府性基金预算结转结余”科目。“债务转贷收入”科目平时为贷方余额，反映债务转贷收入的累计数。年终结转后，该科目无余额。

【例 5-26】某市财政收到上级政府财政转贷的一般预算类地方政府债券资金 5 000 000 元，款项存入国库。市财政于期末计算出应付债券利息 150 000 元。

（1）市财政收到转贷资金时：

借：国库存款	5 000 000	
贷：债务转贷收入——地方政府一般债务转贷收入		5 000 000

同时：

借：待偿债净资产——应付地方政府债券转贷款	5 000 000	
贷：应付地方政府债券转贷款——一般债券转贷款（应付本金）		5 000 000

（2）期末，确认应付债券利息时：

借：待偿债净资产——应付地方政府债券转贷款　　150 000
　贷：应付地方政府债券转贷款——一般债券转贷款（应付利息）　　150 000

【例 5-27】接上例。该市财政的上述应付地方政府债券转贷款到期，现偿还本金 5 000 000 元及利息 150 000 元，该市财政总预算会计根据国库有关付款单据，进行如下账务处理。

借：债务还本支出　　5 000 000
　　一般公共预算本级支出　　150 000
　贷：国库存款　　5 150 000

同时：

借：应付地方政府债券转贷款——一般债券转贷款（应付本金）5 000 000
　　应付地方政府债券转贷款——一般债券转贷款（应付利息）150 000
　贷：待偿债净资产——应付地方政府债券转贷款　　5 150 000

5.2　财政总预算会计支出

财政支出是指政府为实现其职能而对财政收入进行分配和使用。财政总预算会计核算的支出包括一般公共预算本级支出、政府性基金预算本级支出、国有资本经营预算本级支出、财政专户管理资金支出、专用基金支出、转移性支出、债务还本支出、债务转贷支出等。

财政总预算会计各项支出的确认原则是，一般公共预算本级支出、政府性基金预算本级支出、国有资本经营预算本级支出一般应当按照实际支付的金额入账，年末可采用权责发生制将国库集中支付结余列支入账。从本级预算支出中安排提取的专用基金，按照实际提取金额列支入账。财政专户管理资金支出、专用基金支出应当按照实际支付的金额入账。转移性支出应当按照财政体制的规定或实际发生的金额入账。债务转贷支出应当按照实际转贷的金额入账。债务还本支出应当按照实际偿还的金额入账。凡是属于预拨经费的款项，到期转列支出时，应当按前述各项支出的列报口径转列为支出。对于收回当年已列支出的款项，应冲销当年支出。对于收回以前年度已列支出的款项，除财政部门另有规定外，应冲销当年支出。

财政总预算会计应当加强支出管理，科学预测和调度资金，严格按照批准的年度预算和用款计划办理支出，严格审核拨付申请，严格按预算管理规定和实际拨款列报支出，不得办理无预算、无用款计划、超预算、超用款计划的支出，不得任意调整预算支出科目。对于各项支出的账务处理必须以审核无误的国库划款清算凭证、资金支付凭证和其他合法凭证为依据。

地方各级财政部门除国库集中支付结余外，不得采用权责发生制列支。权责发生制列支只限于年末采用，平时不得采用。

5.2.1 一般公共预算本级支出

1. 一般公共预算支出的分类

一般公共预算支出是政府财政管理的由政府使用的列入一般公共预算的支出，是对一般公共预算本级收入的安排和使用，是一级政府最主要的财政支出，是政府预算和政府决算的核心支出。一般公共预算本级支出则专指政府本级的一般公共预算支出。按《政府收支分类科目》，我国一般公共预算支出有两大分类口径，一是功能分类，二是经济分类。功能分类是根据一般公共预算支出的政府使用部门和公共事务类型划分的，分为一般公共服务、外交、国防等 27 大类，见表 5-8。

表 5-8 政府一般公共预算支出分类

代码	科目名称	代码	科目名称	代码	科目名称
201	一般公共服务支出	211	节能环保支出	221	住房保障支出
202	外交支出	212	城乡社区支出	222	粮油物资储备支出
203	国防支出	213	农林水支出	224	灾害防治及应急管理支出
204	公共安全支出	214	交通运输支出	227	预备费
205	教育支出	215	资源勘探信息等支出	229	其他支出
206	科学技术支出	216	商业服务业等支出	230	转移性支出
207	文化旅游体育与传媒支出	217	金融支出	231	债务还本支出
208	社会保障和就业支出	219	援助其他地区支出	232	债务付息支出
210	卫生健康支出	220	自然资源海洋气象等支出	233	债务发行费用支出

政府一般公共预算支出在功能分类的类级科目下再分为若干款级科目，各款级科目下再分为若干项级科目，即共分为类、款、项三级，与政府一般公共预算收入的类、款、项、目四级不同。以国防支出、公共安全支出科目分类为例，见表 5-9。

表 5-9 国防支出与公共安全支出分类（节选）

科目代码			科目名称	科目代码			科目名称
类	款	项		类	款	项	
203			国防支出	204			公共安全支出
	01	01	现役部队		01	01	武装警察部队
	04	01	国防科研事业		02		公安
	05	01	专项工程			01	行政运行
	06		国防动员			02	一般行政管理事务
		01	兵役征集			03	机关服务
		03	人民防空			19	信息化建设
		05	国防教育			20	执法办案
		06	预备役部队			21	特别业务

一般公共预算支出的功能分类具体如下：

（1）一般公共服务支出。反映政府提供一般公共服务的支出。一般公共服务支出包括人大事务、政协事务、政府办公厅（室）及相关机构事务、发展与改革事务、统计信息事务、财政事务、税收事务、审计事务、海关事务、人力资源事务、纪检监察事务、商贸事务、知识产权事务、民族事务、港澳台事务、档案事务、民主党派及工商联事务、群众团体事务、党委办公厅（室）及相关机构事务、组织事务、宣传事务、统战事务、对外联络事务、其他共产党事务支出等。

（2）外交支出。反映政府外交事务支出。外交支出包括外交管理事务、驻外机构、对外援助、国际组织、对外合作与交流、对外宣传、边界勘界联检、国际发展合作支出等。

（3）国防支出。反映政府用于国防方面的支出。国防支出包括现役部队、国防科研事业、专项工程、国防动员支出等。

（4）公共安全支出。反映政府维护社会公共安全方面的支出。公共安全支出包括武装警察部队、公安、国家安全、检察、法院、司法、监狱、强制隔离戒毒、国家保密、缉私警察支出等。

（5）教育支出。反映政府教育事务支出。教育支出包括教育管理事务、普通教育、职业教育、成人教育、广播电视教育、留学教育、特殊教育、进修及培训、教育费附加安排的支出等。

（6）科学技术支出。反映科学技术方面的支出。科学技术支出包括科学技术管理事务、基础研究、应用研究、技术研究与开发、科技条件与服务、社会科学、科学技术普及、科技交流与合作、科技重大项目支出等。

（7）文化旅游体育与传媒支出。反映政府在文化、旅游、文物、体育、广播电视、电影、新闻出版等方面的支出。

（8）社会保障和就业支出。反映政府在社会保障与就业方面的支出。社会保障和就业支出包括人力资源和社会保障管理事务、民政管理事务、补充全国社会保障基金、行政事业单位离退休、企业改革补助、就业补助、抚恤、退役安置、社会福利、残疾人事业、红十字事业、最低生活保障、临时救助、特困人员救助供养、补充道路交通事故社会救助基金、其他生活救助、财政对基本养老保险基金的补助、财政对其他社会保险基金的补助、退役军人管理事务支出等。

（9）卫生健康支出。反映政府卫生健康方面的支出。卫生健康支出包括卫生健康管理事务、公立医院、基层医疗卫生机构、公共卫生、中医药、计划生育事务、行政事业单位医疗、财政对基本医疗保险基金的补助、医疗救助、优抚对象医疗、医疗保障管理事务、老龄卫生健康事务支出等。

（10）节能环保支出。反映政府节能环保支出。节能环保支出包括环境保护管理事务、环境监测与监察、污染防治、自然生态保护、天然林保护、退耕还林、风沙荒漠治理、退牧还草、已垦草原退耕还草、能源节约利用、污染减排、可再生能源、循环经济、能源管理事务支出等。

（11）城乡社区支出。反映政府城乡社区事务支出。城乡社区支出包括城乡社区管理事务、城乡社区规划与管理、城乡社区公共设施、城乡社区环境卫生、建设市场管理与监督支出等。

（12）农林水支出。反映政府农林水事务支出。农林水支出包括农业、林业和草原、水利、南水北调、扶贫、农业综合开发、农村综合改革、普惠金融发展支出、目标价格补贴支出等。

（13）交通运输支出。反映交通运输和邮政业方面的支出。交通运输支出包括公路水路运输、铁路运输、民用航空运输、成品油价格改革对交通运输的补贴、邮政业支出、车辆购置税支出等。

（14）资源勘探信息等支出。反映政府用于资源勘探、制造业、建筑业、工业信息等方面的支出。

（15）商业服务业等支出。反映商业服务业等方面的支出。

（16）金融支出。反映金融方面的支出。金融支出包括金融部门行政支出、金融部门监管支出、金融发展支出、金融调控支出等。

（17）援助其他地区支出。反映援助方政府安排并管理的对其他地区各类援助、捐赠等资金支出。援助其他地区支出包括一般公共服务、教育、文化体育与传媒、医疗卫生、节能环保、农业、交通运输、住房保障支出等。

（18）自然资源海洋气象等支出。反映政府用于自然资源、海洋、测绘、气象等公益服务事业方面的支出。

（19）住房保障支出。集中反映政府用于住房方面的支出。住房保障支出包括保障性安居工程支出、住房改革支出、城乡社区住宅支出等。

（20）粮油物资储备支出。反映政府用于粮油物资储备方面的支出。粮油物资储备支出包括粮油事务、物资事务、能源储备、粮油储备、重要商品储备支出等。

（21）灾害防治及应急管理支出。反映政府用于自然灾害防治、安全生产监管及应急管理等方面的支出。灾害防治及应急管理支出包括应急管理事务、消防事务、森林消防事务、煤矿安全、地震事务、自然灾害防治、自然灾害救灾及恢复重建支出等。

（22）预备费。反映预算中安排的预备费。

（23）其他支出。反映不能划分到上述功能科目的其他政府支出。

（24）转移性支出。反映政府的转移支付以及不同性质资金之间的调拨支出。转移性支出包括返还性支出、一般性转移支付、专项转移支付、上解支出、调出资金、援助其他地区支出等。

（25）债务还本支出。反映政府归还债务本金所发生的支出。债务还本支出包括中央政府国内外债务还本支出、地方政府一般债务还本支出。

（26）债务付息支出。反映用于归还债务利息所发生的支出。债务付息支出包括中央政府国内外债务付息支出、地方政府一般债务付息支出。

（27）债务发行费用支出。反映用于债务发行兑付费用的支出。债务发行费用支出包括中央政府国内外债务发行费用支出、地方政府一般债务发行费用支出。

与一般公共预算支出以支出的使用部门和公共事务类型为口径的功能分类不同，一般公共预算支出的经济分类则以预算支出的经济用途为分类口径。根据《政府收支分类科目》，一般公共预算支出的经济分类如下：

（1）机关工资福利支出。反映机关和参照《中华人民共和国公务员法》管理的事业单位（以下简称参公事业单位）在职职工和编制外长期聘用人员的各类劳动报酬，以及为上述人员缴纳的各项社会保险费等。该项支出包括工资奖金津补贴、社会保障缴费、住房公积金等。

（2）机关商品和服务支出。反映机关和参公事业单位购买商品和服务的各类支出，不包括用于购置固定资产、战略性应急性物资储备等的资本性支出。该项支出包括办公经费、会议费、培训费、专用材料购置费、委托业务费、公务接待费、因公出国（境）费用、公务用车运行维护费、维修（护）费等。

（3）机关资本性支出（一）。反映机关和参公事业单位的资本性支出。切块由发展改革部门安排的基本建设支出中机关和参公事业单位的资本性支出不包括在内。该项支出包括房屋建筑物购建、基础设施建设、公务用车购置、土地征迁补偿的安置支出、设备购置费、大型修缮支出等。

（4）机关资本性支出（二）。反映切块由发展改革部门安排的基本建设支出中机关和参公事业单位的资本性支出。该项支出包括房屋建筑物购建、基础设施建设、公务用车购置、设备购置、大型修缮和其他资本性支出等。

（5）对事业单位经常性补助。反映对事业单位（不含参公事业单位）的经常性补助支出。该项支出包括工资福利支出、商品和服务支出、其他对事业单位补助。

（6）对事业单位资本性补助。反映对事业单位（含参公事业单位）的资本性补助支出。

（7）对企业补助。反映政府对各类企业的补助支出，不含对企业的资本性支出。

（8）对企业资本性支出。反映政府对各类企业的资本性支出。

（9）对个人和家庭的补助。反映政府用于对个人和家庭的补助支出。该项支出包括社会福利和救助、助学金、个人农业生产补贴、离退休费、其他对个人和家庭的补助等。

（10）对社会保障基金补助。反映政府对社会保险基金的补助以及补充全国社会保障基金的支出。

（11）债务利息及费用支出。反映政府支付债务利息和债务发行费用的支出。

（12）债务还本支出。反映政府偿还债务本金的支出。该项支出包括国内和国外债务还本支出。

（13）转移性支出。反映政府间和政府本级不同性质预算间的转移性支出。

（14）预备费及预留。反映政府依法设置的预备费和政府预算专用预留。

（15）其他支出。反映不能划分到上述经济分类科目中的其他支出。该项支出包括对外援助、捐赠以及交纳国际组织会费等方面的赠与支出，国家赔偿费用支出，对民间非营利组织和群众性自治组织补贴等。

2. 一般公共预算支出的支付方式

一般公共预算支出的支付方式有财政直接支付、财政授权支付和财政实拨资金三种，这三种支付方式的支付程序如下。

（1）财政直接支付。财政直接支付是指由财政部门开具支付令，通过国库单一账户体系，直接将财政资金支付到供应商或收款人（用款单位）账户。财政直接支付适用于工资支出、购买支出、转移支出等。实行财政直接支付，是参照国际通行做法并结合我国国情的一种必然选择。财政直接支付有利于提高财政工作的公正性，最大限度地节约财政资金；有利于规范预算执行，硬化预算约束；有利于减少支付的中间环节，加快资金到账速度；有利于防止腐败行为的滋生和蔓延，促进和加强廉政建设，适应加强财政管理监督和提高支付效率的客观要求。财政直接支付的流程如下。

预算单位汇总填制“财政直接支付申请书”，上报财政国库支付中心；财政国库支付中心审核确认后，开具“财政直接支付汇总清算额度通知单”和“财政直接支付凭证”并送代理银行；代理银行根据“财政直接支付凭证”及时将资金直接支付给收款人或用款单位，然后开具“财政直接支付入账通知书”，送交一级预算单位和基层预算单位；一级预算单位和基层预算单位以“财政直接支付入账通知书”作为收到款项的凭证；代理银行依据财政国库支付中心的支付指令，将当日实际支付的资金，按一级预算单位、预算科目汇总，分资金性质填制划款申请凭证并附实际支付清单，与国库单一账户进行清算；中国人民银行在“财政直接支付汇总清算额度通知单”确定的数额内，根据代理银行每日按实际发生的财政性资金支付金额填制的划款申请凭证与代理银行进行资金清算。

（2）财政授权支付。财政授权支付是国库集中支付的另一种方式，是指预算单位按照部门预算和用款计划确定资金用途，根据财政部门授权，自行开具支付令送代理银行，通过国库单一账户体系中的单位零余额账户或特设专户，将财政性资金支付给收款人或用款单位。财政授权支付的支出范围是未纳入财政直接支付的购买支出和零星支出。财政授权支付的具体支出项目由财政部门在确定部门预算和资金支付方式时予以确定。财政授权支付的流程如下。

申请和下达用款额度。预算单位按照规定的时间和程序编报分月用款计划，申请财政授权支付用款额度。财政部门批准后，分别向中国人民银行和代理银行总行签发“财政授权支付汇总清算额度通知单”和“财政授权支付额度通知书”，前者用于通知中国人民银行办理汇总清算业务，后者用于通知代理银行总行逐级下达财政授权支付额度。代理银行总行要在 1 个工作日内将额度通知有关分支机构，各分支机构要在 1 个工作日内通知预算单位。预算单位收到代理银行分支机构转来的“财政授权支付额度到账通知书”，即可办理财政授权支付业务。

预算单位办理支付业务。预算单位根据“财政授权支付额度到账通知书”确定的额度，自行签发财政授权支付凭证，通知代理银行办理资金支付业务。

代理银行办理支付和清算业务。代理银行收到预算单位提交的支付指令后，审核支付指令的金额是否在财政部门下达的相应预算科目及财政授权支付用款额度范围内，以及支付指令信息是否齐全完整。代理银行审核无误后，按照有关规定办理支付和汇划业务。在营业日终了前的规定时间内，代理银行根据已办理的资金支付，填写“财政授权支付申请划款凭证”，向中国人民银行提出清算申请。

中国人民银行办理清算业务。中国人民银行国库局收到代理银行提交的“财政授权支付申请划款凭证”后，审核凭证基本要素是否齐全、准确、规范，以及申请划款金额是否超出“财政授权支付汇总清算额度通知单”的累计额度和国库单一账户库存余额。审核无误后，中国人民银行办理资金清算业务。

财政直接支付方式和财政授权支付方式是财政国库单一账户制度下的两种财政资金支付方式，这两种支付方式可合称为财政国库集中支付方式，所形成的制度可称为财政国库集中支付制度。在国库单一账户制度下，财政资金的支付由财政国库支付执行机构负责具体办理。

（3）财政实拨资金。财政实拨资金支付方式是一种传统的财政资金支付方式，不同于财政国库单一账户制度下的财政直接支付方式和财政授权支付方式。在财政实拨资金方式下，预算单位在商业银行开设存款账户，财政部门按照预算，将资金直接拨付到预算单位在商业银行开设的银行存款账户上，供预算单位直接使用。

在财政实拨资金方式下，预算单位根据经批准的部门预算和资金使用计划，按照规定的程序和时间向财政部门提交预算经费拨款申请。财政部门对预算单位提交的预算经费拨款申请审核无误后，将一般公共预算资金从中国人民银行国库存款账户拨付至预算单位在商业银行开设的银行存款账户。预算单位在需要使用一般公共预算资金时，从其银行存款账户中提取或通过转账将款项支付给收款人。在财政实拨资金方式下，当一般公共预算资金从国库存款账户拨付至预算单位的银行存款账户时，财政总预算会计确认一般公共预算支出。

财政实拨资金方式与财政直接支付方式和财政授权支付方式相比，其根本区别是：在财政实拨资金方式下，财政资金分散在各预算单位的银行存款账户上，而在财政直接支付和财政授权支付方式下，财政资金集中在财政国库存款账户上。

3. 一般公共预算本级支出的核算

为核算政府本级的一般公共预算支出业务，财政总预算会计设置了“一般公共预算本级支出”科目，该科目应当根据《政府收支分类科目》中支出功能分类科目设置明细科目。同时，应根据管理需要，按照支出经济分类科目、部门等进行明细核算。政府实际发生一般公共预算本级支出时，借记“一般公共预算本级支出”科目，贷记“国库存款”“其他财政存款”等科目。年度终了，对纳入国库集中支付管理的，当年未支付须结转下一年度支付的款项（国库集中支付结余），采用权责发生制确认支出时，借记“一般公共预算本级支出”科目，贷记“应付国库集中支付结余”科目。年终转账时，该科目借方余额应全数转入“一般公共预算结转结余”科目，借记“一般公共预算结转结余”科目，贷记“一般公共预算本级支出”科目。结转后，该科目无余额。该科目平时为借方余额，反映一般公共预算本级支出的累计数。

【例 5-28】 某市财政总预算会计通过财政直接支付方式，向某设备供应商支付设备购置费 120 000 元，为所属某预算单位购入一批设备。

借：一般公共预算本级支出　　120 000
　贷：国库存款　　120 000

【例 5-29】 某市财政收到有关财政授权支付单证并进行资金清算，为所属某预算单位支付购买服务款项 17 000 元。

借：一般公共预算本级支出　　17 000
　贷：国库存款　　17 000

【例 5-30】 某基层预算单位暂未取消银行存款账户。市财政总预算会计根据年度用款预算，向该预算单位划拨资金 80 000 元。

借：一般公共预算本级支出　　80 000
　贷：国库存款　　80 000

【例 5-31】 年终，市财政总预算会计一般公共预算本级支出全年累计 85 000 000 元。现予结转。

借：一般公共预算结转结余　　85 000 000
　贷：一般公共预算本级支出　　85 000 000

5.2.2 政府性基金预算本级支出

1. 政府性基金预算支出的分类

政府性基金预算本级支出是政府财政管理的由本级政府使用的列入政府性基金预算的支出，是专项用于特定公共事业发展的政府支出。根据《政府收支分类科目》，政府性基金预算支出按功能和经济进行分类。按功能分类见表 5-10。

表 5-10 政府性基金预算支出分类（节选）

科目代码			科目名称	科目代码			科目名称
类	款	项		类	款	项	
206			科学技术支出	207			文化旅游体育与传媒支出
	10		核电站乏燃料处理处置基金支出		07		国家电影事业发展专项资金安排的支出
		01	乏燃料运输			01	资助国产影片放映
		02	乏燃料离堆贮存			02	资助影院建设
		03	乏燃料后处理			03	资助少数民族语电影译制
		04	高放废物的处理处置		09		旅游发展基金支出
		05	乏燃料后处理厂的建设、运行、改造和退役			01	宣传促销
		99	其他乏燃料处理处置基金支出			02	行业规划

《政府收支分类科目》对政府性基金预算支出的类级科目分类如下：

（1）科学技术支出。反映科学技术方面的支出。

（2）文化旅游体育与传媒支出。该项支出包括国家电影事业发展专项资金安排的支出、旅游发展基金支出、国家电影事业发展专项资金对应专项债务收入安排的支出。

（3）社会保障和就业支出。该项支出包括大中型水库移民后期扶持基金支出、小型水库移民扶助基金安排的支出、小型水库移民扶助基金对应专项债务收入安排的支出。

（4）节能环保支出。该项支出包括可再生能源电价附加收入安排的支出、风力发电补助、废弃电器电子产品处理基金支出。

（5）城乡社区支出。该项支出包括国有土地使用权出让收入及对应专项债务收入安排的支出、国有土地收益基金及对应专项债务收入安排的支出、农业土地开发资金安排的支出、城市基础设施配套费安排的支出、污水处理费安排的支出、土地储备专项债券收入安排的支出、棚户区改造专项债券收入安排的支出、城市基础设施配套费对应专项债务收入安排的支出、污水处理费对应专项债务收入安排的支出。

（6）农林水支出。该项支出包括大中型水库库区基金安排的支出、三峡水库库区基金支出、国家重大水利工程建设基金安排的支出、大中型水库库区基金对应专项债务收入安排的支出、国家重大水利工程建设基金对应专项债务收入安排的支出。

（7）交通运输支出。该项支出包括海南省高等级公路车辆通行附加费安排的支出、车辆通行费安排的支出、港口建设费安排的支出、铁路建设基金支出、船舶油污损害赔偿基金支出、民航发展基金支出、海南省高等级公路车辆通行附加费对应专项债务收入安排的支出、政府收费公路专项债券收入安排的支出、车辆通行费对应专项债务收入安排的支出、港口建设费对应专项债务收入安排的支出。

（8）资源勘探信息等支出。反映用于资源勘探、制造业、建筑业、工业信息等方面的支出。该项支出包括按《农网还贷资金征收使用管理办法》安排用于农村电网改造贷款还本付息的农网还贷资金支出。

（9）金融支出。反映金融方面的支出。该项支出包含使用中央特别国债经营基金所形成的支出以及特别国债利息与有关费用支出。

（10）其他支出。反映不能划分到上述功能科目的其他政府支出。该项支出包括其他政府性基金及对应专项债务收入安排的支出、彩票发行销售机构业务费安排的支出、彩票公益金安排的支出。

（11）转移性支出。反映政府的转移支付以及不同性质资金之间的调拨支出。该项支出包括政府基金转移支付、调出资金、年终结余、债务转贷支出。

（12）债务还本支出。反映归还债务本金所发生的支出。

（13）债务付息支出。反映归还债务利息所发生的支出。

（14）债务发行费用支出。反映用于债务发行兑付费用的支出。

2. 政府性基金预算支出的核算

为核算政府财政管理的由本级政府使用的列入政府性基金预算的支出，财政总预算会计设置了“政府性基金预算支出”科目，并按《政府收支分类科目》的功能分类和经济分类科目设置明细科目，进行明细分类核算。政府财政实际发生政府性基金预算本级支出时，借记“政府性基金预算支出”科目，贷记“国库存款”科目。年度终了，对纳入国库集中支付管理的，当年未支而须结转下一年度支付的款项（国库集中支付结余），采用权责发生制确认支出时，借记“政府性基金预算支出”科目，贷记“应付国库集中支付结余”科目。年终转账时，该科目借方余额应全数转入“政府性基金预算结转结余”科目，借记“政府性基金预算结转结余”科目，贷记“政府性基金预算支出”科目。年终结转后，该科目无余额。该科目平时为借方余额，反映政府性基金预算本级支出的累计数。

【例 5-32】某市财政开出政府性基金预算拨款凭证，拨付给市属某单位大中型水库移民后期扶持基金 85 000 元，拨付给市属某单位风力发电补助 200 000 元，用于电网维护。款项通过国库划付。

借：政府性基金预算本级支出——社会保障和就业支出　　85 000
　　政府性基金预算本级支出——节能环保支出　　200 000
　贷：国库存款　　285 000

【例 5-33】年终，某市财政总预算会计的政府性基金预算本级支出全年累计 2 680 000 元，现予结转。

借：政府性基金预算结转结余　　2 680 000
　贷：政府性基金预算本级支出　　2 680 000

5.2.3 国有资本经营预算本级支出

1. 国有资本经营预算支出的分类

国有资本经营预算本级支出是指政府财政管理的由本级政府使用的列入国有资本经营预算的支出，主要包括资本性支出、费用性支出和其他支出。其中，资本性支出是指根据产业发展规划、国有经济布局和结构调整、国有企业发展要求以及国家战略、安全等需要安排的支出。费用性支出是指用于弥补国有企业亏损的支出。政府根据国有资本经营预算收入安排国有资本经营预算支出。《政府收支分类科目》对国有资本经营预算支出的分类见表 5-11。

表 5-11 国有资本经营预算支出分类（节选）

科目代码			科目名称	科目代码			科目名称
类	款	项		类	款	项	
208			社会保障和就业支出	223	01	07	国有企业改革成本支出
223			国有资本经营预算支出			08	离休干部医药费补助支出
	01		解决历史遗留问题及改革成本支出			99	其他解决历史遗留问题及改革成本支出
		01	厂办大集体改革支出		02		国有企业资本金注入

（续）

科目代码			科目名称	科目代码			科目名称
类	款	项		类	款	项	
		02	“三供一业”移交补助支出			01	国有经济结构调整支出
		03	国有企业办职教幼教补助支出			02	公益性设施投资支出
		04	国有企业办公共服务机构移交补助支出		03		国有企业政策性补贴
		05	国有企业退休人员社会化管理补助支出		04		金融国有资本经营预算支出
		06	国有企业棚户区改造支出	230			转移性支出

国有资本经营预算支出的类级科目分类如下：

（1）社会保障和就业支出。该项支出包括国有资本经营预算补充社保基金支出。

（2）国有资本经营预算支出。反映用国有资本经营预算收入安排的支出。

（3）转移性支出。该项支出包括国有资本经营预算转移支付支出和国有资本经营预算调出资金。

2. 国有资本经营预算本级支出的核算

为核算国有资本经营预算本级支出，财政总预算会计设置了“国有资本经营预算本级支出”科目，该科目应当按照《政府收支分类科目》中支出功能分类科目设置明细科目。同时，根据管理需要，按照支出经济分类科目、部门等进行明细核算。

政府财政实际发生国有资本经营预算本级支出时，借记“国有资本经营预算本级支出”科目，贷记“国库存款”科目。年度终了，对纳入国库集中支付管理的，当年未支而须结转下一年度支付的款项（国库集中支付结余），采用权责发生制确认支出时，借记“国有资本经营预算本级支出”科目，贷记“应付国库集中支付结余”科目。年终转账时，该科目借方余额应全数转入“国有资本经营预算结转结余”科目，借记“国有资本经营预算结转结余”科目，贷记“国有资本经营预算本级支出”科目。年终结转后，该科目无余额。该科目平时为借方余额，反映国有资本经营预算本级支出的累计数。

【例 5-34】某市财政按照预算，向所属国有控股企业拨付“三供一业”移交补助款 480 000 元，拨付国有企业办公共服务机构移交补助 200 000 元。

借：国有资本经营预算本级支出
　　　　——解决历史遗留问题及改革成本支出　　680 000
　贷：国库存款　　680 000

【例 5-35】年终，某市财政总预算会计的国有资本经营预算本级支出全年累计为 9 850 000 元，现予结转。

借：国有资本经营预算结转结余　　9 850 000
　贷：国有资本经营预算本级支出　　9 850 000

5.2.4 财政专户管理资金支出与专用基金支出

1. 财政专户管理资金支出

财政专户管理资金支出是指政府财政用纳入财政专户管理的教育收费等资金安排的支出。财政总预算会计对财政专户管理的资金严格按资金用途和用款计划安排使用。

为核算纳入财政专户管理的资金支出业务，财政总预算会计设置了“财政专户管理资金支出”科目，该科目应当按照《政府收支分类科目》中支出功能分类科目设置相应的明细科目。同时，根据管理需要，按照支出经济分类科目、部门（单位）等进行明细核算。

政府发生财政专户管理资金支出时，借记“财政专户管理资金支出”科目，贷记“其他财政存款”等有关科目。年终转账时，该科目借方余额全数转入“财政专户管理资金结余”科目，借记“财政专户管理资金结余”科目，贷记“财政专户管理资金支出”科目。年终结转后，该科目无余额。该科目平时为借方余额，反映财政专户管理资金支出的累计数。

【例 5-36】某市财政用集中的财政专户管理资金拨付 57 000 元给某中学，作为教育教改特别补助费。款项通过市本级财政的其他财政存款户划拨。

借：财政专户管理资金支出	57 000	
贷：其他财政存款		57 000

【例 5-37】年终，某市财政的财政专户管理资金支出全年累计 1 920 000 元，现予结转。

借：财政专户管理资金结余	1 920 000	
贷：财政专户管理资金支出		1 920 000

2. 专用基金支出

专用基金支出是指政府财政用专用基金收入安排的支出。政府在其常设的政府性基金预算项目之外组织取得其他专用基金收入，作为具有特定用途的资金。专用基金在管理与核算上必须遵循先收后支、量入为出的原则。专用基金支出实行计划管理，按照规定的用途和使用范围办理支出并单独结报。各项专用基金未经上级主管部门批准，不得挪作他用。

为核算专用基金支出业务，财政总预算会计设置了“专用基金支出”科目，该科目应当根据专用基金的种类设置明细科目。同时，根据管理需要，按部门等进行明细核算。发生专用基金支出时，借记“专用基金支出”科目，贷记“其他财政存款”等有关科目。退回专用基金支出时，做相反的会计分录。年终转账时，该科目借方余额全数转入“专用基金结余”科目，借记“专用基金结余”科目，贷记“专用基金支出”科目。年终结转后，该科目无余额。该科目平时为借方余额，反映专用基金支出的累计数。

【例 5-38】某省财政总预算会计拨付所属市粮食储备单位粮食风险基金 170 000 元，款项通过省本级财政的其他财政存款账户划拨。

借：专用基金支出　　170 000
　贷：其他财政存款　　170 000

【例 5-39】年终，某省财政总预算会计专用基金支出全年累计 510 000 元，现予结转。

借：专用基金结余　　510 000
　贷：专用基金支出　　510 000

5.2.5 转移性支出和债务类支出

转移性支出是指政府间的转移支付以及不同性质资金之间的调拨支出，包括补助支出、上解支出、地区间援助支出、调出资金等。与转移性收入一样，如果转移性支出发生在一级政府财政内部，其资金的流动变化不会影响该级政府财政资金总量。政府债务类支出包括债务还本支出和债务转贷支出。按《政府收支分类科目》，转移性支出的功能分类见表 5-12。

表 5-12　转移性支出分类（节选）

科目代码			科目名称	科目代码			科目名称
类	款	项		类	款	项	
230			转移性支出		03		专项转移支付
	01		返还性支出		06		上解支出
		02	所得税基数返还支出		08		调出资金
		03	成品油税费改革税收返还支出		09		年终结余
		04	增值税税收返还支出		11		债务转贷支出
		05	消费税税收返还支出		13		援助其他地区支出
		06	增值税“五五分享”税收返还支出		15		安排预算稳定调节基金
	02		一般性转移支付		16		补充预算周转金

1. 补助支出

补助支出是指本级政府财政按财政体制规定或因专项需要补助给下级政府财政的款项，包括对下级的税收返还、转移支付等。

为核算本级财政用非财政拨款性质的资金安排给下级财政的各类补助，财政总预算会计设置了“补助支出”科目，该科目下应当按照不同的资金性质设置“一般公共预算补助支出”“政府性基金预算补助支出”等明细科目，同时还应当按照补助地区进行明细核算。发生补助支出或从“与下级往来”科目转入“补助支出”科目时，借记“补助支出”科目，贷记“国库存款”“其他财政存款”“与下级往来”等科目。专项转移支付资金实行特设专户管理的，本级政府财政应当根据本级政府财政下达的预算文件确认补助支出，借记“补助支出”科目，贷记“国库存款”“与下级往来”等科目。

有主权外债业务的财政部门，贷款资金由下级政府财政同级部门（单位）使用，且贷款最终还款责任由本级政府财政承担的，本级政府财政部门支付贷款资金时，借记“补助支出”科目，贷记“其他财政存款”科目；外方将贷款资金直接支付给用款单位或供应商时，借记“补助支出”科目，贷记“债务收入”“债务转贷收入”等科目；根据债务管理部门转来的相关外债转贷管理资料，按照实际支付的金额，借记“待偿债净资产”科目，贷记“借入款项”“应付主权外债转贷款”等科目。

年终与下级政府财政结算时，按照尚未拨付的补助金额，借记“补助支出”科目，贷记“与下级往来”科目。退还或核减补助支出时，借记“国库存款”“与下级往来”等科目，贷记“补助支出”科目。

年终转账时，该科目借方余额应根据不同的资金性质分别转入对应的结转结余科目，借记“一般公共预算结转结余”“政府性基金预算结转结余”等科目，贷记“补助支出”科目。结转后，该科目无余额。该科目平时为借方余额，反映补助支出的累计数。

【例 5-40】某省财政拨付给所属某市财政重点生态功能区转移支付支出资金 500 000 元。该转移支付属于一般转移支付。

借：补助支出——一般公共预算补助支出　　500 000
　贷：国库存款　　500 000

【例 5-41】某省财政将与所属某市的应收节能环保专项往来款 30 000 元转作对该市财政的专项转移支付。

借：补助支出——政府性基金预算补助支出　　30 000
　贷：与下级往来　　30 000

【例 5-42】年终，某省财政一般公共预算补助支出全年累计数 680 000 元，政府性基金预算补助支出全年累计数 240 000 元。现予结转。

借：一般公共预算结转结余　　680 000
　　政府性基金预算结转结余　　240 000
　贷：补助支出——一般公共预算补助支出　　680 000
　　　补助支出——政府性基金预算补助支出　　240 000

2. 上解支出

上解支出是指本级政府财政按照财政体制规定上交给上级政府财政的款项，包括体制上解支出和专项上解支出。上解支出体现上下级财政之间财政资金的再分配关系。

为核算本级政府财政对上级政府财政的各项上解业务，财政总预算会计设置了“上解支出”科目，该科目下应当按照不同的资金性质设置“一般公共预算上解支出”“政府性基金预算上解支出”等明细科目。当政府财政发生上解支出时，借记“上解支出”科目，贷记“国库存款”“与上级往来”等科目。年终与上级政府财政结算时，按照本级尚未支付的上解金额，借记“上解支出”科目，贷记“与上级往来”科目。退还或核减上解支出时，借记“国库存款”“与上级往来”等科目，贷记“上解支出”科目。

年终转账时，该科目借方余额应根据不同的资金性质分别转入对应的结转结余科目，借记“一般公共预算结转结余”“政府性基金预算结转结余”等科目，贷记“上解支出”科目。年终结转后，该科目无余额。该科目平时为借方余额，反映上解支出的累计数。

【例 5-43】某市财政根据预算体制规定，上解上级财政一般预算类资金 180 000 元，上解上级财政基金预算类资金 67 000。款项通过国库划付。

借：上解支出——一般公共预算上解支出　　180 000
　　上解支出——政府性基金预算上解支出　　67 000
　贷：国库存款　　247 000

【例 5-44】接上例。年终，该市财政总预算会计的体制上解支出全年累计数为 180 000 元，基金预算类上解支出的全年累计数为 67 000 元，现予结转。

借：一般公共预算结转结余　　180 000
　　政府性基金预算结转结余　　67 000
　贷：上解支出——一般公共预算上解支出　　180 000
　　　上解支出——政府性基金预算上解支出　　67 000

3. 地区间援助支出

地区间援助支出是指援助方政府财政安排用于受援方政府财政统筹使用的各类援助、捐赠等资金支出。地区间财政援助有利于缩小地区间经济发展差距，提高地区间经济发展的协同程度。

为核算政府发生的地区间的各类财政援助支出，财政总预算会计设置了“地区间援助支出”科目，该科目应当按照受援地区及管理需要进行相应的明细核算。政府财政发生地区间援助支出时，借记“地区间援助支出”科目，贷记“国库存款”科目。年终转账时，该科目借方余额全数转入“一般公共预算结转结余”科目，借记“一般公共预算结转结余”科目，贷记“地区间援助支出”科目。结转后，该科目无余额。该科目平时为借方余额，反映地区间援助支出的累计数。

【例 5-45】某市财政经批准，在一般公共预算内安排援助资金 290 000 元，用于对口支援某县财政。款项通过国库划付。

借：地区间援助支出　　290 000
　贷：国库存款　　290 000

【例 5-46】年终，某市财政用于一般预算类的地区间援助支出全年累计 540 000 元，用于下级的政府性基金补助支出全年累计 210 000 元。现全数结转。

借：一般公共预算结转结余　540 000
　　政府性基金预算结转结余　210 000
　贷：地区间援助支出——一般预算类援助　540 000
　　　补助支出——基金预算类援助　210 000

4. 调出资金

调出资金是指政府财政为平衡预算收支，从某类预算向其他类预算调出的资金。调出资金发生在本级政府财政内部。

为核算本级政府财政内部不同性质财政资金之间的调出业务，财政总预算会计设置了“调出资金”科目，该科目应当设置“一般公共预算调出资金”“政府性基金预算调出资金”和“国有资本经营预算调出资金”等明细科目。当本级政府财政从一般公共预算调出资金时，按照调出的金额，借记“调出资金——一般公共预算调出资金”科目，贷记“调入资金”相关明细科目。从政府性基金预算调出资金时，按照调出的金额，借记“调出资金——政府性基金预算调出资金”科目，贷记“调入资金”相关明细科目。从国有资本经营预算调出资金时，按照调出的金额，借记“调出资金——国有资本经营预算调出资金”科目，贷记“调入资金”相关明细科目。

年终转账时，该科目借方余额分别转入相应的结转结余科目，借记“一般公共预算结转结余”“政府性基金预算结转结余”和“国有资本经营预算结转结余”等科目，贷记“调出资金”科目。年终结转后，该科目无余额。该科目平时为借方余额，反映调出资金的累计数。

【例 5-47】年终，某市财政总预算为平衡本级政府一般公共预算收支，从当年政府性基金预算结余中调出资金 900 000 元。

借：调出资金——政府性基金预算调出资金　900 000
　贷：调入资金——一般公共预算调入资金　900 000

【例 5-48】年终，市财政总预算会计将从政府性基金预算结余中调出的资金 900 000 元转入结转结余。

借：政府性基金预算结转结余　900 000
　贷：调出资金——政府性基金预算调出资金　900 000

5. 安排预算稳定调节基金

安排预算稳定调节基金是指政府财政按照有关规定对预算稳定调节基金进行安排和使用。当政府当年一般公共预算财政充足时，经批准可以用来补充历年结存的预算稳定调节基金，用以充盈、稳固财政，也可用于弥补短收年份的收支缺口。安排预算稳定调节基金，实际上是政府财政对本级一般预算结余的一种内部调用。

为核算本级财政对不同性质财政资金的内部调用，财政总预算会计设置了“安排预算稳定调节基金”科目。当政府财政补充预算稳定调节基金时，借记“安排预算稳定调节基金”科目，贷记“预算稳定调节基金”科目。年终转账时，该科目借方余额全数转入“一般公共预算结转结余”科目，借记“一般公共预算结转结余”科目，贷记“安排预算稳定调节基金”科目。结转后，该科目无余额。该科目平时为借方余额，反映安排预算稳定调节基金的累计数。

【例 5-49】某市财政根据政府长期预算平衡计划，经批准决定从当年一般公共预算超收收入中安排市本级预算稳定调节基金 2 600 000 元。

借：安排预算稳定调节基金　　2 600 000
　贷：预算稳定调节基金　　2 600 000

【例 5-50】接上例。年终，该市财政将“安排预算稳定调节基金”支出科目的当年发生数 2 600 000 元全部结转。

借：一般公共预算结转结余　　2 600 000
　贷：安排预算稳定调节基金　　2 600 000

6. 债务还本支出

债务还本支出是指政府财政偿还本级政府财政承担的纳入预算管理的债务本金支出。债务还本支出分为一般预算类债务还本支出和政府性基金预算类债务还本支出。按《政府收支分类科目》，债务还本支出分类见表 5-13。

表 5-13　债务还本支出分类（节选）

科目代码			科目名称	科目代码			科目名称
类	款	项		类	款	项	
231			债务还本支出（01～03 款为一般预算类）	231	04		地方政府专项债务还本支出（04 款为政府性基金预算类）
	01		中央政府国内债务还本支出			01	海南省高等级公路车辆通行附加费债务还本支出
	02		中央政府国外债务还本支出			02	港口建设费债务还本支出
	03		地方政府一般债务还本支出			05	国家电影事业发展专项资金债务还本支出
		01	地方政府一般债券还本支出			11	国有土地使用权出让金债务还本支出
		02	地方政府向外国政府借款还本支出			12	国有土地收益基金债务还本支出
		03	地方政府向国际组织借款还本支出			13	农业土地开发资金债务还本支出

与政府举借债务取得款项作为“债务收入”相对应，财政总预算会计把政府归还的各项债务的本金作为债务支出。为核算政府财政本级归还的债务本金，财政总预算会计设置了“债务还本支出”科目，该科目应当根据《政府收支分类科目》中债务还本支出的有关规定设置明细科目，进行明细分类核算。

当政府偿还本级承担的政府债券、主权外债等纳入预算管理的债务本金时，借记“债务还本支出”科目，贷记“国库存款”“其他财政存款”等科目；根据债务管理部门转来的相关资料，按照实际偿还的本金金额，借记“应付短期政府债券”“应付长期政府债券”“借入款项”“应付地方政府债券转贷款”“应付主权外债转贷款”等科目，贷记“待偿债净资产”科目。偿还截至2014年12月31日本级政府财政承担的存量债务本金时，借记“债务还本支出”科目，贷记“国库存款”“其他财政存款”等科目。

年终转账时，“债务还本支出”科目下“专项债务还本支出”明细科目的借方余额应按照对应的政府性基金种类分别转入“政府性基金预算结转结余”相应的明细科目，借记“政府性基金预算结转结余”科目，贷记“债务还本支出——专项债务还本支出”科目。该科目下其他明细科目的借方余额全数转入“一般公共预算结转结余”科目，借记“一般公共预算结转结余”科目，贷记“债务还本支出——其他明细科目”科目。结转后，该科目无余额。“债务还本支出”科目平时为借方累计发生额，反映本级政府财政偿还债务本金支出的累计数。

【例5-51】某省财政按预算统一归还三笔纳入预算管理的到期债务的本金。其中，短期政府专项债券本金200 000元，短期政府一般债券本金440 000元，由本级政府财政还款的国际金融组织借款本金折合人民币600 000元。

借：债务还本支出——地方政府债券还本（专项债券）	200 000	
——地方政府债券还本（一般债券）	440 000	
——地方向国外借款还本（一般债务）	600 000	
贷：国库存款		1 240 000

同时：

借：应付短期政府债券——应付地方政府专项债券	200 000	
应付短期政府债券——应付地方政府一般债券	440 000	
借入款项——应付本金	600 000	
贷：待偿债净资产——政府债券		640 000
——借入款项		600 000

【例5-52】接上例。年终，该省财政将上述各项债务还本支出全数转入相关结转结余。

借：政府性基金预算结转结余	200 000	
一般公共预算结转结余	1 040 000	
贷：债务还本支出——地方政府债券还本（专项债券）		200 000
——地方政府债券还本（一般债券）		440 000
——地方向国外借款还本（一般债务）		600 000

7. 债务转贷支出

债务转贷支出是指本级政府财政向下级政府财政转贷的债务支出，属于政府转移性支出，分为一般公共预算类债务转贷支出和政府性基金预算类债务转贷支出。《政府收支分类科目》中债务转贷支出的功能分类见表 5-14。

表 5-14　债务转贷支出分类（节选）

科目代码			科目名称	科目代码			科目名称
类	款	项		类	款	项	
230			转移性支出	230	11	06	港口建设费债务转贷支出
	11		债务转贷支出			23	车辆通行费债务转贷支出
		01	地方政府一般债券转贷支出			24	污水处理费债务转贷支出
		02	地方政府向外国政府借款转贷支出			31	土地储备专项债券转贷支出
		03	地方政府向国际组织借款转贷支出			32	政府收费公路专项债券转贷支出

在表 5-14 中，第 01 ～ 03 项为一般公共预算类转贷支出，第 06 ～ 32 项为政府性基金预算类转贷支出。

为核算债务转贷支出业务，财政总预算会计设置了“债务转贷支出”科目，该科目下应当设置“地方政府一般债务转贷支出”“地方政府专项债务转贷支出”明细科目，同时还应当按照转贷地区进行明细核算。当本级政府财政向下级政府财政转贷地方政府债券资金时，借记“债务转贷支出”科目，贷记“国库存款”科目；根据债务管理部门转来的相关资料，按照到期应收回的转贷款本金金额，借记“应收地方政府债券转贷款”科目，贷记“资产基金——应收地方政府债券转贷款”科目。

当本级政府财政向下级政府财政转贷主权外债资金，且主权外债最终还款责任由下级政府财政承担时，相关账务处理如下。

（1）本级政府财政支付转贷资金时，根据转贷资金支付的相关资料，借记“债务转贷支出”科目，贷记“其他财政存款”科目；根据债务管理部门转来的相关资料，按照实际持有的债权金额，借记“应收主权外债转贷款”科目，贷记“资产基金——应收主权外债转贷款”科目。

（2）当外方将贷款资金直接支付给用款单位或供应商时，本级政府财政根据转贷资金支付的相关资料，借记“债务转贷支出”科目，贷记“债务收入”“债务转贷收入”科目；根据债务管理部门转来的相关资料，按照实际持有的债权金额，借记“应收主权外债转贷款”科目，贷记“资产基金——应收主权外债转贷款”科目；同时，借记“待偿债净资产”科目，贷记“借入款项”“应付主权外债转贷款”等科目。

年终转账时，“债务转贷支出”科目下“地方政府一般债务转贷支出”明细科目的借方余额全数转入“一般公共预算结转结余”科目，借记“一般公共预算结转结余”科目，贷记“债务转贷支出——地方政府一般债务转贷支出”科目。“地方政府专项债务转贷支出”明细科目的借方余额全数转入“政府性基金预算结转结余”科目，借记“政府性基金预算结转结余”科目，贷记“债务转贷支出——地方政府专项债务转贷支出”科目。年终结转后，该科目无余额。“债务转贷支出”科目平时为借方余额，反映债务转贷支出的累计数。

【例 5-53】某省政府财政将举借的地方政府一般债务 7 000 000 元转贷给下级某市政府财政，该债务由省政府财政贴息。

借：债务转贷支出——地方政府一般债务转贷支出 7 000 000
　贷：国库存款 7 000 000

同时：

借：应收地方政府债券转贷款——应收地方政府一般债券转贷款 7 000 000
　贷：资产基金——应收地方政府债券转贷款 7 000 000

【例 5-54】接上例。年终，该省财政总预算会计将上述债务转贷支出 7 000 000 元全数结转。

借：一般公共预算结转结余 7 000 000
　贷：债务转贷支出——地方政府一般债务转贷支出 7 000 000

5.3 财政总预算会计净资产

财政总预算会计净资产是指政府财政资产减去负债后的差额，是一级政府拥有的资产净值。财政总预算会计核算的净资产包括一般公共预算结转结余、政府性基金预算结转结余、国有资本经营预算结转结余、财政专户管理资金结余、专用基金结余、预算稳定调节基金、预算周转金、资产基金和待偿债净资产，财政总预算会计的各项结转结余每年结算一次。

财政总预算会计的净资产金额取决于资产和负债的计量。净资产项目应当列入资产负债表。

5.3.1 结转结余

结转结余是指政府财政纳入一般公共预算管理、政府性基金预算管理、国有资本经营预算管理、财政专户管理和专用基金管理的各类相应收支相抵形成的差额。结转结余包括一般公共预算结转结余、政府性基金预算结转结余、国有资本经营预算结转结余、财政专户管理资金结余、专用基金结余。结转结余体现了各类预算收支差额，反映一级政府执行预算情况的主要结果。

1. 一般公共预算结转结余

一般公共预算结转结余是指政府财政纳入一般公共预算管理的收入和支出相抵形成的结转结余，反映一般公共预算收支的执行结果。纳入一般公共预算管理的收入和支出是指政府财政的一般公共预算性质的收入和支出，而非单指一般公共预算本级收入和一般公共预算本级支出。纳入一般公共预算管理的收入有一般公共预算本级收入、一般公共预算补助收入、一般公共预算调入资金、一般公共预算上解收入、一般债务收入、一般债务转贷收入、动用预算稳定调节基金、地区间援助收入等。纳入一般公共预算管理的支出有一般公共预算本级支出、一般公共预算补助支出、一般公共预算调出资金、一般公共预算上解支出、一般债务还本支出、一般债务转贷支出、地区间援助支出、安排预算稳定调节基金等。

为核算一般公共预算结转结余，财政总预算会计设置了“一般公共预算结转结余”科目。年终转账时，将一般公共预算类有关收入科目的贷方余额转入该科目的贷方，借记“一般公共预算本级收入”“补助收入——一般公共预算补助收入”“上解收入——一般公共预算上解收入”“地区间援助收入”“调入资金——一般公共预算调入资金”“债务收入——一般债务收入”“债务转贷收入——地方政府一般债务转贷收入”“动用预算稳定调节基金”等科目，贷记“一般公共预算结转结余”科目；将一般公共预算类有关支出科目的借方余额转入该科目的借方，借记“一般公共预算结转结余”科目，贷记“一般公共预算本级支出”“补助支出——一般公共预算补助支出”“上解支出——一般公共预算上解支出”“地区间援助支出”“调出资金——一般公共预算调出资金”“债务还本支出——一般债务还本支出”“债务转贷支出——地方政府一般债务转贷支出”“安排预算稳定调节基金”等科目。财政总预算会计设置和补充预算周转金时，借记“一般公共预算结转结余”科目，贷记“预算周转金”科目。

“一般公共预算结转结余”科目年终为贷方余额，反映一般公共预算类收入和支出相抵后的滚存结转结余。

【例 5-55】 年终，某市财政总预算各项收入和支出的全年累计数见表 5-15。现结转其中的一般预算类收入和支出。

表 5-15　某市财政总预算收入和支出累计数　　单位：万元

收入科目	累计数	支出科目	累计数
一般公共预算本级收入	4 500	一般公共预算本级支出	4 380
政府性基金预算本级收入	2 500	政府性基金预算本级支出	2 400
国有资本经营预算本级收入	600	国有资本经营预算本级支出	500
财政专户管理资金收入	360	财政专户管理资金支出	280
专用基金收入	240	专用基金支出	290
补助收入——一般公共预算补助收入	60	补助支出——一般公共预算补助支出	43
上解收入——一般公共预算上解收入	65	补助支出——国有资本经营预算补助支出	12
上解收入——政府性基金预算上解收入	110	上解支出——一般公共预算上解支出	38
地区间援助收入	100	上解支出——政府性基金预算上解支出	87
调入资金——一般公共预算调入资金	50	地区间援助支出	18
动用预算稳定调节基金	70	调出资金——政府性基金预算调出资金	40
债务收入——一般债务收入	120	调出资金——国有资本经营预算调出资金	10
债务收入——专项债务收入	35	安排预算稳定调节基金	0
债务转贷收入——地方政府一般债务转贷收入	95	债务还本支出——一般债务还本支出	120
债务转贷收入——地方政府专项债务转贷收入	70	债务转贷支出——地方政府专项债务转贷支出	60
合计	8 975	合计	8 278

（1）结转一般公共预算类收入：

借：一般公共预算本级收入　45 000 000
　补助收入——一般公共预算补助收入　600 000
　上解收入——一般公共预算上解收入　650 000
　地区间援助收入　1 000 000
　调入资金——一般公共预算调入资金　500 000
　动用预算稳定调节基金　700 000
　债务收入——一般债务收入　1 200 000
　债务转贷收入——地方政府一般债务转贷收入　950 000
　贷：一般公共预算结转结余　50 600 000

（2）结转一般预算类支出：

借：一般公共预算结转结余　45 990 000
　贷：一般公共预算本级支出　43 800 000
　　补助支出——一般公共预算补助支出　430 000
　　上解支出——一般公共预算上解支出　380 000
　　地区间援助支出　180 000
　　债务还本支出——一般债务还本支出　1 200 000

2. 政府性基金预算结转结余

政府性基金预算结转结余是指财政纳入政府性基金预算管理的收入和支出相抵形成的结转结余，反映政府性基金预算收支的执行结果。纳入政府性基金预算管理的收入包括政府性基金预算本级收入、政府性基金预算补助收入、政府性基金预算上解收入、政府性基金预算调入资金、专项债务收入、专项债务转贷收入等。纳入政府性基金预算管理的支出包括政府性基金预算本级支出、政府性基金预算补助支出、政府性基金预算上解支出、政府性基金预算调出资金、专项债务还本支出、专项债务转贷支出等。

为核算政府性基金预算结转结余，财政总预算会计设置了“政府性基金预算结转结余”科目，该科目应当根据管理需要，按照政府性基金的种类进行明细核算。

财政总预算会计在年终转账时，将政府性基金预算类有关收入科目的贷方余额按照政府性基金种类分别转入该科目下相应明细科目的贷方，借记“政府性基金预算本级收入”“补助收入——政府性基金预算补助收入”“上解收入——政府性基金预算上解收入”“调入资金——政府性基金预算调入资金”“债务收入——专项债务收入”“债务转贷收入——地方政府专项债务转贷收入”等科目，贷记“政府性基金预算结转结余”科目；将政府性基金预算类有关支出科目的借方余额按照政府性基金种类分别转入该科目下相应明细科目的借方，借记“政府性基金预算结转结余”科目，贷记“政府性基金预算本级支出”“补助支出——政府性基金预算补助支出”“上解支出——政府性基金预算上解支出”“调出资金——政府性基金预算调出资金”“债务还本支出——专项债务还本支出”“债务转贷支出——地方政府专项债务转贷支出”等科目。

“政府性基金预算结转结余”科目年终为贷方余额，反映政府性基金预算类收支相抵后的滚存结转结余。

【例 5-56】根据表 5-15，年终，市财政总预算会计结转政府性基金预算类收入与支出。

（1）结转政府性基金预算类收入：

借：政府性基金预算本级收入	25 000 000	
上解收入——政府性基金预算上解收入	1 100 000	
债务收入——专项债务收入	350 000	
债务转贷收入——地方政府专项债务转贷收入	700 000	
贷：政府性基金预算结转结余		27 150 000

（2）结转政府性基金预算类支出：

借：政府性基金预算结转结余	25 870 000	
贷：政府性基金预算本级支出		24 000 000
上解支出——政府性基金预算上解支出		870 000
调出资金——政府性基金预算调出资金		400 000
债务转贷支出——地方政府专项债务转贷支出		600 000

3. 国有资本经营预算结转结余

国有资本经营预算结转结余是指政府财政纳入国有资本经营预算管理的收入和支出相抵形成的结转结余，反映国有资本经营预算收支的执行结果。纳入国有资本经营预算管理的收入包括国有资本经营预算本级收入、国有资本经营预算转移支付收入等。纳入国有资本经营预算管理的支出包括国有资本经营预算本级支出、国有资本经营预算调出资金、国有资本经营预算转移支付支出等。

为核算国有资本经营预算结转结余，财政总预算会计设置了“国有资本经营预算结转结余”科目。年终转账时，财政总预算会计应将国有资本经营预算类有关收入科目的贷方余额转入该科目贷方，借记“国有资本经营预算本级收入”等科目，贷记“国有资本经营预算结转结余”科目；将国有资本经营预算类有关支出科目的借方余额转入该科目借方，借记“国有资本经营预算结转结余”科目，贷记“国有资本经营预算本级支出”“调出资金——国有资本经营预算调出资金”等科目。

“国有资本经营预算结转结余”科目年终为贷方余额，反映国有资本经营预算类收支相抵后的滚存结转结余。

【例 5-57】根据表 5-15，年终，市财政总预算会计结转国有资本经营预算类收入与支出。

（1）结转国有资本经营预算类收入：

借：国有资本经营预算本级收入　　6 000 000
　贷：国有资本经营预算结转结余　　6 000 000

（2）结转国有资本经营预算类支出：

借：国有资本经营预算结转结余　　5 220 000
　贷：国有资本经营预算本级支出　　5 000 000
　　补助支出——国有资本经营预算补助支出　　120 000
　　调出资金——国有资本经营预算调出资金　　100 000

4. 财政专户管理资金结余

财政专户管理资金结余是指纳入财政专户管理的教育收费等资金收支相抵后形成的结余，反映政府财政专户管理资金预算收支的执行结果。

为核算财政专户管理资金结余，财政总预算会计设置了“财政专户管理资金结余”科目，该科目应当根据管理需要，按照部门（单位）等进行明细核算。年终转账时，将财政专户管理资金的有关收入科目的贷方余额转入该科目贷方，借记“财政专户管理资金收入”等科目，贷记“财政专户管理资金结余”科目；将财政专户管理资金的有关支出科目的借方余额转入该科目借方，借记“财政专户管理资金结余”科目，贷记“财政专户管理资金支出”等科目。

“财政专户管理资金结余”科目年终为贷方余额，反映纳入财政专户管理的资金收支相抵后的滚存结余。

【例 5-58】根据表 5-15，年终，市财政总预算会计结转财政专户管理资金收入与支出。

（1）结转财政专户管理资金收入：

借：财政专户管理资金收入　　3 600 000
　贷：财政专户管理资金结余　　3 600 000

（2）结转财政专户管理资金支出：

借：财政专户管理资金结余　　2 800 000
　贷：财政专户管理资金支出　　2 800 000

5. 专用基金结余

专用基金结余是指政府财政管理的专用基金收入和支出相抵形成的结余，反映政府在政府性基金预算之外的专用基金预算收支的执行情况。

为核算专用基金结余，财政总预算会计设置了“专用基金结余”科目，该科目应当根据专用基金的种类进行明细核算。年终转账时，将专用基金的有关收入科目的贷方余额转入该科目的贷方，借记“专用基金收入”等科目，贷记“专用基金结余”科目；将专用基金的有关支出科目的借方余额转入该科目借方，借记“专用基金结余”科目，贷记“专用基金支出”等科目。

“专用基金结余”科目年终为贷方余额，反映政府财政管理的专用基金收支相抵后的滚存结余。

【例 5-59】 根据表 5-15，年终，市财政总预算会计结转专用基金收入与支出。

（1）结转专用基金收入：

借：专用基金收入　　2 400 000

　贷：专用基金结余　　2 400 000

（2）结转专用基金支出：

借：专用基金结余　　2 900 000

　贷：专用基金支出　　2 900 000

5.3.2　预算稳定调节基金与预算周转金

1. 预算稳定调节基金

预算稳定调节基金是指各级政府一般公共预算按规定设置的用于弥补以后年度预算资金不足的储备资金。根据《预算法》，各级一般公共预算年度执行中有超收收入的，只能用于冲减赤字或者补充预算稳定调节基金。各级一般公共预算的结余资金，也应当补充预算稳定调节基金。省、自治区、直辖市一般公共预算年度执行中出现短收，通过调入预算稳定调节基金、减少支出等方式仍不能实现收支平衡的，本级政府报本级人民代表大会或其常务委员会批准，可以增列赤字，报国务院财政部门备案，并应当在下一年度预算中予以弥补。

经全国人民代表大会批准的中央预算和经地方各级人民代表大会批准的地方各级预算，在执行中出现需要调入预算稳定调节基金的情况时，应当进行预算调整。县级以上各级人民代表大会常务委员会和乡、民族乡、镇人民代表大会负责重点审查本级预算稳定调节基金的规模和使用情况。对于各级政府及有关部门违反法律、法规规定使用预算预备费、预算周转金、预算稳定调节基金和超收收入的，应责令其改正，对负有直接责任的主管人员和其他直接责任人员追究行政责任。

为核算预算稳定调节基金，财政总预算会计设置了“预算稳定调节基金”科目。政府财政使用超收收入或一般公共预算结余资金补充预算稳定调节基金时，借记“安排预算稳定调节基金”科目，贷记“预算稳定调节基金”科目。将预算周转金调入预算稳定调节基金时，借记“预算周转金”科目，贷记“预算稳定调节基金”科目。调用预算稳定调节基金时，借记“预算稳定调节基金”科目，贷记“动用预算稳定调节基金”科目。该科目期末为贷方余额，反映预算稳定调节基金的规模。

【例 5-60】某市财政总预算当年执行情况良好，决定将一般公共预算超收收入 9 360 000 元用于补充预算稳定调节基金。

借：安排预算稳定调节基金 9 360 000
　贷：预算稳定调节基金 9 360 000

2. 预算周转金

预算周转金是指政府财政按规定设置的用于调剂预算年度内季节性收支差额周转使用的资金。各级预算周转金由本级政府财政部门管理，不得挪作他用。各级人民代表大会及其常务委员会负责重点审查本级预算周转金的规模和使用情况，对违规使用预算周转金负有直接责任的主管人员和其他直接责任人员追究行政责任。

为核算预算周转金，财政总预算会计设置了“预算周转金”科目。设置和补充预算周转金时，借记“一般公共预算结转结余”科目，贷记“预算周转金”科目。将预算周转金调入预算稳定调节基金时，借记“预算周转金”科目，贷记“预算稳定调节基金”科目。

该科目期末为贷方余额，反映预算周转金的规模。

【例 5-61】年终，某市财政决定将当年的一般公共预算结转结余 9 670 000 元用于补充预算周转金。

借：一般公共预算结转结余 9 670 000
　贷：预算周转金 9 670 000

5.3.3 资产基金与待偿债净资产

1. 资产基金

资产基金是指政府财政持有的应收地方政府债券转贷款、应收主权外债转贷款、股权投资和应收股利等资产（与其相关的资金收支纳入预算管理）在净资产中占用的金额。

为核算资产基金，财政总预算会计设置了“资产基金”科目，并在该科目下设置“应收地方政府债券转贷款”“应收主权外债转贷款”“股权投资”“应收股利”等明细科目，进行明细分类核算。

当政府财政的应收地方政府债券转贷款、应收主权外债转贷款、股权投资、应收股利等资产增加或减少时，须相应增加或冲减与前述资产对应的资产基金。资产增减与对应基金增减的记账金额相同，记账方向相反。当财政总预算会计增加上述资产时，借记“应收地方政府债券转贷款”“应收主权外债转贷款”“股权投资”“应收股利”科目，贷记“资产基金——应收地方政府债券转贷款”“资产基金——应收主权外债转贷款”“资产基金——股权投资”“资产基金——应收股利”科目；当上述资产减少时，做相反的会计分录处理。

“资产基金”科目期末为贷方余额，反映政府财政持有应收地方政府债券转贷款、应收主权外债转贷款、股权投资和应收股利等资产（与其相关的资金收支纳入预算管理）在净资产中占用的金额。

【例 5-62】某省财政代表政府认缴国际金融组织股本 1 000 000 股，实际支付的购买价款折合人民币 8 000 000 元。款项由国库存款划付。

借：一般公共预算本级支出　　8 000 000
　贷：国库存款　　8 000 000

同时，根据股权投资确认的相关资料，按实际投资成本：

借：股权投资　　8 000 000
　贷：资产基金——股权投资　　8 000 000

【例 5-63】接上例。该省财政从前述国际金融组织撤出股本，收回款项折合人民币 8 070 000 元，已存入国库。

借：国库存款　　8 070 000
　贷：一般公共预算本级支出　　8 000 000
　　　一般公共预算本级收入　　70 000

同时，根据股权投资清算的相关资料，按照实际撤出的股本：

借：资产基金——股权投资　　8 000 000
　贷：股权投资　　8 000 000

财政总预算会计为应收地方政府债券转贷款、应收主权外债转贷款、股权投资和应收股利等重要财政资产在净资产中设置对应科目，可以对该类资产进行资产、净资产双向核算与反映，可以加强对该类财政资产的监督与管理，是财政总预算会计核算的一个特点。

2. 待偿债净资产

待偿债净资产是指政府财政因发生应付政府债券、借入款项、应付地方政府债券转贷款、应付主权外债转贷款、其他负债等负债（与其相关的资金收支纳入预算管理）而相应需要在净资产中冲减的金额。

上述各项负债，是一级政府的重要债务。为加强对政府债务的监管，强化核算和信息披露，确保财政安全，财政总预算会计在净资产中设置了“待偿债净资产”科目，把该科目作为财政总预算会计净资产的减项，同时也是上述各项负债的关联科目。当上述各项负债增加时，待偿债净资产增加，即财政净资产被冲减；当偿还上述各项负债时，则相应地转回被冲减的财政净资产。一般情况下，上述各项负债科目与“待偿债净资产”科目同时使用，记账金额相同，记账方向相反。

为核算待偿债净资产，财政总预算会计设置了“待偿债净资产”科目，该科目应当设置“应付短期政府债券”“应付长期政府债券”“借入款项”“应付地方政府债券转贷款”“应付主权外债转贷款”“其他负债”等明细科目，进行明细核算。

当财政确认应付政府债券等上述各项负债增加时，按实际确认的金额，借记“待偿债净资产——应付短期政府债券”“待偿债净资产——应付长期政府债券”“待偿债净资产——借入款项”“待偿债净资产——应付地方政府债券转贷款”“待偿债净资产——应付主权外债转贷款”“待偿债净资产——其他负债”科目，按确认增加的对应债务，贷记“应付短期政府债券”“应付长期政府债券”“借入款项”“应付地方政府债券转贷款”“应付主权外债转贷款”或“其他负债”科目；当财政偿还上述负债时，做相反的会计分录处理。

“待偿债净资产”科目期末为借方余额，反映政府财政承担应付政府债券、借入款项、应付地方政府债券转贷款、应付主权外债转贷款和其他负债等负债（与其相关的资金收支纳入预算管理）而相应需要冲减净资产的金额。

【例 5-64】某省财政收到借入的主权外债资金 7 960 000 元，款项已存入其他财政存款账户。

（1）收到借入的主权外债资金时：

借：其他财政存款	7 960 000	
贷：债务收入		7 960 000

（2）同时，根据债务管理部门转来的相关资料，按照实际承担的债务金额：

借：待偿债净资产——借入款项	7 960 000	
贷：借入款项		7 960 000

【例 5-65】接上例。上述主权外债到期，该省财政用其他财政存款偿还外债本金与利息共计 8 358 000 元。

（1）偿还外债本金和利息：

借：债务还本支出	7 960 000	
一般公共预算本级支出	398 000	
贷：其他财政存款		8 358 000

（2）同时，按实际偿还的本金金额：

借：借入款项	7 960 000	
贷：待偿债净资产——借入款项		7 960 000

思考题

1. 财政总预算会计收入和支出各包括哪些方面？
2. 政府预算类收入的收缴方式有哪些？
3. 政府预算类收入的核算规定是什么？
4. 转移性收入和支出各包括哪些方面？如何核算？
5. 政府债务收入包括哪些？
6. 政府债务收入在核算上有何特征？
7. 财政总预算会计净资产包括哪些？与资产、负债相关的净资产科目是怎么设计的？
8. 财政总预算会计各项净资产应该如何核算？

练习题

通过扫描二维码获取

财政总预算会计报表

学习目标

1. 熟悉财政总预算会计报表的分类。
2. 掌握财政总预算会计资产负债表、收入支出表、预算执行情况表、有关资金收支类报表的基本结构及各项目的基本填列方法。

参考案例

2018年中央和地方预算执行情况（节选）

2018年，全国一般公共预算收入183 351.84亿元，加上调入资金及使用结转结余14 772.77亿元，收入总量为198 124.61亿元。全国一般公共预算支出220 906.07亿元，加上补充中央预算稳定调节基金1 018.54亿元，支出总量为221 924.61亿元。收支总量相抵，赤字23 800亿元，与预算持平。从收入构成看，税收收入156 400.52亿元，约占一般公共预算收入的85.30%；非税收入26 951.32亿元，约占一般公共预算收入的14.70%。

中央一般公共预算收入85 447.34亿元，加上调入资金后，总量为87 900.34亿元。中央一般公共预算支出102 381.80亿元，加上补充中央预算稳定调节基金1 018.54亿元，支出总量为103 400.34亿元。中央财政赤字15 500亿元，与预算持平。

地方一般公共预算收入167 578.49亿元，其中本级收入97 904.50亿元，加上地方财政调入资金及使用结转结余 12 319.77 亿元，收入总量为 179 898.26 亿元。地方一般公共预算支出 188 198.26 亿元。收支总量相抵，地方财政赤字 8 300 亿元，与预算持平。

全国政府性基金收入 75 404.50 亿元，支出 80 562.07 亿元。

全国国有资本经营预算收入 2 899.95 亿元，支出 2 159.26 亿元。

思考：从 2018 年政府决算报告分析全国预算收入与支出的结构和规模。

资料来源：新华社．关于 2018 年中央和地方预算执行情况与 2019 年中央和地方预算草案的报告（摘要）[R/OL].(2019-03-05)[2020-04-20].http://www.gov.cn/xinwen/2019-03/05/content_5371085.htm.

6.1　财政总预算会计报表概述

财政总预算会计报表是反映政府财政预算执行结果和财务状况的书面文件，是各级人大、政府、上级财政部门了解情况、掌握政策、指导预算执行工作的重要资料，是广大社会公众了解政府公共财政信息的主要信息来源，也是各级财政编制下年度预算的基础。

财政总预算会计的年报，即各级政府决算，反映年度预算收支的最终结果。各级财政总预算会计参与或具体负责组织决算草案编审工作。各级政府财政应将汇总编制的本级决算草案及时报本级政府审定。各级政府财政应按照上级政府财政部门的要求，将经本级人民政府审定的本行政区域决算草案逐级及时报送备案。计划单列市的财政决算，除按规定报送财政部外，应按所在省的规定报所在省。财政总预算会计应当划分会计期间，分期结算账目和编制会计报表。

1. 财政总预算会计报表分类

财政总预算会计报表包括资产负债表、收入支出表、一般公共预算执行情况表、政府性基金预算执行情况表、国有资本经营预算执行情况表、财政专户管理资金收支情况表、专用基金收支情况表等会计报表和附注。

资产负债表是反映政府财政在某一特定日期财务状况的报表。资产负债表应当按照资产、负债和净资产分类、分项列示。

收入支出表是反映政府财政在某一会计期间各类财政资金收入、支出与结余情况的报表。收入支出表根据资金性质按照收入、支出、结转结余的构成分类、分项列示。

一般公共预算执行情况表是反映政府财政在某一会计期间一般公共预算收支执行结果的报表，按照《政府收支分类科目》中一般公共预算收支科目列示。

政府性基金预算执行情况表是反映政府财政在某一会计期间政府性基金预算收支执行结果的报表，按照《政府收支分类科目》中政府性基金预算收支科目列示。

国有资本经营预算执行情况表是反映政府财政在某一会计期间国有资本经营预算收支执行结果的报表，按照《政府收支分类科目》中预算收支科目列示。

财政专户管理资金收支情况表是反映政府财政在某一会计期间纳入财政专户管理的财政专户管理资金收支情况的报表，按照相关政府收支分类科目列示。

专用基金收支情况表是反映政府财政在某一会计期间专用基金收支情况的报表，按照不同类型的专用基金分别列示。

附注是对在会计报表中列示项目的文字描述或明细资料，以及对未能在会计报表中列示项目的说明。

2. 财政总预算会计报表编制要求

一般公共预算执行情况表、政府性基金预算执行情况表、国有资本经营预算执行情况表应当按旬、月度和年度编制，财政专户管理资金收支情况表和专用基金收支情况表应当按月度和年度编制，收入支出表应当按月度和年度编制，资产负债表和附注应当至少按年度编制。旬报、月报的报送期限及编报内容应当符合上级政府财政的具体要求和本行政区域预算管理的需要。

财政总预算会计应当根据《财政总预算会计制度》编制并提供真实、完整的会计报表，切实做到账表一致，不得估列代编，弄虚作假。要严格按照统一规定的种类、格式、内容、计算方法和编制口径填制会计报表，以保证全国统一汇总和分析。汇总报表的单位，要把所属单位的报表汇集齐全，防止漏报。

3. 报表编制准备——年终清理

（1）核对年度预算。预算是预算执行和办理会计结算的依据。年终前，财政总预算会计应配合预算管理部门将本级政府财政全年预算指标与上、下级政府财政总预算和本级各部门预算进行核对，及时办理预算调整和转移支付事项。本年预算调整和对下转移支付一般截止到 11 月底，各项预算拨款一般截止到 12 月 25 日。

（2）清理本年预算收支。认真清理本年预算收入，督促征收部门和国库年终前如数缴库。应在本年预算支领列报的款项，非特殊原因，应在年终前办理完毕。清理财政专户管理资金和专用基金收支，凡属于应列入本年的收入，应及时催收，并缴入国库或指定财政专户。

（3）组织征收机关和国库进行年度对账。年度终了后，按照国库制度的规定，支库应设置 10 天的库款报解整理期（设置决算清理期的年度，库款报解整理期相应顺延）。各经收处 12 月 31 日前所收款项均应在库款报解整理期内报达支库，列入当年决算。同时，各级国库要按年度决算对账办法编制收入对账单，分送同级财政部门、征收机关核对签章，保证财政收入数字的一致性。

（4）清理核对当年拨款支出。各级财政总预算会计对本级各单位的拨款支出应与单位的拨款收入核对清楚。对于当年安排的非包干使用的拨款，其结余部分应根据具体情况处理：属于单位正常周转占用的资金，可仍作为预算支出处理；属于应收回的拨款，应及时收回，并按收回数相应冲减预算支出；属于预拨下年度的经费，不得列入当年预算支出。

（5）核实股权、债权和债务。财政部门内部相关资产、债务管理部门应于 12 月 20

日前向财政总预算会计提供与股权、债权、债务等核算和反映相关的资料。财政总预算会计对股权投资、借出款项、应收股利、应收地方政府债券转贷款、应收主权外债转贷款、借入款项、应付短期政府债券、应付长期政府债券、应付地方政府债券转贷款、应付主权外债转贷款、其他负债等余额应与相关管理部门进行核对，记录不一致的要及时查明原因，按规定调整账务，做到账实相符、账账相符。

（6）清理往来款项。政府财政要认真清理其他应收款、其他应付款等各种往来款项，在年度终了前予以收回或归还。应转作收入或支出的各项款项，要及时转入本年有关收支账。

（7）进行年终财政结算。财政预算管理部门要在年终清理的基础上，于次年 1 月底前结清上、下级政府财政的转移支付收支和往来款项。财政总预算会计要按照财政管理体制的规定，根据预算结算单，与年度预算执行过程中已补助和已上解数额进行比较，结合往来款和借垫款情况，计算出全年最后应补或应退数额，填制“年终财政决算结算单”，经核对无误后，作为年终财政结算凭证，据以入账。

4. 报表编制准备——年终结账

财政总预算会计对年终决算清理期内发生的会计事项，应当划清会计年度。属于清理上年度的会计事项，记入上年度会计账；属于新年度的会计事项，记入新年度会计账，防止错记漏记。经过年终清理和结算，将各项结算收支入账后，即可办理年终结账。年终结账工作一般包括年终转账、结清旧账和记入新账三个步骤。

（1）年终转账。计算出各科目 12 月合计数和全年累计数，结出 12 月月末余额，编制结账前的资产负债表，再根据收支余额填制记账凭证，将收支分别转入“一般公共预算结转结余”“政府性基金预算结转结余”“国有资本经营预算结转结余”“专用基金结余”“财政专户管理资金结余”等科目。

（2）结清旧账。将各个收入和支出账户的借方、贷方结出全年总计数，对年终有余额的账户，在“摘要”栏内注明“结转下年”字样，转入新账。

（3）记入新账。根据年终转账后的总账和明细账余额编制年终资产负债表和有关明细表（不需填制记账凭证），将各科目余额直接记入新年度有关总账和明细账年初余额栏内，并在“摘要”栏注明“上年结转”字样，以区别新年度发生数。

政府财政收支决算经本级人民代表大会审查批准后，如需更正原报决算草案收入、支出时，则要相应地调整有关账目，重新办理结账事项。

6.2 资产负债表

1. 资产负债表的格式

财政总预算会计的资产负债表是反映政府财务状况和预算执行情况的报表。资产负债表应当按照资产、负债和净资产分类、分项列示，按“年初余额”“期末余额”分别填列。资产负债表可分为月报和年报两种，遵循“资产 = 负债 + 净资产”的平衡等式。报表格式见表 6-1。

表 6-1 资产负债表

编制单位： ____年____月____日 单位：元

资产	年初余额	期末余额	负债和净资产	年初余额	期末余额
流动资产：			流动负债：		
国库存款			应付短期政府债券		
国库现金管理存款			应付利息		
其他财政存款			应付国库集中支付结余		
有价证券			与上级往来		
在途款			其他应付款		
预拨经费			应付代管资金		
借出款项			一年内到期的非流动负债		
应收股利			流动负债合计		
应收利息			非流动负债：		
与下级往来			应付长期政府债券		
其他应收款			借入款项		
流动资产合计			应付地方政府债券转贷款		
非流动资产：			应付主权外债转贷款		
应收地方政府债券转贷款			其他负债		
应收主权外债转贷款			非流动负债合计		
股权投资			负债合计		
待发国债			一般公共预算结转结余		
非流动资产合计			政府性基金预算结转结余		
			国有资本经营预算结转结余		
			财政专户管理资金结余		
			专用基金结余		
			预算稳定调节基金		
			预算周转金		
			资产基金		
			减：待偿债净资产		
			净资产合计		
资产总计			负债和净资产总计		

2. 资产负债表的填列方法

资产负债表“年初余额”栏内各项数字，应当根据上年年末资产负债表“期末余额”栏内数字填列。如果本年度资产负债表规定的各个项目的名称和内容与上年度不一致，应对上年年末资产负债表各项目的名称和数字按照本年度的规定进行调整，填入本年“年初余额”栏内。

资产类项目的内容和“期末余额”栏的填列方法如下。

（1）“国库存款”项目，反映政府财政期末存放在国库单一账户的款项金额。本项目应当根据“国库存款”科目的期末余额填列。

（2）“国库现金管理存款”项目，反映政府财政期末实行国库现金管理业务持有的存款金额。本项目应当根据“国库现金管理存款”科目的期末余额填列。

（3）“其他财政存款”项目，反映政府财政期末持有的其他财政存款金额。本项目应当根据“其他财政存款”科目的期末余额填列。

（4）“有价证券”项目，反映政府财政期末持有的有价证券金额。本项目应当根据“有价证券”科目的期末余额填列。

（5）“在途款”项目，反映政府财政期末持有的在途款金额。本项目应当根据“在途款”科目的期末余额填列。

（6）“预拨经费”项目，反映政府财政期末尚未转列支出或尚待收回的预拨经费金额。本项目应当根据“预拨经费”科目的期末余额填列。

（7）“借出款项”项目，反映政府财政期末借给预算单位尚未收回的款项金额。本项目应当根据“借出款项”科目的期末余额填列。

（8）“应收股利”项目，反映政府期末尚未收回的现金股利或利润金额。本项目应当根据“应收股利”科目的期末余额填列。

（9）“应收利息”项目，反映政府财政期末尚未收回的应收利息的金额。本项目应当根据“应收地方政府债券转贷款”科目和“应收主权外债转贷款”科目下“应收利息”明细科目的期末余额合计数填列。

（10）“与下级往来”项目，正数反映下级政府财政欠本级政府财政的款项金额；负数反映本级政府财政欠下级政府财政的款项金额。本项目应当根据“与下级往来”科目的期末余额填列，期末余额如为借方则以正数填列；如为贷方则以“－”号填列。

（11）“其他应收款”项目，反映政府财政期末尚未收回的其他应收款的金额。本项目应当根据“其他应收款”科目的期末余额填列。

（12）“应收地方政府债券转贷款”项目，反映政府财政期末尚未收回的地方政府债券转贷款的本金金额。本项目应当根据“应收地方政府债券转贷款”科目下“应收本金”明细科目的期末余额填列。

（13）“应收主权外债转贷款”项目，反映政府财政期末尚未收回的主权外债转贷款的本金金额。本项目应当根据“应收主权外债转贷款”科目下“应收本金”明细科目的期末余额填列。

（14）“股权投资”项目，反映政府财政期末持有的股权投资的金额。本项目应当根据“股权投资”科目的期末余额填列。

（15）“待发国债”项目，反映中央政府财政期末尚未使用的国债发行额度。本项目应当根据“待发国债”科目的期末余额填列。

负债类项目的内容和“期末余额”栏的填列方法如下。

（16）“应付短期政府债券”项目，反映政府财政期末尚未偿还的发行期限不超过 1

年（含1年）的政府债券的本金金额。本项目应当根据“应付短期政府债券”科目下“应付本金”明细科目的期末余额填列。

（17）“应付利息”项目，反映政府财政期末尚未支付的应付利息的金额。本项目应当根据“应付短期政府债券”“借入款项”“应付地方政府债券转贷款”“应付主权外债转贷款”科目下“应付利息”明细科目的期末余额，以及属于分期付息到期还本的“应付长期政府债券”的“应付利息”明细科目的期末余额计算填列。

（18）“应付国库集中支付结余”项目，反映政府财政期末尚未支付的国库集中支付结余金额。本项目应当根据“应付国库集中支付结余”科目的期末余额填列。

（19）“与上级往来”项目，正数反映本级政府财政期末欠上级政府财政的款项金额；负数反映上级政府财政欠本级政府财政的款项金额。本项目应当根据“与上级往来”科目的期末余额填列，如为借方余额则以“-”号填列。

（20）“其他应付款”项目，反映政府财政期末尚未支付的其他应付款的金额。本项目应当根据“其他应付款”科目的期末余额填列。

（21）“应付代管资金”项目，反映政府财政期末尚未支付的代管资金金额。本项目应当根据“应付代管资金”科目的期末余额填列。

（22）“一年内到期的非流动负债”项目，反映政府财政期末承担的1年以内（含1年）到偿还期的非流动负债。本项目应当根据“应付长期政府债券”“借入款项”“应付地方政府债券转贷款”“应付主权外债转贷款”“其他负债”等科目的期末余额及债务管理部门提供的资料分析填列。

（23）“应付长期政府债券”项目，反映政府财政期末承担的偿还期限超过1年的长期政府债券的本金金额及到期一次还本付息的长期政府债券的应付利息金额。本项目应当根据“应付长期政府债券”科目的期末余额分析填列。

（24）“借入款项”项目，反映政府财政期末承担的偿还期限超过1年的借入款项的本金金额。本项目应当根据“借入款项”科目下“应付本金”明细科目的期末余额分析填列。

（25）“应付地方政府债券转贷款”项目，反映政府财政期末承担的偿还期限超过1年的地方政府债券转贷款的本金金额。本项目应当根据“应付地方政府债券转贷款”科目下“应付本金”明细科目的期末余额分析填列。

（26）“应付主权外债转贷款”项目，反映政府财政期末承担的偿还期限超过1年的主权外债转贷款的本金金额。本项目应当根据“应付主权外债转贷款”科目下“应付本金”明细科目的期末余额分析填列。

（27）“其他负债”项目，反映政府财政期末承担的偿还期限超过1年的其他负债的金额。本项目应当根据“其他负债”科目的期末余额分析填列。

净资产类项目的内容和“期末余额”栏的填列方法如下。

（28）“一般公共预算结转结余”项目，反映政府财政期末滚存的一般公共预算结转金额。本项目应当根据“一般公共预算结转结余”科目的期末余额填列。

（29）“政府性基金预算结转结余”项目，反映政府财政期末滚存的政府性基金预算结转结余金额。本项目应当根据“政府性基金预算结转结余”科目的期末余额填列。

（30）“国有资本经营预算结转结余”项目，反映政府财政期末滚存的国有资本经营预算结转结余金额。本项目应当根据“国有资本经营预算结转结余”科目的期末余额填列。

（31）“财政专户管理资金结余”项目，反映政府财政期末滚存的财政专户管理资金结余金额。本项目应当根据“财政专户管理资金结余”科目的期末余额填列。

（32）“专用基金结余”项目，反映政府财政期末滚存的专用基金结余金额。本项目应当根据“专用基金结余”科目的期末余额填列。

（33）“预算稳定调节基金”项目，反映政府财政期末预算稳定调节基金的余额。本项目应当根据“预算稳定调节基金”科目的期末余额填列。

（34）“预算周转金”项目，反映政府财政期末预算周转金的余额。本项目应当根据“预算周转金”科目的期末余额填列。

（35）“资产基金”项目，反映政府财政期末持有的应收地方政府债券转贷款、应收主权外债转贷款、股权投资和应收股利等资产在净资产中占用的金额。本项目应当根据“资产基金”科目的期末余额填列。

（36）“待偿债净资产”项目，反映政府财政期末因承担应付短期政府债券、应付长期政府债券、借入款项、应付地方政府债券转贷款、应付主权外债转贷款、其他负债等而相应需要在净资产中冲减的金额。本项目应当根据“待偿债净资产”科目的期末借方余额以“－”号填列。

6.3　收入支出表

1. 收入支出表的格式

财政总预算会计的收入支出表是反映政府财政在某一会计期间内各类财政资金收入、支出和结余情况的报表。收入支出表根据财政资金性质，按照收入、支出、结转结余分类、分项列示。收入支出表格式见表 6-2。

表 6-2　收入支出表

编制单位：　　　　＿＿年＿＿月　　　　单位：元

项　目	一般公共预算		政府性基金预算		国有资本经营预算		财政专户管理资金		专用基金	
	本月数	本年累计数	本月数	本年累计数	本月数	本年累计数	本月数	本年累计数	本月数	本年累计数
年初结转结余										
收入合计										
本级收入										
其中：来自预算安排的收入	–	–	–	–	–	–	–	–		

（续）

项 目	一般公共预算		政府性基金预算		国有资本经营预算		财政专户管理资金		专用基金	
	本月数	本年累计数	本月数	本年累计数	本月数	本年累计数	本月数	本年累计数	本月数	本年累计数
补助收入					–	–	–	–	–	–
上解收入					–	–	–	–	–	–
地区间援助收入			–	–	–	–	–	–	–	–
债务收入					–	–	–	–	–	–
债务转贷收入					–	–	–	–	–	–
动用预算稳定调节基金			–	–	–	–	–	–	–	–
调入资金					–	–	–	–	–	–
支出合计										
本级支出										
其中：权责发生制列支							–	–	–	–
预算安排专用基金的支出			–	–	–	–	–	–	–	–
补助支出					–	–	–	–	–	–
上解支出					–	–	–	–	–	–
地区间援助支出			–	–	–	–	–	–	–	–
债务还本支出					–	–	–	–	–	–
债务转贷支出					–	–	–	–	–	–
安排预算稳定调节基金			–	–	–	–	–	–	–	–
调出资金							–	–	–	–
结余转出			–	–	–	–	–	–	–	–
其中：增设预算周转金			–	–	–	–	–	–	–	–
年末结转结余										

注：表中有“–”的部分不必填列。

2. 收入支出表的填列方法

收入支出表“本月数”栏反映各项目的本月实际发生数。在编制年度收入支出表时，应将该栏改为“上年数”栏，反映上年度各项目的实际发生数；如果本年度收入支出表规定的各项目的名称和内容与上年度不一致，应对上年度收入支出表各项目的名称和数字按照本年度的规定进行调整，填入本年度收入支出表的“上年数”栏。收入支出表“本年累计数”栏反映各项目自年初起至报告期末止的累计实际发生数。编制年度收入支出表时，应当将该栏改为“本年数”。

收入支出表“本月数”栏各项目的内容和填列方法如下。

（1）“年初结转结余”项目，反映政府财政本年年初各类资金结转结余金额。其中，一般公共预算的“年初结转结余”应当根据“一般公共预算结转结余”科目的年初余额填列；政府性基金预算的“年初结转结余”应当根据“政府性基金预算结转结余”科目的年初余额填列；国有资本经营预算的“年初结转结余”应当根据“国有资本经营预算结转结余”科目的年初余额填列；财政专户管理资金的“年初结转结余”应当根据“财政专户管理资金结余”科目的年初余额填列；专用基金的“年初结转结余”应当根据“专用基金结余”科目的年初余额填列。

（2）“收入合计”项目，反映政府财政本期取得的各类资金的收入合计金额。其中，一般公共预算的“收入合计”应当根据属于一般公共预算的“本级收入”“补助收入”“上解收入”“地区间援助收入”“债务收入”“债务转贷收入”“动用预算稳定调节基金”和“调入资金”各行项目金额的合计数填列；政府性基金预算的“收入合计”应当根据属于政府性基金预算的“本级收入”“补助收入”“上解收入”“债务收入”“债务转贷收入”和“调入资金”各行项目金额的合计数填列；国有资本经营预算的“收入合计”应当根据属于国有资本经营预算的“本级收入”项目的金额填列；财政专户管理资金的“收入合计”应当根据属于财政专户管理资金的“本级收入”项目的金额填列；专用基金的“收入合计”应当根据属于专用基金的“本级收入”项目的金额填列。

（3）“本级收入”项目，反映政府财政本期取得的各类资金的本级收入金额。其中，一般公共预算的“本级收入”应当根据“一般公共预算本级收入”科目的本期发生额填列；政府性基金预算的“本级收入”应当根据“政府性基金预算本级收入”科目的本期发生额填列；国有资本经营预算的“本级收入”应当根据“国有资本经营预算本级收入”科目的本期发生额填列；财政专户管理资金的“本级收入”应当根据“财政专户管理资金收入”科目的本期发生额填列；专用基金的“本级收入”应当根据“专用基金收入”科目的本期发生额填列。

（4）“补助收入”项目，反映政府财政本期取得的各类资金的补助收入金额。其中，一般公共预算的“补助收入”应当根据“补助收入”科目下“一般公共预算补助收入”明细科目的本期发生额填列；政府性基金预算的“补助收入”应当根据“补助收入”科目下“政府性基金预算补助收入”明细科目的本期发生额填列。

（5）“上解收入”项目，反映政府财政本期取得的各类资金的上解收入金额。其中，一般公共预算的“上解收入”应当根据“上解收入”科目下“一般公共预算上解收入”明细科目的本期发生额填列；政府性基金预算的“上解收入”应当根据“上解收入”科目下“政府性基金预算上解收入”明细科目的本期发生额填列。

（6）“地区间援助收入”项目，反映政府财政本期取得的地区间援助收入金额。本项目应当根据“地区间援助收入”科目的本期发生额填列。

（7）“债务收入”项目，反映政府财政本期取得的债务收入金额。其中，一般公共预算的“债务收入”应当根据“债务收入”科目下除“专项债务收入”以外的其他明细科目的本期发生额填列；政府性基金预算的“债务收入”应当根据“债务收入”科目下“专项债务收入”明细科目的本期发生额填列。

（8）“债务转贷收入”项目，反映政府财政本期取得的债务转贷收入金额。其中，一般公共预算的“债务转贷收入”应当根据“债务转贷收入”科目下“地方政府一般债务转贷收入”明细科目的本期发生额填列；政府性基金预算的“债务转贷收入”应当根据“债务转贷收入”科目下“地方政府专项债务转贷收入”明细科目的本期发生额填列。

（9）“动用预算稳定调节基金”项目，反映政府财政本期调用的预算稳定调节基金金额。本项目应当根据“动用预算稳定调节基金”科目的本期发生额填列。

（10）“调入资金”项目，反映政府财政本期取得的调入资金金额。其中，一般公共预算的“调入资金”应当根据“调入资金”科目下“一般公共预算调入资金”明细科目的本期发生额填列；政府性基金预算的“调入资金”应当根据“调入资金”科目下“政府性基金预算调入资金”明细科目的本期发生额填列。

（11）“支出合计”项目，反映政府财政本期发生的各类资金的支出合计金额。其中，一般公共预算的“支出合计”应当根据属于一般公共预算的“本级支出”“补助支出”“上解支出”“地区间援助支出”“债务还本支出”“债务转贷支出”“安排预算稳定调节基金”和“调出资金”各行项目金额的合计数填列；政府性基金预算的“支出合计”应当根据属于政府性基金预算的“本级支出”“补助支出”“上解支出”“债务还本支出”“债务转贷支出”和“调出资金”各行项目金额的合计数填列；国有资本经营预算的“支出合计”应当根据属于国有资本经营预算的“本级支出”和“调出资金”项目金额的合计数填列；财政专户管理资金的“支出合计”应当根据属于财政专户管理资金的“本级支出”项目的金额填列；专用基金的“支出合计”应当根据属于专用基金的“本级支出”项目的金额填列。

（12）“补助支出”项目，反映政府财政本期发生的各类资金的补助支出金额。其中，一般公共预算的“补助支出”应当根据“补助支出”科目下“一般公共预算补助支出”明细科目的本期发生额填列；政府性基金预算的“补助支出”应当根据“补助支出”科目下“政府性基金预算补助支出”明细科目的本期发生额填列。

（13）“上解支出”项目，反映政府财政本期发生的各类资金的上解支出金额。其中，一般公共预算的“上解支出”应当根据“上解支出”科目下“一般公共预算上解支出”明细科目的本期发生额填列；政府性基金预算的“上解支出”应当根据“上解支出”科目下“政府性基金预算上解支出”明细科目的本期发生额填列。

（14）“地区间援助支出”项目，反映政府财政本期发生的地区间援助支出金额。本项目应当根据“地区间援助支出”科目的本期发生额填列。

（15）“债务还本支出”项目，反映政府财政本期发生的债务还本支出金额。其中，一般公共预算的“债务还本支出”应当根据“债务还本支出”科目下除“专项债务还本支出”以外的其他明细科目的本期发生额填列；政府性基金预算的“债务还本支出”应当根据“债务还本支出”科目下“专项债务还本支出”明细科目的本期发生额填列。

（16）“债务转贷支出”项目，反映政府财政本期发生的债务转贷支出金额。其中，一般公共预算的“债务转贷支出”应当根据“债务转贷支出”科目下“地方政府一般债务转贷支出”明细科目的本期发生额填列；政府性基金预算的“债务转贷支出”应当根据“债务转贷支出”科目下“地方政府专项债务转贷支出”明细科目的本期发生额填列。

（17）“安排预算稳定调节基金”项目，反映政府财政本期安排的预算稳定调节基金金额。本项目根据“安排预算稳定调节基金”科目的本期发生额填列。

（18）“调出资金”项目，反映政府财政本期发生的各类资金的调出资金金额。其中，一般公共预算的“调出资金”应当根据“调出资金”科目下“一般公共预算调出资金”明细科目的本期发生额填列；政府性基金预算的“调出资金”应当根据“调出资金”科目下“政府性基金预算调出资金”明细科目的本期发生额填列；国有资本经营预算的“调出资金”应当根据“调出资金”科目下“国有资本经营预算调出资金”明细科目的本期发生额填列。

（19）“增设预算周转金”项目，反映政府财政本期设置和补充预算周转金的金额。本项目应当根据“预算周转金”科目的本期贷方发生额填列。

（20）“年末结转结余”项目，反映政府财政本年年末的各类资金的结转结余金额。其中，一般公共预算的“年末结转结余”应当根据“一般公共预算结转结余”科目的年末余额填列；政府性基金预算的“年末结转结余”应当根据“政府性基金预算结转结余”科目的年末余额填列；国有资本经营预算的“年末结转结余”应当根据“国有资本经营预算结转结余”科目的年末余额填列；财政专户管理资金的“年末结转结余”应当根据“财政专户管理资金结余”科目的年末余额填列；专用基金的“年末结转结余”应当根据“专用基金结余”科目的年末余额填列。

6.4　预算执行情况表和资金收支情况表

财政总预算会计的预算执行情况表是各类预算执行情况的书面报告，包括一般公共预算执行情况表、政府性基金预算执行情况表、国有资本经营预算执行情况表。资金收支情况表包括财政专户管理资金收支情况表、专用基金收支情况表等。

6.4.1　一般公共预算执行情况表

一般公共预算执行情况表是反映政府财政在某一会计期间一般公共预算收支执行结果的报表，按照《政府收支分类科目》中一般公共预算收支科目列示，各项目再按“本月（旬）数”“本年（月）累计数”分别填列。一般公共预算执行情况表格式见表 6-3。

表 6-3　一般公共预算执行情况表

编制单位：　　　　＿＿年＿＿月＿＿旬　　　　单位：元

项　目	本月（旬）数	本年（月）累计数
一般公共预算本级收入		
101 税收收入		
10101 增值税		
1010101 国内增值税		
……		
一般公共预算本级支出		

（续）

项　目	本月（旬）数	本年（月）累计数
201 一般公共服务支出		
20101 人大事务		
2010101 行政运行		
……		

"一般公共预算本级收入"项目及所属各明细项目，应当根据"一般公共预算本级收入"科目及所属各明细科目的本期发生额填列。"一般公共预算本级支出"项目及所属各明细项目，应当根据"一般公共预算本级支出"科目及所属各明细科目的本期发生额填列。

6.4.2 政府性基金预算执行情况表

政府性基金预算执行情况表是反映政府财政在某一会计期间政府性基金预算收支执行结果的报表，按照《政府收支分类科目》中政府性基金预算收支科目列示，各项目再按"本月（旬）数""本年（月）累计数"分别填列。政府性基金预算执行情况表格式见表 6-4。

表 6-4 政府性基金预算执行情况表

编制单位：　　　　＿＿年＿＿月＿＿旬　　　　单位：元

项　目	本月（旬）数	本年（月）累计数
政府性基金预算本级收入		
10301 政府性基金收入		
1030102 农网还贷资金收入		
103010201 中央农网还贷资金收入		
……		
政府性基金预算本级支出		
206 科学技术支出		
20610 核电站乏燃料处理处置基金支出		
2061001 乏燃料运输		
……		

"政府性基金预算本级收入"项目及所属各明细项目，应当根据"政府性基金预算本级收入"科目及所属各明细科目的本期发生额填列。"政府性基金预算本级支出"项目及所属各明细项目，应当根据"政府性基金预算本级支出"科目及所属各明细科目的本期发生额填列。

6.4.3 国有资本经营预算执行情况表

国有资本经营预算执行情况表是反映政府财政在某一会计期间国有资本经营预算收支执行结果的报表，按照《政府收支分类科目》中国有资本经营预算收支科目列示，各项目再按“本月（旬）数”“本年（月）累计数”分别填列。国有资本经营预算执行情况表格式见表 6-5。

表 6-5　国有资本经营预算执行情况表

编制单位：　　　　　　　　　　　＿＿年＿＿月＿＿旬　　　　　　　　　　　单位：元

项　目	本月（旬）数	本年（月）累计数
国有资本经营预算本级收入		
10306 国有资本经营收入		
1030601 利润收入		
103060103 烟草企业利润收入		
……		
国有资本经营预算本级支出		
208 社会保障和就业支出		
20804 补充全国社会保障基金		
2080451 国有资本经营预算补充社保基金支出		
……		

“国有资本经营预算本级收入”项目及所属各明细项目，应当根据“国有资本经营预算本级收入”科目及所属各明细科目的本期发生额填列。“国有资本经营预算本级支出”项目及所属各明细项目，应当根据“国有资本经营预算本级支出”科目及所属各明细科目的本期发生额填列。

6.4.4　财政专户管理资金收支情况表

财政专户管理资金收支情况表是反映政府财政在某一会计期间纳入财政专户管理的财政专户管理资金的全部收支情况的报表，按照相关政府收支分类科目列示，各项目再按“本月数”和“本年累计数”分别填列。财政专户管理资金收支情况表格式见表 6-6。

表 6-6　财政专户管理资金收支情况表

编制单位：　　　　　　　　　　　＿＿年＿＿月　　　　　　　　　　　单位：元

项　目	本月数	本年累计数
财政专户管理资金收入		
……		
财政专户管理资金支出		
……		

“财政专户管理资金收入”项目及所属各明细项目，应当根据“财政专户管理资金收入”科目及所属各明细科目的本期发生额填列。“财政专户管理资金支出”项目及所属各明细项目，应当根据“财政专户管理资金支出”科目及所属各明细科目的本期发生额填列。

6.4.5 专用基金收支情况表

专用基金收支情况表是反映政府财政在某一会计期间专用基金全部收支情况的报表，按照不同类型的专用基金分别列示，各项目再按“本月数”和“本年累计数”分别填列。专用基金收支情况表格式见表 6-7。

表 6-7 专用基金收支情况表

编制单位： ____年____月 单位：元

项　目	本月数	本年累计数
专用基金收入		
粮食风险基金		
……		
专用基金支出		
粮食风险基金		
……		

“专用基金收入”项目及所属各明细项目，应当根据“专用基金收入”科目及所属各明细科目的本期发生额填列。“专用基金支出”项目及所属各明细项目，应当根据“专用基金支出”科目及所属各明细科目的本期发生额填列。

思考题

1. 财政总预算会计报表包括哪些？
2. 财政总预算会计报表的编制目标和要求是什么？
3. 财政总预算会计资产负债表的结构和主要项目填报方法是什么？
4. 如果财政总预算会计收入支出表本年度项目的名称和内容与上年度不一致，应如何调整？
5. 财政总预算会计预算执行情况表和《政府收支分类科目》有何关系？

练习题

通过扫描二维码获取

行政事业单位会计

行政事业单位会计概述

学习目标

1. 了解行政事业单位会计的基本概念、主要特征和相关规范。
2. 熟悉行政事业单位财务会计和行政事业单位预算会计两个部分各自的工作目标、确认基础、会计要素、会计科目以及会计报表安排等。

参考案例

财政部会计司有关负责人就印发行政事业单位执行《政府会计制度——行政事业单位会计科目和报表》的系列补充规定和衔接规定答记者问

《政府会计制度——行政事业单位会计科目和报表》(财会〔2017〕25号，以下简称《政府会计制度》)自2019年1月1日起在各级各类行政事业单位施行。为了确保《政府会计制度》在各类行政事业单位的有效贯彻实施，财政部于2018年2月印发了《〈政府会计制度——行政事业单位会计科目和报表〉与〈行政单位会计制度〉〈事业单位会计制度〉有关衔接问题处理规定》，近期又先后印发了国有林场和苗圃、测绘事业单位、地质勘查事业单位、高等学校、中小学校、医院、基层医疗卫生机构、科学事业单位、彩票机构等9类行业事业单位执行《政府会计制度》的补充规定和衔接规定。2018年9月，财政部会计司有关负责人就系列补充规定和衔接规定的相关问题回答了记者的提问，包括系列补充规定和衔接规定出台的背景、起草发布的过程、范围和主要内容等。

思考：《政府会计制度》出台的背景、内容等。

资料来源：财政部会计司 . 财政部会计司有关负责人就印发行政事业单位执行《政府会计制度——行政事业单位会计科目和报表》的系列补充规定和衔接规定答记者问 [A/OL].(2018-09-05)[2020-04-03].http://kjs.mof.gov.cn/zhengcejiedu/201809/t20180905_3009783.htm.

7.1　行政事业单位会计概念与特点

7.1.1　行政事业单位概念和分类

行政事业单位又称政府单位，在本篇中也称为单位。

行政单位是指各级各类国家机关和政党组织，是行使国家权力、管理国家事务的政府机构，负责国家行政管理，维护社会公共秩序以及组织国家政治、经济、文化建设等。行政单位具体包括：

（1）各级人民代表大会及其常务委员会，包括全国人民代表大会及其常务委员会、地方各级人民代表大会及其常务委员会。

（2）各级人民政府及所属部门，包括中央和地方各级人民政府、国务院各部门及其地方各机构等。

（3）中国人民政治协商会议各级委员会，包括中国人民政治协商会议全国委员会和地方各级委员会。

（4）各级检察机关，包括最高人民检察院、地方各级人民检察院。

（5）各级审判机关，包括最高人民法院、地方各级人民法院。

（6）中国共产党所属各机关，包括中国共产党中央委员会和各级地方委员会。

（7）各民主党派和中华全国工商业联合会。

事业单位又称公立非营利单位、公立非营利组织等，是国家为了社会公益目的，由国家机关举办或者其他组织利用国有资产举办的，从事教育、科技、文化、卫生等活动的社会服务组织。事业单位不以营利为目的，不从事物质产品生产，不具备行政管理职能，主要向社会提供精神产品或各类公益服务。事业单位按功能可分为行政支持类事业单位、社会公益服务类事业单位、经营开发服务类事业单位。

行政支持类事业单位是直接为政府行政服务或提供行政支持和保障的单位，由政府主办和拨款，经费与编制管理等参照行政单位执行，如政府开办的经济监督单位、质量技术监督单位、卫生监督单位等。

社会公益服务类事业单位是指以向社会提供公益服务为主的事业单位，是我国传统事业单位的主流。根据其功能与主要业务类型，可分为以下几类：

（1）教育事业单位，包括各类公立学校，如大学、中学、小学、幼儿园等。

（2）医疗卫生事业单位，包括各级各类公立医院，含综合性医院、中医院、专科医院、基层医疗卫生机构等。

（3）科学研究事业单位，如各级政府的科学院、研究院、研究所等。

（4）文化文物事业单位，如各级各类文化馆、美术馆、纪念馆、剧场、剧团、乐团、博物馆、博物院等。

（5）传媒事业单位，如广播电台、电视台、新媒体单位等。

（6）体育事业单位，如体育馆、体育场、运动中心等。

（7）社会福利事业单位，如福利院、养老院等。

（8）其他事业单位。

社会公益服务类事业单位按资源配置和财政拨款情况，分为公益一类事业单位和公益二类事业单位。其中，公益一类事业单位是指承担义务教育、基础性科研、公共文化、公共卫生及基层的基本医疗服务等基本公益服务的单位，这类单位所需的资源不宜由市场自由配置，所需经费基本由财政拨款。公益二类事业单位包括高等教育机构、非营利医疗机构等，这类单位可由市场配置部分资源，所需经费的一部分由财政拨款。

经营开发服务类事业单位是指从事生产经营、技术开发以及经济服务等业务的事业单位，这类单位所需的资源可由市场自主配置，自主经营、自负盈亏，往往有稳定的非财政拨款收入来源，一般实行企业化管理。

事业单位是我国的传统称呼。事业单位预算属于其主管行政单位预算的一部分。

7.1.2 行政事业单位会计概念和规范

1. 行政事业单位会计概念

行政事业单位会计又称政府单位会计、单位会计，是行政事业单位核算与反映单位财务状况、运行情况、现金流量以及预算执行情况的专业会计。行政事业单位会计和财政总预算会计共同构成政府会计。行政事业单位会计按资金业务类型分为行政事业单位财务会计和行政事业单位预算会计，按单位类型分为行政单位会计和事业单位会计。符合条件的行政单位会计已纳入政府财政集中核算体系，统一账户、统一规范、统一流程进行会计集中核算。事业单位会计按事业行业类型可分为教育、医疗卫生、科学研究等若干行业的事业单位会计。

2. 行政事业单位会计规范

行政事业单位应按《会计法》《预算法》等组织会计工作和预算编制与报告工作，规范会计核算，保证会计信息质量。行政事业单位日常会计工作的主要规范包括以下几种：

（1）会计准则、会计准则应用指南与会计准则解释公告，包括《政府会计准则——基本准则》《政府会计准则第 1 号——存货》等具体会计准则、准则应用指南和准则解释。

基本准则主要规范政府会计的会计信息质量要求、会计要素、决算报告与财务报告。具体准则主要规范各准则对象的基本概念、确认条件、初始计量与后续计量办法、信息披露要求等。准则解释主要就准则中的部分具体业务问题做出补充、修订、完善或说明等。

（2）会计制度，主要指《政府会计制度》。会计制度主要规范行政事业单位会计科目的内容与使用方法，规范会计报表的格式、会计报表项目反映的内容及其填列办法等。

（3）其他相关规范，包括《政府财务报告编制办法（试行）》（2020）、《政府综合财务报告编制操作指南（试行）》（2020）等。

7.1.3　行政事业单位会计特点

1. 采用财务会计和预算会计平行记账模式

《政府会计准则——基本准则》规定，行政事业单位会计分为财务会计和预算会计，财务会计采用权责发生制，预算会计采用收付实现制。这一规定，使得单位在日常会计核算时应注意以下几点：①行政事业单位会计除了对经济事项按传统方法分类，还须把经济事项分成财务会计事项和预算会计事项两大类，分别进行账务处理。②部分涉及现金及现金等价物的经济事项应同时进行财务会计处理和预算会计处理，并同时登记财务会计账簿和预算会计账簿。③单位应对财务会计下的“本期盈余”与预算会计下的“预算结余”二者的差异做情况说明和调整。为了反映单位财务会计和预算会计因核算基础和核算范围不同而产生的本年盈余数与本年预算结余数之间的差异，单位应当按照重要性原则，对本年度发生的各类影响收入（预算收入）和费用（预算支出）的业务进行适度归并和分析，披露将年度预算收入支出表中“本年预算收支差额”调节为年度收入费用表中“本期盈余”的相关信息。

2. 采用财务报告和决算报告双报告模式

行政事业单位会计具有财务会计和预算会计双重功能，进行平行记账，同时采用权责发生制和收付实现制，能够反映多层次的预决算信息和财务会计信息，行政事业单位既要提供财务会计报告，又要提供决算报告，以分别反映单位的财务状况、运行情况、现金流量以及单位预算执行情况等。

3. 会计主体多元化

行政事业单位会计主体从单位类型可以分为各级各类行政单位和事业单位；从经费拨款情况可以分为全额拨款单位、差额拨款单位、无经费拨款的自主经营单位等；从管理关系可以分为人民代表大会、检察机关、司法机关和政府部门等行政单位，以及受其领导和管理的各类事业单位；从行政等级可以分为中央行政事业单位和地方行政事业单位。

4. 收入支出多样化

行政事业单位收入来源具有多样化的特点，根据收入的资金性质主要分为财政拨款收入和非财政拨款收入。财政拨款收入又分为基本支出拨款收入和项目支出拨款收入。非财政拨款收入则包括事业收入、经营收入、上级补助收入、捐赠收入等多种收入。

行政事业单位支出途径也具有显著的多样化特征。从支出的功能与业务类型分，有一般公共服务、外交、国防、公共安全、教育、科技、文化体育、旅游传媒、社会保障和就业等支出。从支出的经济分类来看，有工资福利支出、商品和服务支出、资本性支出、费用性支出等。

7.2 行政事业单位财务会计

7.2.1 行政事业单位财务会计概念、确认基础与计量方法

行政事业单位财务会计是核算与反映行政事业单位财务状况、运行情况、现金流量和公共受托责任履行情况的专业会计，和行政事业单位预算会计共同构成行政事业单位会计。行政事业单位财务会计采用权责发生制核算和提供财务会计报告，凡是当期已经实现的收入和已经发生的或应予确认的费用，无论款项是否收付，都应该作为当期的收入和费用；不属于当期的收入和费用，尽管款项已在当期收付，也不能作为当期的收入和费用。

行政事业单位财务会计要素有资产、负债、净资产、收入、费用。核算时以“资产 = 负债 + 净资产”会计平衡公式为依据。各要素的计量方法主要体现在对资产和负债的计量上，常用的资产计量属性包括历史成本、重置成本、现值、公允价值等，对负债的计量一般采用历史成本计量属性。

行政事业单位财务会计与行政事业单位预算会计既要相互衔接又要适度分离，要全面、清晰地反映单位财务信息。行政事业单位对于纳入部门预算管理的现金收支业务，在采用财务会计核算的同时应当进行预算会计核算和报告，对于其他经济业务，一般只需要进行财务会计核算和报告。

7.2.2 行政事业单位财务会计要素与会计科目

根据《政府会计制度》，行政事业单位财务会计经济事项共分为 5 大要素、77 个总分类科目。其中，按使用单位类型，会计科目又可分为行政单位用科目、事业单位用科目和行政事业单位共用科目。行政事业单位财务会计科目见表 7-1。

表 7-1　行政事业单位财务会计科目

序号	科目编号	科目名称	备注	序号	科目编号	科目名称	备注
		（一）资产类		40	2201	应付职工薪酬	共用
1	1001	库存现金	共用	41	2301	应付票据	事业
2	1002	银行存款	共用	42	2302	应付账款	共用
3	1011	零余额账户用款额度	共用	43	2303	应付政府补贴款	行政
4	1021	其他货币资金	共用	44	2304	应付利息	事业
5	1101	短期投资	事业	45	2305	预收账款	事业
6	1201	财政应返还额度	共用	46	2307	其他应付款	共用
7	1211	应收票据	事业	47	2401	预提费用	共用
8	1212	应收账款	共用	48	2501	长期借款	事业
9	1214	预付账款	共用	49	2502	长期应付款	共用
10	1215	应收股利	事业	50	2601	预计负债	共用
11	1216	应收利息	事业	51	2901	受托代理负债	共用
12	1218	其他应收款	共用			（三）净资产类	
13	1219	坏账准备	事业	52	3001	累计盈余	共用
14	1301	在途物品	共用	53	3101	专用基金	事业
15	1302	库存物品	共用	54	3201	权益法调整	事业
16	1303	加工物品	共用	55	3301	本期盈余	共用
17	1401	待摊费用	共用	56	3302	本年盈余分配	共用
18	1501	长期股权投资	事业	57	3401	无偿调拨净资产	共用
19	1502	长期债券投资	事业	58	3501	以前年度盈余调整	共用
20	1601	固定资产	共用			（四）收入类	
21	1602	固定资产累计折旧	共用	59	4001	财政拨款收入	共用
22	1611	工程物资	共用	60	4101	事业收入	事业
23	1613	在建工程	共用	61	4201	上级补助收入	事业
24	1701	无形资产	共用	62	4301	附属单位上缴收入	事业
25	1702	无形资产累计摊销	共用	63	4401	经营收入	事业
26	1703	研发支出	共用	64	4601	非同级财政拨款收入	共用
27	1801	公共基础设施	共用	65	4602	投资收益	事业
28	1802	公共基础设施累计折旧（摊销）	共用	66	4603	捐赠收入	共用
29	1811	政府储备物资	共用	67	4604	利息收入	共用
30	1821	文物文化资产	共用	68	4605	租金收入	共用
31	1831	保障性住房	共用	69	4609	其他收入	共用
32	1832	保障性住房累计折旧	共用			（五）费用类	
33	1891	受托代理资产	共用	70	5001	业务活动费用	共用
34	1901	长期待摊费用	共用	71	5101	单位管理费用	事业
35	1902	待处理财产损溢	共用	72	5201	经营费用	事业
		（二）负债类		73	5301	资产处置费用	共用
36	2001	短期借款	事业	74	5401	上缴上级费用	事业
37	2101	应交增值税	共用	75	5501	对附属单位补助费用	事业
38	2102	其他应交税费	共用	76	5801	所得税费用	事业
39	2103	应缴财政款	共用	77	5901	其他费用	共用

行政事业单位应当按照《政府会计制度》的规定设置和使用会计科目。在不影响会计处理和编制报表的前提下，单位可以根据实际情况自行增设或减少某些会计科目。单位应当遵循《政府会计制度》统一规定的会计科目编号，以便填制会计凭证，登记账簿，查阅账目，实行会计信息化管理。单位在填制会计凭证，登记会计账簿时，应当填列会计科目的名称，或者同时填列会计科目的名称和编号，不得只填列会计科目编号而不填列会计科目名称。单位设置明细科目或进行明细核算，除遵循《政府会计制度》规定外，还应当满足政府部门财务报告和政府综合财务报告编制的其他需要。

7.2.3 行政事业单位财务会计报表

行政事业单位财务会计报表是反映单位财务状况、运行情况、现金流量的书面报告。行政事业单位作为政府预算单位，既要执行国家预算，开展预算收支范围内的经济活动，同时作为经济单位，又有自身的业务经济活动。以业务经济活动为基础的行政事业单位财务会计报表的编制主要以权责发生制为基础，以单位财务会计核算生成的数据为准。

行政事业单位财务会计报表由会计报表及其附注构成。会计报表一般包括资产负债表、收入费用表和现金流量表，行政事业单位可根据实际情况需要，以收付实现制为基础，自行选择编制现金流量表。行政事业单位应当根据《政府会计制度》等编制真实、完整的财务会计报表，不得随意改变会计报表编制基础、依据、原则和方法，不得随意改变报表有关数据的会计口径。财务会计报表应当根据登记完整、核对无误的账簿记录和其他有关资料编制，做到数字真实、计算准确、内容完整、编报及时。单位应当至少按照年度编制财务会计报表。

7.3 行政事业单位预算会计

7.3.1 行政事业单位预算会计概念、确认基础与计量方法

行政事业单位预算会计是行政事业单位核算与反映单位预算执行情况的专业会计。行政事业单位预算会计采用收付实现制核算和提供单位决算报告，凡在本期内实际收到或支付的款项，无论其发生时间是否属于本期，均作为本期的预算收入或预算支出处理。

行政事业单位预算会计要素包括预算收入、预算支出和预算结余，以“预算收入 - 预算支出 = 预算结余”的会计平衡公式为依据。预算收入一般在实际收到时予以确认，按实际收到的金额计量；预算支出一般在实际支付时予以确认，按实际支付的金额计量。

行政事业单位预算会计有单独的一套会计科目和会计报表。预算会计在充分体现其独立性与完整性的同时，要注意和财务会计有所衔接，要全面、清晰地反映单位决算信

息。单位对于纳入部门预算管理的现金收支业务，在采用收付实现制进行预算会计核算的同时，还应当进行财务会计核算。

7.3.2　行政事业单位预算会计要素与会计科目

根据《政府会计制度》，行政事业单位预算会计经济事项分为 3 个会计要素、26 个总分类科目。其中，根据单位类型，会计科目又可分为行政单位用科目、事业单位用科目和行政事业单位共用科目。行政事业单位预算会计科目见表 7-2。

表 7-2　行政事业单位预算会计科目

序号	科目编号	科目名称	备注	序号	科目编号	科目名称	备注
（一）预算收入类				14	7501	对附属单位补助支出	事业
1	6001	财政拨款预算收入	共用	15	7601	投资支出	事业
2	6101	事业预算收入	事业	16	7701	债务还本支出	事业
3	6201	上级补助预算收入	事业	17	7901	其他支出	共用
4	6301	附属单位上缴预算收入	事业	（三）预算结余类			
5	6401	经营预算收入	事业	18	8001	资金结存	共用
6	6501	债务预算收入	事业	19	8101	财政拨款结转	共用
7	6601	非同级财政拨款预算收入	共用	20	8102	财政拨款结余	共用
8	6602	投资预算收益	事业	21	8201	非财政拨款结转	共用
9	6609	其他预算收入	共用	22	8202	非财政拨款结余	共用
（二）预算支出类				23	8301	专用结余	事业
10	7101	行政支出	行政	24	8401	经营结余	事业
11	7201	事业支出	事业	25	8501	其他结余	共用
12	7301	经营支出	事业	26	8701	非财政拨款结余分配	事业
13	7401	上缴上级支出	事业				

7.3.3　行政事业单位预算会计报表

行政事业单位预算会计报表是反映单位预算收入和预算支出执行情况的报表，是行政事业单位以预算单位身份编制的会计报表。单位预算是政府部门预算的基础，而政府部门预算又是国家预算的基础，因此，行政事业单位预算会计报表是国家预决算报告的重要基础。

行政事业单位预算会计报表的编制主要以收付实现制为基础，以单位预算会计核算生成的数据为准。预算会计报表至少要包括预算收入支出表、预算结转结余变动表和财政拨款预算收入支出表。单位应当根据《政府会计制度》等编制真实、完整的预算会计报表，在编制基础、依据、原则和方法上应当保持一致，对预算收入、预算支出、预算结余等项目的披露方法应当与《政府收支分类科目》规定的相关列报方法保持一致，不得随意改变预算会计报表预算收支数据的统计口径。预算会计报表应当根据登记完整、核对无误的账簿记录和其他有关资料编制，保证报表的编制能够真实、准确、完整、及时。预算会计报表与财务会计报表既相互独立，又有一定的联系。行政事业单位应当至少按照年度编制预算会计报表。

思考题

1. 我国行政事业单位的概念和分类是什么？
2. 行政事业单位会计的分类和主要规范有哪些？
3. 行政事业单位会计有哪些主要特点？
4. 什么是行政事业单位财务会计和预算会计？
5. 行政事业单位财务会计和预算会计各有哪些会计要素、会计科目和会计报表？

练习题

通过扫描二维码获取

行政事业单位财务会计

学习目标

1. 了解行政事业单位财务会计各要素的分类与各主要会计事项的账务处理。
2. 重点掌握与国库集中支付相关的业务以及其他特色业务的账务处理。
3. 熟悉行政事业单位财务会计报表的种类与填报方法。

参考案例

加强和改进行政事业单位国有资产管理工作

近年来，根据党中央、国务院要求，各地方、各部门和各行政事业单位高度重视行政事业性国有资产管理（以下简称资产管理）工作，构建了管理制度体系，规范了资产配置、使用、处置等各环节的管理工作，夯实了资产年报、信息系统、产权管理等基础工作，有效提升了资产管理的质量和水平，保证了行政事业单位履职和事业发展的需要。但是，财政部通过对行政事业单位资产年报会审、专题调研、日常管理和有关监督检查等，发现资产管理仍然存在一些较为突出的问题。为切实加强和改进资产管理，更好地保障行政单位有效运转和促进各项事业发展，提高资产使用效率，加快解决存在的问题，要求部门和单位要切实承担起资产管理的主体责任，加紧做好公共基础设施等资产登记入账和管理工作，探索建立共享共用和资产调剂机制，优化新增资产配置管理，严格控制资产出租出借和对外投资，规范资产处置管理，加强资产收入管理，认真做好各项基础性工作，抓紧落实资产管理机构和管理力量，严格抓好加强和改进资产管理的落实工作。

思考：行政事业单位国有资产管理中存在的问题与对策。

资料来源：财政部.关于进一步加强和改进行政事业单位国有资产管理工作的通知：财资〔2018〕108号[A/OL].(2018-12-26)[2020-04-15].http://zcgls.mof.gov.cn/zhengwuxinxi/gongzuotongzhi/201901/t20190110_3120776.html.

行政事业单位财务会计是行政事业单位核算与反映单位财务状况、运行情况、现金流量和公共受托责任履行情况的专业会计。行政事业单位财务会计以权责发生制为核算基础。财务会计核算与反映的会计要素包括资产、负债、净资产、收入、费用，与单位预算会计采用不同的会计科目和会计报表。

行政事业单位财务会计的资产是指政府会计主体过去的经济业务或者事项形成的，由政府会计主体控制的，预期能够产生服务潜力或者带来经济利益流入的经济资源。负债是指政府会计主体过去的经济业务或者事项形成的，预期会导致经济资源流出政府会计主体的现时义务。净资产是指政府会计主体的资产扣除负债后的净额。收入是指报告期内导致政府会计主体净资产增加的、具有服务潜力或者经济利益的经济资源的流入。费用是指报告期内导致政府会计主体净资产减少的、具有服务潜力或者经济利益的经济资源的流出。符合资产、负债、净资产、收入和费用定义及其确认条件的项目应当列入行政事业单位财务会计报表。

政府会计体系下的行政事业单位财务会计，因其具有经济组织的一般特征，参与正常市场环境下的经济活动，且采用权责发生制为核算基础，所以在部分常规业务中，与企业会计有些类似。比如，确认资产和负债时可能会用到公允价值计量属性，而非全部采用历史成本计量属性；采用备抵法核算应收账款等的坏账损失，而非将损失一次性计入支出或费用；对固定资产、无形资产和公共基础设施等长期资产，根据资产价值的实现方式采用一定方法计提折旧或摊销，将其计入单位费用或受益对象，而非行政事业单位会计以往使用多年的“虚折旧”方式等。

需要注意的是，尽管行政事业单位财务会计有诸多类似企业会计的业务处理情形，但作为预算单位，应注意以预算为背景的经济事项的账务处理和信息披露方法。

8.1 行政事业单位资产

行政事业单位资产预期能够产生服务潜力或者带来经济利益的流入。这里的服务潜力是指行政事业单位作为政府会计主体利用资产提供公共产品和服务以履行政府职能的潜在能力。经济利益流入表现为现金及现金等价物的流入，或者现金及现金等价物流出的减少。

行政事业单位资产按照流动性，分为流动资产和非流动资产。流动资产是指预计在1年内（含1年）耗用或者可以变现的资产，包括货币资金、短期投资、应收及预付款项、存货等。非流动资产是指流动资产以外的资产，包括固定资产、在建工程、无形资产、长期投资、公共基础设施、政府储备资产、文物文化资产、保障性住房和自然资源资产等。

符合资产定义的经济资源，在同时满足以下条件时，确认为资产：

（1）与该经济资源相关的服务潜力很可能实现或者经济利益很可能流入行政事业单位。

（2）该经济资源的成本或者价值能够可靠地计量。

行政事业单位资产的计量属性主要包括历史成本、重置成本、现值、公允价值和名义金额等。在历史成本计量下，资产按照取得时支付的现金金额或者支付对价的公允价值计量。在重置成本计量下，资产按照现在购买相同或者相似资产所需支付的现金金额计量。在现值计量下，资产按照预计从其持续使用和最终处置中所产生的未来净现金流入的折现金额计量。在公允价值计量下，资产按照市场参与者在计量日发生的有序交易中，出售资产所能收到的价格计量。无法采用上述计量属性的，采用名义金额（即人民币 1 元）计量。行政事业单位在对资产进行计量时，一般应当采用历史成本。如采用重置成本、现值、公允价值计量的，应当保证所确定的资产金额能够持续、可靠地计量。

符合资产定义和资产确认条件的项目，应当列入资产负债表。

8.1.1　货币资金

行政事业单位货币资金包括库存现金、银行存款、零余额账户用款额度、其他货币资金。

1. 库存现金

库存现金是指行政事业单位财务部门存放的，用于日常零星收支的现金。单位应当加强现金的管理与控制，严格按照国家有关现金管理的规定使用和管理现金。单位应尽量减少使用现金。

为核算现金的收付与结存业务，单位设置“库存现金”科目，如果有受托代理、代管的现金业务，还应在“库存现金”科目下设置“受托代理资产”明细科目。单位从银行等金融机构提取现金，按照实际提取的金额，借记“库存现金”科目，贷记“银行存款”科目；单位将现金存入银行等金融机构，按照实际存入金额，借记“银行存款”科目，贷记“库存现金”科目。根据规定从单位零余额账户提取现金，按照实际提取的金额，借记“库存现金”科目，贷记“零余额账户用款额度”科目。将现金退回单位零余额账户，按照实际退回的金额，借记“零余额账户用款额度”科目，贷记“库存现金”科目。

单位因内部职工出差等原因借出的现金，按照实际借出的现金金额，借记“其他应收款”科目，贷记“库存现金”科目。出差人员报销差旅费时，按照实际报销的金额，借记“业务活动费用”“单位管理费用”等科目，按照实际借出的现金金额，贷记“其他应收款”科目，按照其差额，借记或贷记“库存现金”科目。

单位因提供服务、物品或者其他事项收到现金，按照实际收到的金额，借记“库存现金”科目，贷记“事业收入”“应收账款”等相关科目。涉及增值税业务的，相关账务处理参见“应交增值税”科目（为突出核算要点，本书例题中一般假定不考虑增值税）。因购买服务、物品或者其他事项支付现金，按照实际支付的金额，借记“业务活动费用”“单位管理费用”“库存物品”等相关科目，贷记“库存现金”科目。单位以库存现金对外捐赠，按照实际捐出的金额，借记“其他费用”科目，贷记“库存现金”科目。

单位收到受托代理、代管的现金，按照实际收到的金额，借记“库存现金——受托代理资产”科目，贷记“受托代理负债”科目；支付受托代理、代管的现金，按照实际支付的金额，借记“受托代理负债”科目，贷记“库存现金——受托代理资产”科目。

单位应当设置“库存现金日记账”，由出纳人员根据收付款凭证，按照业务发生顺序逐笔登记，做到账款相符。每日账款核对中发现有待查明原因的现金短缺或溢余的，应当通过“待处理财产损溢”科目核算。属于现金溢余，应当按照实际溢余的金额，借记“库存现金”科目，贷记“待处理财产损溢”科目；属于现金短缺，应当按照实际短缺的金额，借记“待处理财产损溢”科目，贷记“库存现金”科目。待查明原因后及时进行账务处理，具体内容参见“待处理财产损溢”科目。“库存现金”科目期末为借方余额，反映单位实际持有的库存现金。

【例 8-1】某事业单位从其单位零余额账户中提取现金 3 000 元备用。

借：库存现金　　3 000
　贷：零余额账户用款额度　　3 000

【例 8-2】某事业单位管理部门购买零星办公用品，支付现金 200 元。

借：单位管理费用　　200
　贷：库存现金　　200

2. 银行存款

银行存款是指行政事业单位存入银行或其他金融机构的各种存款。单位应严格按照银行账户管理规定和支付结算办法，开设和使用账户以及办理银行存款收支结算等。随着国库单一账户体系的广泛建立和国库集中收付制度的深入推行，单位越来越少地使用到银行存款。

为核算银行存款的收支和结存，单位应设置“银行存款”科目，如果单位有受托代理、代管的银行存款，还应在“银行存款”科目下设置“受托代理资产”明细科目。单位将款项存入银行或者其他金融机构，按照实际存入的金额，借记“银行存款”科目，贷记“库存现金”“应收账款”“事业收入”“经营收入”等相关科目。涉及增值税业务的，相关账务处理参见“应交增值税”科目。单位收到银行存款利息，按照实际收到的金额，借记“银行存款”科目，贷记“利息收入”科目。从银行等金融机构提取现金，按照实际提取的金额，借记“库存现金”科目，贷记“银行存款”科目。

单位以银行存款支付相关费用，按照实际支付的金额，借记“业务活动费用”“单位管理费用”“其他费用”等相关科目，贷记“银行存款”科目。涉及增值税业务的，相关账务处理参见“应交增值税”科目。以银行存款对外捐赠，按照实际捐出的金额，借记“其他费用”科目，贷记“银行存款”科目。单位收到受托代理、代管的银行存款，按照实际收到的金额，借记“银行存款——受托代理资产”科目，贷记“受托代理负债”科目；支付受托代理、代管的银行存款，按照实际支付的金额，借记“受托代理负债”科目，贷记“银行存款——受托代理资产”科目。

单位发生外币业务的，期末各外币银行存款账户按照期末汇率调整后的人民币余额与原账面人民币余额的差额，作为汇兑损益，借记或贷记“银行存款”科目，贷记或借记“业务活动费用”“单位管理费用”等科目。单位应当按照开户银行或其他金融机构、存款种类及币种等，分别设置“银行存款日记账”，定期与“银行对账单”核对，至少每月核对一次。“银行存款”科目期末为借方余额，反映单位实际存放在银行或其他金融机构的款项。

【例 8-3】某事业单位在专业业务活动中，通过银行存款账户取得收入 900 元。

借：银行存款	900	
贷：事业收入		900

【例 8-4】某行政单位在业务活动中通过银行转账，支付办公费用 1 800 元。

借：业务活动费用	1 800	
贷：银行存款		1 800

3. 零余额账户用款额度

零余额账户用款额度是在国库集中收付制度下，财政部门授权行政事业单位使用的用款额度。该额度由财政按预算拨到财政为单位在代理银行开设的单位零余额账户中，用于单位的授权支付。零余额账户在单位发生授权支付，当日代理银行与财政国库结算之后，账户余额为零。零余额账户用款额度因其在形式上类似于银行存款，因而一般被视同单位货币资金。

为了核算实行国库集中支付的单位根据财政部门批复的用款计划收到和支用的零余额账户用款额度，单位应设置“零余额账户用款额度”科目。收到额度的单位在取得“财政授权支付用款额度到账通知书”时，根据通知书所列金额，借记“零余额账户用款额度”科目，贷记“财政拨款收入”科目。单位支用额度时，由单位开具“授权支付凭证”支付日常活动费用，按照支付的金额，借记“业务活动费用”“单位管理费用”等科目，贷记“零余额账户用款额度”科目。购买库存物品或购建固定资产，按照实际发生的成本，借记“库存物品”“固定资产”“在建工程”等科目，按照实际支付或应付的金额，贷记“零余额账户用款额度”“应付账款”等科目。涉及增值税业务的，相关账务处理参见“应交增值税”科目。从零余额账户提取现金时，按照实际提取的金额，借记“库存现金”科目，贷记“零余额账户用款额度”科目。因购货退回等发生财政授权支付用款额度退回的，按照退回的金额，借记“零余额账户用款额度”科目，贷记“库存物品”等科目。

年末，对于结余的零余额账户用款额度，政府财政采取先行注销，再在次年年初予以恢复的办法。核算规定详见“财政应返还额度”科目一节。“零余额账户用款额度”科目期末的借方余额，反映单位尚未支用的零余额账户用款额度。在年末注销单位零余额账户用款额度后，该科目应无余额。

【例 8-5】某单位收到代理银行转来的“财政授权支付用款额度到账通知书”，当天收到财政拨来的本季度用款额度 500 000 元。

借：零余额账户用款额度	500 000	
贷：财政拨款收入		500 000

【例 8-6】某事业单位开具授权支付凭证，通过代理银行，使用零余额账户用款额度 1 700 元购买服务。

借：单位管理费用	1 700	
贷：零余额账户用款额度		1 700

4. 其他货币资金

其他货币资金是指行政事业单位除库存现金、银行存款和零余额账户用款额度以外的其他各种货币资金，主要包括外埠存款、银行本票存款、银行汇票存款、信用卡存款等。根据 2019 年《政府会计准则制度解释第 1 号》的补充规定，单位通过支付宝、微信等方式取得相关收入的，那些尚未转入银行存款的支付宝、微信收付款等第三方支付平台账户的余额，也属于其他货币资金。

为核算其他各类货币资金，单位应设置“其他货币资金”科目，并在该科目下设置“外埠存款”“银行本票存款”“银行汇票存款”“信用卡存款”等明细科目，进行明细核算。

单位按照有关规定需要在异地开立银行账户的，将款项委托本地银行汇往异地开立账户时，借记“其他货币资金”科目，贷记“银行存款”科目。收到采购员交来供应单位发票、账单等报销凭证时，借记“库存物品”等科目，贷记“其他货币资金”科目。将多余的外埠存款转回本地银行时，根据银行的到账通知，借记“银行存款”科目，贷记“其他货币资金”科目。

单位将款项交存银行取得银行本票、银行汇票的，按照取得的银行本票、银行汇票金额，借记“其他货币资金”科目，贷记“银行存款”科目。使用银行本票、银行汇票购买库存物品等资产时，按照实际支付的金额，借记“库存物品”等科目，贷记“其他货币资金”科目。如有余款或因本票、汇票超过付款期等原因而退回款项，按照退款金额，借记“银行存款”科目，贷记“其他货币资金”科目。单位将款项交存银行取得信用卡，按照交存金额，借记“其他货币资金”科目，贷记“银行存款”科目。用信用卡购物或支付有关费用，按照实际支付的金额，借记“单位管理费用”“库存物品”等科目，贷记“其他货币资金”科目。单位信用卡在使用过程中，需向其账户续存资金的，按照续存金额，借记“其他货币资金”科目，贷记“银行存款”科目。

行政事业单位应当加强对其他货币资金的管理，及时办理结算。对于逾期尚未办理结算的银行汇票、银行本票等，应当按照规定及时转回，并按照上述规定进行相应的账务处理。

“其他货币资金”科目期末为借方余额，反映单位实际持有的其他货币资金。

【例 8-7】某单位使用银行汇票购买一批业务用材料，银行汇票面值为 10 000 元，材料价值 9 800 元，多余款项 200 元已退回单位账户。

借：银行存款	200	
库存物品	9 800	
贷：其他货币资金——银行汇票存款		10 000

8.1.2　应收与预付款项

行政事业单位应收与预付款项是指在单位经济活动中待结算的各项应收债权，是单位的流动资产，包括财政应返还额度、应收票据、应收账款、预付账款、应收股利、应收利息、其他应收款等。

1. 财政应返还额度

财政应返还额度是指实行国库集中支付的单位应收财政返还的资金额度，包括可以使用的以前年度财政直接支付资金额度和应返还的财政授权支付资金额度。“可以使用的以前年度财政直接支付资金额度”是指预算年度终止时，财政尚未按预算实现支付的属于单位的直接支付资金额度。“应返还的财政授权支付资金额度”包括预算年度终止时财政尚未按预算实现下拨的属于单位的授权支付资金额度，以及已下拨到单位但是尚未使用的授权支付资金额度。对这类已下拨但年终尚未使用的授权支付额度，财政采用“年终注销，次年返回”的预算管理办法。

为核算实行国库集中支付的单位应收财政返还的直接支付资金额度和授权支付资金

额度，单位应设置“财政应返还额度”科目，并在该科目下设置“财政直接支付”“财政授权支付”两个明细科目，进行明细核算。

（1）应返还的财政直接支付资金额度。年末，单位根据本年度财政直接支付预算指标数大于当年财政直接支付实际发生数的差额，借记“财政应返还额度——财政直接支付”科目，贷记“财政拨款收入”科目。单位使用以前年度财政直接支付额度支付款项时，借记“业务活动费用”“单位管理费用”等科目，贷记“财政应返还额度——财政直接支付”科目。

【例 8-8】某事业单位的年度财政直接支付资金额度的预算指标数为 530 000 元，全年累计实现的直接支付数为 500 000 元。年终，该事业单位确认未实现的财政直接支付用款额度 30 000 元。

借：财政应返还额度——财政直接支付　　30 000
　贷：财政拨款收入　　30 000

【例 8-9】接上例。次年，该事业单位使用上年财政应返还的直接支付用款额度支付单位有关管理费用 1 900 元。款项由财政通过直接支付渠道付讫。

借：单位管理费用　　1 900
　贷：财政应返还额度——财政直接支付　　1 900

（2）应返还的财政授权支付资金额度。年末，根据代理银行提供的对账单做注销额度的相关账务处理，借记“财政应返还额度——财政授权支付”科目，贷记“零余额账户用款额度”科目。年末，单位本年度财政授权支付预算指标数大于零余额账户用款额度下达数的，根据未下达的用款额度，借记“财政应返还额度——财政授权支付”科目，贷记“财政拨款收入”科目。

次年年初，单位根据代理银行提供的上年度注销额度恢复到账通知书做恢复额度的相关账务处理，借记“零余额账户用款额度”科目，贷记“财政应返还额度——财政授权支付”科目。单位收到财政部门批复的上年未下达零余额账户用款额度，借记“零余额账户用款额度”科目，贷记“财政应返还额度——财政授权支付”科目。

【例 8-10】某行政单位全年财政授权支付用款额度预算指标数为 8 900 000 元，年度实际收到财政下达数为 8 000 000 元。年终，该行政单位确认未下达的用款额度数为 900 000 元。

借：财政应返还额度——财政授权支付　　900 000
　贷：财政拨款收入　　900 000

【例 8-11】年末，某行政单位注销已收到但尚未使用的财政授权支付用款额度 800 000 元。

借：财政应返还额度——财政授权支付　　800 000
　贷：零余额账户用款额度　　800 000

【例 8-12】接上例。次年年初，财政将上年收回的 800 000 元授权支付资金额度返还给该行政单位，单位收到代理银行传来的“财政授权支付用款额度恢复到账通知书”。

借：零余额账户用款额度　　800 000
　贷：财政应返还额度——财政授权支付　　800 000

行政事业单位财政应返还额度的管理与核算体现了国库集中支付制度和预算管理制度的基本要求。“财政应返还额度”科目期末为借方余额，反映单位应收财政返还的财政直接支付和财政授权支付资金额度。

2. 应收票据

应收票据是指事业单位因开展经营活动，销售产品、提供有偿服务等而收到的商业汇票，包括银行承兑汇票和商业承兑汇票。

为核算该类业务，事业单位应设置“应收票据”科目，并在该科目下按照开出承兑商业汇票的单位等进行明细核算。单位因销售产品、提供有偿服务等收到商业汇票，按照商业汇票的票面金额，借记“应收票据”科目，按照确认的收入金额，贷记“经营收入”等科目。涉及增值税业务的，相关账务处理参见“应交增值税”科目。

单位持未到期的商业汇票到银行贴现，按照扣除贴现息后实际收到的金额，借记“银行存款”科目，按照贴现息金额，借记“经营费用”等科目，按照商业汇票的票面金额，贷记“应收票据”科目（无追索权）或“短期借款”科目（有追索权）。附追索权的商业汇票到期未发生追索事项的，按照商业汇票的票面金额，借记“短期借款”科目，贷记“应收票据”科目。将持有的商业汇票背书转让以取得所需物资时，按照取得物资的成本，借记“库存物品”等科目，按照商业汇票的票面金额，贷记“应收票据”科目，如有差额，借记或贷记“银行存款”等科目。

商业汇票到期时，应当分别按以下情况进行处理：①收回票款时，按照实际收到的商业汇票票面金额，借记“银行存款”科目，贷记“应收票据”科目。②因付款人无力支付票款，收到银行退回的商业承兑汇票、委托收款凭证、未付票款通知书或拒付款证明等的，按照商业汇票的票面金额，借记“应收账款”科目，贷记“应收票据”科目。

事业单位应当设置“应收票据备查簿”，逐笔登记每一应收票据的种类、号数、出票日期、到期日、票面金额、交易合同号和付款人、承兑人、背书人姓名或单位名称、背书转让日、贴现日期、贴现率、贴现净额、收款日期、收回金额和退票情况等。应收票据到期结清票款或退票后，应当在备查簿内逐笔注销。

“应收票据”科目期末为借方余额，反映事业单位持有的商业汇票的票面金额。

【例 8-13】某事业单位在经营活动中持未到期的商业汇票到银行贴现，商业汇票票面金额为 60 000 元，贴现后实际收到 59 700 元，款项存入银行。该应收票据贴现业务不附带追索权。

借：银行存款 59 700
　　经营费用 300
　贷：应收票据 60 000

3. 应收账款

应收账款是指事业单位因提供服务、销售产品等应收取的款项，以及单位因出租资产、出售物资等应收取的款项。

为核算该类业务，事业单位应设置“应收账款”科目，并在该科目下按债务单位（或个人）进行明细核算。应收账款的核算主要分为收回后需要上缴财政和收回后不需要上缴财政这两种情况。

（1）应收账款收回后不需上缴财政的情况。单位发生应收账款时，按照应收未收的金额，借记“应收账款”科目，贷记“事业收入”“经营收入”“租金收入”“其他收入”等科目。涉及增值税业务的，相关账务处理参见“应交增值税”科目。收回应收账款时，按照实际收到的金额，借记“银行存款”等科目，贷记“应收账款”科目。

（2）应收账款收回后需要上缴财政的情况。单位出租资产产生应收未收租金款项时，或单位出售物资产生应收未收款项时，按照应收未收的金额，借记“应收账款”科目，贷记“应缴财政款”科目。收回应收账款时，按照实际收到的金额，借记“银行存款”等科目，贷记“应收账款”科目。涉及增值税业务的，相关账务处理参见“应交增值税”科目。

事业单位应当于每年年末，对收回后不需上缴财政的应收账款进行全面检查，如有不能收回的迹象，应当计提坏账准备。对于账龄超过规定年限，确认无法收回的应收账款，按照规定报经批准后予以核销。按照核销金额，借记“坏账准备”科目，贷记“应收账款”科目。核销的应收账款应在备查簿中保留登记。已核销的应收账款在以后期间又收回的，按照实际收回金额，借记“应收账款”科目，贷记“坏账准备”科目，同时借记“银行存款”等科目，贷记“应收账款”科目。

事业单位应当于每年年末，对收回后需要上缴财政的应收账款进行全面检查。对于账龄超过规定年限，确认无法收回的应收账款，按照规定报经批准后予以核销。按照核销金额，借记“应缴财政款”科目，贷记“应收账款”科目。核销的应收账款应当在备查簿中保留登记。已核销的应收账款在以后期间又收回的，按照实际收回金额，借记“银行存款”等科目，贷记“应缴财政款”科目。

“应收账款”科目期末为借方余额，反映单位尚未收回的应收账款。

【例 8-14】某事业单位经批准出租一层办公用房，应收租金 180 000 元。按规定，该项租金应全额上缴同级财政。

借：应收账款 180 000
　贷：应缴财政款 180 000

4. 预付账款

预付账款是指行政事业单位按照购货、服务合同或协议规定预付给供应单位（或个人）的款项，以及按照合同规定向承包工程的施工企业预付的备料款和工程款。

为核算各类预付款业务，单位应设置“预付账款”科目，并在该科目下按照供应单位（或个人）及具体项目进行明细核算。对于基本建设项目发生的预付账款，还应当在“预付账款”科目所属基建项目明细科目下再设置“预付备料款”“预付工程款”“其他预付款”等明细科目，进行明细核算。

单位根据购货、服务合同或协议规定预付款项时，按照预付金额，借记“预付账款”科目，贷记“财政拨款收入”“零余额账户用款额度”“银行存款”等科目。收到所购资产或接受服务时，按照购入资产或服务的成本，借记“库存物品”“固定资产”“无形资产”“业务活动费用”等相关科目，按照相关预付账款的账面余额，贷记“预付账款”科目，按照实际补付的金额，贷记“财政拨款收入”“零余额账户用款额度”“银行存款”等科目。涉及增值税业务的，相关账务处理参见“应交增值税”科目。

根据工程进度结算工程价款及备料款时，按照结算金额，借记“在建工程”科目，按照相关预付账款的账面余额，贷记“预付账款”科目，按照实际补付的金额，贷记“财政拨款收入”“零余额账户用款额度”“银行存款”等科目。发生预付账款退回的，按照实际退回金额，借记“财政拨款收入”（本年直接支付）、“财政应返还额度”（以前年度直接支付）、“零余额账户用款额度”“银行存款”等科目，贷记“预付账款”科目。

单位应当于每年年末，对预付账款进行全面检查。如果有确凿证据表明预付账款不再符合预付款项性质，或者因供应单位破产、撤销等原因可能无法收到所购货物、服务的，应当先将其转入其他应收款，再按照规定进行处理。将预付账款账面余额转入其他应收款时，借记“其他应收款”科目，贷记“预付账款”科目。

“预付账款”科目期末为借方余额，反映单位实际预付但尚未结算的款项。

【例 8-15】某行政单位通过财政直接支付购买服务，已按合同预付款项 75 000 元。一周后接受服务并通过财政授权支付补付款项 5 000 元。

（1）预付款项时：

	借方	贷方
借：预付账款	75 000	
贷：财政拨款收入		75 000

（2）接受服务并补付款项时：

	借方	贷方
借：业务活动费用	80 000	
贷：预付账款		75 000
零余额账户用款额度		5 000

5. 应收股利

应收股利是指事业单位持有长期股权投资应当收取的现金股利或应当分得的利润。

为核算应收股利业务，单位应设置“应收股利”科目，并在该科目下按照被投资单位等进行明细核算。单位取得长期股权投资，按照支付的价款中所包含的已宣告但尚未发放的现金股利，借记“应收股利”科目，按照确定的长期股权投资成本，借记“长期股权投资”科目，按照实际支付的金额，贷记“银行存款”等科目。收到取得投资时实际支付价款中所包含的已宣告但尚未发放的现金股利时，按照收到的金额，借记“银行存款”科目，贷记“应收股利”科目。

长期股权投资持有期间，被投资单位宣告发放现金股利或利润的，按照应享有的份额，借记“应收股利”科目，贷记“投资收益”（成本法核算）或“长期股权投资”（权益法核算）科目。实际收到现金股利或利润时，按照收到的金额，借记“银行存款”等科目，贷记“应收股利”科目。

“应收股利”科目期末为借方余额，反映事业单位应收但尚未收到的现金股利或利润。

【例 8-16】某事业单位通过银行存款购入一项长期股权投资 231 000 元，该价款中包含被投资企业已宣告但尚未发放的现金股利 1 000 元。

借：长期股权投资	230 000	
应收股利	1 000	
贷：银行存款		231 000

6. 应收利息

应收利息是指事业单位长期债券投资应当收取的利息。

为核算应收未收的债券投资利息，事业单位应设置“应收利息”科目，并在该科目下按照被投资单位等进行明细核算。需要注意的是，事业单位购入的到期一次还本付息的长期债券投资持有期间的利息，应当通过“长期债券投资——应计利息”科目核算，不通过“应收利息”科目核算。

事业单位取得长期债券投资时，按照确定的投资成本，借记“长期债券投资”科目，按照支付的价款中包含的已到付息期但尚未领取的利息，借记“应收利息”科目，按照实际支付的金额，贷记“银行存款”等科目。收到取得投资时实际支付价款中所包含的已到付息期但尚未领取的利息时，按照收到的金额，借记“银行存款”等科目，贷记“应收利息”科目。按期计算确认长期债券投资利息收入时，对于分期付息、一次还本的长期债券投资，按照以票面金额和票面利率计算确定的应收未收利息金额，借记“应收利息”科目，贷记“投资收益”科目。实际收到应收利息时，按照收到的金额，借记“银行存款”等科目，贷记“应收利息”科目。

“应收利息”科目期末为借方余额，反映事业单位应收未收的长期债券投资利息。

【例 8-17】某事业单位计提一项分期付息，到期还本的 5 年期债券利息 1 500 元。

借：应收利息　　　　1 500
　贷：投资收益　　　　1 500

7. 其他应收款

其他应收款是指行政事业单位除财政应返还额度、应收票据、应收账款、预付账款、应收股利、应收利息以外的其他各项应收及暂付款项，如职工预借的差旅费、已经偿还银行尚未报销的本单位公务卡欠款、拨付给内部有关部门的备用金、应向职工收取的各种垫付款项、支付的可以收回的订金或押金、应收的上级补助和附属单位上缴款项等。

为核算其他应收款业务，行政事业单位应设置“其他应收款”科目，并在该科目下按照其他应收款的类别以及债务单位（或个人）进行明细核算。发生其他各种应收及暂付款项时，按照实际发生金额，借记“其他应收款”科目，贷记“零余额账户用款额度”“银行存款”“库存现金”“上级补助收入”“附属单位上缴收入”等科目。涉及增值税业务的，相关账务处理参见“应交增值税”科目。收回其他各种应收及暂付款项时，按照收回的金额，借记“库存现金”“银行存款”等科目，贷记“其他应收款”科目。

单位内部实行备用金制度的，有关部门使用备用金以后应当及时到财务部门报销并补足备用金。财务部门核定并发放备用金时，按照实际发放金额，借记“其他应收款”科目，贷记“库存现金”等科目。根据报销金额用现金补足备用金定额时，借记“业务活动费用”“单位管理费用”等科目，贷记“库存现金”等科目，报销数和拨补数都不再通过“其他应收款”科目核算。

偿还尚未报销的本单位公务卡欠款时，按照偿还的款项，借记“其他应收款”科目，贷记“零余额账户用款额度”“银行存款”等科目。持卡人报销时，按照报销金额，借记“业务活动费用”“单位管理费用”等科目，贷记“其他应收款”科目。

单位应当于每年年末，对其他应收款进行全面检查，如发生不能收回的迹象，应当计提坏账准备，按应计提的坏账准备金额，借记“其他费用”科目，贷记“坏账准备”科目。对于超过规定年限，确认无法收回的其他应收款，应当按照有关规定报经批准后予以核销。经批准核销时，按照核销金额，借记“资产处置费用”科目，贷记“其他应收款”科目。已核销的其他应收款在以后期间又收回的，按照收回金额，借记“银行存款”等科目，贷记“其他收入”科目。核销的其他应收款应在备查簿中保留登记。

“其他应收款”科目期末为借方余额，反映单位尚未收回的其他各项应收款项金额。

【例 8-18】某事业单位财务部门偿还公务卡欠款 7 950 元，款项通过单位零余额账户转账支付。

借：其他应收款　　　　7 950
　贷：零余额账户用款额度　　　　7 950

8. 坏账准备

坏账准备是指事业单位对收回后不需要上缴财政的应收账款和其他应收款，按一定的坏账估计方法而提取的准备。事业单位对坏账准备的核算采用备抵法。

为核算坏账准备业务，事业单位设置了“坏账准备”科目，并在该科目下分别按照应收账款和其他应收款进行明细核算。事业单位应当于每年年末，对收回后不需要上缴财政的应收账款和其他应收款进行全面检查，分析其可收回性，对预计可能产生的坏账损失计提坏账准备，确认坏账损失。事业单位可以采用应收款项余额百分比法、账龄分析法、个别认定法等方法计提坏账准备。坏账准备计提方法一经确定，不得随意变更。如需变更，应当按照规定报经批准，并在财务报表附注中予以说明。当期应补提或冲减的坏账准备金额等于按照期末应收账款和其他应收款计算应计提的坏账准备减去该科目的期末贷方余额或加上该科目的期末借方余额。

事业单位计提坏账准备时，借记“其他费用”科目，贷记“坏账准备”科目。冲减坏账准备时，借记“坏账准备”科目，贷记“其他费用”科目。对于账龄超过规定年限且确认无法收回的应收账款、其他应收款，应当按照有关规定报经批准后，按照无法收回的金额，借记“坏账准备”科目，贷记“应收账款”“其他应收款”科目。已核销的应收账款、其他应收款在以后期间又收回的，按照实际收回金额，借记“应收账款”“其他应收款”科目，贷记“坏账准备”科目；同时，借记“银行存款”等科目，贷记“应收账款”“其他应收款”科目。

“坏账准备”科目期末为贷方余额，反映事业单位提取的坏账准备金额。

【例 8-19】期末，某事业单位应收账款余额 300 000 元，其中，收回后不需要上缴财政的应收账款余额 200 000 元。该事业单位用余额百分比法计提坏账准备，计提比例为 3%。期末计提坏账准备前，“坏账准备”账户已有贷方余额 1 000 元。

借：其他费用　　5 000

　贷：坏账准备　　5 000

8.1.3 存货

存货是指行政事业单位在日常活动中实际拥有的以备使用或出售的达不到固定资产核算标准的材料和物料，主要包括在途物品、库存物品和加工物品等，如行政事业用材料、包装物、工具、器具等。

1. 在途物品

在途物品是指行政事业单位采购材料等物资时货款已付或已开出商业汇票但尚未验收入库的物品。

为核算在途物品类存货业务，行政事业单位应设置“在途物品”科目，该科目可按照供应单位和物品种类进行明细核算。行政事业单位购入材料等物品时，按照确定的物品采购成本金额，借记“在途物品”科目，按照实际支付的金额，贷记“财政拨款收入”“零余额账户用款额度”“银行存款”等科目。涉及增值税业务的，相关账务处理参见“应交增值税”科目。所购材料等物品验收入库时，按照确定的库存物品成本金额，借记“库存物品”科目，按照物品采购成本金额，贷记“在途物品”科目，按照使得入库物品达到目前场所和状态所发生的其他支出，贷记“银行存款”等科目。

“在途物品”科目期末为借方余额，反映单位在途物品的采购成本。

【例 8-20】某事业单位使用单位零余额账户用款额度采购一批业务用材料，材料价款共计 120 600 元，运费等共计 1 000 元，款项已付，材料暂未到库。

借：在途物品	121 600	
贷：零余额账户用款额度		121 600

2. 库存物品

库存物品是指行政事业单位在开展业务活动及其他活动时为耗用或出售而储存的各种材料、产品、包装物、低值易耗品，以及达不到固定资产核算标准的用具、装具、动植物等。已完成的测绘、地质勘察、设计成果等的成本，也计入行政事业单位的库存物品。

为核算库存物品的实际成本，行政事业单位应设置“库存物品”科目，该科目应当按照库存物品的种类、规格、保管地点等进行明细核算。储存的低值易耗品、包装物较多的，可以在“库存物品——低值易耗品”科目以及“库存物品——包装物”科目下按照“在库”“在用”和“摊销”等进行明细核算。随买随用的零星办公用品，可以在购入时直接列作费用，不通过“库存物品”科目核算。行政事业单位控制的政府储备物资、受托存储保管与转赠的物资、为在建工程购买和使用的材料物资，也不通过“库存物品”科目核算，而应分别通过“政府储备物资”科目、“受托代理资产”科目和“工程物资”科目核算。库存物品的核算主要包括取得、发出和清查库存物品三个环节。

（1）取得库存物品。库存物品应当按照取得时的成本入账。外购的库存物品验收入库，按照确定的成本，借记“库存物品”科目，贷记“财政拨款收入”“零余额账户用款额度”“银行存款”“应付账款”等科目。自制的库存物品加工完成并验收入库，按照确定的成本，借记“库存物品”科目，贷记“加工物品——自制物品”科目。委托外单位加工收回的库存物品验收入库，按照确定的成本，借记“库存物品”科目，贷记“加工物品——委托加工物品”等科目。接受捐赠的库存物品验收入库，按照确定的成本，借记“库存物品”科目，按照发生的相关税费、运输费等，贷记“银行存款”等科目，按照其差额，贷记“捐赠收入”科目。接受捐赠的库存物品按照名义金额入账的，按照名义金额，借记“库存物品”科目，贷记“捐赠收入”科目；同时，按照发生的相关税费、运输费等，借记“其他费用”科目，贷记“银行存款”等科目。无偿调入的库存物品验收入库，按照确定的成本，借记“库存物品”科目，按照发生的相关税费、运输费等，贷记“银行存款”等科目，按照其差额，贷记“无偿调拨净资产”科目。

置换换入的库存物品验收入库，按照确定的成本，借记“库存物品”科目，按照换出资产的账面余额，贷记相关资产科目（换出资产为固定资产、无形资产的，还应当借记“固定资产累计折旧”“无形资产累计摊销”科目），按照置换过程中发生的其他相关支出，贷记“银行存款”等科目，按照借贷方差额，借记“资产处置费用”科目或贷记“其他收入”科目。涉及补价的，分别按以下情况处理：

支付补价的，按照确定的成本，借记“库存物品”科目，按照换出资产的账面余额，贷记相关资产科目（换出资产为固定资产、无形资产的，还应当借记“固定资产累计折旧”“无形资产累计摊销”科目），按照支付的补价和置换过程中发生的其他相关支出，贷记“银行存款”等科目，按照借贷方差额，借记“资产处置费用”科目或贷记“其他收入”科目。

收到补价的，按照确定的成本，借记“库存物品”科目，按照收到的补价，借记“银行存款”等科目，按照换出资产的账面余额，贷记相关资产科目（换出资产为固定资产、无形资产的，还应当借记“固定资产累计折旧”“无形资产累计摊销”科目），按照置换过程中发生的其他相关支出，贷记“银行存款”等科目，按照补价扣减其他相关支出后的净收入，贷记“应缴财政款”科目，按照借贷方差额，借记“资产处置费用”科目或贷记“其他收入”科目。

【例 8-21】某行政单位通过财政直接支付购入一批材料，价值 5 600 元，材料入库。

	借方	贷方
借：库存物品	5 600	
贷：财政拨款收入		5 600

（2）发出库存物品。行政事业单位发出库存物品，按以下情况分别处理。单位开展业务活动等领用、按照规定自主出售发出或加工发出库存物品的，按照领用、出售等发出物品的实际成本，借记“业务活动费用”“单位管理费用”“经营费用”“加工物品”等科目，贷记“库存物品”科目。采用一次转销法摊销低值易耗品、包装物的，在首次领用时将其账面余额一次性摊销计入有关成本费用，借记有关科目，贷记“库存物品”科目。采用五五摊销法摊销低值易耗品、包装物的，在首次领用时，将其账面余额的 50% 摊销计入有关成本费用，借记有关科目，贷记“库存物品”科目；在使用完时，将剩余的账面余额转销计入有关成本费用，借记有关科目，贷记“库存物品”科目。

经批准对外出售的库存物品（不含可自主出售的库存物品）发出时，按照库存物品的账面余额，借记“资产处置费用”科目，贷记“库存物品”科目；同时，按照收到的价款，借记“银行存款”等科目，按照处置过程中发生的相关费用，贷记“银行存款”等科目，按照其差额，贷记“应缴财政款”科目。

经批准对外捐赠的库存物品发出时，按照库存物品的账面余额和对外捐赠过程中发生的归属于捐出方的相关费用合计数，借记“资产处置费用”科目，按照库存物品账面余额，贷记“库存物品”科目，按照对外捐赠过程中发生的归属于捐出方的相关费用，贷记“银行存款”等科目。

经批准无偿调出的库存物品发出时，按照库存物品的账面余额，借记“无偿调拨净资产”科目，贷记“库存物品”科目；同时，按照无偿调出过程中发生的归属于调出方的相关费用，借记“资产处置费用”科目，贷记“银行存款”等科目。经批准置换换出的库存物品，参照该科目有关置换换入库存物品的规定进行账务处理。

【例 8-22】 某行政单位在业务活动中领用库存物品一批，价值 1 200 元。

借：业务活动费用　　1 200
　贷：库存物品　　1 200

（3）清查库存物品。单位应当定期对库存物品进行清查盘点，每年至少盘点一次。对于发生的库存物品盘盈，盘亏或者报废、毁损，应当先计入“待处理财产损溢”科目，按照规定报经批准后及时进行后续账务处理。

盘盈的库存物品，其成本按照有关凭据注明的金额确定；没有相关凭据，但按照规定经过资产评估的，其成本按照评估价值确定；没有相关凭据，也未经过评估的，其成本按照重置成本确定；如无法采用上述方法确定盘盈的库存物品成本，则按照名义金额入账。盘盈的库存物品，按照确定的入账成本，借记“库存物品”科目，贷记“待处理财产损溢”科目。

盘亏或者报废、毁损的库存物品，按照待处理库存物品的账面余额，借记“待处理财产损溢”科目，贷记“库存物品”科目。属于增值税一般纳税人的单位，若因非正常原因导致的库存物品盘亏或毁损，还应当将与该库存物品相关的增值税进项税额转出，按照其增值税进项税额，借记“待处理财产损溢”科目，贷记“应交增值税——应交税金（进项税额转出）”科目。

“库存物品”科目期末为借方余额，反映单位库存物品的实际成本。

【例 8-23】 某事业单位在年终财产清查时，确认盘亏一批库存物品，不含税账面价值为 2 600 元，相应需转出的增值税进项税额为 338 元。

借：待处理财产损溢　　2 938
　贷：库存物品　　2 600
　　　应交增值税——应交税金（进项税额转出）　　338

3. 加工物品

加工物品是指单位自制或委托外单位加工的各种物品，包括未完成的测绘、地质勘察、设计成果等。单位应按实际发生的加工物品成本进行核算。

为核算加工物品的实际成本，单位应设置“加工物品”科目，该科目下应当设置“自制物品”“委托加工物品”两个一级明细科目，并按照物品类别、品种、项目等设置明细账，进行明细核算。该科目下“自制物品”一级明细科目下应当设置“直接材料”“直接人工”“其他直接费用”等二级明细科目用于归集自制物品发生的直接材料、直接人工（专门从事物品制造人员的人工费）等直接费用。对于自制物品发生的间接费用，应当在“自制物品”一级明细科目下单独设置“间接费用”二级明细科目予以归集，期末再按照一定的分配标准和方法，分配计入有关物品的成本。加工物品的账务处理主要包括自制加工物品和委托加工物品两种情况。

（1）自制加工物品。单位为自制物品领用材料时，按照材料成本，借记“加工物品——自制物品（直接材料）”科目，贷记“库存物品”科目。专门从事物品制造的人员发生的直接人工费用，按照实际发生的金额，借记“加工物品——自制物品（直接人工）”科目，贷记“应付职工薪酬”科目。为自制物品发生的其他直接费用，按照实际发生的金额，借记“加工物品——自制物品（其他直接费用）”科目，贷记“零余额账户用款额度”“银行存款”等科目。为自制物品发生的间接费用，按照实际发生的金额，借记“加工物品——自制物品（间接费用）”科目，贷记“零余额账户用款额度”“银行存款”“应付职工薪酬”“固定资产累计折旧”“无形资产累计摊销”等科目。间接费用一般按照生产人员工资、生产人员工时、机器工时、耗用材料的数量或成本、直接费用（直接材料和直接人工）或产品产量等进行分配。单位可根据具体情况自行选择间接费用的分配方法，分配方法一经确定，不得随意变更。已经制造完成并验收入库的物品，按照所发生的实际成本（包括耗用的直接材料费用、直接人工费用、其他直接费用和分配的间接费用），借记“库存物品”科目，贷记“加工物品——自制物品”科目。

（2）委托加工物品。委托外单位加工的物品，按以下方法处理。发给外单位加工的材料等，按照其实际成本，借记“加工物品——委托加工物品”科目，贷记“库存物品”科目。支付加工费、运输费等费用，按照实际支付的金额，借记“加工物品——委托加工物品”科目，贷记“零余额账户用款额度”“银行存款”等科目。涉及增值税业务的，相关账务处理参见“应交增值税”科目。委托加工完成的材料等验收入库，按照加工前发出材料的成本和加工、运输成本等，借记“库存物品”等科目，贷记“加工物品——委托加工物品”科目。

“加工物品”科目期末为借方余额，反映单位自制或委托外单位加工但尚未完工的各种物品的实际成本。

【例 8-24】某事业单位有一批经政府采购取得的委托外单位加工物品，账面成本为 120 000 元。物品完成加工，现予验收，同时通过财政零余额账户支付后期费用 2 500 元，物资入库。

	借方	贷方
借：库存物品	122 500	
贷：财政拨款收入		2 500
加工物品——委托加工物品		120 000

4. 待摊费用

待摊费用是指单位已经支付，但应当由本期和以后各期分别负担的，分摊期在 1 年以内（含 1 年）的各项费用，如预付航空保险费、预付租金等。因为待摊费用是已经发生的费用，但列入资产项目，所以又称待摊费用为“虚资产”。

为核算 1 年以内待摊销的该类费用，单位应设置“待摊费用”科目，并按照待摊费用种类进行明细核算。摊销期限在 1 年以上的租入固定资产改良支出和其他费用，应当通过“长期待摊费用”科目核算，不通过“待摊费用”科目核算。待摊费用应当在其受益期限内分期平均摊销，如预付航空保险费应在保险期的有效期内平均摊销，预付租金应在租赁期内分期平均摊销，计入当期费用。

单位发生待摊费用时，按照实际预付的金额，借记“待摊费用”科目，贷记“财政拨款收入”“零余额账户用款额度”“银行存款”等科目。按照受益期限分期平均摊销时，借记“业务活动费用”“单位管理费用”“经营费用”等科目，贷记“待摊费用”科目。如果某项待摊费用已经不能使单位受益，应当将其摊余金额一次全部转入当期费用，按照摊销金额，借记“业务活动费用”“单位管理费用”“经营费用”等科目，贷记“待摊费用”科目。

“待摊费用”科目期末为借方余额，反映单位各种已支付但尚未摊销的分摊期在 1 年以内（含 1 年）的费用。

【例 8-25】某事业单位通过单位零余额账户为非独立核算的后勤管理部门支付一年的报纸杂志费 18 000 元。

（1）支付费用时：

借：待摊费用　　18 000

　贷：零余额账户用款额度　　18 000

（2）每月摊销时：

借：单位管理费用　　1 500

　贷：待摊费用　　1 500

8.1.4 投资

投资是指行政事业单位会计主体按规定以货币资金、实物资产、无形资产等方式形成的债权或股权投资。投资按投资期限分为短期投资和长期投资，按投资类型或投资品种分为股权投资和债权投资等。

由于事业单位的社会公益性和非营利性，加之有财政拨款，事业单位应严格遵守国家相关投资管理规定，编制投资预算，控制投资规模。事业单位在确保专业业务活动和辅助活动所需资金的前提下，以资产保值增值为主要目的，经批准可以利用非财政性资金及其结余，适当对外投资。事业单位应严格控制投资总量和投资风险，确保不因投资与投资损失而影响事业活动的正常开展与单位预算的顺利执行。

1. 短期投资

短期投资是指事业单位按照规定取得的，持有时间不超过 1 年（含 1 年）的投资。

为核算单位各类短期投资业务，单位应设置“短期投资”科目，该科目应当按照投资的种类等进行明细核算。单位取得短期投资时，按照确定的投资成本，借记“短期投资”科目，贷记“银行存款”等科目。收到取得投资时实际支付价款中包含的已到付息期但尚未领取的利息时，按照实际收到的金额，借记“银行存款”科目，贷记“短期投资”科目。收到短期投资持有期间的利息时，按照实际收到的金额，借记“银行存款”科目，贷记“投资收益”科目。

出售短期投资或到期收回短期投资本息时，按照实际收到的金额，借记“银行存款”科目，按照出售或收回短期投资的账面余额，贷记“短期投资”科目，按照其差额，借记或贷记“投资收益”科目。

“短期投资”科目期末为借方余额，反映单位持有短期投资的成本。

【例 8-26】某事业单位将持有的一批 1 年期国债出售。国债面值为 200 000 元，实际收到本息 210 000 元，已存入银行。

借：银行存款	210 000	
贷：短期投资		200 000
投资收益		10 000

2. 长期股权投资

长期股权投资是指事业单位按照规定取得的，持有时间超过 1 年（不含 1 年）的股权性质的投资。

为核算股权性质的对外长期投资，单位应设置“长期股权投资”科目，该科目应当按照被投资单位和长期股权投资的取得方式等进行明细核算。长期股权投资采用权益法核算的，还应当按照“成本”“损益调整”“其他权益变动”设置明细科目，进行明细核算。

（1）长期股权投资的初始确认。长期股权投资在取得时，应当按照其实际成本作为初始投资成本。

以现金取得的长期股权投资，按照确定的投资成本，借记“长期股权投资”科目或“长期股权投资——成本”科目，按照支付的价款中包含的已宣告但尚未发放的现金股利，借记“应收股利”科目，按照实际支付的全部价款，贷记“银行存款”等科目。实际收到取得投资所支付的价款中包含的已宣告但尚未发放的现金股利时，借记“银行存款”科目，贷记“应收股利”科目。

以现金以外的其他资产置换取得的长期股权投资，参照“库存物品”科目中置换取得库存物品的相关规定进行账务处理。以未入账的无形资产取得的长期股权投资，按照评估价值加相关税费作为投资成本，借记“长期股权投资”科目，按照发生的相关税费，贷记“银行存款”“其他应交税费”等科目，按照其差额，贷记“其他收入”科目。

接受捐赠的长期股权投资，按照确定的投资成本，借记“长期股权投资”科目或“长期股权投资——成本”科目，按照发生的相关税费，贷记“银行存款”等科目，按照其差额，贷记“捐赠收入”科目。无偿调入的长期股权投资，按照确定的投资成本，借记“长期股权投资”科目或“长期股权投资——成本”科目，按照发生的相关税费，贷记“银行存款”等科目，按照其差额，贷记“无偿调拨净资产”科目。

根据 2019 年《政府会计准则制度解释第 1 号》的补充规定，事业单位以其持有的科技成果取得的长期股权投资，应当按照评估价值加相关税费作为投资成本。事业单位按规定通过协议定价、在技术交易市场挂牌交易、拍卖等方式确定价格的，应当按照以上方式确定的价格加相关税费作为投资成本。

【例 8-27】某事业单位用银行存款 125 000 元购入某公司股票，款项中含已宣告但尚未发放的现金股利 5 000 元。

借：长期股权投资	120 000	
应收股利	5 000	
贷：银行存款		125 000

（2）长期股权投资持有期间的核算。长期股权投资持有期间，应当按照规定采用成本法或权益法进行核算。这两种核算方法的主要区别在于对长期股权投资持有期间的收益的确认上。

成本法是按长期股权投资的初始投资成本计量其账面价值，除非追加投资或撤资，一般不调整投资的账面价值的一种核算方法。权益法是按长期股权投资取得时的初始投资成本计量，但在持有期间要根据投资方享有的被投资方净资产份额的变动，相应调整长期股权投资账面价值的一种核算方法。当投资方对被投资方具有共同控制权或形成重大影响时，应采用权益法，否则应采用成本法核算长期股权投资。

采用成本法核算时，被投资单位宣告发放现金股利或利润时，投资方按照应收的金额，借记“应收股利”科目，贷记“投资收益”科目。收到现金股利或利润时，按照实际收到的金额，借记“银行存款”等科目，贷记“应收股利”科目。

采用权益法核算时，被投资单位实现净利润的，投资方按照应享有的份额，借记“长期股权投资——损益调整”科目，贷记“投资收益”科目。被投资单位发生净亏损的，投资方按照应分担的份额，借记“投资收益”科目，贷记“长期股权投资——损益调整”科目，但以“长期股权投资”科目的账面余额减记至零为限。发生亏损的被投资单位以后年度又实现净利润的，投资方按照收益分享额弥补未确认的亏损分担额等后的金额，借记“长期股权投资——损益调整”科目，贷记“投资收益”科目。被投资单位宣告分派现金股利或利润的，投资方按照应享有的份额，借记“应收股利”科目，贷记

“长期股权投资——损益调整”科目。被投资单位发生除净损益和利润分配以外的所有者权益变动的，投资方按照应享有或应分担的份额，借记或贷记“权益法调整”科目，贷记或借记“长期股权投资——损益调整”科目。

成本法与权益法的转换方法如下：

单位因处置部分长期股权投资等而对处置后的剩余股权投资由权益法改为成本法核算的，应当按照权益法下“长期股权投资”科目的账面余额作为成本法下该科目的账面余额（成本）。其后，被投资单位宣告分派现金股利或利润时，属于单位已计入投资账面余额的部分，按照应分得的现金股利或利润份额，借记“应收股利”科目，贷记“长期股权投资”科目。单位因追加投资等而对长期股权投资的核算从成本法改为权益法的，应当按照成本法下该科目的账面余额与追加投资成本的合计金额，借记“长期股权投资——成本”科目，按照成本法下该科目的账面余额，贷记“长期股权投资”科目，按照追加投资的成本，贷记“银行存款”等科目。

【例 8-28】某事业单位长期持有 A 公司 50% 的表决权股份，该事业单位采用权益法核算长期股权投资。A 公司当年实现净利润 600 000 元，实现除净利润以外的所有者权益变动增加额 100 000 元。

	借方	贷方
借：长期股权投资——损益调整	300 000	
长期股权投资——其他权益变动	50 000	
贷：投资收益		300 000
权益法调整		50 000

（3）长期股权投资的处置。按照规定报经批准出售（转让）长期股权投资时，应当根据长期股权投资的取得方式分别进行处理。

处置以现金取得的长期股权投资，按照实际取得的价款，借记“银行存款”等科目，按照被处置长期股权投资的账面余额，贷记“长期股权投资”科目，按照尚未领取的现金股利或利润，贷记“应收股利”科目，按照发生的相关税费等支出，贷记“银行存款”等科目，按照借贷方差额，借记或贷记“投资收益”科目。

处置以现金以外的其他资产取得的长期股权投资，根据《政府会计准则制度解释第1号》补充规定，在权益法下，当投资的账面余额大于投资成本时，按照被处置的长期股权投资的成本，借记“资产处置费用”科目，贷记“长期股权投资”科目；同时，按照实际取得的价款，借记“银行存款”等科目，按照尚未领取的现金股利或利润，贷记“应收股利”科目，按照发生的相关税费等支出，贷记“银行存款”等科目，按照贷方差额，贷记“应缴财政款”科目。按照规定将处置时取得的投资收益纳入本单位预算管理的，应当按照所取得价款大于被处置长期股权投资账面余额、应收股利账面余额和相关税费支出合计的差额，贷记“投资收益”科目。

因被投资单位破产清算等原因，有确凿证据表明长期股权投资发生损失，按照规定报经批准后予以核销时，按照予以核销的长期股权投资的账面余额，借记“资产处置费用”科目，贷记“长期股权投资”科目。报经批准置换转出长期股权投资时，参照“库存物品”科目中置换换入库存物品的规定进行账务处理。采用权益法核算的长期股权投资的处置，除进行上述账务处理外，还应结转原直接计入净资产的相关金额，借记或贷记“权益法调整”科目，贷记或借记“投资收益”科目。

【例 8-29】某事业单位出售以现金取得并长期持有的 A 公司股票，采用成本法核算。股票账面余额为 120 000 元，已确认应收股利 5 000 元，取得出售款 128 000 元，款项存入银行。

借：银行存款	128 000	
贷：长期股权投资		120 000
应收股利		5 000
投资收益		3 000

“长期股权投资”科目期末为借方余额，反映事业单位持有的长期股权投资的价值。

3. 长期债券投资

长期债券投资是事业单位按照规定取得的，持有时间超过 1 年（不含 1 年）的债券投资。为核算长期债券投资业务，单位应设置“长期债券投资”科目，并在该科目下设置“成本”和“应计利息”明细科目，再按照债券投资的种类进行明细核算。

长期债券投资在取得时，应当按照其实际成本作为投资成本。取得的长期债券投资，按照确定的投资成本，借记“长期债券投资——成本”科目，按照支付的价款中包含的已到付息期但尚未领取的利息，借记“应收利息”科目，按照实际支付的金额，贷记“银行存款”等科目。实际收到取得债券时所支付的价款中包含的已到付息期但尚未领取的利息时，借记“银行存款”科目，贷记“应收利息”科目。

在长期债券投资持有期间，按期以债券票面金额与票面利率计算确认利息收入时，如为到期一次还本付息的债券投资，借记“长期债券投资——应计利息”科目，贷记“投资收益”科目；如为分期付息，到期一次还本的债券投资，借记“应收利息”科目，贷记“投资收益”科目。收到分期支付的利息时，按照实际收到的金额，借记“银行存款”等科目，贷记“应收利息”科目。

到期收回长期债券投资，按照实际收到的金额，借记“银行存款”科目，按照长期债券投资的账面余额，贷记“长期债券投资”科目，按照相关的应收利息金额，贷记“应收利息”科目，按照其差额，贷记“投资收益”科目。对外出售长期债券投资，按照实际收到的金额，借记“银行存款”科目，按照长期债券投资的账面余额，贷记“长期债券投资”科目，按照已记入“应收利息”科目但尚未收取的金额，贷记“应收利息”科目，按照其差额，贷记或借记“投资收益”科目。

【例 8-30】某事业单位以银行存款 200 000 元按面值购入某公司发行的 3 年期债券，债券年利率为 5%，到期一次还本付息。

（1）购入债券时：

借：长期债券投资——成本　　200 000
　贷：银行存款　　200 000

（2）每年确认债券利息时：

借：长期债券投资——应计利息　　10 000
　贷：投资收益　　10 000

（3）到期收回本息时：

借：银行存款　　230 000
　贷：长期债券投资——成本　　200 000
　　　长期债券投资——应计利息　　30 000

“长期债券投资”科目期末为借方余额，反映事业单位持有的长期债券投资的价值。

8.1.5 固定资产

固定资产是指行政事业单位为业务活动与其他活动而拥有与控制的使用年限在 1 年以上，单位价值在规定标准以上，且在使用过程中保持原有物质形态的资产，或单价虽未达到标准但使用年限超过 1 年的大批同类物资，如图书、家具等。行政事业单位固定资产一般分为六类：房屋及构筑物；专用设备；通用设备；文物和陈列品；图书、档案；家具、用具、装具及动植物。

为核算固定资产原值，单位应设置“固定资产”科目，该科目应按照固定资产类别和项目进行明细核算。单位在核算固定资产时，应当考虑以下情况：①购入需要安装的固定资产，应当先通过“在建工程”科目核算，安装完毕交付使用时再转入“固定资产”科目核算。②以借入、经营租赁租入方式取得的固定资产，不通过“固定资产”科目核算，应当设置备查簿进行登记。③采用融资租赁租入方式取得的固定资产，通过“固定资产”科目核算，并在“固定资产”科目下设置“融资租入固定资产”明细科目。④批准在境外购买具有所有权的土地作为固定资产，通过“固定资产”科目核算，单位应当在该科目下设置“境外土地”明细科目，进行相应的明细核算。

1. 固定资产的初始计量

固定资产在取得时，应当按照成本进行初始计量。

购入不需安装的固定资产，验收合格时，按照确定的固定资产成本，借记“固定资产”科目，贷记“财政拨款收入”“零余额账户用款额度”“应付账款”“银行存款”等科目。购入需要安装的固定资产，在安装完毕交付使用前通过“在建工程”科目核算，安装完毕交付使用时再转入“固定资产”科目。购入固定资产扣留质量保证金的，应当在取得固定资产时，按照确定的固定资产成本，借记“固定资产”科目（不需安装）或“在建工程”科目（需要安装），按照实际支付或应付的金额，贷记“财政拨款收入”“零余额账户用款额度”“应付账款”（不含质量保证金）、“银行存款”等科目，按照扣留的质量保证金数额，贷记“其他应付款”（扣留期在 1 年以内，含 1 年）或“长期应付款”（扣留期超过 1 年）科目。质保期满，支付质量保证金时，借记“其他应付款”“长期应付款”科目，贷记“财政拨款收入”“零余额账户用款额度”“银行存款”等科目。自行建造的固定资产交付使用时，按照在建工程成本，借记“固定资产”科目，贷记“在建工程”科目。已交付使用但尚未办理竣工决算手续的固定资产，按照估计价值入账，待办理竣工决算后再按照实际成本调整原来的暂估价值。

融资租赁取得的固定资产，其成本按照租赁协议或者合同确定的租赁价款、相关税费以及固定资产交付使用前所发生的可归属于该项资产的运输费、途中保险费、安装调试费等确定。融资租赁租入的固定资产，按照确定的成本，借记“固定资产”科目（不需安装）或“在建工程”科目（需要安装），按照租赁协议或者合同确定的租赁付款额，贷记“长期应付款”科目，按照支付的运输费、途中保险费、安装调试费等金额，贷记“财政拨款收入”“零余额账户用款额度”“银行存款”等科目。定期支付租金时，按照实际支付金额，借记“长期应付款”科目，贷记“财政拨款收入”“零余额账户用款额度”“银行存款”等科目。按照规定跨年度分期付款购入固定资产的账务处理，参照融资租赁租入的固定资产处理。

接受捐赠的固定资产，按照确定的固定资产成本，借记“固定资产”科目（不需安装）或“在建工程”科目（需要安装），按照发生的相关税费、运输费等，贷记“零余额账户用款额度”“银行存款”等科目，按照其差额，贷记“捐赠收入”科目。接受捐赠的固定资产按照名义金额入账的，按照名义金额，借记“固定资产”科目，贷记“捐赠收入”科目；按照发生的相关税费、运输费等，借记“其他费用”科目，贷记“零余额账户用款额度”“银行存款”等科目。

以其他方式取得固定资产，如无偿调入固定资产，应按照确定的固定资产成本，借记“固定资产”科目（不需安装）或“在建工程”科目（需要安装），按照发生的相关税费、运输费等，贷记“零余额账户用款额度”“银行存款”等科目，按照其差额，贷记“无偿调拨净资产”科目。通过置换取得的固定资产，参照“库存物品”科目中置换取得库存物品的相关规定进行账务处理。固定资产取得时涉及增值税业务的，相关账务处理参见“应交增值税”科目。

【例 8-31】某行政单位通过政府采购，以财政直接支付方式购入不需安装的固定资产两台，价值 16 000 元，收到有关单据，固定资产验收入库（不考虑增值税）。

借：固定资产	16 000	
贷：财政拨款收入		16 000

2. 固定资产累计折旧

折旧是指在固定资产的预计使用年限内，按照确定的方法对应计的折旧额进行系统分摊。固定资产累计折旧是指单位对固定资产计提的累计折旧的金额。行政事业单位下列各项固定资产不计提折旧：①文物和陈列品；②动植物；③图书、档案；④单独计价入账的土地；⑤以名义金额计量的固定资产。

行政事业单位对其他固定资产一般按照年限平均法或者工作量法计提折旧。在确定固定资产的折旧方法时，应当考虑与固定资产相关的服务潜力或经济利益的预期实现方式。固定资产折旧方法一经确定，不得随意变更。固定资产应当按月计提折旧，并根据用途计入当期费用或者相关资产成本。固定资产提足折旧后，无论能否继续使用，均不再计提折旧。提前报废的固定资产，也不再补提折旧。已提足折旧的固定资产，可以继续使用的，应当继续使用。

为核算固定资产折旧业务，单位应设置“固定资产累计折旧”科目。单位对公共基础设施和保障性住房计提的累计折旧，应当分别通过“公共基础设施累计折旧（摊销）”科目和“保障性住房累计折旧”科目核算，不通过“固定资产累计折旧”科目核算。“固定资产累计折旧”科目应当按照所对应固定资产的明细分类进行明细核算。

单位计提融资租赁租入的固定资产折旧时，应当采用与自有固定资产相一致的折旧政策。能够确定租赁期届满时将会取得租入固定资产所有权的，应当在租入固定资产的尚可使用年限内计提折旧；无法确定租赁期届满时能够取得租入固定资产所有权的，应当在租赁期与租入固定资产的尚可使用年限两者中较短的期间内计提折旧。

按月计提固定资产折旧时，按照应计提折旧金额，借记“业务活动费用”“单位管理费用”“经营费用”“加工物品”“在建工程”等科目，贷记“固定资产累计折旧”科目。经批准处置或处理固定资产时，按照所处置或处理固定资产的账面价值，借记“资产处置费用”“无偿调拨净资产”“待处理财产损溢”等科目，按照已计提折旧，借记“固定资产累计折旧”科目，按照固定资产的账面余额，贷记“固定资产”科目。

“固定资产累计折旧”科目期末为贷方余额，反映单位计提的固定资产折旧累计数。

【例 8-32】某事业单位对业务活动中使用的专用设备计提固定资产累计折旧 900 元。该单位应做如下的账务处理。

借：业务活动费用	900	
贷：固定资产累计折旧		900

3. 固定资产的后续支出

固定资产的后续支出是指固定资产在投入使用以后的期间发生的与固定资产使用效能直接相关的各种支出，如固定资产改良、扩建、换新、修理等业务发生的支出。单位发生符合固定资产确认条件的后续支出的，通常情况下，在将固定资产转入改建、扩建时，按照固定资产的账面价值，借记“在建工程”科目，按照固定资产已计提折旧额，借记“固定资产累计折旧”科目，按照固定资产的账面余额，贷记“固定资产”科目。为增加固定资产使用效能或延长其使用年限而发生改建、扩建等后续支出的，借记“在建工程”科目，贷记“财政拨款收入”“零余额账户用款额度”“银行存款”等科目。固定资产完成改建、扩建，交付使用时，按照在建工程成本，借记“固定资产”科目，贷记“在建工程”科目。

对于不符合固定资产确认条件的后续支出，如为了保证固定资产正常使用发生的日常维修等支出，借记“业务活动费用”“单位管理费用”等科目，贷记“财政拨款收入”“零余额账户用款额度”“银行存款”等科目。

4. 固定资产的处置

固定资产的处置是指行政事业单位按规定做出的将固定资产退出单位经济活动的处理活动。行政事业单位的固定资产基本上由财政拨款购置，属于国有资产，因此，处置固定资产时必须十分谨慎和规范。行政事业单位按照规定报经批准处置固定资产的，应当分别按以下情况处理。

报经批准出售、转让固定资产的，按照被出售、转让固定资产的账面价值，借记“资产处置费用”科目，按照固定资产已计提的折旧额，借记“固定资产累计折旧”科目，按照固定资产的账面余额，贷记“固定资产”科目；同时，按照收到的价款，借记“银行存款”等科目，按照处置过程中发生的相关费用，贷记“银行存款”等科目，按照其差额，贷记“应缴财政款”科目。

报经批准对外捐赠固定资产的，按照固定资产已计提的折旧额，借记“固定资产累计折旧”科目，按照被处置固定资产的账面余额，贷记“固定资产”科目，按照捐赠过程中归属于捐出方的相关费用，贷记“银行存款”等科目，按照其差额，借记“资产处置费用”科目。

报经批准无偿调出固定资产的，按照固定资产已计提的折旧额，借记“固定资产累计折旧”科目，按照被处置固定资产的账面余额，贷记“固定资产”科目，按照其差额，借记“无偿调拨净资产”科目；同时，按照无偿调出过程中发生的归属于调出方的相关费用，借记“资产处置费用”科目，贷记“银行存款”等科目。报经批准置换换出固定资产的，参照“库存物品”中置换换入库存物品的规定进行账务处理。固定资产处置时涉及增值税业务的，相关账务处理参见“应交增值税”科目。

【例 8-33】某行政单位报经批准出售一台通过财政拨款购置的办公设备，该设备的账面原价为 70 000 元，已计提累计折旧 40 000 元，出售价款为 33 000 元。按制度，该款项应上缴财政。

（1）转销固定资产时：

借：资产处置费用	30 000	
固定资产累计折旧	40 000	
贷：固定资产		70 000

（2）收到出售价款时：

借：银行存款　　33 000

　贷：应缴财政款　　33 000

5. 固定资产的清查

单位应当定期对固定资产进行清查盘点，每年至少盘点一次。对于发生的固定资产盘盈、盘亏或毁损、报废，应当先记入“待处理财产损溢”科目，按照规定报经批准后及时进行后续账务处理。盘盈的固定资产，其成本按照有关凭据注明的金额确定；没有相关凭据但按照规定经过资产评估的，其成本按照评估价值确定；没有相关凭据也未经过评估的，其成本按照重置成本确定。如无法采用上述方法确定盘盈固定资产成本的，按照名义金额（人民币 1 元）入账。盘盈的固定资产，按照确定的入账成本，借记“固定资产”科目，贷记“待处理财产损溢”科目。盘亏、毁损或报废的固定资产，按照待处理固定资产的账面价值，借记“待处理财产损溢”科目，按照已计提折旧，借记“固定资产累计折旧”科目，按照固定资产的账面余额，贷记“固定资产”科目。

“固定资产”科目期末为借方余额，反映行政事业单位固定资产的原值。

8.1.6 工程物资、在建工程与无形资产

1. 工程物资

工程物资是指单位为在建工程准备的各种物资，包括工程用材料、设备等。

为核算工程物资成本，单位应设置“工程物资”科目并按照“库存材料”“库存设备”等工程物资类别进行明细核算。单位购入为工程准备的物资时，按照确定的物资成本，借记“工程物资”科目，贷记“财政拨款收入”“零余额账户用款额度”“银行存款”“应付账款”等科目。领用工程物资时，按照物资成本，借记“在建工程”科目，贷记“工程物资”科目。工程完工后将领出的剩余物资退库时，做相反的会计分录。工程完工后将剩余的工程物资转作本单位存货等的，按照物资成本，借记“库存物品”等科目，贷记“工程物资”科目。涉及增值税业务的，相关账务处理参见“应交增值税”科目。

“工程物资”科目期末为借方余额，反映单位为在建工程准备的各种物资的成本。

2. 在建工程

在建工程是指单位在建的各类建设项目工程。

为核算在建工程的实际成本，单位应设置“在建工程”科目，并在该科目下设置“建筑安装工程投资”“设备投资”“待摊投资”“其他投资”“待核销基建支出”“基建转出投资”等明细科目，再按照具体项目进行明细核算。单位在建的信息系统项目工程、公共基础设施项目工程、保障性住房项目工程的实际成本，也通过“在建工程”科目核算。

在建工程各明细科目的设置与核算规定如下。

“建筑安装工程投资”明细科目，核算单位发生的构成建设项目实际支出的建筑工程和安装工程的实际成本，不包括被安装设备本身的价值以及按照合同规定支付给施工单位的预付备料款和预付工程款。该明细科目下应当设置“建筑工程”和“安装工程”两个明细科目进行明细核算。

“设备投资”明细科目，核算单位发生的构成建设项目实际支出的各种设备的实际成本。

“待摊投资”明细科目，核算单位发生的构成建设项目实际支出的、按照规定应当分摊计入有关工程成本和设备成本的各项间接费用和税费支出。“待摊投资”明细科目的核算内容包括：勘察费、设计费、可行性研究费；土地征用及迁移补偿费、土地复垦及补偿费；项目建设管理费、代建管理费；项目建设期间发生的各类专门借款利息支出或融资费用；工程检测费、设备检验费、负荷联合试车费及其他检验检测类费用；固定资产损失、器材处理亏损；系统集成等信息工程的费用支出等。

“其他投资”明细科目，核算单位发生的构成建设项目实际支出的房屋购置支出，基本畜禽、林木等的购置、饲养、培育支出，办公生活用家具、器具购置支出，软件研发和不能计入设备投资的软件购置等支出。单位为进行可行性研究而购置的固定资产，以及取得土地使用权支付的土地出让金，也通过该明细科目核算。该明细科目下应当设置“房屋购置”“基本畜禽支出”“林木支出”“办公生活用家具、器具购置”“可行性研究固定资产购置”“无形资产”等明细科目。

“待核销基建支出”明细科目，核算建设项目发生的江河清障、航道清淤、飞播造林、补助群众造林、水土保持、城市绿化、取消项目的可行性研究费以及项目整体报废等不能形成资产部分的基建投资支出。该明细科目应按照待核销基建支出的类别进行明细核算。

“基建转出投资”明细科目，核算为建设项目配套建成的、产权不归属本单位的专用设施的实际成本。该明细科目应按照转出投资的类别进行明细核算。

在建工程的主要账务处理如下。

（1）建筑安装工程投资的账务处理。单位将固定资产等资产转入改建、扩建等时，按照固定资产等资产的账面价值，借记“在建工程——建筑安装工程投资”科目，按照已计提的折旧或摊销额，借记“固定资产累计折旧”等科目，按照固定资产等资产的原值，贷记“固定资产”等科目。固定资产等资产改建、扩建过程中涉及替换（或拆除）原资产的某些组成部分的，按照被替换（或拆除）部分的账面价值，借记“待处理财产损溢”科目，贷记“在建工程——建筑安装工程投资”科目。

对于发包建筑安装工程，单位在根据建筑安装工程价款结算账单与施工企业结算工程价款时，按照应承付的工程价款，借记“在建工程——建筑安装工程投资”科目，按照预付工程款余额，贷记“预付账款”科目，按照其差额，贷记“财政拨款收入”“零余额账户用款额度”“银行存款”“应付账款”等科目。单位自行施工的小型建筑安装工程，按照发生的各项支出金额，借记“在建工程——建筑安装工程投资”科目，贷记“工程物资”“零余额账户用款额度”“银行存款”“应付职工薪酬”等科目。工程竣工，办妥竣工验收交接手续交付使用时，按照建筑安装工程成本（含分摊的待摊投资），借记“固定资产”等科目，贷记“在建工程——建筑安装工程投资”科目。

【例 8-34】经批准，某事业单位改建并重新安装一项在用建筑，该固定资产的原值为 76 120 000 元，已计提累计折旧 2 350 000 元。

借：在建工程——建筑安装工程投资　　73 770 000
　　固定资产累计折旧　　2 350 000
　贷：固定资产　　76 120 000

（2）设备投资的账务处理。购入设备时，按照购入成本，借记“在建工程——设备投资”科目，贷记“财政拨款收入”“零余额账户用款额度”“银行存款”等科目。采用预付款方式购入设备的，有关预付款的账务处理参照“在建工程”科目有关“建筑安装工程投资”明细科目的规定。设备安装完毕，办妥竣工验收交接手续交付使用时，按照设备投资成本（含设备安装工程成本和分摊的待摊投资），借记“固定资产”等科目，贷记“在建工程——设备投资”“在建工程——建筑安装工程投资（安装工程）”科目。将不需要安装的设备和达不到固定资产核算标准的工具、器具交付使用时，按照相关设备、工具、器具的实际成本，借记“固定资产”“库存物品”科目，贷记“在建工程——设备投资”科目。

【例 8-35】某单位一项在安装设备的累计安装成本为 795 000 元。设备安装完毕，办妥竣工验收交接手续交付使用，现予结转。其中，有价值 26 000 元的部分达不到固定资产标准，结转为存货。

借：固定资产　　769 000
　　库存物品　　26 000
　贷：在建工程——设备投资　　795 000

（3）待摊投资支出的核算。待摊投资建设工程发生的构成建设项目实际支出的、按照规定应当分摊计入有关工程成本和设备成本的各项间接费用和税费支出，先在“待摊投资”明细科目中归集。建设工程办妥竣工验收手续交付使用时，按照合理的分配方法，摊入相关工程成本、在安装设备成本等。

单位发生的构成待摊投资的各类费用，按照实际发生金额，借记“在建工程——待摊投资”科目，贷记“财政拨款收入”“零余额账户用款额度”“银行存款”“应付利息”“长期借款”“其他应交税费”“固定资产累计折旧”“无形资产累计摊销”等科目。对于建设过程中试生产、设备调试等产生的收入，按照取得的收入金额，借记“银行存款”等科目，按照有关规定应当冲减建设工程成本的部分，贷记“在建工程——待摊投资”

科目，按照其差额贷记“应缴财政款”或“其他收入”科目。

由于自然灾害、管理不善等原因造成的单项工程或单位工程报废或毁损，在扣除残料价值和过失人或保险公司等赔款后的净损失，报经批准后计入继续施工的工程成本的，按照工程成本扣除残料价值和过失人或保险公司等赔款后的净损失，借记“在建工程——待摊投资”科目，按照残料变价收入、过失人或保险公司赔款等，借记“银行存款”“其他应收款”等科目，按照报废或毁损的工程成本，贷记“在建工程——建筑安装工程投资”科目。工程交付使用时，按照合理的分配方法分配待摊投资，借记“在建工程——建筑安装工程投资”或“在建工程——设备投资”科目，贷记“在建工程——待摊投资”科目。

待摊投资可按照实际分配率分配，适用于建设工期较短、整个项目的所有单项工程一次竣工的建设项目；也可按照概算分配率分配，适用于建设工期长、单项工程分期分批建成投入使用的建设项目。实际分配率与概算分配率的计算公式如下：

$$\text{实际分配率}=\frac{\text{待摊投资明细科目余额}}{\text{建筑工程明细科目余额}+\text{安装工程明细科目余额}+\text{设备投资明细科目余额}}\times 100\%$$

$$\text{概算分配率}=\frac{\text{概算中各待摊投资项目合计数}-\text{其中可直接分配的部分}}{\text{概算中建筑工程、安装工程和设备投资合计}}\times 100\%$$

综上，某项固定资产应分配的待摊投资计算公式为：

某项固定资产应分配的待摊投资 = 该项固定资产的建筑工程成本或该项固定资产（设备）的采购成本和安装成本合计 × 分配率

【例 8-36】某单位有两项同时在安装工程，当期发生共同使用的固定资产折旧 17 000 元。

借：在建工程——待摊投资　　17 000
　贷：固定资产累计折旧　　17 000

（4）其他投资的核算。单位为建设工程发生的房屋购置支出，基本畜禽、林木等的购置、饲养、培育支出，办公生活用家具、器具购置支出，软件研发和不能计入设备投资的软件购置等支出，按照实际发生金额，借记“在建工程——其他投资”科目，贷记“财政拨款收入”“零余额账户用款额度”“银行存款”等科目。工程完成，将形成的房屋、基本畜禽、林木等各种财产以及无形资产交付使用时，按照其实际成本，借记“固定资产”“无形资产”等科目，贷记“在建工程——其他投资”。

（5）待核销基建支出。建设项目发生的江河清障、航道清淤、飞播造林、补助群众造林、水土保持、城市绿化等不能形成资产的各类待核销基建支出，按照实际发生金额，借记“在建工程——待核销基建支出”科目，贷记“财政拨款收入”“零余额账户用款额度”“银行存款”等科目。取消的建设项目发生的可行性研究费，按照实际发生金额，借记“在建工程——待核销基建支出”科目，贷记“在建工程——待摊投资”科目。

由于自然灾害等原因发生的建设项目整体报废所形成的净损失，报经批准后转入待核销基建支出的，按照项目整体报废所形成的净损失，借记“在建工程——待核销基建支出”科目，按照报废工程回收的残料变价收入、保险公司赔款等，借记“银行存款”“其他应收款”等科目，按照报废的工程成本，贷记“在建工程——建筑安装工程投资”等科目。建设项目竣工验收交付使用时，对发生的待核销基建支出进行冲销，借记“资产处置费用”科目，贷记“在建工程——待核销基建支出”科目。

（6）基建转出投资为建设项目配套建成、产权不归属本单位的专用设施，在项目竣工验收交付使用时，按照转出的专用设施的成本，借记“在建工程——基建转出投资”科目，贷记“在建工程——建筑安装工程投资”科目；同时，借记“无偿调拨净资产”科目，贷记“在建工程——基建转出投资”科目。

“在建工程”科目期末为借方余额，反映单位尚未完工的建设项目工程发生的实际成本。

3. 无形资产

无形资产是指行政事业单位会计主体控制的没有实物形态的可辨认的非货币性资产，如专利权、商标权、著作权、土地使用权、非专利技术等。

为核算单位的无形资产，单位应设置“无形资产”科目，该科目应当按照无形资产的类别、项目等进行明细核算。非大批量购入、单价小于1 000元的无形资产，可以于购买时将其成本直接计入当期费用。无形资产的核算主要包括初始确认、后续支出和无形资产处置等。

（1）无形资产的取得。无形资产在取得时，应当按照成本进行初始计量。

外购的无形资产，按照确定的成本，借记“无形资产”科目，贷记“财政拨款收入”“零余额账户用款额度”“应付账款”“银行存款”等科目。委托软件公司开发软件，视同外购无形资产进行处理。合同中约定预付开发费用的，按照预付金额，借记“预付账款”科目，贷记“财政拨款收入”“零余额账户用款额度”“银行存款”等科目。软件开发完成交付使用并支付剩余或全部软件开发费用时，按照软件开发费用总额，借记“无形资产”科目，按照相关预付账款金额，贷记“预付账款”科目，按照支付的剩余金额，贷记“财政拨款收入”“零余额账户用款额度”“银行存款”等科目。

自行研究开发形成的无形资产，按照研究开发项目进入开发阶段后至达到预定用途前所发生的支出总额，借记“无形资产”科目，贷记“研发支出——开发支出”科目。自行研究开发项目尚未进入开发阶段，或者确实无法区分研究阶段支出和开发阶段支出，但按照法律程序已申请取得无形资产的，按照依法取得时发生的注册费、聘请律师费等费用，借记“无形资产”科目，贷记“财政拨款收入”“零余额账户用款额度”“银行存款”等科目；按照依法取得前所发生的研究开发支出，借记“业务活动费用”等科目，贷记“研发支出”科目。

接受捐赠的无形资产，按照确定的无形资产成本，借记“无形资产”科目，按照发生的相关税费等，贷记“零余额账户用款额度”“银行存款”等科目，按照其差额，贷记

“捐赠收入”科目。接受捐赠的无形资产按照名义金额入账的，按照名义金额，借记“无形资产”科目，贷记“捐赠收入”科目；同时，按照发生的相关税费等，借记“其他费用”科目，贷记“零余额账户用款额度”“银行存款”等科目。

无偿调入的无形资产，按照确定的无形资产成本，借记“无形资产”科目，按照发生的相关税费等，贷记“零余额账户用款额度”“银行存款”等科目，按照其差额，贷记“无偿调拨净资产”科目。置换取得的无形资产，参照“库存物品”科目中置换取得库存物品的相关规定进行账务处理。无形资产取得时涉及增值税业务的，相关账务处理参见“应交增值税”科目。

【例 8-37】某事业单位上年委托某研究院开发一款软件，已于上年预付款项 20 000 元。该事业单位现通过授权支付 80 000 元结清合同款。软件开发完成并交付该事业单位使用。

借：无形资产	100 000	
贷：零余额账户用款额度		80 000
预付账款		20 000

（2）无形资产的累计摊销。摊销是指在无形资产使用年限内，按照确定的方法对应予摊销金额进行的系统分摊。单位应设置“无形资产累计摊销”科目，用来核算使用年限有限的无形资产计提的累计摊销。该科目按照无形资产的明细分类进行明细核算。“无形资产累计摊销”科目期末为贷方余额，反映单位计提的无形资产摊销累计数。按月对无形资产进行摊销时，按照应摊销金额，借记“业务活动费用”“单位管理费用”“加工物品”“在建工程”等科目，贷记“无形资产累计摊销”科目。经批准处置无形资产时，按照所处置无形资产的账面价值，借记“资产处置费用”“无偿调拨净资产”“待处理财产损溢”等科目，按照已计提摊销额，借记“无形资产累计摊销”科目，按照无形资产的账面余额，贷记“无形资产”科目。

【例 8-38】某事业单位摊销一项无形资产费用 12 000 元，其中，单位管理活动分摊 8 000 元，在建工程分摊 4 000 元。

借：单位管理费用	8 000	
在建工程	4 000	
贷：无形资产累计摊销		12 000

（3）无形资产的后续支出。无形资产的后续支出是指单位在无形资产的后续存续期间，为维护或改造无形资产等发生的相关支出，根据支出是否符合无形资产的确认条件分别处理。

发生符合无形资产确认条件的后续支出的，为增加无形资产的使用效能而对其进行升级改造或功能扩展时，如需暂停无形资产摊销的，按照无形资产的账面价值，借记“在建工程”科目，按照无形资产已计提的摊销额，借记“无形资产累计摊销”科目，按照无形资产的账面余额，贷记“无形资产”科目。无形资产后续支出符合无形资产确认条件的，按照支出的金额，借记“无形资产”科目（无须暂停摊销）或“在建工程”科目（需暂停摊销），贷记“财政拨款收入”“零余额账户用款额度”“银行存款”等科目。暂停摊销的无形资产升级改造或功能扩展完成交付使用时，按照在建工程成本，借记“无形资产”科目，贷记“在建工程”科目。

发生不符合无形资产确认条件的后续支出的，为保证无形资产正常使用发生日常维护等支出时，借记“业务活动费用”“单位管理费用”等科目，贷记“财政拨款收入”“零余额账户用款额度”“银行存款”等科目。

（4）无形资产的处置。按照规定报经批准处置无形资产，应当分别按以下情况处理。

报经批准出售、转让无形资产的，按照被出售、转让无形资产的账面价值，借记“资产处置费用”科目，按照无形资产已计提的摊销额，借记“无形资产累计摊销”科目，按照无形资产的账面余额，贷记“无形资产”科目；同时，按照收到的价款，借记“银行存款”等科目，按照处置过程中发生的相关费用，贷记“银行存款”等科目，按照其差额，贷记“应缴财政款”（按照规定应上缴无形资产转让净收入）或“其他收入”（按照规定将无形资产转让收入纳入本单位预算管理）科目。

报经批准对外捐赠无形资产的，按照无形资产已计提的摊销额，借记“无形资产累计摊销”科目，按照被处置无形资产的账面余额，贷记“无形资产”科目，按照捐赠过程中发生的归属于捐出方的相关费用，贷记“银行存款”等科目，按照其差额，借记“资产处置费用”科目。

报经批准无偿调出无形资产的，按照无形资产已计提的摊销额，借记“无形资产累计摊销”科目，按照被处置无形资产的账面余额，贷记“无形资产”科目，按照其差额，借记“无偿调拨净资产”科目；同时，按照无偿调出过程中发生的归属于调出方的相关费用，借记“资产处置费用”科目，贷记“银行存款”等科目。

报经批准置换换出无形资产的，参照“库存物品”科目中置换换入库存物品的规定进行账务处理。

无形资产预期不能为单位带来服务潜力或经济利益，按照规定报经批准核销时，按照待核销无形资产的账面价值，借记“资产处置费用”科目，按照已计提的摊销额，借记“无形资产累计摊销”科目，按照无形资产的账面余额，贷记“无形资产”科目。无形资产处置时涉及增值税业务的，相关账务处理参见“应交增值税”科目。

【例 8-39】某单位经批准转让一项无形资产，该无形资产的账面余额为 100 000 元，已累计摊销 80 000 元，转让取得款项 5 000 元（该款项应缴财政，假定不考虑相关税费）。

（1）结转无形资产的账面价值：

借：资产处置费用	20 000	
无形资产累计摊销	80 000	
贷：无形资产		100 000

（2）取得转让收入：

借：银行存款　　5 000

　贷：应缴财政款　　5 000

单位应当定期对无形资产进行清查盘点，每年至少盘点一次。单位资产清查盘点过程中发现的无形资产盘盈、盘亏等，参照“固定资产”科目相关规定进行账务处理。“无形资产”科目期末为借方余额，反映单位无形资产的成本。

4. 研发支出

研发支出是指单位自行研究开发项目在研究阶段和开发阶段发生的各项支出。单位研发支出的核算要注意研究和开发阶段支出的合理划分。

为核算项目的研究与开发支出，单位应设置“研发支出”科目，该科目应当按照自行研究开发项目，分别通过“研究支出”“开发支出”进行明细核算。建设项目中的软件研发支出，应当通过“在建工程”科目核算，不通过“研发支出”科目核算。

自行研究开发项目研究阶段的支出，应当先通过“研发支出”科目进行归集。按照从事研究及其辅助活动人员计提的薪酬，研究活动领用的库存物品，发生的与研究活动相关的管理费、间接费和其他各项费用，借记“研发支出——研究支出”科目，贷记“应付职工薪酬”“库存物品”“财政拨款收入”“零余额账户用款额度”“固定资产累计折旧”“银行存款”等科目。期（月）末，应当将该科目归集的研究阶段的支出金额转入当期费用，借记“业务活动费用”等科目，贷记“研发支出——研究支出”科目。

自行研究开发项目开发阶段的支出，应当先通过“研发支出”科目进行归集。按照从事开发及其辅助活动人员计提的薪酬，开发活动领用的库存物品，发生的与开发活动相关的管理费、间接费和其他各项费用，借记“研发支出——开发支出”科目，贷记“应付职工薪酬”“库存物品”“财政拨款收入”“零余额账户用款额度”“固定资产累计折旧”“银行存款”等科目。自行研究开发项目完成，达到预定用途形成无形资产的，按照该科目归集的开发阶段的支出金额，借记“无形资产”科目，贷记“研发支出——开发支出”科目。

单位应于每年年度终了评估研究开发项目是否能达到预定用途，如预计不能达到预定用途（如无法最终完成开发项目并形成无形资产），应当将已发生的开发支出金额全部转入当期费用，借记“业务活动费用”等科目，贷记“研发支出——开发支出”科目。自行研究开发时涉及增值税业务的，相关账务处理参见“应交增值税”科目。

“研发支出”科目期末为借方余额，反映单位预计能达到预定用途的研究开发项目在开发阶段发生的累计支出数。

8.1.7 公共服务类资产和其他资产

公共服务资产是指政府单位拥有或控制的，以保障公共需要为目的而持有的各类长期资产，主要包括公共基础设施、政府储备物资、文物文化资产和保障性住房等。

1. 公共基础设施

公共基础设施是指行政事业单位会计主体为满足社会公共需求而控制的，同时具有以下特征的有形资产：是一个有形资产系统或网络的组成部分；具有特定用途；一般不可移动。公共基础设施主要包括：市政基础设施，如城市道路、桥梁、隧道、公交场站、路灯、广场、公园绿地、室外公共健身器材以及环卫、排水、供水、供电、供气、供热、污水处理、垃圾处理系统等；交通基础设施，如公路、航道、港口等；水利基础设施，如大坝、堤防、水闸、泵站、渠道等。

为核算公共基础设施的原值，单位应设置“公共基础设施”科目，该科目应当按照公共基础设施的类别、项目等进行明细核算。单位应当根据行业主管部门对公共基础设施的分类规定，制定适合本单位管理的公共基础设施目录、分类方法，作为进行公共基础设施核算的依据。公共基础设施的主要账务处理包括取得、折旧（摊销）、后续支出和设施处置等。

（1）公共基础设施的取得。公共基础设施在取得时，应当按照其成本入账。

自行建造的公共基础设施完工交付使用时，按照在建工程的成本，借记“公共基础设施”科目，贷记“在建工程”科目。已交付使用但尚未办理竣工决算手续的公共基础设施，按照估计价值入账，待办理竣工决算后再按照实际成本调整原来的暂估价值。

接受其他单位无偿调入的公共基础设施时，按照确定的成本，借记“公共基础设施”科目，按照发生的归属于调入方的相关费用，贷记“财政拨款收入”“零余额账户用款额度”“银行存款”等科目，按照其差额，贷记“无偿调拨净资产”科目。无偿调入的公共基础设施成本无法可靠取得的，按照发生的相关税费、运输费等金额，借记“其他费用”科目，贷记“财政拨款收入”“零余额账户用款额度”“银行存款”等科目。

接受捐赠的公共基础设施，按照确定的成本，借记“公共基础设施”科目，按照发生的相关费用，贷记“财政拨款收入”“零余额账户用款额度”“银行存款”等科目，按照其差额，贷记“捐赠收入”科目。接受捐赠的公共基础设施成本无法可靠取得的，按照发生的相关税费等金额，借记“其他费用”科目，贷记“财政拨款收入”“零余额账户用款额度”“银行存款”等科目。

外购的公共基础设施，按照确定的成本，借记“公共基础设施”科目，贷记“财政拨款收入”“零余额账户用款额度”“银行存款”等科目。对于成本无法可靠取得的公共基础设施，单位应当设置备查簿进行登记，待成本能够确定后按照规定及时入账。

【例 8-40】某行政单位无偿调入一项公共基础设施，调出方账面价值为 800 000 元，调拨过程中该单位通过银行存款支付相关费用 15 000 元。设施投入使用。

借：公共基础设施　　815 000
　贷：银行存款　　15 000
　　无偿调拨净资产　　800 000

（2）公共基础设施累计折旧（摊销）。公共基础设施累计折旧（摊销）是指单位对公共基础设施按期所做的折旧或摊销处理。单位应设置“公共基础设施累计折旧（摊销）”科目核算计提的累计折旧或累计摊销。该科目按照所对应公共基础设施的明细分类进行明细核算。该科目期末为贷方余额，反映单位提取的公共基础设施折旧和摊销的累计数。

按月计提公共基础设施折旧时，按照应计提的折旧额，借记“业务活动费用”科目，贷记“公共基础设施累计折旧（摊销）”科目。按月对确认为公共基础设施的单独计价入账的土地使用权进行摊销时，按照应计提的摊销额，借记“业务活动费用”科目，贷记“公共基础设施累计折旧（摊销）”科目。处置公共基础设施时，按照所处置公共基础设施的账面价值，借记“资产处置费用”“无偿调拨净资产”“待处理财产损溢”等科目，按照已计提的折旧和摊销额，借记“公共基础设施累计折旧（摊销）”科目，按照公共基础设施的账面余额，贷记“公共基础设施”科目。

（3）公共基础设施的后续支出。公共基础设施的后续支出是指单位在公共基础设施后续存续期间为维护或改造设施等而发生的相关支出。单位将公共基础设施转入改建、扩建时，按照公共基础设施的账面价值，借记“在建工程”科目，按照公共基础设施已计提的折旧额，借记“公共基础设施累计折旧（摊销）”科目，按照公共基础设施的账面余额，贷记“公共基础设施”科目。发生为增加公共基础设施使用效能或延长其使用年限而产生的改建、扩建等后续支出时，借记“在建工程”科目，贷记“财政拨款收入”“零余额账户用款额度”“银行存款”等科目。公共基础设施改建、扩建完成，竣工验收交付使用时，按照在建工程成本，借记“公共基础设施”科目，贷记“在建工程”科目。为保证公共基础设施正常使用发生日常维修等支出时，借记“业务活动费用”“单位管理费用”等科目，贷记“财政拨款收入”“零余额账户用款额度”“银行存款”等科目。

【例 8-41】某行政单位通过政府采购为管理的公共基础设施进行日常维修，发生维修设施的料工费用等 51 600 元，其中维修人员劳务费 20 600 元，领用维修用材料 31 000 元。款项通过单位零余额账户支付。

借：业务活动费用　　51 600
　贷：零余额账户用款额度　　20 600
　　库存物品　　31 000

（4）公共基础设施的处置与清查。按照规定报经批准处置公共基础设施，分别按以下情况处理：①报经批准对外捐赠公共基础设施的，按照公共基础设施已计提的折旧或摊销额，借记“公共基础设施累计折旧（摊销）”科目，按照被处置公共基础设施的账面余额，贷记“公共基础设施”科目，按照捐赠过程中发生的归属于捐出方的相关费用，贷记“银行存款”等科目，按照其差额，借记“资产处置费用”科目。②报经批准无偿调出公共基础设施的，按照公共基础设施已计提的折旧或摊销额，借记“公共基础设施累计折旧（摊销）”科目，按照被处置公共基础设施的账面余额，贷记“公共基础设施”科目，按照其差额，借记“无偿调拨净资产”科目；同时，按照无偿调出过程中发生的归属于调出方的相关费用，借记“资产处置费用”科目，贷记“银行存款”等科目。

单位应当定期对公共基础设施进行清查盘点。对于发生的公共基础设施盘盈、盘亏、毁损或报废，应当先记入“待处理财产损溢”科目，按照规定报经批准后及时进行后续账务处理。盘盈的公共基础设施，其成本按照有关凭据注明的金额确定；没有相关凭据，但按照规定经过资产评估的，其成本按照评估价值确定；没有相关凭据，也未经过评估的，其成本按照重置成本确定。盘盈的公共基础设施成本无法可靠取得的，单位应当设置备查簿进行登记，待成本确定后按照规定及时入账。盘盈的公共基础设施，按照确定的入账成本，借记“公共基础设施”科目，贷记“待处理财产损溢”科目。盘亏、毁损或报废的公共基础设施，按照待处置公共基础设施的账面价值，借记“待处理财产损溢”科目，按照已计提的折旧或摊销额，借记“公共基础设施累计折旧（摊销）”科目，按照公共基础设施的账面余额，贷记“公共基础设施”科目。

期末，“公共基础设施”科目为借方余额，反映公共基础设施的原值。

【例 8-42】 某单位经批准无偿调出一项公共基础设施。该设施原值为 2 950 000 元，已累计折旧 1 800 000 元。调拨过程中单位发生运杂费等相关费用 17 600 元。

（1）结转调拨设施成本：

	借方	贷方
借：公共基础设施累计折旧（摊销）	1 800 000	
无偿调拨净资产	1 150 000	
贷：公共基础设施		2 950 000

（2）支付相关费用：

	借方	贷方
借：资产处置费用	17 600	
贷：银行存款		17 600

2. 政府储备物资

政府储备物资是指行政事业单位会计主体为满足实施国家安全与发展战略、进行抗灾救灾、应对公共突发事件等特定公共需求而控制的物资，包括战略及能源物资、抢险抗灾救灾物资、农产品、医药物资和其他重要商品物资，通常情况下由行政事业单位会计主体委托承储单位存储的，是同时具有下列特征的有形资产：在应对可能发生的特定事件或情形时动用；其购入、存储保管、更新（轮换）动用等由政府及相关部门发布的专门管理制度进行规范。

为核算单位控制的各类储备物资的成本，单位应设置“政府储备物资”科目，该科目应当按照政府储备物资的种类、品种、存放地点等进行明细核算。根据需要，可在该科目下设置“在库”“发出”等明细科目进行明细核算。对政府储备物资不负有行政管理职责但接受委托负责具体执行其存储保管等工作的单位，其受托代储的政府储备物资应当通过“受托代理资产”科目核算，不通过“政府储备物资”科目核算。政府储备物资的核算包括取得、发出和清查。

（1）政府储备物资的取得。取得政府储备物资时，应当按照其成本入账。购入的政府储备物资验收入库时，按照确定的成本，借记“政府储备物资”科目，贷记“财政拨款收入”“零余额账户用款额度”“银行存款”等科目。涉及委托加工政府储备物资业务的，相关账务处理参照“加工物品”科目。接受捐赠的政府储备物资验收入库时，按照确定的成本，借记“政府储备物资”科目，按照单位承担的相关税费、运输费等，贷记“零余额账户用款额度”“银行存款”等科目，按照其差额，贷记“捐赠收入”科目。接受无偿调入的政府储备物资验收入库时，按照确定的成本，借记“政府储备物资”科目，按照单位承担的相关税费、运输费等，贷记“零余额账户用款额度”“银行存款”等科目，按照其差额，贷记“无偿调拨净资产”科目。

【例 8-43】某行政单位按计划购入一批商品作为政府储备专用物资，该批商品价值为250 000 元，通过财政零余额账户支付，另用银行存款 2 000 元支付运费。

借：政府储备物资	252 000	
贷：财政拨款收入		250 000
银行存款		2 000

（2）政府储备物资的发出。发出不需要收回的政府储备物资的，按照发出物资的账面余额，借记“业务活动费用”科目，贷记“政府储备物资”科目。发出需要收回或者预期可能收回的政府储备物资的，在发出物资时，按照发出物资的账面余额，借记“政府储备物资——发出”科目，贷记“政府储备物资——在库”科目；按照规定的质量验收标准收回物资时，按照收回物资的原账面余额，借记“政府储备物资——在库”科目，按照未收回物资的原账面余额，借记“业务活动费用”科目，按照物资发出时登记在该科目下“发出”明细科目中的余额，贷记“政府储备物资——发出”科目。

因行政管理主体变动等原因而将政府储备物资调拨给其他主体的，按照无偿调出政府储备物资的账面余额，借记“无偿调拨净资产”科目，贷记“政府储备物资”科目。

对外销售政府储备物资并将销售收入纳入单位预算统一管理的，发出物资时，按照发出物资的账面余额，借记“业务活动费用”科目，贷记“政府储备物资”科目；实现销售收入时，按照确认的收入金额，借记“银行存款”“应收账款”等科目，贷记“事业收入”等科目。对外销售政府储备物资并按照规定将销售净收入上缴财政的，发出物资时，按照发出物资的账面余额，借记“资产处置费用”科目，贷记“政府储备物资”科目；取得销售价款时，按照实际收到的款项金额，借记“银行存款”等科目，按照发生的相关税费，贷记“银行存款”等科目，按照销售价款大于所承担的相关税费后的差额，贷记“应缴财政款”科目。

【例 8-44】某事业单位经批准对外销售一批价值 35 000 元的政府储备物资，收到销售收入 40 000 元，已存入银行。按规定，该项销售收入纳入单位预算统一管理。

借：业务活动费用　　35 000
　贷：政府储备物资　　35 000

同时：

借：银行存款　　40 000
　贷：事业收入　　40 000

（3）政府储备物资的清查。单位应当定期对政府储备物资进行清查盘点，每年至少盘点一次。对于发生的政府储备物资盘盈、盘亏或者毁损、报废，应当先记入“待处理财产损溢”科目，按照规定报经批准后及时进行后续账务处理。

盘盈的政府储备物资，按照确定的入账成本，借记“政府储备物资”科目，贷记“待处理财产损溢”科目。盘亏或者毁损、报废的政府储备物资，按照待处理政府储备物资的账面余额，借记“待处理财产损溢”科目，贷记“政府储备物资”科目。

“政府储备物资”科目期末为借方余额，反映政府储备物资的成本。

3. 文物文化资产

文物文化资产是指单位拥有或控制的为满足社会文物文化公共需要的资产，包括历史建筑、古墓葬、考古遗址、艺术品和藏书等，具有珍贵、不可再生和不可替代等特征。

为核算文物文化资产的成本，单位应设置“文物文化资产”科目，该科目应当按照文物文化资产的类别、项目等进行明细核算。单位为满足自身开展业务活动或其他活动需要而控制的文物和陈列品，应当通过“固定资产”科目核算，不通过“文物文化资产”科目核算。

取得文物文化资产时一般按历史成本或评估价值入账。外购的文物文化资产，其成本包括购买价款、相关税费以及可归属于该项资产达到预定用途前所发生的其他支出（如运输费、安装费、装卸费等）。外购的文物文化资产，按照确定的成本，借记“文物文化资产”科目，贷记“财政拨款收入”“零余额账户用款额度”“银行存款”等科目。接受其他单位无偿调入的文物文化资产，其成本按照该项资产在调出方的账面价值加上归属于调入方的相关费用确定。调入的文物文化资产，按照确定的成本，借记“文物文化资产”科目，按照发生的归属于调入方的相关费用，贷记“零余额账户用款额度”“银行存款”等科目，按照其差额，贷记“无偿调拨净资产”科目。无偿调入的文物文化资产成本无法可靠取得的，按照发生的归属于调入方的相关费用，借记“其他费用”科目，贷记“零余额账户用款额度”“银行存款”等科目。

接受捐赠的文物文化资产，其成本按照有关凭据注明的金额加上相关费用确定；没有相关凭据可供取得，但按照规定经过资产评估的，其成本按照评估价值加上相关费用确定；没有相关凭据可供取得也未经评估的，其成本比照同类或类似资产的市场价格加上相关费用确定。接受捐赠的文物文化资产，按照确定的成本，借记“文物文化资产”科目，按照发生的相关税费、运输费等金额，贷记“零余额账户用款额度”“银行存款”等科目，按照其差额，贷记“捐赠收入”科目。接受捐赠的文物文化资产成本无法可靠取得的，按照发生的相关税费、运输费等金额，借记“其他费用”科目，贷记“零余额账户用款额度”“银行存款”等科目。对于成本无法可靠取得的文物文化资产，单位应当设置备查簿进行登记，待成本能够确定后按照规定及时入账。

处置文物文化资产包括对外捐赠和调出等处置业务。报经批准对外捐赠文物文化资产，按照被处置文物文化资产的账面余额和捐赠过程中发生的归属于捐出方的相关费用合计数，借记“资产处置费用”科目，按照被处置文物文化资产的账面余额，贷记“文物文化资产”科目，按照捐赠过程中发生的归属于捐出方的相关费用，贷记“银行存款”等科目。报经批准无偿调出文物文化资产，按照被处置文物文化资产的账面余额，借记“无偿调拨净资产”科目，贷记“文物文化资产”科目；同时，按照无偿调出过程中发生的归属于调出方的相关费用，借记“资产处置费用”科目，贷记“银行存款”等科目。

与文物文化资产有关的后续支出和清查盘点事项的会计处理，参照“公共基础设施”科目的相关规定进行。

“文物文化资产”科目期末为借方余额，反映单位文物文化资产的成本。

【例 8-45】 某文物单位接受捐赠一项出土文物。经评估，确认该文物价值为 120 000 元，接受捐赠中另外发生相关费用 1 800 元，该费用通过单位零余额账户支付。资产已入库。

借：文物文化资产	121 800	
贷：捐赠收入		120 000
零余额账户用款额度		1 800

4. 保障性住房

保障性住房是指政府主导的，主要为解决基于社会公共需求的，以中低收入住房困难家庭为主而提供的限定标准、限定价格或租金的住房，主要指地方政府住房保障主管部门持有全部或部分产权份额，纳入城镇住房保障规划和年度计划，向符合条件的保障对象提供的住房，包括经济适用住房、廉租住房、政策性租赁住房、安置房等。

为核算单位为满足社会公共需要而控制的保障性住房的原值，单位应设置“保障性住房”科目，该科目应当按照保障性住房的类别、项目等进行明细核算。保障性住房的主要账务处理包括保障性住房的取得、折旧、处置与清查等。

单位取得保障性住房时，应当按其成本入账。外购的保障性住房，其成本包括购买价款、相关税费以及可归属于该项资产达到预定用途前所发生的其他支出。外购的保障性住房，按照确定的成本，借记“保障性住房”科目，贷记“财政拨款收入”“零余额账户用款额度”“银行存款”等科目。自行建造的保障性住房交付使用时，按照在建工程成本，借记“保障性住房”科目，贷记“在建工程”科目。已交付使用但尚未办理竣工决算手续的保障性住房，按照估计价值入账，待办理竣工决算后再按照实际成本调整原来的暂估价值。接受其他单位无偿调入的保障性住房，其成本按照该项资产在调出方的账面价值加上归属于调入方的相关费用来确定。无偿调入的保障性住房，按照确定的成本，借记“保障性住房”科目，按照发生的归属于调入方的相关费用，贷记“零余额账户用款额度”“银行存款”等科目，按照其差额，贷记“无偿调拨净资产”科目。接受捐赠、融资租赁取得的保障性住房，参照“固定资产”科目相关规定进行处理。

单位应设置“保障性住房累计折旧”科目，用于核算单位计提的保障性住房的累计折旧，该科目应当按照所对应保障性住房的类别进行明细核算。单位应参照《政府会计准则第 3 号——固定资产》及其应用指南的相关规定，按月对其控制的保障性住房计提折旧。计提折旧时，按照应计提的折旧额，借记“业务活动费用”科目，贷记“保障性住房累计折旧”科目。报经批准处置保障性住房时，按照所处置保障性住房的账面价值，借记“资产处置费用”“无偿调拨净资产”“待处理财产损溢”等科目，按照已计提的折旧额，借记“保障性住房累计折旧”科目，按照保障性住房的账面余额，贷记“保障性住房”科目。

报经批准无偿调出保障性住房的，按照保障性住房已计提的折旧额，借记“保障性住房累计折旧”科目，按照被处置保障性住房的账面余额，贷记“保障性住房”科目，按照其差额，借记“无偿调拨净资产”科目；同时，按照无偿调出过程中发生的归属于调出方的相关费用，借记“资产处置费用”科目，贷记“银行存款”等科目。报经批准出售保障性住房的，按照被出售保障性住房的账面价值，借记“资产处置费用”科目，按照保障性住房已计提的折旧额，借记“保障性住房累计折旧”科目，按照保障性住房的账面余额，贷记“保障性住房”科目；同时，按照收到的价款，借记“银行存款”等科目，按照出售过程中发生的相关费用，贷记“银行存款”等科目，按照其差额，贷记“应缴财政款”科目。

单位应当定期对保障性住房进行清查盘点。对于发生的保障性住房盘盈、盘亏、毁损或报废等，参照“固定资产”科目的相关规定进行处理。按照规定出租保障性住房并将出租收入上缴同级财政的，按照收取的租金金额，借记“银行存款”等科目，贷记“应缴财政款”科目。与保障性住房有关的后续支出，参照“固定资产”科目的相关规定进行处理。

“保障性住房”科目期末为借方余额，反映保障性住房的原值。

【例 8-46】某行政单位出租部分保障性住房，取得租金收入 15 000 元。按规定，该项租金应上缴财政。

借：银行存款	15 000	
贷：应缴财政款		15 000

5. 受托代理资产

受托代理资产是指行政事业单位接受委托方委托管理的各项资产，包括受托指定转赠的物资、受托存储保管的物资（含单位管理的罚没物资）等。单位应设置“受托代理资产”科目核算其成本，该科目应当按照资产的种类和委托人进行明细核算，属于转赠资产的，还应当按照受赠人进行明细核算。单位收到的受托代理资产为现金和银行存款的，不通过“受托代理资产”科目核算，应当通过“库存现金”“银行存款”科目进行核算。

单位接受委托人委托需要转赠给受赠人物资时，其成本按照有关凭据注明的金额确定，借记“受托代理资产”科目，贷记“受托代理负债”科目。受托协议约定由受托方承担相关税费、运输费等的，还应当按照实际支付的相关税费、运输费等的金额，借记“其他费用”科目，贷记“银行存款”等科目。将受托转赠物资交付受赠人时，按照转赠物资的成本，借记“受托代理负债”科目，贷记“受托代理资产”科目。转赠物资的委托人取消了对捐赠物资的转赠要求，且不再收回捐赠物资的，应当将转赠物资转为单位的存货、固定资产等。按照转赠物资的成本，借记“受托代理负债”科目，贷记“受托代理资产”科目；同时，借记“库存物品”“固定资产”等科目，贷记“其他收入”科目。

单位接受委托人委托存储保管物资时，其成本按照有关凭据注明的金额确定，借记“受托代理资产”科目，贷记“受托代理负债”科目。发生由受托单位承担的与受托存储保管的物资相关的运输费、保管费等费用时，按照实际发生的费用金额，借记“其他费用”等科目，贷记“银行存款”等科目。根据委托人要求交付或发出受托存储保管的物资时，按照发出物资的成本，借记“受托代理负债”科目，贷记“受托代理资产”科目。

单位取得罚没物资时，其成本按照有关凭据注明的金额确定。罚没物资验收（入库），按照确定的成本，借记“受托代理资产”科目，贷记“受托代理负债”科目。罚没物资成本无法可靠取得的，单位应当设置备查簿进行登记。按照规定处置或移交罚没物资时，按照罚没物资的成本，借记“受托代理负债”科目，贷记“受托代理资产”科目。处置时取得款项的，按照实际取得的款项金额，借记“银行存款”等科目，贷记“应缴财政款”等科目。

“受托代理资产”科目期末为借方余额，反映单位受托代理实物资产的成本。

【例 8-47】某单位接受一批指定用途的委托捐赠物资，该批物资价值为 12 000 元，接收物资过程中发生相关费用 200 元，由单位通过银行存款支付，物资已到库。

	借方	贷方
借：受托代理资产	12 000	
其他费用	200	
贷：受托代理负债		12 000
银行存款		200

6. 长期待摊费用

长期待摊费用是指单位已经支付的，但应由本期和以后各期负担的分摊期限在 1 年以上（不含 1 年）的各项费用，如以经营租赁方式租入的固定资产发生的改良支出等。单位应设置“长期待摊费用”科目并按照费用项目进行明细核算。

单位发生长期待摊费用时，按照支付的金额，借记“长期待摊费用”科目，贷记“财政拨款收入”“零余额账户用款额度”“银行存款”等科目。按照受益期间摊销长期待摊费用时，按照摊销金额，借记“业务活动费用”“单位管理费用”“经营费用”等科目，贷记“长期待摊费用”科目。如果某项长期待摊费用已经不能使单位受益，应当将其摊余金额一次全部转入当期费用。按照摊销金额，借记“业务活动费用”“单位管理费用”“经营费用”等科目，贷记“长期待摊费用”科目。

“长期待摊费用”科目期末为借方余额，反映单位尚未摊销完毕的长期待摊费用。

【例 8-48】某事业单位为大修办公用设备，通过政府采购程序购买大修服务，使用财政零余额账户支付维修费 180 000 元，设备大修间隔期为 3 年。

（1）支付维修款：

借：长期待摊费用——固定资产大修 180 000

　　贷：财政拨款收入 180 000

（2）每年摊销大修费：

借：单位管理费用 60 000

　　贷：长期待摊费用——固定资产大修 60 000

7. 待处理财产损溢

待处理财产损溢是指单位在资产清查过程中查明的各种资产盘盈、盘亏、报废、毁损的价值。单位应设置“待处理财产损溢”科目并按照待处理的资产项目进行明细核算；对于在资产处理过程中取得收入或发生相关费用的项目，还应当设置“待处理财产价值”“处理净收入”明细科目，进行明细核算。单位资产清查中查明的资产盘盈、盘亏、报废、毁损，一般应当先记入“待处理财产损溢”科目，按照规定报经批准后及时进行账务处理，年末结账前一般应处理完毕。

盘点现金发现短缺或溢余时，按照实际短缺的金额，借记“待处理财产损溢”科目，贷记“库存现金”科目；按照实际溢余的金额，借记“库存现金”科目，贷记“待处理财产损溢”科目。如为现金短缺，属于应由责任人赔偿或应向有关人员追回的，借记“其他应收款”科目，贷记“待处理财产损溢”科目；属于无法查明原因的，报经批准核销时，借记“资产处置费用”科目，贷记“待处理财产损溢”科目。如为现金溢余，属于应支付给有关人员或单位的，借记“待处理财产损溢”科目，贷记“其他应付款”科目；属于无法查明原因的，报经批准后，借记“待处理财产损溢”科目，贷记“其他收入”科目。

盘盈的各类非现金资产转入待处理资产时，按照确定的成本，借记“库存物品”“固定资产”“无形资产”“公共基础设施”“政府储备物资”“文物文化资产”“保障性住房”等科目，贷记“待处理财产损溢”科目。按照规定报经批准后处理时，对于盘盈的流动资产，借记“待处理财产损溢”科目，贷记“单位管理费用”（事业单位）或“业务活动费用”（行政单位）科目。对于盘盈的非流动资产，如属于本年度取得的，按照当年新取得相关资产进行账务处理；如属于以前年度取得的，按照前期差错处理，借记“待处理财产损溢”科目，贷记“以前年度盈余调整”科目。

盘亏、毁损、报废的各类非现金资产转入待处理资产时，借记“待处理财产损溢——待处理财产价值”科目，盘亏、毁损、报废固定资产、无形资产、公共基础设施、保障性住房的，还应借记“固定资产累计折旧”“无形资产累计摊销”“公共基础设施累计折旧（摊销）”“保障性住房累计折旧”科目，贷记“库存物品”“固定资产”“无形资产”“公共基础设施”“政府储备物资”“文物文化资产”“保障性住房”“在建工程”等科目。涉及增值税业务的，相关账务处理参见“应交增值税”科目。报经批准处理时，借记“资产处置费用”科目，贷记“待处理财产损溢——待处理财产价值”科目。

处理毁损、报废实物资产过程中取得残值或残值变价收入、保险理赔和过失人赔偿等的，借记“库存现金”“银行存款”“库存物品”“其他应收款”等科目，贷记“待处理财产损溢——处理净收入”科目；处理毁损、报废实物资产过程中发生相关费用的，借记“待处理财产损溢——处理净收入”科目，贷记“库存现金”“银行存款”等科目。处理收支结清时，如果处理收入大于相关费用，按照处理收入减去相关费用后的净收入，借记“待处理财产损溢——处理净收入”科目，贷记“应缴财政款”等科目；如果处理收入小于相关费用，按照相关费用减去处理收入后的净支出，借记“资产处置费用”科目，贷记“待处理财产损溢——处理净收入”科目。

“待处理财产损溢”科目期末如为借方余额，反映尚未处理完毕的各种资产的净损失；期末如为贷方余额，反映尚未处理完毕的各种资产净溢余。年末，经批准处理后，该科目一般应无余额。

【例 8-49】某单位在资产清查中发现一项价值为 2 600 元的存货已毁损，现转入清理。经批准，该项存货有 600 元应由相关责任人赔偿，其余结转为费用。

（1）将存货转入清理：

	借方	贷方
借：待处理财产损溢——待处理财产价值	2 600	
贷：库存物品		2 600

（2）结转待处理财产价值：

	借方	贷方
借：其他应收款	600	
资产处置费用	2 000	
贷：待处理财产损溢——待处理财产价值		2 600

8. PPP 项目资产

随着政府与社会资本进一步深度合作，大量合作项目应运而生，由此形成了一定规模的项目资产。但是，对这类资产的核算与信息披露，直到近年来《政府会计准则第 10 号——政府和社会资本合作项目合同》发布才有了统一规范。

（1）PPP 项目资产的相关概念。PPP 项目资产，是指 PPP 项目合同中确定的用来提供公共产品和服务的资产。该资产有以下两个来源：其一是由社会资本方投资建造的或者从第三方购买的，或者是社会资本方的现有资产；其二是政府方现有资产，或者是对政府方现有资产进行的改建、扩建。

PPP 项目合同是指政府方与社会资本方依法依规就 PPP 项目合作所订立的合同，该合同应当同时具备以下特征：①社会资本方在合同约定的运营期间内代表政府方使用 PPP 项目资产提供公共产品和服务；②社会资本方在合同约定的期间内从其提供的公共产品和服务中获得补偿。采用建设—运营—移交（BOT)、转让—运营—移交（TOT)、改建—运营—移交（ROT）方式运作的 PPP 项目合同，满足以下条件时，适用《政府会计准则第 10 号——政府和社会资本合作项目合同》：政府方控制或管制社会资本方使用 PPP 项目资产必须提供的公共产品和服务的类型、对象和价格；PPP 项目合同终止时，政府方通过所有权、收益权或其他形式控制 PPP 项目资产的重大剩余权益。

这里的政府方是指政府授权或指定的 PPP 项目实施机构，通常为政府有关职能部门或事业单位，社会资本方是指与政府方签署 PPP 项目合同的社会资本或项目公司。

（2）PPP 项目资产的确认和计量。根据《政府会计准则第 10 号——政府和社会资本合作项目合同》，符合规定条件的项目资产，当同时满足与该资产相关的服务潜力很可能实现或者经济利益很可能流入，且该资产的成本或者价值能够可靠计量时，应当由政府方予以确认。项目资产的各组成部分具有不同的使用年限或者以不同的方式提供公共产品和服务的，应当分别将各组成部分确认为一项 PPP 项目资产。

由社会资本方投资建造或从第三方购买形成的项目资产，政府方应当在项目资产验收合格交付使用时予以确认。使用社会资本方现有资产形成的项目资产，政府方应当在项目开始运营日予以确认。政府方使用其现有资产形成项目资产的，应当在项目开始运营日将其现有资产重分类为项目资产。社会资本方对政府方现有资产进行改建、扩建形成的项目资产，政府方应当在项目资产验收合格交付使用时予以确认，同时终止确认现有资产。

政府方在取得 PPP 项目资产时一般应当按照其成本进行初始计量，按规定需要进行资产评估的，应当按照评估价值进行初始计量。使用社会资本方现有资产形成的 PPP 项目资产，其成本按规定以该项资产的评估价值确定。政府方使用其现有资产形成的 PPP 项目资产，其成本按照项目开始运营日该资产的账面价值确定；按照相关规定对现有资产进行资产评估的，其成本按照评估价值确定，资产评估价值与评估前资产账面价值的差额计入当期收入或当期费用。社会资本方对政府方现有资产进行改建、扩建形成的 PPP 项目资产，其成本按照该资产改建、扩建前的账面价值加上改建、扩建发生的支出，再扣除该资产被替换部分账面价值后的金额确定。

PPP 项目合同终止时，项目资产按规定移交至政府方的，政府方应当根据项目资产的性质和用途，将其重分类为公共基础设施等资产。项目资产按规定移交至政府方并进行资产评估的，政府方应当以评估价值作为重分类后资产的入账价值，评估价值与 PPP 项目资产账面价值的差额计入当期收入或当期费用；政府方按规定无须对移交的 PPP 项目资产进行资产评估的，应当以 PPP 项目资产的账面价值作为重分类后资产的入账价值。

（3）PPP 项目净资产的确认和计量。政府方在确认项目资产时，应当同时确认一项 PPP 项目的净资产，项目净资产的初始入账金额与项目资产的初始入账金额相等。政府方使用其现有资产形成项目资产的，在初始确认项目资产时，应当同时终止确认现有资产，不确认项目净资产。社会资本方对政府方现有资产进行改建、扩建形成项目资产的，政府方应当仅按照项目资产初始入账金额与政府方现有资产账面价值的差额确认项目净资产。

政府方在确认 PPP 项目资产的同时确认 PPP 项目净资产的，在项目运营期间内，按月对该项目资产计提折旧（摊销）的，应当于计提折旧（摊销）时冲减项目净资产的账面余额。政府方初始确认的项目净资产金额等于项目资产初始入账金额的，应当按照计提的项目资产折旧（摊销）金额，等额冲减项目净资产的账面余额。政府方初始确认的项目净资产金额小于项目资产初始入账金额的，应当按照计提的项目资产折旧（摊销）金额的相应比例（即项目净资产初始入账金额占项目资产初始入账金额的比例），冲减项目净资产的账面余额。当期计提的折旧（摊销）金额与所冲减的项目净资产金额的差额，应当计入当期费用。PPP 项目合同终止时，政府方应当将尚未冲减完的 PPP 项目净资产账面余额转入累计盈余。

（4）PPP 项目列报。政府方应当在资产负债表中单独列示 PPP 项目资产及相应的 PPP 项目净资产。政府方应当在附注中披露与 PPP 项目合同有关的下列信息：①对项目合同的总体描述；②项目合同中的重要条款，包括项目合同主要参与方，合同生效日、建设完工日、运营开始日、合同终止日等关键时点，项目资产的来源，付费方式，合同终止时资产移交的权利和义务，政府方和社会资本方其他重要权利和义务；③报告期间发生的项目合同变更情况；④相关会计信息，包括政府方确认的项目资产及其类别，项目资产、项目净资产初始入账金额及其确定依据，政府方确认的与项目合同有关的负债金额及其确定依据，报告期内项目资产折旧（摊销）冲减项目净资产的金额，报告期内政府方向社会资本方支付的款项金额或从社会资本方收到的款项金额，其他需要披露的会计信息。

【例 8-50】政府方与某企业签订了一份公共基础设施建设 PPP 项目合同。合同规定，经政府方授权，由企业方全额投资建造一项公共基础设施。公共基础设施项目建成后，由企业利用该设施，按政府方规定的价格，向社会有偿提供政府方指定的公共产品，收入全部归该企业所有。项目合同期限为 7 年，其中，建设期为 2 年，企业收费期为 5 年。该项目累计投资 160 000 000 元，项目资产每年计提折旧 8 000 000 元。合同期满时，企业将该基础设施移交政府方。

（1）建设期满，PPP 项目资产验收合格，交付企业方使用，政府方确认时：

借：PPP 项目资产	160 000 000	
贷：PPP 项目净资产		160 000 000

（2）政府每年计提折旧时：

借：PPP 项目净资产	8 000 000	
贷：PPP 项目资产累计折旧（摊销）		8 000 000

（3）交付使用 5 年后，企业方将 PPP 项目资产移交政府方，评估价与账面价值相同：

借：公共基础设施	120 000 000	
PPP 项目资产累计折旧（摊销）	40 000 000	
贷：PPP 项目资产		160 000 000

同时，结转净资产：

借：PPP 项目净资产	120 000 000	
贷：累计盈余		120 000 000

需要注意的是，PPP 项目资产的账务处理与信息披露，应结合《政府会计准则第 10 号——政府和社会资本合作项目合同》及其应用指南。

8.2 行政事业单位负债

负债是指行政事业单位会计主体过去的经济业务或者事项形成的，预期会导致经济资源流出的现时义务。现时义务是指行政事业单位会计主体在现行条件下已承担的义务。未来发生的经济业务或者事项形成的义务不属于现时义务，不应当确认为负债。符合上述负债定义的义务，在同时满足以下条件时，确认为负债：

（1）履行该义务很可能导致含有服务潜力或者经济利益的经济资源流出行政事业单位会计主体。

（2）未来流出的经济利益的金额能够可靠地计量。

负债按照流动性，分为流动负债和非流动负债。流动负债是指预计在 1 年内（含 1 年）偿还的负债，包括短期借款、应付短期政府债券、应付及预收款项、应缴款项等。非流动负债是指流动负债以外的负债，包括长期借款、长期应付款、应付长期政府债券等。

符合负债定义和确认条件的项目，应当列入资产负债表。

8.2.1　应交税费和应缴财政款

行政事业单位的应交税费包括应交增值税和其他应交税费等。

1. 应交增值税

（1）应交增值税的科目设置。应交增值税是指单位在业务活动或其他活动中，因销售货物等应计算交纳的增值税。单位应设置“应交增值税”科目进行核算，属于增值税一般纳税人的单位，还应当在该科目下设置“应交税金”“未交税金”“预交税金”“待抵扣进项税额”“待认证进项税额”“待转销项税额”“简易计税”“转让金融商品应交增值税”“代扣代缴增值税”等明细科目。

“应交税金”明细科目，其下应设置“进项税额”“已交税金”“转出未交增值税”“减免税款”“销项税额”“进项税额转出”“转出多交增值税”等专栏进行分项核算。

“未交税金”明细科目用于核算单位月度终了从“应交税金”或“预交税金”明细科目转入当月应交未交、多交或预缴的增值税额，以及当月交纳的以前期间未交的增值税额。

“预交税金”明细科目用于核算单位转让不动产、提供不动产经营租赁服务，以及其他按照现行增值税制度规定应预缴的增值税额。

“待抵扣进项税额”明细科目用于核算单位已取得增值税扣税凭证并经税务机关认证，按照现行增值税制度规定准予以后期间从销项税额中抵扣的进项税额。

“待认证进项税额”明细科目用于核算单位由于未经税务机关认证而不得从当期销项税额中抵扣的进项税额。

“待转销项税额”明细科目用于核算单位销售货物、无形资产、不动产，提供加工修理修配劳务、服务，已确认相关收入（或利得）但尚未发生增值税纳税义务，需要在以后期间确认为销项税额的增值税额。

“简易计税”明细科目用于核算单位采用简易计税方法发生的增值税业务。

“转让金融商品应交增值税”明细科目用于核算单位转让金融商品发生的增值税额。

“代扣代缴增值税”明细科目用于核算单位购进在境内未设经营机构的境外单位或个人在境内销售的货物或提供的应税服务而代扣代缴的增值税。

（2）应交增值税的核算。应交增值税的核算主要包括进项税和销项税的确认与实际缴税等。

单位购买用于增值税应税项目的资产或服务，且进项税额允许抵扣时，按照应计入相关成本费用或资产的金额，借记“业务活动费用”“在途物品”“库存物品”“工程物资”“在建工程”“固定资产”“无形资产”等科目，按照当月已认证的可抵扣增值税额，借记“应交增值税——应交税金（进项税额）”科目，按照当月未认证的可抵扣增值税额，借记“应交增值税——待认证进项税额”科目，按照应付或实际支付的金额，贷记“应付账款”“应付票据”“银行存款”“零余额账户用款额度”等科目。发生退货的，如原增值税专用发票已认证，应根据税务机关开具的红字增值税专用发票做相反的会计分录；如原增值税专用发票未认证，应将发票退回并做相反的会计分录。小规模纳税人购买资产或服务等，不能抵扣增值税，发生的增值税计入资产成本或相关成本费用。

单位购进资产或服务，用于简易计税方法计税项目、免征增值税项目、集体福利或个人消费等，其进项税额按照现行增值税制度规定不得从销项税额中抵扣，取得增值税专用发票时，应按照增值税专用发票注明的金额，借记相关成本费用或资产科目，按照待认证的增值税进项税额，借记“应交增值税——待认证进项税额”科目，按照实际支付或应付的金额，贷记“银行存款”“应付账款”“零余额账户用款额度”等科目。经税务机关认证为不可抵扣进项税时，借记“应交增值税——应交税金（进项税额）”科目，贷记“应交增值税——待认证进项税额”科目；同时，将进项税额转出，借记相关成本费用科目，贷记“应交增值税——应交税金（进项税额转出）”科目。

单位取得的应税项目为不动产或不动产在建工程，其进项税额按照现行增值税制度规定自取得之日起分年抵扣的，应当按照取得成本，借记“固定资产”“在建工程”等科目，按照当期可抵扣的增值税额，借记“应交增值税——应交税金（进项税额）”科目，按照以后期间可抵扣的增值税额，借记“应交增值税——待抵扣进项税额”科目，按照应付或实际支付的金额，贷记“应付账款”“应付票据”“银行存款”“零余额账户用款额度”等科目。尚未抵扣的进项税额待以后期间允许抵扣时，按照允许抵扣的金额，借记“应交增值税——应交税金（进项税额）”科目，贷记“应交增值税——待抵扣进项税额”科目。

【例 8-51】某事业单位为增值税一般纳税人，当月购入一批业务用材料，材料的不含税价款为 12 000 元，增值税进项税额为 1 920 元。材料已入库，款项通过单位零余额账户用款额度付讫。

借：库存物品	12 000	
应交增值税——应交税金（进项税额）	1 920	
贷：零余额账户用款额度		13 920

单位因发生非正常损失或改变用途等，原已计入进项税额、待抵扣进项税额或待认证进项税额，但按照现行增值税制度规定不得从销项税额中抵扣的，借记“待处理财产损溢”“固定资产”“无形资产”等科目，贷记“应交增值税——应交税金（进项税额转出）”“应交增值税——待抵扣进项税额”“应交增值税——待认证进项税额”科目。原不得抵扣且未抵扣进项税额的固定资产、无形资产等，后改变用途用于允许抵扣进项税额的应税项目的，应按照允许抵扣的进项税额，借记“应交增值税——应交税金（进项税额）”科目，贷记“固定资产”“无形资产”等科目。固定资产、无形资产等经调整进项税额核算方法后，应按照调整后的账面价值在剩余尚可使用年限内计提折旧或摊销。单位购进时已全额计入进项税额的货物或服务等转用于不动产在建工程的，对于结转以后

期间的进项税额，应借记“应交增值税——待抵扣进项税额”科目，贷记“应交增值税——应交税金（进项税额转出）”科目。

单位销售货物或提供服务，应当按照应收或已收的金额，借记“应收账款”“应收票据”“银行存款”等科目，按照确认的收入金额，贷记“经营收入”“事业收入”等科目，按照现行增值税制度规定计算的销项税额（或采用简易计税方法计算的应纳增值税额），贷记“应交增值税——应交税金（销项税额）”科目，或“应交增值税——简易计税”科目，小规模纳税人贷记“应交增值税”科目。发生销售退回的，应根据按照规定开具的红字增值税专用发票做相反的会计分录。

【例 8-52】某事业单位为增值税一般纳税人，当月在经营活动中销售一批商品，商品的不含税售价为 25 000 元，增值税销项税额为 3 250 元。商品已发出，款项已收到。

借：银行存款	28 250	
贷：经营收入		25 000
应交增值税——应交税金（销项税额）		3 250

按照《政府会计制度》及相关政府会计准则确认收入的时点，早于按照增值税制度确认增值税纳税义务发生时点的，应将相关销项税额计入“应交增值税——待转销项税额”科目，待实际发生纳税义务时再转入“应交增值税——应交税金（销项税额）”科目或“应交增值税——简易计税”科目。按照增值税制度确认增值税纳税义务发生时点早于按照《政府会计制度》及相关政府会计准则确认收入的时点的，应按照应纳增值税额，借记“应收账款”科目，贷记“应交增值税——应交税金（销项税额）或“应交增值税——简易计税”科目。

月度终了，单位应当将当月应交未交或多交的增值税由“应交税金”明细科目转入“未交税金”明细科目。对于当月应交未交的增值税，借记“应交增值税——应交税金（转出未交增值税）”科目，贷记“应交增值税——未交税金”科目；对于当月多交的增值税，借记“应交增值税——未交税金”科目，贷记“应交增值税——应交税金（转出多交增值税）”科目。

单位交纳当月应交的增值税时，借记“应交增值税——应交税金（已交税金）”科目，小规模纳税人借记“应交增值税”科目（下同），贷记“银行存款”等科目。单位交纳以前期间未交的增值税，借记“应交增值税——未交税金”科目，贷记“银行存款”等科目。单位预交增值税时，借记“应交增值税——预交税金”科目，贷记“银行存款”等科目。月末，单位应将“预交税金”明细科目余额转入“未交税金”明细科目，借记“应交增值税——未交税金”科目，贷记“应交增值税——预交税金”科目。对于当期直接减免的增值税，借记“应交增值税——应交税金（减免税款）”科目，贷记“业务活动费用”“经营费用”等科目。

“应交增值税”科目期末如为贷方余额，反映单位应交未交的增值税；期末如为借方余额，反映单位尚未抵扣或多交的增值税。

【例 8-53】某事业单位为增值税一般纳税人，用银行存款交纳当月应交的增值税 2 600 元。

科目	借方	贷方
借：应交增值税——应交税金（已交税金）	2 600	
贷：银行存款		2 600

2. 其他应交税费

其他应交税费是指单位按照税法等规定计算应交纳的除增值税以外的各种税费，包括城市维护建设税、教育费附加、地方教育附加、车船税、房产税、城镇土地使用税和企业所得税等。为核算其他各项应交税费，单位应设置“其他应交税费”科目，该科目应当按照应交纳的税费种类进行明细核算。单位代扣代缴的个人所得税，也通过该科目核算。单位应交纳的印花税不需要预提应交税费，直接通过“业务活动费用”“单位管理费用”“经营费用”等科目核算，不通过“其他应交税费”科目核算。

单位发生城市维护建设税等其他税费时，按照税法规定计算的应交税费金额，借记“业务活动费用”“单位管理费用”“经营费用”等科目，贷记“其他应交税费”各明细科目。发生个人所得税业务时，单位按照税法规定计算应代扣代缴职工（含长期聘用人员，下同）的个人所得税时，借记“应付职工薪酬”科目，贷记“其他应交税费——应交个人所得税”科目。按照税法规定计算应代扣代缴职工以外人员的个人所得税时，借记“业务活动费用”“单位管理费用”等科目，贷记“其他应交税费——应交个人所得税”科目。发生企业所得税纳税义务时，单位按照税法规定计算的单位应交所得税额，借记“所得税费用”科目，贷记“其他应交税费——单位应交所得税”科目。

实际缴纳各种税费时，单位按照实际缴纳的税费，借记“其他应交税费”各明细科目，贷记“财政拨款收入”“零余额账户用款额度”“银行存款”等科目。

“其他应交税费”科目期末如为贷方余额，反映单位应交未交的除增值税以外的税费金额；期末如为借方余额，反映单位多交的除增值税以外的税费金额。

【例 8-54】月末，某事业单位确认在业务活动中发生应交城市维护建设税 5 000 元，在经营活动中发生应交企业所得税 1 400 元。

科目	借方	贷方
借：业务活动费用	5 000	
所得税费用		1 400
贷：其他应交税费——应交城市维护建设税	5 000	
其他应交税费——单位应交所得税		1 400

3. 应缴财政款

应缴财政款是指单位取得或应收的按照规定应当上缴财政的款项，包括应缴国库的款项和应缴财政专户的款项。单位应缴财政的款项应及时、足额上缴，确保财政决算报告的及时编报。

为核算应缴财政的各类款项，单位应设置“应缴财政款”科目，并按照应缴财政款项的类别进行明细核算。需要注意的是，单位按照国家税法等有关规定应当缴纳的各种税费，应通过“应交增值税”“其他应交税费”科目核算，不通过“应缴财政款”科目核算。单位取得或应收按照规定应上缴财政的款项时，借记“银行存款”“应收账款”等科目，贷记“应缴财政款”科目。单位处置资产取得的应上缴财政的处置净收入的账务处理，参见“待处理财产损溢”等科目。单位上缴应缴财政的款项时，按照实际上缴的金额，借记“应缴财政款”科目，贷记“银行存款”科目。

“应缴财政款”科目期末为贷方余额，反映单位应当上缴财政但尚未缴纳的款项。年终清缴后，该科目一般应无余额。

【例 8-55】某行政单位通过第三方支付平台收到一笔行政性收费 800 元。月底，该行政单位通过银行存款将该款项全额上缴财政。

（1）代收款项时：

借：其他货币资金	800	
贷：应缴财政款		800

（2）上缴财政时：

借：应缴财政款	800	
贷：银行存款		800

8.2.2　应付与预收款项

单位应付与预收款项包括应付职工薪酬、应付票据、应付账款、应付政府补贴款、应付利息、预收账款、其他应付款。

1. 应付职工薪酬

应付职工薪酬是指单位按照有关规定应付给职工（含长期聘用人员）及为职工支付的各种薪酬，包括基本工资、国家统一规定的津贴补贴、规范津贴补贴（绩效工资）、改革性补贴、社会保险费（如职工基本养老保险费、职业年金、基本医疗保险费）、住房公积金等。

为核算应付职工的各种薪酬，单位应设置“应付职工薪酬”科目，并根据国家有关规定按照“基本工资”（含离退休费）、“国家统一规定的津贴补贴”“规范津贴补贴（绩效工资）”“改革性补贴”“社会保险费”“住房公积金”“其他个人收入”等进行明细核算。其中，“社会保险费”“住房公积金”明细科目的核算内容包括单位从职工工资中代扣代缴的以及单位为职工计算缴纳的社会保险费、住房公积金。

单位计提从事专业及辅助活动人员的职工薪酬时，借记“业务活动费用”“单位管理费用”科目，贷记“应付职工薪酬”科目。计提应由在建工程、加工物品、自行研发无形资产负担的职工薪酬时，借记“在建工程”“加工物品”“研发支出”等科目，贷记“应付职工薪酬”科目。计提从事专业及辅助活动之外的经营活动人员的职工薪酬时，借记“经营费用”科目，贷记“应付职工薪酬”科目。因解除与职工的劳动关系而给予补偿时，借记“单位管理费用”等科目，贷记“应付职工薪酬”科目。

单位向职工支付工资、津贴补贴等薪酬时，按照实际支付的金额，借记“应付职工薪酬”科目，贷记“财政拨款收入”“零余额账户用款额度”“银行存款”等科目。按照税法规定代扣职工个人所得税时，借记“应付职工薪酬——基本工资”科目，贷记“其他应交税费——应交个人所得税”科目。从应付职工薪酬中代扣为职工垫付的水电费、房租等费用时，按照实际扣除的金额，借记“应付职工薪酬——基本工资”科目，贷记“其他应收款”等科目。从应付职工薪酬中代扣社会保险费和住房公积金时，按照代扣的金额，借记“应付职工薪酬——基本工资”科目，贷记“应付职工薪酬——社会保险费”“应付职工薪酬——住房公积金”科目。

单位按照国家有关规定缴纳职工社会保险费和住房公积金时，按照实际支付的金额，借记“应付职工薪酬——社会保险费”“应付职工薪酬——住房公积金”科目，贷记“财政拨款收入”“零余额账户用款额度”“银行存款”等科目。从应付职工薪酬中支付的其他款项，借记“应付职工薪酬”科目，贷记“零余额账户用款额度”“银行存款”等科目。

“应付职工薪酬”科目期末为贷方余额，反映单位应付未付的职工薪酬。

【例 8-56】某事业单位职工工资实行财政统发制度。当月计算应发业务部门职工工资 560 000 元（以基本工资为例），代扣款项共计 20 000 元，其中，代扣个人所得税 12 000 元，代扣社会保险费 8 000 元。月底，通过财政直接支付，实际支付职工工资 540 000 元，同时缴纳上述代扣款项 20 000 元。

（1）计算应付工资：

	借方	贷方
借：业务活动费用	560 000	
贷：应付职工薪酬——基本工资		560 000

（2）代扣个人所得税和社保费：

	借方	贷方
借：应付职工薪酬——基本工资	20 000	
贷：其他应交税费——个人所得税		12 000
应付职工薪酬——社会保险费		8 000

（3）支付工资和缴纳代扣款项：

	借方	贷方
借：应付职工薪酬——基本工资	540 000	
其他应交税费——个人所得税	12 000	
应付职工薪酬——社会保险费	8 000	
贷：财政拨款收入		560 000

2. 应付票据

应付票据是指事业单位因购买材料、物资等而开出的商业汇票，包括银行承兑汇票和商业承兑汇票。单位应设置“应付票据”科目并按照债权人进行明细核算。单位开出商业汇票时，借记“库存物品”“固定资产”等科目，贷记“应付票据”科目。涉及增值税业务的，相关账务处理参见“应交增值税”科目。以商业汇票抵付应付账款时，借记“应付账款”科目，贷记“应付票据”科目。支付银行承兑汇票的手续费时，借记“业务活动费用”“经营费用”等科目，贷记“银行存款”“零余额账户用款额度”等科目。

商业汇票到期时，应当分别按以下情况处理：收到银行支付到期票据的付款通知时，借记“应付票据”科目，贷记“银行存款”科目。银行承兑汇票到期，单位无力支付票款的，按照应付票据账面余额，借记“应付票据”科目，贷记“短期借款”科目。商业承兑汇票到期，单位无力支付票款的，按照应付票据账面余额，借记“应付票据”科目，贷记“应付账款”科目。

单位应当设置“应付票据备查簿”，详细登记应付票据的种类、号数、出票日期、到期日、票面金额、交易合同号、收款人姓名或单位名称、付款日期金额等。应付票据到期结清票款后，应当在备查簿内逐笔注销。

“应付票据”科目期末为贷方余额，反映事业单位开出的尚未到期的应付票据金额。

3. 应付账款

应付账款是指单位因购买物资、接受服务、开展工程建设等而应付的偿还期限在 1 年以内（含 1 年）的款项。单位应设置“应付账款”科目并按照债权人进行明细核算。对于工程建设项目，还应设置“应付器材款”“应付工程款”等明细科目，并按照具体项目进行明细核算。

单位收到所购材料、物资、设备或服务以及确认完成工程进度但尚未付款时，根据发票及账单等有关凭证，按照应付未付款项的金额，借记“库存物品”“固定资产”“在建工程”等科目，贷记“应付账款”科目。涉及增值税业务的，相关账务处理参见“应交增值税”科目。偿付应付账款时，按照实际支付的金额，借记“应付账款”科目，贷记“财政拨款收入”“零余额账户用款额度”“银行存款”等科目。单位开出、承兑商业汇票抵付应付账款时，借记“应付账款”科目，贷记“应付票据”科目。

无法偿付或债权人豁免偿还的应付账款，应当按照规定报经批准后进行账务处理。经批准核销时，借记“应付账款”科目，贷记“其他收入”科目。核销的应付账款应在备查簿中保留登记。

“应付账款”科目期末为贷方余额，反映单位尚未支付的应付账款金额。

4. 应付政府补贴款

应付政府补贴款是指负责发放政府补贴的行政单位，按照规定应当支付给政府补贴接受者的各种政府补贴款。单位应设置“应付政府补贴款”科目并按照应支付的政府补贴种类进行明细核算。单位还应当根据需要，按照补贴接受者进行明细核算，或者建立备查簿对补贴接受者予以登记。

行政单位发生应付政府补贴时，按照计算确定的应付政府补贴金额，借记“业务活动费用”科目，贷记“应付政府补贴款”科目。支付应付政府补贴款时，按照支付金额，借记“应付政府补贴款”科目，贷记“零余额账户用款额度”“银行存款”等科目。

“应付政府补贴款”科目期末为贷方余额，反映行政单位应付未付的政府补贴款金额。

【例 8-57】某政府单位按政策规定计算确认当月应向有关企业发放新能源补贴 120 000 元。

借：业务活动费用　　120 000
　贷：应付政府补贴款　　120 000

5. 应付利息

应付利息是指事业单位按照合同约定应支付的借款利息，包括短期借款、分期付息到期还本的长期借款等应支付的利息。单位应设置“应付利息”科目并按照债权人等进行明细核算。

为建造固定资产、公共基础设施等借入的专门借款的利息，属于建设期间发生的，按期计提利息费用时，按照计算确定的金额，借记“在建工程”科目，贷记“应付利息”科目；不属于建设期间发生的，按期计提利息费用时，按照计算确定的金额，借记“其他费用”科目，贷记“应付利息”科目。对于其他借款，按期计提利息费用时，按照计算确定的金额，借记“其他费用”科目，贷记“应付利息”科目。实际支付应付利息时，按照支付的金额，借记“应付利息”科目，贷记“银行存款”等科目。“应付利息”科目期末为贷方余额，反映事业单位应付未付的利息金额。

【例 8-58】某事业单位有一项分期计息、到期还本的银行长期借款。当期，该单位计提借款利息 1 900 元。

借：其他费用　　1 900
　贷：应付利息　　1 900

6. 预收账款

预收账款是指事业单位预先收取但尚未结算的款项。单位应设置“预收账款”科目并按照债权人进行明细核算。

单位从付款方预收款项时，按照实际预收的金额，借记“银行存款”等科目，贷记“预收账款”科目。确认有关收入时，按照预收账款账面余额，借记“预收账款”科目，按照应确认的收入金额，贷记“事业收入”“经营收入”等科目，按照付款方补付或退回付款方的金额，借记或贷记“银行存款”等科目。涉及增值税业务的，相关账务处理参见“应交增值税”科目。无法偿付或债权人豁免偿还的预收账款，应当按照规定报经批准后进行账务处理。经批准核销时，借记“预收账款”科目，贷记“其他收入”科目。核销的预收账款应在备查簿中保留登记。

“预收账款”科目期末为贷方余额，反映事业单位预收但尚未结算的款项金额。

7. 其他应付款

其他应付款是指单位除应交增值税、其他应交税费、应缴财政款、应付职工薪酬、应付票据、应付账款、应付政府补贴款、应付利息、预收账款以外，其他各项偿还期限在 1 年内（含 1 年）的应付及暂收款项，如收取的押金、存入保证金、已经报销但尚未偿还银行的本单位公务卡欠款等。

为核算其他应付款业务，单位应设置“其他应付款”科目，并在该科目下按照其他应付款的类别以及债权人等进行明细核算。同级政府财政部门预拨的下期预算款和没有纳入预算的暂付款项，以及采用实拨资金方式通过本单位转拨给下属单位的财政拨款，也通过“其他应付款”科目核算。

单位发生其他应付及暂收款项时，借记“银行存款”等科目，贷记“其他应付款”科目。支付（或退回）其他应付及暂收款项时，借记“其他应付款”科目，贷记“银行存款”等科目。将暂收款项转为收入时，借记“其他应付款”科目，贷记“事业收入”等科目。收到同级政府财政部门预拨的下期预算款和没有纳入预算的暂付款项，按照实际收到的金额，借记“银行存款”等科目，贷记“其他应付款”科目。待到下一预算期或批准纳入预算时，借记“其他应付款”科目，贷记“财政拨款收入”科目。

采用实拨资金方式通过本单位转拨给下属单位的财政拨款，按照实际收到的金额，借记“银行存款”科目，贷记“其他应付款”科目。向下属单位转拨财政拨款时，按照转拨的金额，借记“其他应付款”科目，贷记“银行存款”科目。本单位公务卡持卡人报销时，按照审核报销的金额，借记“业务活动费用”“单位管理费用”等科目，贷记“其他应付款”科目。偿还公务卡欠款时，借记“其他应付款”科目，贷记“零余额账户用款额度”等科目。涉及质保金形成其他应付款的，相关账务处理参见“固定资产”科目。无法偿付或债权人豁免偿还的其他应付款项，应当按照规定报经批准后进行账务处理。经批准核销时，借记“其他应付款”科目，贷记“其他收入”科目。核销的其他应付款应在备查簿中保留登记。

“其他应付款”科目期末为贷方余额，反映单位尚未支付的其他应付款金额。

【例 8-59】某事业单位将上季度同级政府财政部门预拨的已记入其他应付款的本季度预算经费 260 000 元确认为财政拨款收入。

借：其他应付款　　260 000
　贷：财政拨款收入　　260 000

8.2.3 各项借款、长期应付款和预计负债

1. 短期借款

短期借款是指行政事业单位经批准向银行或其他金融机构等借入的期限在 1 年内（含 1 年）的各种借款。单位应设置“短期借款”科目并按照债权人和借款种类进行明细核算。

单位借入各种短期借款时，按照实际借入的金额，借记“银行存款”科目，贷记“短期借款”科目。银行承兑汇票到期，本单位无力支付票款的，按照应付票据的账面余额，借记“应付票据”科目，贷记“短期借款”科目。归还短期借款时，借记“短期借款”科目，贷记“银行存款”科目。借款利息记入“其他费用”科目。

“短期借款”科目期末为贷方余额，反映事业单位尚未偿还的短期借款本金。

2. 长期借款

长期借款是指事业单位经批准向银行或其他金融机构等借入的期限超过 1 年（不含 1 年）的各种借款本息。单位应设置“长期借款”科目并在其下设置“本金”和“应计利息”明细科目，同时按照贷款单位和贷款种类进行明细核算。对于建设项目借款，还应按照具体项目进行明细核算。

单位借入各项长期借款时，按照实际借入的金额，借记“银行存款”科目，贷记“长期借款——本金”科目。为建造固定资产、公共基础设施等应发生的专门借款，按期计提利息时，属于工程项目建设期间的，计入工程成本，按照计算确定的应支付的利息金额，借记“在建工程”科目，贷记“应付利息”科目；属于工程项目完工交付使用后的，计入当期费用，按照计算确定的应支付的利息金额，借记“其他费用”科目，贷记“应付利息”科目。

按期计提其他长期借款利息时，按照计算确定的应支付的利息金额，借记“其他费用”科目，贷记“应付利息”科目（分期付息、到期还本借款的利息）或“长期借款——应计利息”科目（到期一次还本付息借款的利息）。到期归还长期借款本金、利息时，借记“长期借款——本金”“长期借款——应计利息”科目，贷记“银行存款”科目。

【例 8-60】某事业单位为一项在建工程向银行借入了一笔分期付息、到期还本专门借款。现计提工程项目建设期间的当期应付利息 12 000 元。

借：在建工程　　12 000

　贷：应付利息　　12 000

3. 长期应付款

长期应付款是指单位发生的偿还期限超过 1 年（不含 1 年）的应付款项，如以融资租赁方式取得固定资产应付的租赁费等。单位应设置“长期应付款”科目并按照长期应

付款的类别以及债权人进行明细核算。

单位发生长期应付款时，借记“固定资产”“在建工程”等科目，贷记“长期应付款”科目。支付长期应付款时，按照实际支付的金额，借记“长期应付款”科目，贷记“财政拨款收入”“零余额账户用款额度”“银行存款”等科目。涉及增值税业务的，相关账务处理参见“应交增值税”科目。无法偿付或债权人豁免偿还的长期应付款，应当按照规定报经批准后进行账务处理。经批准核销时，借记“长期应付款”科目，贷记“其他收入”科目。核销的长期应付款应在备查簿中保留登记。涉及质保金形成长期应付款的，相关账务处理参见“固定资产”科目。

“长期应付款”科目期末为贷方余额，反映单位尚未支付的长期应付款金额。

4. 预计负债

预计负债是指因或有事项产生的现时义务而确认的负债，如对未决诉讼等确认的负债。或有事项是指过去的交易或者事项形成的，其结果须由某些未来事项的发生或不发生才能决定的不确定事项。与或有事项相关的义务同时满足下列条件的，应当确认为预计负债：①该义务是单位承担的现时义务；②履行该义务很可能导致服务潜力流出单位；③该义务导致的流出金额能够可靠地计量。预计负债应当按照履行相关现时义务所需支出的最佳估计数进行初始计量。所需支出存在一个连续范围，且该范围内各种结果发生的可能性相同的，最佳估计数应当按照该范围内的中间值确定。在其他情况下，最佳估计数应当按以下情况分别处理：①或有事项涉及单个项目的，按照最可能发生的金额确定；②或有事项涉及多个项目的，按照各种可能的结果及相关概率计算确定。

为核算预计负债，单位应设置“预计负债”科目并按照预计负债的项目进行明细核算。确认预计负债时，按照预计负债的金额，借记“业务活动费用”“经营费用”“其他费用”等科目，贷记“预计负债”科目。实际偿付预计负债时，按照偿付的金额，借记“预计负债”科目，贷记“银行存款”“零余额账户用款额度”等科目。有确凿证据证明需要对已确认的预计负债账面余额进行调整的，按照调整增加的金额，借记有关科目，贷记“预计负债”科目；按照调整减少的金额，借记“预计负债”科目，贷记有关科目。

【例 8-61】年末，某事业单位有一项未裁决的经济诉讼，根据实际情况，经中介机构专业评估，认为该单位败诉的可能性达 80%。如果败诉，单位将赔偿原告方 180 000 元，并支付诉讼费 10 000 元。

借：业务活动费用	190 000	
贷：预计负债		190 000

8.2.4　其他各项负债

行政事业单位的其他各项负债是指除了应交税费和应缴财政款、应付与预收款项、短期和长期借款、预计负债以外的其他负债，包括预提费用和受托代理负债。

1. 预提费用

预提费用是指单位预先提取的已经发生但尚未支付的费用，如预提租金费用、按规定从科研项目收入中提取的项目间接费用或管理费。单位应设置“预提费用”科目对其进行核算，该科目应当按照预提费用的种类进行明细核算。对于提取的项目间接费用或管理费，应当在“预提费用”科目下设置“项目间接费用或管理费”明细科目，并按项目进行明细核算。单位计提的借款利息费用，应通过“应付利息”“长期借款”科目核算，不通过“预提费用”科目核算。

单位按规定从科研项目收入中提取项目间接费用或管理费时，按照提取的金额，借记“单位管理费用”科目，贷记“预提费用”科目（项目间接费用或管理费）。实际使用计提的项目间接费用或管理费时，按照实际支付的金额，借记“预提费用”科目（项目间接费用或管理费），贷记“银行存款”“库存现金”等科目。按期预提租金等费用时，按照预提的金额，借记“业务活动费用”“单位管理费用”“经营费用”等科目，贷记“预提费用”科目。实际支付款项时，按照支付金额，借记“预提费用”科目，贷记“零余额账户用款额度”“银行存款”等科目。

“预提费用”科目期末为贷方余额，反映单位已预提但尚未支付的各项费用。

【例 8-62】某事业单位的设备租金支出常年发生，金额较大，采用先提后付的办法。当期从业务活动费用中预提租金 21 000 元。

借：业务活动费用	21 000	
贷：预提费用		21 000

2. 受托代理负债

受托代理负债是指单位接受委托取得受托代理资产时形成的负债。单位应设置“受托代理负债”科目进行核算，以与单位“受托代理资产”科目核算保持对应。该科目的账务处理参见“受托代理资产”“库存现金”“银行存款”等科目。“受托代理负债”科目期末为贷方余额，反映单位尚未交付或发出受托代理资产形成的受托代理负债金额。

8.3 行政事业单位收入

收入是指报告期内导致行政事业单位会计主体净资产增加的，含有服务潜力或者经济利益的经济资源的流入，是行政事业单位在履行职责或开展业务活动时依法取得的非偿还性资金。收入的确认应当同时满足以下条件：

（1）与收入相关的含有服务潜力或者经济利益的经济资源很可能流入行政事业单位会计主体。

（2）含有服务潜力或者经济利益的经济资源流入会导致资产增加或者负债减少。

（3）流入金额能够可靠地计量。

行政事业单位收入按照收入来源和资金性质，可分为财政拨款收入、事业收入、上级补助收入、附属单位上缴收入、经营收入、非同级财政拨款收入、投资收益、捐赠收入、利息收入、租金收入和其他收入等。收入应当按照权责发生制确认和计量。符合收入定义和收入确认条件的项目，应当列入收入费用表。

8.3.1　财政拨款收入

财政拨款收入是指行政事业单位从同级政府财政部门取得的各类财政拨款，是行政单位和公益一类事业单位履行职责和开展业务活动日常所需的资金来源，也是公益二类事业单位的重要财力保障。

为核算从财政取得的经费拨款，单位应设置“财政拨款收入”科目并按照一般公共预算财政拨款、政府性基金预算财政拨款等拨款种类进行明细核算。同级政府财政部门预拨的下期预算款和没有纳入预算的暂付款项，以及采用实拨资金方式通过本单位转拨给下属单位的财政拨款，通过“其他应付款”科目核算，不通过“财攻拨款收入”科目核算。根据国库集中支付制度和财政国库单一账户体系的要求，财政拨款方式主要有直接支付方式、授权支付方式和实拨资金方式。行政事业单位会计在取得财政拨款收入时，根据不同的财政拨款方式，有不同的账务处理办法。

1. 财政直接支付方式下取得的财政拨款收入

财政直接支付方式下，政府财政部门根据预算，通过国库单一账户体系，直接为行政事业单位完成支付或购买。单位根据收到的“财政直接支付入账通知书”及相关原始凭证，按照通知书中的直接支付入账金额，借记“库存物品”“固定资产”“业务活动费用”“单位管理费用”“应付职工薪酬”等科目，贷记“财政拨款收入”科目。涉及增值税业务的，相关账务处理参见“应交增值税”科目。年末，根据本年度财政直接支付预算指标数与当年财政直接支付实际支付数的差额，借记“财政应返还额度——财政直接支付”科目，贷记“财政拨款收入”科目。

因差错更正或购货退回等发生国库直接支付款项退回的，属于以前年度支付的款项，按照退回金额，借记“财政应返还额度——财政直接支付”科目，贷记“以前年度盈余调整”“库存物品”等科目；属于本年度支付的款项，按照退回金额，借记“财政拨款收入”科目，贷记“业务活动费用”“库存物品”等科目。

【例 8-63】财政通过直接支付为行政单位购买一项社会服务，价值 120 000 元。其中，动用当年预算的直接支付额度 100 000 元，使用上年应返还的直接支付额度 20 000 元。

借：业务活动费用	120 000	
贷：财政拨款收入		100 000
财政应返还额度		20 000

2. 财政授权支付方式下取得的财政拨款收入

财政授权支付方式下，政府财政部门根据预算，将单位预算中的授权支付额度通过国库单一账户体系，划拨至代理银行完成结算支付。单位根据收到的“财政授权支付额度到账通知书”，按照通知书中的授权支付额度，借记“零余额账户用款额度”科目，贷记“财政拨款收入”科目。年末，本年度财政授权支付预算指标数大于零余额账户用款额度下达数的，根据未下达的用款额度，借记“财政应返还额度——财政授权支付”科目，贷记“财政拨款收入”科目。

【例 8-64】某行政单位收到代理银行转来的“财政授权支付额度到账通知书”，注明当日该单位收到财政下拨的授权支付额度 300 000 元。

	借方	贷方
借：零余额账户用款额度	300 000	
贷：财政拨款收入		300 000

3. 实拨资金方式下取得的财政拨款收入

在暂未实行国库集中支付制度的情况下，单位保留有银行实存资金账户时，财政通过实拨经费，经金融机构向行政事业单位下拨预算资金，单位收到财政拨款收入时，按照实际收到的金额，借记“银行存款”等科目，贷记“财政拨款收入”科目。

4. 财政拨款收入的期末结转

行政事业单位财政拨款收入实行年度结转制度。期末，将“财政拨款收入”科目本期发生额转入本期盈余时，借记“财政拨款收入”科目，贷记“本期盈余”科目。期末结转后，“财政拨款收入”科目应无余额。

【例 8-65】某行政单位全年累计从同级财政收到经费拨款 3 950 000 元。现予结转。

	借方	贷方
借：财政拨款收入	3 950 000	
贷：本期盈余		3 950 000

8.3.2 事业收入

事业收入是指事业单位开展专业业务活动及其辅助活动实现的收入，不包括从同级政府财政部门取得的各类财政拨款。事业单位的收入主要由政府财政拨款和单位组织事业收入组成。事业收入是各级各类事业单位除财政拨款收入以外的重要收入来源，是确保事业单位专业业务活动和其他经济活动顺利进行的重要保障。

不同类型的事业单位有不同的事业收入。比如，文化事业单位的事业收入有演出收入、场馆收入、技术服务收入和门票收入等；教育单位的事业收入有学费及住宿费收入、科研收入等；科学研究事业单位的事业收入有科研收入、技术服务收入、科普活动收入、教学活动收入等；医院医疗单位的事业收入有医疗收入和科教项目收入等，其中，医疗收入含门诊收入和住院收入，科教项目收入是指科研和教学补助收入等。上述收入均不含从财政取得的拨款。

与自主经营自负盈亏的企业取得收入不同，事业单位取得事业收入的基础，很大程度上取决于长期的财政拨款积累，所以，政府财政对事业单位取得收入的组织管理和核算要求也不同，不少事业收入需要纳入财政专户管理，执行严格的收入管理制度。

为核算事业单位在专业业务活动及其辅助活动中实现的收入，单位应设置“事业收入”科目并按照事业收入的类别、来源等进行明细核算。对于因开展科研及其辅助活动而从非同级政府财政部门取得的经费拨款，应当在“事业收入”科目下单设“非同级财政拨款”明细科目进行核算。事业单位根据事业收入取得的不同方式采取不同的核算方法。

1. 采用财政专户返还方式管理的事业收入

财政专户是指政府财政部门为行政事业单位在金融机构开设的，用于管理单位纳入规定范围的收入的专门账户。根据收入上缴财政专户的不同管理规定，又分为全额上缴、比例上缴和结余上缴等情况。单位实现应上缴财政专户的事业收入时，按照实际收到或应收的金额，借记“银行存款”“应收账款”等科目，贷记“应缴财政款”科目。向财政专户上缴款项时，按照实际上缴的款项金额，借记“应缴财政款”科目，贷记“银行存款”等科目。收到从财政专户返还的事业收入时，按照实际收到的返还金额，借记“银行存款”等科目，贷记“事业收入”科目。

【例 8-66】某事业单位开展专业业务活动，取得服务收入 100 000 元，按规定此项收入需要全额上缴财政专户。月底，该单位将上述款项上缴财政专户。次月，该单位从财政收到专户返还的收入 50 000 元。

（1）取得收入时：

借：银行存款	100 000	
贷：应缴财政款		100 000

（2）上缴财政专户时：

借：应缴财政款	100 000	
贷：银行存款		100 000

（3）收到财政从专户返回的款项时：

借：银行存款	50 000	
贷：事业收入		50 000

2. 采用预收款方式确认的事业收入

事业单位对外提供技术服务与科技咨询服务等长期项目，这些项目的收入常常是按合同分阶段收取。事业单位在实际收到预收款项时，按照收到的款项金额，借记“银行存款”等科目，贷记“预收账款”科目。按合同完成进度确认事业收入时，按照基于合同完成进度计算的金额，借记“预收账款”科目，贷记“事业收入”科目。

【例 8-67】 1 月初，某事业单位与客户签订了一项技术服务合同，为期 1 年，合同总金额为 500 000 元。该事业单位在合同签署当日已收到预付款 120 000 元并记入“预收账款”科目。1 月底，该事业单位预计完成合同进度的 20%，应做如下账务处理。

借：预收账款　　100 000
　贷：事业收入　　100 000

3. 采用应收款方式确认的事业收入

事业单位根据合同完成进度计算本期应收的款项，借记“应收账款”科目，贷记“事业收入”科目。实际收到款项时，借记“银行存款”等科目，贷记“应收账款”科目。

4. 其他方式下确认的事业收入

事业单位在其他方式下确认的事业收入，按照实际收到的金额，借记“银行存款”“库存现金”等科目，贷记“事业收入”科目。上述业务中涉及增值税业务的，相关账务处理参见“应交增值税”科目。

期末，应将“事业收入”科目本期发生额转入本期盈余，借记“事业收入”科目，贷记“本期盈余”科目。期末结转后，“事业收入”科目应无余额。

【例 8-68】 年末，某事业单位累计实现事业收入 1 700 000 元，已收到并转入财政专户的未确认收入为 500 000 元，预收且未确认收入的合同款为 80 000 元。现结转事业收入。

借：事业收入　　1 700 000
　贷：本期盈余　　1 700 000

8.3.3　上级补助收入与附属单位上缴收入

单位除了从财政取得拨款收入和自行组织事业收入外，还从上级主管部门取得补助以及从附属单位得到收入。

1. 上级补助收入

上级补助收入是指事业单位从主管部门和上级单位取得的非财政拨款收入。上级补助收入与财政拨款收入不同，主管部门和上级单位不能用自身取得的财政拨款收入对下级事业单位进行补助，一般只能用其组织取得的非财政拨款收入安排补助。

为核算从上级收到的补助收入，事业单位应设置“上级补助收入”科目，该科目按照发放补助单位、补助项目等进行明细核算。事业单位确认上级补助收入时，按照应收或实际收到的金额，借记“其他应收款”“银行存款”等科目，贷记“上级补助收入”科目。实际收到应收的上级补助款时，按照实际收到的金额，借记“银行存款”等科目，贷记“其他应收款”科目。期末，将上级补助收入本期发生额转入本期盈余，借记“上级补助收入”科目，贷记“本期盈余”科目。期末结转后，“上级补助收入”科目应无余额。

【例 8-69】某教育事业单位收到上级主管部门用集中的其他附属单位上缴收入安排的教育事业补助款 180 000 元，款项已存入银行。同时，上级主管部门决定将此前借给该事业单位的一笔 20 000 元临时借款转为对该单位的补助。临时借款当时已记入事业单位的其他应付款。期末，该事业单位累计收到上级补助收入 920 000 元，予以结转。

（1）确认上级补助收入时：

借：银行存款	180 000	
其他应付款	20 000	
贷：上级补助收入		200 000

（2）期末结转上级补助收入时：

借：上级补助收入	920 000	
贷：本期盈余		920 000

2. 附属单位上缴收入

附属单位上缴收入是指事业单位取得的附属独立核算单位按照有关规定上缴的收入。附属单位是指附属于事业单位的独立核算的经济单位，既可以是事业单位，也可以是非事业单位。附属单位上缴的收入一般包括管理费、分成收入和利润等。

为核算附属单位上缴的收入，事业单位应设置“附属单位上缴收入”科目，并在该科目下按照附属单位、缴款项目等进行明细核算。当事业单位确认附属单位上缴收入时，按照应收或实际收到的金额，借记“其他应收款”“银行存款”等科目，贷记“附属单位上缴收入”科目。实际收到应收附属单位上缴款时，按照实际收到的金额，借记“银行存款”等科目，贷记“其他应收款”科目。期末，将该科目本期发生额转入本期盈余，借记“附属单位上缴收入”科目，贷记“本期盈余”科目。期末结转后，该科目应无余额。

【例 8-70】某大学收到独立核算的附属第一医院交来的管理费 350 000 元（税后），款项已存入银行。期末，结转累计收到的附属单位上缴收入 600 000 元。

（1）收到附属单位上缴收入时：

借：银行存款	350 000	
贷：附属单位上缴收入		350 000

（2）期末结转附属单位上缴收入时：

借：附属单位上缴收入　　600 000
　贷：本期盈余　　600 000

8.3.4　其他各项收入

单位其他各项收入包括经营收入、非同级财政拨款收入、投资收益、捐赠收入、利息收入、租金收入、其他收入等。

1. 经营收入

经营收入是指事业单位在专业业务活动及其辅助活动之外开展非独立核算经营活动取得的收入。非独立核算经营活动是指事业单位在专业业务活动以外开展的，由事业单位组织核算的收入，从事该类活动的主要目的一般是为了取得保本微利，或为了充分利用资源，或为了弥补事业单位收支差额等。事业单位经营收入的核算比照企业会计，经营收支差额应比照企业所得税法计算应交企业所得税。

为核算经营收入，事业单位应设置“经营收入”科目，并按照经营活动类别、项目和收入来源等进行明细核算。经营收入应当在提供服务或发出存货，同时收讫价款或者取得索取价款的凭据时，按照实际收到或应收的金额予以确认。实现经营收入时，按照确定的收入金额，借记“银行存款”“应收账款”“应收票据”等科目，贷记“经营收入”科目。涉及增值税业务的，相关账务处理参见“应交增值税”科目。期末，应将该科目本期发生额转入本期盈余，借记“经营收入”科目，贷记“本期盈余”科目。期末结转后，“经营收入”科目应无余额。

【例 8-71】期末，某事业单位在非独立核算经营活动中收到一笔 20 000 元的服务收入，款项已存入银行。该事业单位经营收入累计为 240 000 元，予以结转。

（1）收到经营收入时：

借：银行存款　　20 000
　贷：经营收入　　20 000

（2）期末结转经营收入时：

借：经营收入　　240 000
　贷：本期盈余　　240 000

2. 非同级财政拨款收入

非同级财政拨款收入是指单位从非同级政府财政部门取得的经费拨款，包括从同级政府其他部门取得的横向转拨财政款、从上级或下级政府财政部门取得的经费拨款等。

同级政府财政部门是指单位平时接受预算管理和经费拨款的同一行政区域的政府财政部门。比如，区财政局是区教育局的同级政府财政部门。非同级政府财政部门则是指单位所在行政区域的上级或下级行政区域的政府财政部门。

为核算从非同级财政取得的收入，单位应设置“非同级财政拨款收入”科目，该科目按照本级横向转拨财政款和非本级财政拨款进行明细核算，同时按照收入来源进行明细分类核算。事业单位因开展科研及其辅助活动从非同级政府财政部门取得的经费拨款，应当通过“事业收入——非同级财政拨款”科目核算，不通过“非同级财政拨款收入”科目核算。单位确认非同级财政拨款收入时，按照应收或实际收到的金额，借记“其他应收款”“银行存款”等科目，贷记“非同级财政拨款收入”科目。期末，应将该科目本期发生额转入本期盈余，借记“非同级财政拨款收入”科目，贷记“本期盈余”科目。期末结转后，该科目应无余额。

【例 8-72】部属某高校与所在省科技厅协作开展某科研项目，科研经费由省财政部门拨至省科技厅，科技厅再按合同转拨相应部分到高校。该高校现收到转拨的科研经费 120 000 元，款项已存入银行。

借：银行存款　　120 000
　贷：非同级财政拨款收入　　120 000

【例 8-73】期末，某高校从同级财政其他部门累计取得横向转拨财政款 310 000 元，从上级财政部门累计收到拨款收入 480 000 元，现予结转。

借：非同级财政拨款收入　　790 000
　贷：本期盈余　　790 000

3. 投资收益

投资收益是指事业单位股权投资和债券投资实现的收益或发生的损失。事业单位应确保对外投资不影响正常事业活动，并注意严格控制投资规模。

为核算投资收益，事业单位应设置“投资收益”科目，并按照投资的种类等进行明细核算。收到短期投资持有期间的利息时，按照实际收到的金额，借记“银行存款”科目，贷记“投资收益”科目。出售或到期收回短期债券本息时，按照实际收到的金额，借记“银行存款”科目，按照出售或收回短期投资的成本，贷记“短期投资”科目，按照其差额，贷记或借记“投资收益”科目。

持有的分期付息、一次还本的长期债券投资，按期确认利息收入时，按照计算确定的应收未收利息，借记“应收利息”科目，贷记“投资收益”科目；持有的到期一次还本付息的债券投资，按期确认利息收入时，按照计算确定的应收未收利息，借记“长期债券投资——应计利息”科目，贷记“投资收益”科目。

出售长期债券投资或到期收回长期债券投资本息时，按照实际收到的金额，借记

“银行存款”等科目，按照债券初始投资成本和已计未收利息金额，贷记“长期债券投资——成本、应计利息”科目（到期一次还本付息债券）或“长期债券投资”“应收利息”科目（分期付息债券），按照其差额，贷记或借记“投资收益”科目。

采用成本法核算的长期股权投资持有期间，被投资单位宣告分派现金股利或利润时，按照宣告分派的现金股利或利润中属于事业单位应享有的份额，借记“应收股利”科目，贷记“投资收益”科目。采用权益法核算的长期股权投资持有期间，按照应享有或应分担的被投资单位实现的净损益的份额，借记或贷记“长期股权投资——损益调整”科目，贷记或借记“投资收益”科目。被投资单位发生净亏损，但以后年度又实现净利润的，事业单位在其收益分享额弥补未确认的亏损分担额等后，恢复确认投资收益，借记“长期股权投资——损益调整”科目，贷记“投资收益”科目。按照规定处置长期股权投资时，有关投资收益的账务处理，参见“长期股权投资”科目。

期末，将“投资收益”科目本期发生额转入本期盈余，借记或贷记“投资收益”科目，贷记或借记“本期盈余”科目。期末结转后，“投资收益”科目应无余额。

【例 8-74】某事业单位持有一项长期股权投资，采用成本法核算。当月，被投资单位宣告分派上年度利润。该事业单位根据持股余额计算确定应收股利 18 000 元。期末，该单位累计确认投资收益 35 000 元，予以结转。

（1）确认应收股利时：

借：应收股利 18 000
　贷：投资收益 18 000

（2）期末结转累计投资收益时：

借：投资收益 35 000
　贷：本期盈余 35 000

4. 捐赠收入

捐赠收入是指行政事业单位接受其他单位或者个人捐赠取得的收入。捐赠收入可以是货币资金，也可以是非货币资金的其他资产，包括有形资产和无形资产等。

为核算取得捐赠的业务，单位应设置“捐赠收入”科目，并按照捐赠资产的用途和捐赠单位等进行明细核算。单位接受捐赠货币资金的，按照实际收到的金额，借记“银行存款”“库存现金”等科目，贷记“捐赠收入”科目。接受捐赠存货、固定资产等非现金资产的，按照确定的成本，借记“库存物品”“固定资产”等科目，按照发生的相关税费、运输费等，贷记“银行存款”等科目，按照其差额，贷记“捐赠收入”科目。接受捐赠的资产按照名义金额入账的，按照名义金额，借记“库存物品”“固定资产”等科目，贷记“捐赠收入”科目，同时按照发生的相关税费、运输费等，借记“其他费用”科目，贷记“银行存款”等科目。

期末，应将“捐赠收入”科目本期发生额转入本期盈余，借记“捐赠收入”科目，贷记“本期盈余”科目。期末结转后，“捐赠收入”科目应无余额。

【例 8-75】某事业单位收到一笔 50 000 元的捐款和一批价值 90 000 元的捐赠物资，捐款存入银行，物资入库。

借：银行存款	50 000	
库存物品	90 000	
贷：捐赠收入		140 000

5. 利息收入

利息收入是指单位取得的银行存款利息收入。当单位保有实存资金的银行账户时，会取得银行存款利息收入，包括活期存款利息和存款性质的理财利息。单位应设置“利息收入”科目进行核算。当取得银行存款利息时，按照实际收到的金额，借记“银行存款”科目，贷记“利息收入”科目。期末，应将“利息收入”科目本期发生额转入本期盈余，借记“利息收入”科目，贷记“本期盈余”科目。期末结转后，“利息收入”科目应无余额。

6. 租金收入

租金收入是指单位经批准出租国有资产取得的并按照规定纳入本单位预算管理的收入。单位对外出租财政拨款取得的国有资产时须报经批准并确保国有资产的安全，所得租金收入应上缴财政或按相应规定处理。

为核算取得的国有资产出租收入，单位应设置“租金收入”科目，并按照出租国有资产类别和收入来源等进行明细核算。单位出租国有资产的收入应当在租赁期内各个期间按照直线法予以确认，可按预收租金方式、后付租金方式、分期收到租金方式等进行核算。

采用预收租金方式的，预收租金时，按照收到的金额，借记“银行存款”等科目，贷记“预收账款”科目。分期确认租金收入时，按照各期租金金额，借记“预收账款”科目，贷记“租金收入”科目。

采用后付租金方式的，每期确认租金收入时，按照各期租金金额，借记“应收账款”科目，贷记“租金收入”科目。收到租金时，按照实际收到的金额，借记“银行存款”等科目，贷记“应收账款”科目。

采用分期收取租金方式的，每期收取租金时，按照各期租金金额，借记“银行存款”等科目，贷记“租金收入”科目。涉及增值税业务的，相关账务处理参见“应交增值税”科目。

期末，应将“租金收入”科目本期发生额转入本期盈余，借记“租金收入”科目，贷记“本期盈余”科目。期末结转后，“租金收入”科目应无余额。

【例 8-76】某事业单位出租一台设备，收到当月租金 5 000 元。按规定，该项租金的 80% 应上缴财政专户，其余部分可列入单位收入。

借：银行存款　　5 000
　贷：应缴财政款　　4 000
　　　租金收入　　1 000

7. 其他收入

其他收入是指单位取得的除财政拨款收入、事业收入、上级补助收入、附属单位上缴收入、经营收入、非同级财政拨款收入、投资收益、捐赠收入、利息收入、租金收入以外的各项收入，包括现金盘盈收入、按照规定纳入单位预算管理的科技成果转化收入、行政单位收回已核销的其他应收款、无法偿付的应付及预收款项、置换换出资产评估增值等。

为核算其他收入，单位应设置“其他收入”科目，并按照其他收入的类别、来源等进行明细核算。单位在每日现金账款核对中发现的现金溢余，属于无法查明原因的部分，报经批准后，借记“待处理财产损溢”科目，贷记“其他收入”科目。单位科技成果转化所取得的收入，按照规定留归本单位的，按照所取得收入扣除相关费用之后的净收益，借记“银行存款”等科目，贷记“其他收入”科目。单位已核销的其他应收款在以后期间收回的，按照实际收回的金额，借记“银行存款”等科目，贷记“其他收入”科目。单位确认无法偿付或债权人豁免偿还的应付账款、预收账款、其他应付款及长期应付款时，借记“应付账款”“预收账款”“其他应付款”“长期应付款”等科目，贷记“其他收入”科目。

单位在资产置换过程中，换出资产评估增值的，按照评估价值高于资产账面价值或账面余额的金额，借记有关科目，贷记“其他收入”科目。具体账务处理参见“库存物品”等科目。单位以未入账的无形资产取得的长期股权投资，按照评估价值加相关税费作为投资成本，借记“长期股权投资”科目，按照发生的相关税费，贷记“银行存款”“其他应交税费”等科目，按照其差额，贷记“其他收入”科目。

期末，应将“其他收入”科目本期发生额转入本期盈余，借记“其他收入”科目，贷记“本期盈余”科目。期末结转后，“其他收入”科目应无余额。

【例 8-77】某事业单位收回一项前期已核销的其他应收款 32 000 元，款项已存入单位银行存款账户。

借：银行存款　　32 000
　贷：其他收入　　32 000

8.4 行政事业单位费用

费用是指报告期内导致行政事业单位会计主体净资产减少的，含有服务潜力或者经济利益的经济资源的流出。行政事业单位的费用发生在为保证单位依法履职、完成事业任务及执行政府预算的过程中。费用的确认应当同时满足以下条件：

（1）与费用相关的含有服务潜力或者经济利益的经济资源很可能流出行政事业单位会计主体。

（2）含有服务潜力或者经济利益的经济资源流出会导致行政事业单位会计主体资产减少或者负债增加。

（3）经济资源流出的金额能够可靠地计量。

行政事业单位费用包括业务活动费用、单位管理费用、经营费用、资产处置费用、上缴上级费用、对附属单位补助费用、所得税费用、其他费用等。符合费用定义和费用确认条件的项目，应当列入收入费用表。

8.4.1　业务活动费用

业务活动费用是指单位为实现其职能目标，依法履职或开展专业业务活动及其辅助活动所发生的各项费用。业务活动费用是单位的主要费用项目，单位的业务活动费用要严格按照预算执行。

为核算业务活动费用，单位应设置“业务活动费用”科目，并按照项目、服务或业务类别、支付对象等进行明细核算。为了满足成本核算需要，该科目下还可按照“工资福利费用”“商品和服务费用”“对个人和家庭的补助费用”“对企业补助费用”“固定资产折旧费”“无形资产摊销费”“公共基础设施折旧（摊销）费”“保障性住房折旧费”“计提专用基金”等成本项目设置明细科目，归集能够直接计入业务活动或采用一定方法计算后计入业务活动的费用。单位业务活动费用一般采用权责发生制进行确认和核算。

单位为履职或开展业务活动人员计提的薪酬，按照计算确定的金额，借记“业务活动费用”科目，贷记“应付职工薪酬”科目。单位发生的外部人员劳务费，按照计算确定的金额，借记“业务活动费用”科目，按照代扣代缴个人所得税的金额，贷记“其他应交税费——应交个人所得税”科目，按照扣税后应付或实际支付的金额，贷记“其他应付款”“财政拨款收入”“零余额账户用款额度”“银行存款”等科目。

【例 8-78】某事业单位计算确认当月应付开展专业业务活动人员的职工薪酬 660 000 元。

	借方	贷方
借：业务活动费用	660 000	
贷：应付职工薪酬		660 000

单位为履职或开展业务活动领用库存物品，以及发出相关政府储备物资时，按照领用库存物品或发出相关政府储备物资的账面余额，借记“业务活动费用”科目，贷记“库存物品”“政府储备物资”科目。单位为履职或开展业务活动所使用的固定资产、无形资产以及为控制的公共基础设施、保障性住房计提折旧、摊销时，按照计提金额，借记“业务活动费用”科目，贷记“固定资产累计折旧”“无形资产累计摊销”“公共基础

设施累计折旧（摊销）”“保障性住房累计折旧”科目。

【例 8-79】某事业单位按照规定对业务活动中在用的固定资产计提折旧 8 000 元，对持有的公共基础设施计提折旧 5 600 元。

借：业务活动费用　　13 600
　贷：固定资产累计折旧　　8 000
　　　公共基础设施累计折旧（摊销）　　5 600

单位为履职或开展业务活动发生的城市维护建设税、教育费附加、地方教育附加、车船税、房产税、城镇土地使用税等，按照计算确定应缴纳的金额，借记“业务活动费用”科目，贷记“其他应交税费”等科目。单位为履职或开展业务活动发生其他各项费用时，按照费用确认金额，借记“业务活动费用”科目，贷记“财政拨款收入”“零余额账户用款额度”“银行存款”“应付账款”“其他应付款”“其他应收款”等科目。

【例 8-80】某事业单位购买一批业务用耗材，价值 1 600 元，耗材购入后被直接领用，款项通过单位零余额账户付讫。

借：业务活动费用　　1 600
　贷：零余额账户用款额度　　1 600

单位按照规定从收入中提取专用基金并计入费用的，一般按照预算会计下基于预算收入计算提取的金额，借记“业务活动费用”科目，贷记“专用基金”科目。国家另有规定的，从其规定。单位发生当年购货退回等业务，对于已计入本年业务活动费用的，按照收回或应收的金额，借记“财政拨款收入”“零余额账户用款额度”“银行存款”“其他应收款”等科目，贷记“业务活动费用”科目。

期末，应将“业务活动费用”科目本期发生额转入本期盈余，借记“本期盈余”科目，贷记“业务活动费用”科目。期末结转后，“业务活动费用”科目应无余额。

【例 8-81】期末，某事业单位按规定从预算收入中按照比例提取事业发展专用基金 3 000 元。本期累计发生业务活动费用 170 000 元，现予结转。

（1）提取专用基金时：

借：业务活动费用　　3 000
　贷：专用基金　　3 000

（2）结转业务活动费用时：

借：本期盈余　　170 000
　贷：业务活动费用　　170 000

8.4.2　单位管理费用

单位管理费用是指事业单位本级行政及后勤管理部门开展管理活动发生的各项费用，包括事业单位行政及后勤管理部门发生的人员经费、公用经费、资产折旧（摊销）等费用，以及由事业单位统一负担的离退休人员经费、工会经费、诉讼费、中介费等，应注意单位管理费用和业务活动费用的区别。

为核算事业单位行政及后勤部门费用，应设置“单位管理费用”科目，并按照项目、费用类别、支付对象等进行明细核算。为了满足成本核算的需要，该科目下还可按照“工资福利费用”“商品和服务费用”“对个人和家庭的补助费用”“固定资产折旧费”“无形资产摊销费”等成本项目设置明细科目，归集能够直接计入事业单位管理活动或采用一定方法计算后计入事业单位管理活动的费用。

事业单位为管理活动人员计提的薪酬，按照计算确定的金额，借记“单位管理费用”科目，贷记“应付职工薪酬”科目。事业单位为开展管理活动发生的外部人员劳务费，按照计算确定的费用金额，借记“单位管理费用”科目，按照代扣代缴个人所得税的金额，贷记“其他应交税费——应交个人所得税”科目，按照扣税后应付或实际支付的金额，贷记“其他应付款”“财政拨款收入”“零余额账户用款额度”“银行存款”等科目。

【例 8-82】某事业单位支付非独立核算的后勤管理部门办公费用 2 000 元，款项通过单位零余额账户转账支付。

借：单位管理费用	2 000	
贷：零余额账户用款额度		2 000

事业单位开展管理活动内部领用库存物品，按照领用物品实际成本，借记“单位管理费用”科目，贷记“库存物品”科目。事业单位使用固定资产、无形资产计提的折旧、摊销，按照应计提折旧、摊销额，借记“单位管理费用”科目，贷记“固定资产累计折旧”“无形资产累计摊销”科目。事业单位为开展管理活动发生城市维护建设税、教育费附加、地方教育附加、车船税、房产税、城镇土地使用税等，按照计算确定应缴纳的金额，借记“单位管理费用”科目，贷记“其他应交税费”等科目。事业单位为开展管理活动发生的其他各项费用，按照费用确认金额，借记“单位管理费用”科目，贷记“财政拨款收入”“零余额账户用款额度”“银行存款”“其他应付款”“其他应收款”等科目。

【例 8-83】某大学领用一批价值 20 000 元的物资，其中，价值 13 000 元的物资用于学校图书馆，价值 7 000 元的物资用于学校行政办公室。

借：业务活动费用	13 000	
单位管理费用	7 000	
贷：库存物品		20 000

事业单位发生当年购货退回等业务，对于已计入本年单位管理费用的，按照收回或应收的金额，借记“财政拨款收入”“零余额账户用款额度”“银行存款”“其他应收款”等科目，贷记“单位管理费用”科目。期末，应将“单位管理费用”科目本期发生额转入本期盈余，借记“本期盈余”科目，贷记“单位管理费用”科目。期末结转后，“单位管理费用”科目应无余额。

【例 8-84】期末，某事业单位累计发生单位管理费用 118 000 元，现予结转。

借：本期盈余　118 000

　贷：单位管理费用　118 000

8.4.3 经营费用与资产处置费用

1. 经营费用

经营费用是指事业单位在专业业务活动及其辅助活动之外开展非独立核算经营活动发生的各项费用。事业单位应注意控制经营活动风险和经营规模，不应因经营活动而占用事业单位财政拨款或影响事业活动的正常运转。事业单位经营活动盈余比照企业依法缴纳企业所得税。

为核算经营活动中发生的各项费用，事业单位应设置“经营费用”科目，为了满足成本核算需要，还应当在该科目下按照经营活动类别、项目、支付对象等进行明细核算。事业单位可按照“工资福利费用”“商品和服务费用”“对个人和家庭的补助费用”“固定资产折旧费”“无形资产摊销费”等成本项目设置明细科目，归集能够直接计入事业单位经营活动或采用一定方法计算后计入事业单位经营活动的费用。

事业单位为经营活动人员计提的薪酬，按照计算确定的金额，借记“经营费用”科目，贷记“应付职工薪酬”科目。事业单位开展经营活动领用或发出库存物品，按照物品实际成本，借记“经营费用”科目，贷记“库存物品”科目。事业单位使用固定资产、无形资产计提的折旧、摊销，按照应计提折旧、摊销额，借记“经营费用”科目，贷记“固定资产累计折旧”“无形资产累计摊销”科目。

事业单位开展经营活动发生城市维护建设税、教育费附加、地方教育附加、车船税、房产税、城镇土地使用税等，按照计算确定应缴纳的金额，借记“经营费用”科目，贷记“其他应交税费”等科目。事业单位发生与经营活动相关的其他各项费用时，按照费用确认金额，借记“经营费用”科目，贷记“银行存款”“其他应付款”“其他应收款”等科目。涉及增值税业务的，相关账务处理参见“应交增值税”科目。事业单位发生当年购货退回等业务，对于已计入本年经营费用的，按照收回或应收的金额，借记“银行存款”“其他应收款”等科目，贷记“经营费用”科目。

期末，应将“经营费用”科目本期发生额转入本期盈余，借记“本期盈余”科目，贷记“经营费用”科目。期末结转后，该科目应无余额。

【例 8-85】某事业单位计算出当月应付职工绩效 170 000 元，其中，应付非管理类的专业业务人员绩效 130 000 元，应付非独立核算的经营部门人员绩效 40 000 元。期末，该单位累计发生经营费用 960 000 元，予以结转。

（1）确认应付绩效时：

借：业务活动费用　　130 000
　　经营费用　　40 000
　贷：应付职工薪酬　　170 000

（2）期末结转经营费用时：

借：本期盈余　　960 000
　贷：经营费用　　960 000

2. 资产处置费用

资产处置费用是指单位经批准处置资产时发生的费用，包括转销的被处置资产价值，以及在处置过程中发生的相关费用或者处置收入小于相关费用形成的净支出。单位资产处置的形式按照规定包括无偿调拨、出售、出让、转让、置换、对外捐赠、报废、毁损以及货币性资产损失核销等。因为单位资产多通过财政拨款购置，所以应加强资产管理，严格按照规定购置、使用和处置资产。

为核算处置资产时发生的各项费用，单位应设置“资产处置费用”科目，并按照处置资产的类别、资产处置的形式等进行明细核算。单位在资产清查中查明的资产盘亏、毁损以及资产报废等，应当先通过“待处理财产损溢”科目进行核算，再将处理资产价值和处理净支出计入“资产处置费用”科目。短期投资、长期股权投资、长期债券投资的处置，应按照相关资产科目的规定进行账务处理。

不通过“待处理财产损溢”科目核算的资产处置，按照规定报经批准处置资产时，按照处置资产的账面价值，借记“资产处置费用”科目，处置固定资产、无形资产、公共基础设施、保障性住房的，还应借记“固定资产累计折旧”“无形资产累计摊销”“公共基础设施累计折旧（摊销）”“保障性住房累计折旧”科目，按照处置资产的账面余额，贷记“库存物品”“固定资产”“无形资产”“公共基础设施”“政府储备物资”“文物文化资产”“保障性住房”“其他应收款”“在建工程”等科目。处置资产过程中仅发生相关费用的，按照实际发生金额，借记“资产处置费用”科目，贷记“银行存款”“库存现金”等科目。

处置资产过程中取得收入的，按照取得的价款，借记“库存现金”“银行存款”等科目，按照处置资产过程中发生的相关费用，贷记“银行存款”“库存现金”等科目，按照其差额，借记“资产处置费用”科目或贷记“应缴财政款”等科目。涉及增值税业务的，相关账务处理参见“应交增值税”科目。

通过“待处理财产损溢”科目核算的资产处置，在账款核对中发现现金短缺，属于无法查明原因的，报经批准核销时，借记“资产处置费用”科目，贷记“待处理财产损溢”科目。资产清查过程中盘亏或者毁损、报废的存货、固定资产、无形资产、公共基础设施、政府储备物资、文物文化资产、保障性住房等，报经批准处理时，按照处理资产价值，借记“资产处置费用”科目，贷记“待处理财产损溢——待处理财产价值”科目。处理收支结清时，处理过程中所取得收入小于所发生相关费用的，按照相关费用减去处理收入后的净支出，借记“资产处置费用”科目，贷记“待处理财产损溢——处理净收入”科目。

期末，应将“资产处置费用”科目本期发生额转入本期盈余，借记“本期盈余”科目，贷记“资产处置费用”科目。期末结转后，“资产处置费用”科目应无余额。

【例 8-86】某事业单位经批准有偿转让一批通过政府采购取得的长期闲置不用的材料。材料账面价值为 5 000 元。转让收到价款 2000 元，已存入银行，按规定该款项应上缴同级财政。转让材料过程中产生物品清理费和搬运费等杂费 200 元，以现金付讫。假定不考虑相关税费。

（1）结转材料价值：

借：资产处置费用	5 000	
贷：库存物品		5 000

（2）支付杂费时：

借：资产处置费用	200	
贷：库存现金		200

（3）收到转让材料价款时：

借：银行存款	2 000	
贷：应缴财政款		2 000

【例 8-87】接上例。期末，该事业单位累计产生资产处置费用 21 000 元，现予结转。

借：本期盈余	21 000	
贷：资产处置费用		21 000

8.4.4 其他各项费用

单位其他各项费用是指除了业务活动费用、单位管理费用、经营费用和资产处置费用等主要费用以外的其他费用，包括上缴上级费用、对附属单位补助费用、所得税费用和其他费用。

1. 上缴上级费用

上缴上级费用是指事业单位按照财政部门和主管部门的规定上缴上级单位款项发生

的费用，一般是指上缴上级的管理费或分成收入等。事业单位上缴上级费用与该单位的上级主管部门收到的附属单位上缴收入有业务对应关系。应注意的是，事业单位不能用财政拨款和其他纳入预算管理的资金充当上缴上级费用。

为核算上缴上级费用，事业单位应设置“上缴上级费用”科目，并按照收缴款项单位、缴款项目等进行明细核算。事业单位发生上缴上级支出的，按照实际上缴的金额或者按照规定计算出应当上缴上级单位的金额，借记“上缴上级费用”科目，贷记“银行存款”“其他应付款”等科目。期末，应将“上缴上级费用”科目本期发生额转入本期盈余，借记“本期盈余”科目，贷记“上缴上级费用”科目。期末结转后，该科目应无余额。

【例 8-88】某独立核算的事业单位按合同向上级单位上缴当年的管理费 170 000 元，款项通过银行转账付讫。

借：上缴上级费用	170 000	
贷：银行存款		170 000

2. 对附属单位补助费用

对附属单位补助费用是指事业单位用财政拨款收入之外的收入对附属单位补助发生的费用。上级单位的对附属单位补助费用和附属单位的上级补助收入有业务对应关系。事业单位不能使用财政拨款和其他财政性资金对附属独立核算单位进行直接补助，也不能使用通过财政性资金取得的物资及服务补助附属单位。

为核算对附属单位补助费用，事业单位应设置“对附属单位补助费用”科目，并按照接受补助单位、补助项目等进行明细核算。事业单位发生对附属单位补助支出的，按照实际补助的金额或者按照规定计算出应当对附属单位补助的金额，借记“对附属单位补助费用”科目，贷记“银行存款”“其他应付款”等科目。期末，应将“对附属单位补助费用”科目本期发生额转入本期盈余，借记“本期盈余”科目，贷记“对附属单位补助费用”科目。期末结转后，该科目应无余额。

【例 8-89】某事业单位发出一批价值 20 000 元的专用材料，用于补助某一附属单位，同时购买价值 30 000 元的劳务用于补助该附属单位。

借：对附属单位补助费用	50 000	
贷：银行存款		30 000
库存物品		20 000

3. 所得税费用

所得税费用是指有企业所得税缴纳义务的事业单位按规定缴纳企业所得税所形成的

费用。事业单位所得税费用仅限于单位经营活动中的收支差额，经适当扣除或优惠后，比照企业所得税依法缴纳。行政事业单位专业业务活动和相关辅助活动中的收支差额不需要缴纳所得税。

为核算经营活动中发生的所得税费用，事业单位应设置“所得税费用”科目。事业单位形成企业所得税纳税义务的，按照税法规定计算的应交税金数额，借记“所得税费用”科目，贷记“其他应交税费——单位应交所得税”科目。实际缴纳时，按照缴纳金额，借记“其他应交税费——单位应交所得税”科目，贷记“银行存款”科目。

年末，应将“所得税费用”科目本年发生额转入本期盈余，借记“本期盈余”科目，贷记“所得税费用”科目。年末结转后，该科目应无余额。

【例 8-90】某事业单位采用“分季预缴，多退少补”的所得税缴纳办法。年末，计算当年经营所得应交所得税 12 000 元。

借：所得税费用　　12 000
　贷：其他应交税费——单位应交所得税　　12 000

4. 其他费用

其他费用是指单位发生的除业务活动费用、单位管理费用、经营费用、资产处置费用、上缴上级费用、附属单位补助费用、所得税费用以外的各项费用，包括利息费用、坏账损失、罚没支出、现金资产捐赠支出以及相关税费、运输费等。

为核算除业务活动费用等主要费用以外的其他各项费用，单位应设置“其他费用”科目，并按照其他费用的类别等进行明细核算。单位发生利息费用较多的，可以单独设置“利息费用”科目。

单位按照计算确认的借款利息费用，借记“在建工程”科目或“其他费用”科目，贷记“应付利息”“长期借款——应计利息”科目。单位按照规定对收回后不需上缴财政的应收账款和其他应收款计提坏账准备时，按照计提金额，借记“其他费用”科目，贷记“坏账准备”科目。单位有罚没支出的，按照实际缴纳或应当缴纳的金额，借记“其他费用”科目，贷记“银行存款”“库存现金”等科目。单位对外捐赠现金资产的，按照实际捐赠的金额，借记“其他费用”科目，贷记“银行存款”“库存现金”等科目。单位接受以名义金额计量的存货、固定资产捐赠（或无偿调入），接收受托代理资产以及成本无法可靠取得的公共基础设施等发生的相关税费、运输费等，按照实际支付的金额，借记“其他费用”科目，贷记“财政拨款收入”“零余额账户用款额度”“银行存款”“库存现金”等科目。

期末，应将“其他费用”科目本期发生额转入本期盈余，借记“本期盈余”科目，贷记“其他费用”科目。结转后，该科目应无余额。

【例 8-91】某事业单位偿还一项银行短期借款，借款本金为 350 000 元，利息为 1 500 元。款项用银行存款支付。

借：短期借款　　350 000
　　其他费用　　1 500
　贷：银行存款　　351 500

【例 8-92】某事业单位向对口扶贫点捐赠现金 50 000 元和已入账的新购图书一批，图书价值 10 000 元。

借：其他费用　　60 000
　贷：银行存款　　50 000
　　　固定资产　　10 000

8.5　行政事业单位净资产

行政事业单位净资产是指资产扣除负债的净额，其金额取决于资产和负债的计量，体现行政事业单位拥有的行政事业资产净额。净资产项目应当列入资产负债表。净资产包括本期盈余、本年盈余分配、专用基金、累计盈余、权益法调整、无偿调拨净资产和以前年度盈余调整。

8.5.1　本期盈余

本期盈余是指行政事业单位本期各项收入、费用相抵后的余额。单位年度净资产业务核算一般从本期盈余的计算开始。

单位应设置“本期盈余”科目。期末，将各类收入科目的本期发生额转入本期盈余，借记“财政拨款收入”“事业收入”“上级补助收入”“附属单位上缴收入”“经营收入”“非同级财政拨款收入”“投资收益”“捐赠收入”“利息收入”“租金收入”“其他收入”科目，贷记“本期盈余”科目。将各类费用科目本期发生额转入本期盈余，借记“本期盈余”科目，贷记“业务活动费用”“单位管理费用”“经营费用”“所得税费用”“资产处置费用”“上缴上级费用”“对附属单位补助费用”“其他费用”科目。

年末，完成上述结转后，将该科目余额转入“本年盈余分配”科目，借记或贷记“本期盈余”科目，贷记或借记“本年盈余分配”科目。“本期盈余”科目期末如为贷方余额，反映单位自年初至当期期末累计实现的盈余；如为借方余额，反映单位自年初至当期期末累计发生的亏损。年末结账后，该科目应无余额。

【例 8-93】某事业单位年度各项收入与费用累计数见表 8-1。现结转各项收入与费用，并将因结转产生的“本期盈余”科目余额结转至“本年盈余分配”科目。

表 8-1 收入和费用累计数

单位：元

收入和费用项目	收入本年累计数	费用本年累计数
财政拨款收入	260 000	
事业收入	100 000	
经营收入	50 000	
附属单位上缴收入	60 000	
其他收入	20 000	
业务活动费用		250 000
单位管理费用		100 000
经营费用		40 000
对附属单位补助费用		55 000
其他费用		10 000
合计	490 000	455 000

（1）结转各项收入：

借：财政拨款收入　　260 000
　　事业收入　　100 000
　　经营收入　　50 000
　　附属单位上缴收入　　60 000
　　其他收入　　20 000
　贷：本期盈余　　490 000

（2）结转各项费用：

借：本期盈余　　455 000
　贷：业务活动费用　　250 000
　　　单位管理费用　　100 000
　　　经营费用　　40 000
　　　对附属单位补助费用　　55 000
　　　其他费用　　10 000

（3）结转本期盈余：

借：本期盈余　　35 000
　贷：本年盈余分配　　35 000

8.5.2 本年盈余分配

本年盈余分配是指单位年度盈余分配的情况和结果。单位应按预算管理规定和政府财务会计制度，加强对各项盈余的管理与核算，不得提取盈余用于未经预算安排的基金或未经批准的支出等。

单位应设置“本年盈余分配”科目。年末，将“本期盈余”科目余额转入该科目时，借记或贷记“本期盈余”科目，贷记或借记“本年盈余分配”科目。单位根据有关规定从本年度非财政拨款结余或经营结余中提取专用基金的，按照预算会计下计算的提取金额，借记“本年盈余分配”科目，贷记“专用基金”科目。按照规定完成上述处理后，将该科目余额转入累计盈余，借记或贷记“本年盈余分配”科目，贷记或借记“累计盈余”科目。年末结账后，该科目应无余额。

【例 8-94】 接【例 8-93】。该事业单位“本年盈余分配”账户在分配前已有贷方余额 35 000 元。现按规定从非财政拨款结余中提取专用基金 3 000 元，其余转入“累计盈余”科目。

（1）提取专用基金：

借：本年盈余分配　　3 000
　贷：专用基金　　3 000

（2）结转本年盈余分配：

借：本年盈余分配　　32 000
　贷：累计盈余　　32 000

8.5.3　专用基金

专用基金是指事业单位按照规定提取或设置的具有专门用途的净资产，主要包括职工福利基金、科技成果转换基金等。事业单位应严格按照预算管理相关制度，报同级财政审批后方可设置相关专用基金，设置之后，不得使用财政拨款等预算资金充实专用基金，并须严格按专门用途使用专用基金。

事业单位应设置“专用基金”科目，并按照专用基金的类别进行明细核算。年末，根据有关规定从本年度非财政拨款结余或经营结余中提取专用基金的，按照预算会计下计算的提取金额，借记“本年盈余分配”科目，贷记“专用基金”科目。根据有关规定从收入中提取专用基金并计入费用的，一般按照预算会计下基于预算收入计算提取的金额，借记“业务活动费用”等科目，贷记“专用基金”科目。国家另有规定的，从其规定。根据有关规定设置的其他专用基金，按照实际收到的基金金额，借记“银行存款”等科目，贷记“专用基金”科目。按照规定使用提取的专用基金时，借记“专用基金”科目，贷记“银行存款”等科目。使用提取的专用基金购置固定资产、无形资产的，按照固定资产、无形资产的成本金额，借记“固定资产”“无形资产”科目，贷记“银行存款”等科目，同时按照专用基金使用金额，借记“专用基金”科目，贷记“累计盈余”科目。

该科目期末为贷方余额，反映事业单位累计提取或设置的尚未使用的专用基金。

【例 8-95】 年末，某事业单位按规定从非财政拨款结余中提取专用基金 15 000 元，从事业收入中提取专用基金 10 000 元。

借：本年盈余分配 15 000
　　业务活动费用 10 000
　贷：专用基金 25 000

【例 8-96】某事业单位使用专用基金 8 000 元慰问职工以及用于其他福利开支，以银行存款支付。

借：专用基金 8 000
　贷：银行存款 8 000

8.5.4 累计盈余

累计盈余是指单位历年实现的盈余扣除盈余分配后滚存的金额，包括因无偿调入、调出资产而产生的净资产变动额，按照规定上缴、缴回、单位间调剂结转结余资金产生的净资产变动额，以及对以前年度盈余的调整金额等。

为核算历年盈余的累计滚存情况，单位应设置“累计盈余”科目。“累计盈余”科目余额情况体现单位的财务收支积累。年末，将“本年盈余分配”科目的余额转入累计盈余，借记或贷记“本年盈余分配”科目，贷记或借记“累计盈余”科目。将“无偿调拨净资产”科目的余额转入累计盈余，借记或贷记“无偿调拨净资产”科目，贷记或借记“累计盈余”科目。将“以前年度盈余调整”科目的余额转入累计盈余，借记或贷记“以前年度盈余调整”科目，贷记或借记“累计盈余”科目。

【例 8-97】年末，某事业单位经计算结转，“本年盈余分配”科目的余额为 23 000 元，现将其全数结转至“累计盈余”科目。

借：本年盈余分配 23 000
　贷：累计盈余 23 000

单位的年度财政拨款结转结余资金，应严格按照财政管理制度处理。一般采取归集上缴财政、归集调出其他单位、单位留用等办法。单位按照规定上缴财政拨款结转结余、缴回非财政拨款结转资金、向其他单位调出财政拨款结转资金时，按照实际上缴、缴回、调出金额，借记“累计盈余”科目，贷记“财政应返还额度”“零余额账户用款额度”“银行存款”等科目。按照规定从其他单位调入财政拨款结转资金时，按照实际调入金额，借记“零余额账户用款额度”“银行存款”等科目，贷记“累计盈余”科目。

【例 8-98】某行政单位年度财政拨款结转结余资金为 180 000 元，按规定将其中 90 000 元上缴财政，其他归单位留用。款项通过单位零余额账户付讫。

借：累计盈余 90 000
　贷：零余额账户用款额度 90 000

【例 8-99】某事业单位经批准动用“固定资产修购基金”，通过政府采购取得一项固定资产，价值 56 900 元。款项由银行存款支付，固定资产投入使用。

借：固定资产　　56 900
　贷：银行存款　　56 900

同时：

借：专用基金　　56 900
　贷：累计盈余　　56 900

“累计盈余”科目期末余额反映单位未分配盈余（或未弥补亏损）的累计数以及截至上年年末无偿调拨净资产变动的累计数。“累计盈余”科目年末余额反映单位未分配盈余（或未弥补亏损）以及无偿调拨净资产变动的累计数。

8.5.5　其他各项净资产

单位其他各项净资产是指除了本期盈余、本年盈余分配、专用基金、累计盈余以外的净资产，包括权益法调整、无偿调拨净资产、以前年度盈余调整。

1. 权益法调整

权益法调整是指事业单位持有的长期股权投资采用权益法核算时，按照被投资单位除净损益和利润分配以外的所有者权益变动份额调整长期股权投资账面余额而计入净资产的金额。事业单位应设置“权益法调整”科目，并按照被投资单位进行明细核算。

年末，按照被投资单位除净损益和利润分配以外的所有者权益变动应享有（或应分担）的份额，借记或贷记“长期股权投资——其他权益变动”科目，贷记或借记“权益法调整”科目。采用权益法核算的长期股权投资，因被投资单位除净损益和利润分配以外的所有者权益变动而将应享有（或应分担）的份额计入单位净资产的，处置该项投资时，按照原计入净资产的相应部分金额，借记或贷记“权益法调整”科目，贷记或借记“投资收益”科目。

“权益法调整”科目期末余额反映事业单位在被投资单位除净损益和利润分配以外的所有者权益变动中累积享有（或分担）的份额。

【例 8-100】某事业单位持有 A 公司 60% 的股份，采用权益法核算该项长期股权投资。A 公司发生一笔除净利润和利润分配以外的所有者权益变动，增加金额为 50 000 元。

借：长期股权投资——其他权益变动　　30 000
　贷：权益法调整　　30 000

2. 无偿调拨净资产

无偿调拨净资产是指单位无偿调入或调出非现金资产引起的净资产变动金额，调拨资产主要为固定资产和存货等。单位应严格按照财政管理制度办理资产调拨手续，妥善使用和处置无偿调拨资产。

为核算无偿调入调出的非现金资产净值，单位应设置“无偿调拨净资产”科目。当单位按照规定取得无偿调入的非现金资产时，按照确定的成本，借记“库存物品”“长期股权投资”“固定资产”“无形资产”“公共基础设施”“政府储备物资”“文物文化资产”“保障性住房”等科目，按照调入过程中发生的归属于调入方的相关费用，贷记“零余额账户用款额度”“银行存款”等科目，按照其差额，贷记“无偿调拨净资产”科目。

按照规定经批准无偿调出非现金资产时，按照调出资产的账面余额或账面价值，借记“无偿调拨净资产”科目，按照固定资产累计折旧、无形资产累计摊销、公共基础设施累计折旧（摊销）、保障性住房累计折旧的金额，借记“固定资产累计折旧”“无形资产累计摊销”“公共基础设施累计折旧（摊销）”“保障性住房累计折旧”科目，按照调出资产的账面余额，贷记“库存物品”“长期股权投资”“固定资产”“无形资产”“公共基础设施”“政府储备物资”“文物文化资产”“保障性住房”等科目，同时按照调出过程中发生的归属于调出方的相关费用，借记“资产处置费用”科目，贷记“零余额账户用款额度”“银行存款”等科目。

年末，单位应将该科目余额转入累计盈余，借记或贷记“无偿调拨净资产”科目，贷记或借记“累计盈余”科目。年末结账后，该科目应无余额。

【例 8-101】某行政单位收到财政无偿调拨的一项材料，价值 36 200 元，在办理手续和运输入库环节，以现金支付杂费 200 元。年末结账时，单位“无偿调拨净资产”科目贷方余额为 160 000 元，予以结转。

（1）收到无偿调拨净资产时：

借：库存物品	36 200	
贷：库存现金		200
无偿调拨净资产		36 000

（2）结转无偿调拨净资产：

借：无偿调拨净资产	160 000	
贷：累计盈余		160 000

3. 以前年度盈余调整

以前年度盈余调整是指单位本年度发生的调整以前年度盈余的事项，包括本年度发生的重要前期差错更正涉及调整以前年度盈余的事项。单位应设置“以前年度盈余调整”科目进行核算。

单位调整增加以前年度收入时，按照调整增加的金额，借记有关科目，贷记“以前年度盈余调整”科目。调整减少以前年度盈余时，做相反的会计分录。调整增加以前年度费用时，按照调整增加的金额，借记“以前年度盈余调整”科目，贷记有关科目。调整减少以前年度费用时，做相反的会计分录。单位盘盈各种非流动资产，报经批准后处理时，借记“待处理财产损溢”科目，贷记“以前年度盈余调整”科目。

年末，经上述调整后，单位应将该科目的余额转入累计盈余，借记或贷记“累计盈余”科目，贷记或借记“以前年度盈余调整”科目。结转后，该科目应无余额。

【例 8-102】年末，某单位发现上年度对一项固定资产多计提了折旧 91 000 元，现予以调整，并将产生的以前年度盈余调整余额 91 000 元结转至累计盈余。

（1）调减累计折旧：

借：固定资产累计折旧　　91 000
　贷：以前年度盈余调整　　91 000

（2）结转以前年度盈余调整：

借：以前年度盈余调整　　91 000
　贷：累计盈余　　91 000

8.6 行政事业单位财务会计报表

行政事业单位财务会计报表是反映单位财务状况、运行情况和现金流量的书面报告，包括会计报表和附注等。会计报表至少包括资产负债表、收入费用表和现金流量表，见表 8-2。财务会计报表的编制主要以权责发生制为基础，以财务会计核算生成的数据为准。行政事业单位可根据实际情况，以收付实现制为基础，自行选择编制现金流量表。另外，行政事业单位会计主体应当根据相关规定编制合并财务报表。

表 8-2　行政事业单位财务会计报表

报表编号	报表名称	编制期
会政财 01 表	资产负债表	月度、年度
会政财 02 表	收入费用表	月度、年度
会政财 03 表	净资产变动表	年度
会政财 04 表	现金流量表	年度
	附注	年度

8.6.1 财务会计报表的编制要求

为规范财务报表的编制和列报，提高会计信息质量，行政事业单位应根据《政府会计准则——基本准则》《政府会计准则第 9 号——财务报表编制和列报》《政府会计制度》和《政府财务报告编制办法（试行）》等编制真实、完整、及时的财务报表。具体编制要求如下。

1. 真实列报

行政事业单位应当以持续运行为前提，根据实际发生的经济业务或事项，按照政府会计准则制度的规定对相关会计要素进行确认和计量，在此基础上编制财务报表。行政事业单位不应以附注披露代替确认和计量，也不能通过充分披露相关会计政策而纠正不恰当的确认和计量。如果按照政府会计准则制度规定披露的信息不足以让财务报表使用者了解特定经济业务或事项对行政事业单位财务状况和运行情况的影响时，行政事业单位还应当披露其他必要的相关信息。

2. 权责发生制

行政事业单位财务会计报表的编制基础是基于权责发生制的单位财务会计数据及相关信息，除现金流量表以收付实现制为基础编制外，行政事业单位应当以权责发生制为基础编制财务报表。行政事业单位预算会计业务下的相关数据和信息通过预算会计报表另行反映。

3. 一致性

财务报表项目的列报应当在各个会计期间保持一致，不得随意变更，但政府会计准则制度和财政部发布的其他有关规定要求变更财务报表项目的除外。

4. 单独列报

性质或功能不同的项目，应当在财务报表中单独列报，但不具有重要性的项目除外。性质或功能类似的项目，其所属类别具有重要性的，应当按其类别在财务报表中单独列报。某些项目的重要性程度不足以在资产负债表、收入费用表等报表中单独列示，但对理解报表具有重要性的，应当在附注中单独披露。

5. 重要性及其判断

财务报表某些项目的省略、错报等，能够合理预期将影响报表主要使用者据此做出决策的，该项目具有重要性。重要性应当根据行政事业单位所处的具体环境，从项目的性质和金额两方面予以判断。关于各项目重要性的判断标准一经确定，不得随意变更。判断项目性质的重要性，应当考虑该项目在性质上是否显著影响行政事业单位的财务状况和运行情况等因素；判断项目金额的重要性，应当考虑该项目金额占资产总额、负债总额、净资产总额、收入总额、费用总额、盈余总额等直接相关项目金额的比重或所属报表单列项目金额的比重。

6. 其他要求

资产负债表中的资产和负债，应当分别按流动资产和非流动资产、流动负债和非流动负债列示。财务报表中的资产项目和负债项目的金额、收入项目和费用项目的金额不得相互抵销，但其他政府会计准则制度另有规定的除外。资产或负债项目按扣除备抵项目后的净额列示，不属于抵销。当期财务报表的列报，至少应当提供所有列报项目上一个可比会计期间的比较数据，以及与理解当期财务报表相关的说明，但其他政府会计准则制度等另有规定的除外。行政事业单位应当至少在财务报表的显著位置披露下列各项：编报主体的名称、报告日或财务报表涵盖的会计期间、人民币金额单位。财务报表是合并财务报表的，应当予以标明。行政事业单位至少应当按年编制财务报表。年度财务报表涵盖的期间短于一年的，应当披露年度财务报表的涵盖期间、短于一年的原因以及报表数据不具可比性的事实。

8.6.2　资产负债表

1. 资产负债表的概念和意义

资产负债表是反映行政事业单位某一特定日期的资产、负债和净资产财务状况的会计报表，按月度与年度编制。单位编制和披露该报表信息主要有以下意义：

（1）按流动资产与非流动资产，反映单位资产总额及其结构信息。

（2）按流动负债与非流动负债，反映单位负债总额及其结构信息。

（3）按盈余与基金等，反映单位净资产总额及其结构信息。

（4）反映单位资产、负债和净资产的年初数与期末数，便于前后会计期间的比较分析。

2. 资产负债表的报表格式

行政事业单位资产负债表采用账户式结构，分资产、负债和净资产 3 大要素，以“资产 = 负债 + 净资产”为报表试算平衡公式。其中，资产分为流动资产和非流动资产，负债分为流动负债和非流动负债，净资产分为盈余和基金等，各项目按期末余额和年初余额分别填列。资产负债表的格式见表 8-3。

表 8-3　资产负债表

编制单位：________　　　　____年____月____日　　　　单位：元

资产	期末余额	年初余额	负债和净资产	期末余额	年初余额
流动资产：			流动负债：		
货币资金			短期借款		
短期投资			应交增值税		
财政应返还额度			其他应交税费		
应收票据			应缴财政款		
应收账款净额			应付职工薪酬		
预付账款			应付票据		

（续）

资产	期末余额	年初余额	负债和净资产	期末余额	年初余额
应收股利			应付账款		
应收利息			应付政府补贴款		
其他应收款净额			应付利息		
存货			预收账款		
待摊费用			其他应付款		
一年内到期的非流动资产			预提费用		
其他流动资产			一年内到期的非流动负债		
流动资产合计			其他流动负债		
非流动资产：			流动负债合计		
长期股权投资			非流动负债：		
长期债券投资			长期借款		
固定资产原值			长期应付款		
减：固定资产累计折旧			预计负债		
固定资产净值			其他非流动负债		
工程物资			非流动负债合计		
在建工程			受托代理负债		
无形资产原值			负债合计		
减：无形资产累计摊销					
无形资产净值					
研发支出					
公共基础设施原值					
减：公共基础设施累计折旧（摊销）					
公共基础设施净值					
政府储备物资					
文物文化资产					
保障性住房原值					
减：保障性住房累计折旧			净资产：		
保障性住房净值			累计盈余		
长期待摊费用			专用基金		
待处理财产损溢			权益法调整		
其他非流动资产			无偿调拨净资产 *		
非流动资产合计			本期盈余 *		
受托代理资产			净资产合计		
资产总计			负债和净资产总计		

注：“*”标识项目为月报项目，年报中无须列示。

3. 资产负债表的列报方法

资产负债表“年初余额”栏内各项数字，应当根据上年年末资产负债表“期末余额”栏内数字填列。如果本年度资产负债表规定的项目的名称和内容同上年度不一致，应当对上年年末资产负债表项目的名称和数字按照本年度的规定进行调整，将调整后的数字填入资产负债表“年初余额”栏内。如果本年度单位发生了因前期差错更正、会计政策变更等调整以前年度盈余的事项，还应当对“年初余额”栏中的有关项目金额进行相应调整。资产负债表中“资产总计”项目期末（年初）余额应当与“负债和净资产总计”项目期末（年初）余额相等。资产负债表“期末余额”栏按资产、负债、净资产分别填列。

资产类各项目的填列方法如下：

（1）“货币资金”项目，反映单位期末库存现金、银行存款、零余额账户用款额度、其他货币资金的合计数。本项目应当根据“库存现金”“银行存款”“零余额账户用款额度”“其他货币资金”科目的期末余额的合计数填列。若单位存在通过“库存现金”“银行存款”科目核算的受托代理资产，还应当按照前述合计数扣减“库存现金”“银行存款”科目下“受托代理资产”明细科目的期末余额后的金额填列。

（2）“短期投资”项目，反映事业单位期末持有的短期投资账面余额。本项目应当根据“短期投资”科目的期末余额填列。

（3）“财政应返还额度”项目，反映单位期末财政应返还额度的金额。本项目应当根据“财政应返还额度”科目的期末余额填列。

（4）“应收票据”项目，反映事业单位期末持有的应收票据的票面金额。本项目应当根据“应收票据”科目的期末余额填列。

（5）“应收账款净额”项目，反映单位期末尚未收回的应收账款减去已计提的坏账准备后的净额。本项目应当根据“应收账款”科目的期末余额，减去“坏账准备”科目中对应收账款计提的坏账准备的期末余额后的金额填列。

（6）“预付账款”项目，反映单位期末预付给商品或者劳务供应单位的款项。本项目应当根据“预付账款”科目的期末余额填列。

（7）“应收股利”项目，反映事业单位期末因股权投资而应收取的现金股利或应当分得的利润。本项目应当根据“应收股利”科目的期末余额填列。

（8）“应收利息”项目，反映事业单位期末因债券投资等而应收取的利息。事业单位购入的到期一次还本付息的长期债券投资持有期间应收的利息，不包括在本项目内。本项目应当根据“应收利息”科目的期末余额填列。

（9）“其他应收款净额”项目，反映单位期末尚未收回的其他应收款减去已计提的坏账准备后的净额。本项目应当根据“其他应收款”科目的期末余额减去“坏账准备”科目中对其他应收款计提的坏账准备的期末余额后的金额填列。

（10）“存货”项目，反映单位期末存储的存货的实际成本。本项目应当根据“在途物品”“库存物品”“加工物品”科目的期末余额的合计数填列。

（11）“待摊费用”项目，反映单位期末已经支出，但应当由本期和以后各期负担的分摊期在 1 年以内（含 1 年）的各项费用。本项目应当根据“待摊费用”科目的期末余额填列。

（12）“一年内到期的非流动资产”项目，反映单位期末非流动资产项目中将在 1 年内（含 1 年）到期的金额，如事业单位将在 1 年内（含 1 年）到期的长期债券投资金额。本项目应当根据“长期债券投资”等科目的明细科目的期末余额分析填列。

（13）“其他流动资产”项目，反映单位期末除资产负债表中上述各项之外的其他流动资产的合计金额。本项目应当根据有关科目期末余额的合计数填列。

（14）“流动资产合计”项目，反映单位期末流动资产的合计数。本项目应当根据资产负债表中“货币资金”“短期投资”“财政应返还额度”“应收票据”“应收账款净额”“预付账款”“应收股利”“应收利息”“其他应收款净额”“存货”“待摊费用”“一年内到期的非流动资产”“其他流动资产”项目金额的合计数填列。

（15）“长期股权投资”项目，反映事业单位期末持有的长期股权投资的账面余额。本项目应当根据“长期股权投资”科目的期末余额填列。

（16）“长期债券投资”项目，反映事业单位期末持有的长期债券投资的账面余额。本项目应当根据“长期债券投资”科目的期末余额减去其中将于 1 年内（含 1 年）到期的长期债券投资余额后的金额填列。

（17）“固定资产原值”项目，反映单位期末固定资产的原值。本项目应当根据“固定资产”科目的期末余额填列。

“固定资产累计折旧”项目，反映单位期末固定资产已计提的累计折旧金额。本项目应当根据“固定资产累计折旧”科目的期末余额填列。

“固定资产净值”项目，反映单位期末固定资产的账面价值。本项目应当根据“固定资产”科目期末余额减去“固定资产累计折旧”科目期末余额后的金额填列。

（18）“工程物资”项目，反映单位期末为在建工程准备的各种物资的实际成本。本项目应当根据“工程物资”科目的期末余额填列。

（19）“在建工程”项目，反映单位期末所有的建设项目工程的实际成本。本项目应当根据“在建工程”科目的期末余额填列。

（20）“无形资产原值”项目，反映单位期末无形资产的原值。本项目应当根据“无形资产”科目的期末余额填列。

“无形资产累计摊销”项目，反映单位期末无形资产已计提的累计摊销金额。本项目应当根据“无形资产累计摊销”科目的期末余额填列。

“无形资产净值”项目，反映单位期末无形资产的账面价值。本项目应当根据“无形资产”科目期末余额减去“无形资产累计摊销”科目期末余额后的金额填列。

（21）“研发支出”项目，反映单位期末正在进行的无形资产开发项目开发阶段发生的累计支出数。本项目应当根据“研发支出”科目的期末余额填列。

（22）“公共基础设施原值”项目，反映单位期末控制的公共基础设施的原值。本项目应当根据“公共基础设施”科目的期末余额填列。

“公共基础设施累计折旧（摊销）”项目，反映单位期末控制的公共基础设施已计提的累计折旧和累计摊销金额。本项目应当根据“公共基础设施累计折旧（摊销）”科目的期末余额填列。

“公共基础设施净值”项目，反映单位期末控制的公共基础设施的账面价值。本项目应当根据“公共基础设施”科目期末余额减去“公共基础设施累计折旧（摊销）”科目期末余额后的金额填列。

（23）“政府储备物资”项目，反映单位期末控制的政府储备物资的实际成本。本项目应当根据“政府储备物资”科目的期末余额填列。

（24）“文物文化资产”项目，反映单位期末控制的文物文化资产的成本。本项目应当根据“文物文化资产”科目的期末余额填列。

（25）“保障性住房原值”项目，反映单位期末控制的保障性住房的原值。本项目应当根据“保障性住房”科目的期末余额填列。

“保障性住房累计折旧”项目，反映单位期末控制的保障性住房已计提的累计折旧金额。本项目应当根据“保障性住房累计折旧”科目的期末余额填列。

“保障性住房净值”项目，反映单位期末控制的保障性住房的账面价值。本项目应当根据“保障性住房”科目期末余额减去“保障性住房累计折旧”科目期末余额后的金额填列。

（26）“长期待摊费用”项目，反映单位期末已经支出，但应由本期和以后各期负担的分摊期限在 1 年以上（不含 1 年）的各项费用。本项目应当根据“长期待摊费用”科目的期末余额填列。

（27）“待处理财产损溢”项目，反映单位期末尚未处理完毕的各种资产的净损失或净溢余。本项目应当根据“待处理财产损溢”科目的期末借方余额填列。如“待处理财产损溢”科目期末为贷方余额，以“－”号填列。

（28）“其他非流动资产”项目，反映单位期末除资产负债表中上述各项之外的其他非流动资产的合计数。本项目应当根据有关科目的期末余额合计数填列。

（29）“非流动资产合计”项目，反映单位期末非流动资产的合计数。本项目应当根据资产负债表中“长期股权投资”“长期债券投资”“固定资产净值”“工程物资”“在建工程”“无形资产净值”“研发支出”“公共基础设施净值”“政府储备物资”“文物文化资产”“保障性住房净值”“长期待摊费用”“待处理财产损溢”“其他非流动资产”项目金额的合计数填列。

（30）“受托代理资产”项目，反映单位期末受托代理资产的价值。本项目应当根据“受托代理资产”科目的期末余额与“库存现金”“银行存款”科目下“受托代理资产”明细科目的期末余额的合计数填列。

（31）“资产总计”项目，反映单位期末资产的合计数。本项目应当根据资产负债表中“流动资产合计”“非流动资产合计”“受托代理资产”项目金额的合计数填列。

负债类各项目的填列方法如下：

（32）“短期借款”项目，反映事业单位期末短期借款的余额。本项目应当根据“短期借款”科目的期末余额填列。

（33）“应交增值税”项目，反映单位期末应缴未缴的增值税税额。本项目应当根据“应交增值税”科目的期末余额填列。如“应交增值税”科目期末为借方余额，以“－”号填列。

（34）“其他应交税费”项目，反映单位期末应缴未缴的除增值税以外的税费金额。本项目应当根据“其他应交税费”科目的期末余额填列。如“其他应交税费”科目期末为借方余额，以“－”号填列。

（35）“应缴财政款”项目，反映单位期末应当上缴财政但尚未缴纳的款项。本项目应当根据“应缴财政款”科目的期末余额填列。

（36）“应付职工薪酬”项目，反映单位期末按有关规定应付给职工及为职工支付的各种薪酬。本项目应当根据“应付职工薪酬”科目的期末余额填列。

（37）“应付票据”项目，反映事业单位期末应付票据的金额。本项目应当根据“应付票据”科目的期末余额填列。

（38）“应付账款”项目，反映单位期末应当支付但尚未支付的偿还期限在 1 年以内（含 1 年）的应付账款的金额。本项目应当根据“应付账款”科目的期末余额填列。

（39）“应付政府补贴款”项目，反映负责发放政府补贴的行政单位期末按照规定应当支付给政府补贴接受者的各种政府补贴款余额。本项目应当根据“应付政府补贴款”科目的期末余额填列。

（40）“应付利息”项目，反映事业单位期末按照合同约定应支付的借款利息。事业单位到期一次还本付息的长期借款利息不包括在本项目内。本项目应当根据“应付利息”科目的期末余额填列。

（41）“预收账款”项目，反映事业单位期末预先收取但尚未确认收入和实际结算的款项余额。本项目应当根据“预收账款”科目的期末余额填列。

（42）“其他应付款”项目，反映单位期末其他各项偿还期限在 1 年内（含 1 年）的应付及暂收款项余额。本项目应当根据“其他应付款”科目的期末余额填列。

（43）“预提费用”项目，反映单位期末已预先提取的已经发生但尚未支付的各项费用。本项目应当根据“预提费用”科目的期末余额填列。

（44）“一年内到期的非流动负债”项目，反映单位期末将于 1 年内（含 1 年）偿还的非流动负债的余额。本项目应当根据“长期应付款”“长期借款”等科目的明细科目的期末余额分析填列。

（45）“其他流动负债”项目，反映单位期末除资产负债表中上述各项之外的其他流动负债的合计数。本项目应当根据有关科目的期末余额的合计数填列。

（46）“流动负债合计”项目，反映单位期末流动负债合计数。本项目应当根据资产负债表“短期借款”“应交增值税”“其他应交税费”“应缴财政款”“应付职工薪酬”“应付票据”“应付账款”“应付政府补贴款”“应付利息”“预收账款”“其他应付款”“预提费用”“一年内到期的非流动负债”“其他流动负债”项目金额的合计数填列。

（47）“长期借款”项目，反映事业单位期末长期借款的余额。本项目应当根据“长期借款”科目的期末余额减去其中将于 1 年内（含 1 年）到期的长期借款余额后的金额填列。

（48）“长期应付款”项目，反映单位期末长期应付款的余额。本项目应当根据“长期应付款”科目的期末余额减去其中将于 1 年内（含 1 年）到期的长期应付款余额后的金额填列。

（49）“预计负债”项目，反映单位期末已确认但尚未偿付的预计负债的余额。本项目应当根据“预计负债”科目的期末余额填列。

（50）“其他非流动负债”项目，反映单位期末除资产负债表中上述各项之外的其他非流动负债的合计数。本项目应当根据有关科目的期末余额合计数填列。

（51）“非流动负债合计”项目，反映单位期末非流动负债合计数。本项目应当根据资产负债表中“长期借款”“长期应付款”“预计负债”“其他非流动负债”项目金额的合计数填列。

（52）“受托代理负债”项目，反映单位期末受托代理负债的金额。本项目应当根据“受托代理负债”科目的期末余额填列。

（53）“负债合计”项目，反映单位期末负债的合计数。本项目应当根据资产负债表中“流动负债合计”“非流动负债合计”“受托代理负债”项目金额的合计数填列。

净资产类各项目的填列方法如下：

（54）“累计盈余”项目，反映单位期末未分配盈余（或未弥补亏损）以及无偿调拨净资产变动的累计数。本项目应当根据“累计盈余”科目的期末余额填列。

（55）“专用基金”项目，反映事业单位期末累计提取或设置但尚未使用的专用基金余额。本项目应当根据“专用基金”科目的期末余额填列。

（56）“权益法调整”项目，反映事业单位期末在被投资单位除净损益和利润分配以外的所有者权益变动中累积享有的份额。本项目应当根据“权益法调整”科目的期末余额填列。如“权益法调整”科目期末为借方余额，以“-”号填列。

（57）“无偿调拨净资产”项目，反映单位本年度截至报告期期末无偿调入的非现金资产价值扣减无偿调出的非现金资产价值后的净值。本项目仅在月度报表中列示，年度报表中不列示。月度报表中本项目应当根据“无偿调拨净资产”科目的期末余额填列。“无偿调拨净资产”科目期末为借方余额时，以“-”号填列。

（58）“本期盈余”项目，反映单位本年度截至报告期期末实现的累计盈余或亏损。本项目仅在月度报表中列示，年度报表中不列示。月度报表中本项目应当根据“本期盈余”科目的期末余额填列。“本期盈余”科目期末为借方余额时，以“-”号填列。

（59）“净资产合计”项目，反映单位期末净资产合计数。本项目应当根据资产负债表中“累计盈余”“专用基金”“权益法调整”“无偿调拨净资产”（月度报表）、“本期盈余”（月度报表）项目金额的合计数填列。

（60）“负债和净资产总计”项目，应当按照资产负债表中“负债合计”“净资产合计”项目金额的合计数填列。

8.6.3 收入费用表

1. 收入费用表的概念和意义

行政事业单位收入费用表是反映单位在某一会计期间内发生的收入、费用及当期盈余情况的会计报表，按月度与年度编制。收入费用表的意义主要有如下几点：

（1）能够反映单位当月各项收入的合计数以及至报告当月止的全年累计数，包括财政拨款收入和事业收入等。

（2）能够反映单位当月各项支出的合计数以及至报告当月止的全年累计数，包括业务活动费用和单位管理费用等。

（3）能够反映单位当月的收支差额以及至报告当月止的全年累计收支差额情况。

2. 收入费用表的格式

收入费用表采用垂直报告式结构，以“本期收入 - 本期费用 = 本期盈余”为报表平衡公式。各项目分别按“本月数”与“本年累计数”列报。该报表的格式见表 8-4。

表 8-4 收入费用表

编制单位：________ ____年____月 单位：元

项　目	本月数	本年累计数
一、本期收入		
（一）财政拨款收入		
其中：政府性基金收入		
（二）事业收入		
（三）上级补助收入		
（四）附属单位上缴收入		
（五）经营收入		
（六）非同级财政拨款收入		
（七）投资收益		
（八）捐赠收入		
（九）利息收入		
（十）租金收入		
（十一）其他收入		
二、本期费用		
（一）业务活动费用		
（二）单位管理费用		
（三）经营费用		
（四）资产处置费用		
（五）上缴上级费用		
（六）对附属单位补助费用		
（七）所得税费用		
（八）其他费用		
三、本期盈余		

3. 收入费用表的列报方法

收入费用表“本月数”栏反映各项目的本月实际发生数。编制年度收入费用表时，应当将该栏改为“本年数”，反映本年度各项目的实际发生数。收入费用表“本年累计数”栏反映各项目自年初至报告期期末的累计实际发生数。编制年度收入费用表时，应当将该栏改为“上年数”，反映上年度各项目的实际发生数，“上年数”栏应当根据上年年度收入费用表中“本年数”栏内所列数字填列。

如果本年度收入费用表规定的项目的名称和内容同上年度不一致，应当对上年度收入费用表项目的名称和数字按照本年度的规定进行调整，将调整后的金额填入本年度收入费用表的“上年数”栏内。如果本年度单位发生了因前期差错更正、会计政策变更等调整以前年度盈余的事项，还应当对年度收入费用表中“上年数”栏中的有关项目金额进行相应调整。

收入费用表“本月数”栏各项目的内容和填列方法如下。

本期收入相关项目的填列方法如下：

（1）“本期收入”项目，反映单位本期收入总额。本项目应当根据收入费用表中“财政拨款收入”“事业收入”“上级补助收入”“附属单位上缴收入”“经营收入”“非同级财政拨款收入”“投资收益”“捐赠收入”“利息收入”“租金收入”“其他收入”项目金额的合计数填列。

（2）“财政拨款收入”项目，反映单位本期从同级政府财政部门取得的各类财政拨款。本项目应当根据“财政拨款收入”科目的本期发生额填列。

“政府性基金收入”项目，反映单位本期取得的财政拨款收入中属于政府性基金预算拨款的金额。本项目应当根据“财政拨款收入”相关明细科目的本期发生额填列。

（3）“事业收入”项目，反映事业单位本期开展专业业务活动及其辅助活动实现的收入。本项目应当根据“事业收入”科目的本期发生额填列。

（4）“上级补助收入”项目，反映事业单位本期从主管部门和上级单位收到或应收的非财政拨款收入。本项目应当根据“上级补助收入”科目的本期发生额填列。

（5）“附属单位上缴收入”项目，反映事业单位本期收到或应收的独立核算的附属单位按照有关规定上缴的收入。本项目应当根据“附属单位上缴收入”科目的本期发生额填列。

（6）“经营收入”项目，反映事业单位本期在专业业务活动及其辅助活动之外开展非独立核算经营活动实现的收入。本项目应当根据“经营收入”科目的本期发生额填列。

（7）“非同级财政拨款收入”项目，反映单位本期从非同级政府财政部门取得的财政拨款，不包括事业单位因开展科研及其辅助活动从非同级财政部门取得的经费拨款。本项目应当根据“非同级财政拨款收入”科目的本期发生额填列。

（8）“投资收益”项目，反映事业单位本期股权投资和债券投资所实现的收益或发生的损失。本项目应当根据“投资收益”科目的本期发生额填列。如为投资净损失，以“－”号填列。

（9）“捐赠收入”项目，反映单位本期接受捐赠取得的收入。本项目应当根据“捐赠收入”科目的本期发生额填列。

（10）“利息收入”项目，反映单位本期取得的银行存款利息收入。本项目应当根据“利息收入”科目的本期发生额填列。

（11）“租金收入”项目，反映单位本期经批准利用国有资产出租取得并按规定纳入本单位预算管理的租金收入。本项目应当根据“租金收入”科目的本期发生额填列。

（12）“其他收入”项目，反映单位本期取得的除以上收入项目外的其他收入的总额。本项目应当根据“其他收入”科目的本期发生额填列。

本期费用相关项目的填列方法如下：

（13）“本期费用”项目，反映单位本期费用总额。本项目应当根据收入费用表中“业务活动费用”“单位管理费用”“经营费用”“资产处置费用”“上缴上级费用”“对附属单位补助费用”“所得税费用”和“其他费用”项目金额的合计数填列。

（14）“业务活动费用”项目，反映单位本期为实现其职能目标，依法履职或开展专业业务活动及其辅助活动所发生的各项费用。本项目应当根据“业务活动费用”科目本期发生额填列。

（15）“单位管理费用”项目，反映事业单位本期本级行政及后勤管理部门开展管理活动发生的各项费用，以及由单位统一负担的离退休人员经费、工会经费、诉讼费、中介费等。本项目应当根据“单位管理费用”科目的本期发生额填列。

（16）“经营费用”项目，反映事业单位本期在专业业务活动及其辅助活动之外开展非独立核算经营活动发生的各项费用。本项目应当根据“经营费用”科目的本期发生额填列。

（17）“资产处置费用”项目，反映单位本期经批准处置资产时转销的资产价值以及在处置过程中发生的相关费用或者处置收入小于处置费用形成的净支出。本项目应当根据“资产处置费用”科目的本期发生额填列。

（18）“上缴上级费用”项目，反映事业单位按照规定上缴上级单位款项发生的费用。本项目应当根据“上缴上级费用”科目的本期发生额填列。

（19）“对附属单位补助费用”项目，反映事业单位用财政拨款收入之外的收入对附属单位补助发生的费用。本项目应当根据“对附属单位补助费用”科目的本期发生额填列。

（20）“所得税费用”项目，反映有企业所得税缴纳义务的事业单位本期计算应交纳的企业所得税。本项目应当根据“所得税费用”科目的本期发生额填列。

（21）“其他费用”项目，反映单位本期发生的除以上费用项目外的其他费用的总额。本项目应当根据“其他费用”科目的本期发生额填列。

本期盈余项目的填列方法如下：

（22）“本期盈余”项目，反映单位本期收入扣除本期费用后的净额。本项目应当根据收入费用表中“本期收入”项目金额减去“本期费用”项目金额后的金额填列，如为负数，以“-”号填列。

8.6.4　净资产变动表

1. 净资产变动表的概念和意义

净资产变动表是行政事业单位反映某一会计年度内净资产项目的变动情况的会计报表。该报表的意义主要有：

（1）能够反映单位年度净资产的增加数和减少数，以及引起增加或减少的原因，包括本年盈余变动、无偿调拨变动、设置或提取专用基金变动等。

（2）能够反映单位年度净资产变动的本年数和上年数，从而在两个会计年度间可做比较分析。

（3）能够反映部分净资产项目的年初数和年末数。

2. 净资产变动表的格式

净资产变动表采用专栏垂直报告式结构。报表“本年数”栏和“上年数”栏体现主要净资产项目在两个年份的比较数据。净资产变动表的报表格式见表 8-5。

表 8-5　净资产变动表

编制单位：________　　　　____年　　　　单位：元

项　目	本年数				上年数			
	累计盈余	专用基金	权益法调整	净资产合计	累计盈余	专用基金	权益法调整	净资产合计
一、上年年末余额								
二、以前年度盈余调整（减少以“–”号填列）		–	–			–	–	
三、本年年初余额								
四、本年变动金额（减少以“–”号填列）								
（一）本年盈余		–	–			–	–	
（二）无偿调拨净资产		–	–			–	–	
（三）归集调整预算结转结余		–	–			–	–	
（四）提取或设置专用基金			–				–	
其中：从预算收入中提取	–		–		–		–	
从预算结余中提取			–				–	
设置的专用基金	–		–		–		–	
（五）使用专用基金			–				–	
（六）权益法调整	–	–			–	–		
五、本年年末余额								

注：“–”标识单元格不需填列。

3. 净资产变动表的编制方法

净资产变动表“本年数”栏反映本年度各项目的实际变动数。“上年数”栏反映上年度各项目的实际变动数，应当根据上年度净资产变动表中“本年数”栏内所列数字填列。如果上年度净资产变动表规定的项目的名称和内容与本年度不一致，应对上年度净资产变动表项目的名称和数字按照本年度的规定进行调整，将调整后的金额填入本年度净资产变动表“上年数”栏内。

净资产变动表“本年数”栏各项目的内容和填列方法：

（1）“上年年末余额”行，反映单位净资产各项目上年年末的余额。本行各项目应当根据“累计盈余”“专用基金”“权益法调整”科目上年年末余额填列。

（2）“以前年度盈余调整”行，反映单位本年度调整以前年度盈余的事项对累计盈余进行调整的金额。本行“累计盈余”项目应当根据本年度“以前年度盈余调整”科目转入“累计盈余”科目的金额填列。如调整减少累计盈余，以“-”号填列。

（3）“本年年初余额”行，反映经过以前年度盈余调整后，单位净资产各项目的本年年初余额。本行“累计盈余”“专用基金”“权益法调整”项目应当根据其各自在“上年年末余额”和“以前年度盈余调整”行对应项目金额的合计数填列。

（4）“本年变动金额”行，反映单位净资产各项目本年变动总金额。本行“累计盈余”“专用基金”“权益法调整”项目应当根据其各自在“本年盈余”“无偿调拨净资产”“归集调整预算结转结余”“提取或设置专用基金”“使用专用基金”“权益法调整”行对应项目金额的合计数填列。

（5）“本年盈余”行，反映单位本年发生的收入、费用对净资产的影响。本行“累计盈余”项目应当根据年末由“本期盈余”科目转入“本年盈余分配”科目的金额填列。如转入时借记“本年盈余分配”科目，则以“-”号填列。

（6）“无偿调拨净资产”行，反映单位本年无偿调入、调出非现金资产事项对净资产的影响。本行“累计盈余”项目应当根据年末由“无偿调拨净资产”科目转入“累计盈余”科目的金额填列。如转入时借记“累计盈余”科目，则以“-”号填列。

（7）“归集调整预算结转结余”行，反映单位本年财政拨款结转结余资金归集调入、归集上缴或调出，以及非财政拨款结转资金缴回对净资产的影响。本行“累计盈余”项目应当根据“累计盈余”科目明细账记录分析填列。如归集调整减少预算结转结余，则以“-”号填列。

（8）“提取或设置专用基金”行，反映单位本年提取或设置专用基金对净资产的影响。本行“累计盈余”项目应当根据“从预算结余中提取”行中“累计盈余”项目的金额填列。本行“专用基金”项目应当根据“从预算收入中提取”“从预算结余中提取”“设置的专用基金”行中“专用基金”项目金额的合计数填列。

“从预算收入中提取”行，反映单位本年从预算收入中提取专用基金对净资产的影响。本行“专用基金”项目应当通过对“专用基金”科目明细账记录的分析，根据本年按有关规定从预算收入中提取基金的金额填列。

“从预算结余中提取”行，反映单位本年根据有关规定从本年度非财政拨款结余或经营结余中提取专用基金对净资产的影响。本行“累计盈余”“专用基金”项目应当通过对“专用基金”科目明细账记录的分析，根据本年按有关规定从本年度非财政拨款结余或经营结余中提取专用基金的金额填列。本行“累计盈余”项目以“－”号填列。

“设置的专用基金”行，反映单位本年根据有关规定设置的其他专用基金对净资产的影响。本行“专用基金”项目应当通过对“专用基金”科目明细账记录的分析，根据本年按有关规定设置的其他专用基金的金额填列。

（9）“使用专用基金”行，反映单位本年按规定使用专用基金对净资产的影响。本行“累计盈余”“专用基金”项目应当通过对“专用基金”科目明细账记录的分析，根据本年按规定使用专用基金的金额填列。本行“专用基金”项目以“－”号填列。

（10）“权益法调整”行，反映单位本年按照被投资单位除净损益和利润分配以外的所有者权益变动份额而调整长期股权投资账面余额对净资产的影响。本行“权益法调整”项目应当根据“权益法调整”科目本年发生额填列。若本年净发生额为借方，则以“－”号填列。

（11）“本年年末余额”行，反映单位本年各净资产项目的年末余额。本行“累计盈余”“专用基金”“权益法调整”项目应当根据其各自在“本年年初余额”“本年变动金额”行对应项目金额的合计数填列。

（12）净资产变动表各行“净资产合计”项目，应当根据所在行“累计盈余”“专用基金”“权益法调整”项目金额的合计数填列。

8.6.5　现金流量表

1. 现金流量表的概念和意义

现金流量表是反映单位在某一会计年度内现金流入和流出信息的会计报表。本表所指的现金，是指单位的库存现金以及其他可以随时用于支付的款项，包括库存现金、可以随时用于支付的银行存款、其他货币资金、零余额账户用款额度、财政应返还额度，以及通过财政直接支付方式支付的款项。现金流量表应当按照日常活动、投资活动、筹资活动的现金流量分别反映。现金流量表所指的现金流量包括现金的流入和流出。

现金流量表的编制有如下意义：

（1）反映单位日常活动的现金流量，主要包括财政基本支出拨款收到的现金等。

（2）反映单位投资活动产生的现金流量，主要包括收回投资收到的现金等。

（3）反映单位筹资活动产生的现金流量，主要包括财政资本性项目拨款收到的现金等。

（4）反映单位现金流量的本年金额和上年金额，可用于会计年度之间的比较。

2. 现金流量表的格式

现金流量表采用垂直报告格式。“项目”栏以“日常活动产生的现金流量净额＋投资活动产生的现金流量净额＋筹资活动产生的现金流量净额 +/− 汇率变动对现金的影响额＝现金净增加额”为平衡公式。各项目同时按本年金额和上年金额填报。现金流量表格式见表 8-6。

表 8-6　现金流量表

编制单位：________　　　　____年　　　　单位：元

项　目	本年金额	上年金额
一、日常活动产生的现金流量：		
财政基本支出拨款收到的现金		
财政非资本性项目拨款收到的现金		
事业活动收到的除财政拨款以外的现金		
收到的其他与日常活动有关的现金		
日常活动的现金流入小计		
购买商品、接受劳务支付的现金		
支付给职工以及为职工支付的现金		
支付的各项税费		
支付的其他与日常活动有关的现金		
日常活动的现金流出小计		
日常活动产生的现金流量净额		
二、投资活动产生的现金流量：		
收回投资收到的现金		
取得投资收益收到的现金		
处置固定资产、无形资产、公共基础设施等收回的现金净额		
收到的其他与投资活动有关的现金		
投资活动的现金流入小计		
购建固定资产、无形资产、公共基础设施等支付的现金		
对外投资支付的现金		
上缴处置固定资产、无形资产、公共基础设施等净收入支付的现金		
支付的其他与投资活动有关的现金		
投资活动的现金流出小计		
投资活动产生的现金流量净额		
三、筹资活动产生的现金流量：		
财政资本性项目拨款收到的现金		
取得借款收到的现金		
收到的其他与筹资活动有关的现金		
筹资活动的现金流入小计		
偿还借款支付的现金		
偿还利息支付的现金		
支付的其他与筹资活动有关的现金		
筹资活动的现金流出小计		
筹资活动产生的现金流量净额		
四、汇率变动对现金的影响额		
五、现金净增加额		

3. 现金流量表的编制方法

现金流量表“本年金额”栏反映各项目的本年实际发生数。“上年金额”栏反映各项目的上年实际发生数，应当根据上年现金流量表中“本年金额”栏内所列数字填列。单位应当采用直接法编制现金流量表。现金流量表按日常活动、投资活动、筹资活动等分项填列。

日常活动产生的现金流量“本年金额”栏各项目的填列方法如下：

（1）“财政基本支出拨款收到的现金”项目，反映单位本年接受财政基本支出拨款取得的现金。本项目应当根据“零余额账户用款额度”“财政拨款收入”“银行存款”等科目及其所属明细科目的记录分析填列。

（2）“财政非资本性项目拨款收到的现金”项目，反映单位本年接受除用于购建固定资产、无形资产、公共基础设施等资本性项目以外的财政项目拨款取得的现金。本项目应当根据“银行存款”“零余额账户用款额度”“财政拨款收入”等科目及其所属明细科目的记录分析填列。

（3）“事业活动收到的除财政拨款以外的现金”项目，反映事业单位本年开展专业业务活动及其辅助活动取得的除财政拨款以外的现金。本项目应当根据“库存现金”“银行存款”“其他货币资金”“应收账款”“应收票据”“预收账款”“事业收入”等科目及其所属明细科目的记录分析填列。

（4）“收到的其他与日常活动有关的现金”项目，反映单位本年收到的除以上项目之外的与日常活动有关的现金。本项目应当根据“库存现金”“银行存款”“其他货币资金”“上级补助收入”“附属单位上缴收入”“经营收入”“非同级财政拨款收入”“捐赠收入”“利息收入”“租金收入”“其他收入”等科目及其所属明细科目的记录分析填列。

（5）“日常活动的现金流入小计”项目，反映单位本年日常活动产生的现金流入的合计数。本项目应当根据现金流量表中“财政基本支出拨款收到的现金”“财政非资本性项目拨款收到的现金”“事业活动收到的除财政拨款以外的现金”“收到的其他与日常活动有关的现金”项目金额的合计数填列。

（6）“购买商品、接受劳务支付的现金”项目，反映单位本年在日常活动中用于购买商品、接受劳务支付的现金。本项目应当根据“库存现金”“银行存款”“财政拨款收入”“零余额账户用款额度”“预付账款”“在途物品”“库存物品”“应付账款”“应付票据”“业务活动费用”“单位管理费用”“经营费用”等科目及其所属明细科目的记录分析填列。

（7）“支付给职工以及为职工支付的现金”项目，反映单位本年支付给职工以及为职工支付的现金。本项目应当根据“库存现金”“银行存款”“零余额账户用款额度”“财政拨款收入”“应付职工薪酬”“业务活动费用”“单位管理费用”“经营费用”等科目及其所属明细科目的记录分析填列。

（8）“支付的各项税费”项目，反映单位本年用于缴纳日常活动相关税费而支付的现金。本项目应当根据“库存现金”“银行存款”“零余额账户用款额度”“应交增值税”“其他应交税费”“业务活动费用”“单位管理费用”“经营费用”“所得税费用”等科目及其所属明细科目的记录分析填列。

（9）“支付的其他与日常活动有关的现金”项目，反映单位本年支付的除上述项目之外与日常活动有关的现金。本项目应当根据“库存现金”“银行存款”“零余额账户用款额度”“财政拨款收入”“其他应付款”“业务活动费用”“单位管理费用”“经营费用”“其他费用”等科目及其所属明细科目的记录分析填列。

（10）“日常活动的现金流出小计”项目，反映单位本年日常活动产生的现金流出的合计数。本项目应当根据现金流量表中“购买商品、接受劳务支付的现金”“支付给职工以及为职工支付的现金”“支付的各项税费”“支付的其他与日常活动有关的现金”项目金额的合计数填列。

（11）“日常活动产生的现金流量净额”项目，应当按照现金流量表中“日常活动的现金流入小计”项目金额减去“日常活动的现金流出小计”项目金额后的金额填列，如为负数，以“－”号填列。

投资活动产生的现金流量“本年金额”栏各项目的填列方法如下：

（12）“收回投资收到的现金”项目，反映单位本年出售、转让或者收回投资收到的现金。本项目应该根据“库存现金”“银行存款”“短期投资”“长期股权投资”“长期债券投资”等科目的记录分析填列。

（13）“取得投资收益收到的现金”项目，反映单位本年因对外投资而收到被投资单位分配的股利或利润，以及收到投资利息而取得的现金。本项目应当根据“库存现金”“银行存款”“应收股利”“应收利息”“投资收益”等科目的记录分析填列。

（14）“处置固定资产、无形资产、公共基础设施等收回的现金净额”项目，反映单位本年处置固定资产、无形资产、公共基础设施等非流动资产所取得的现金，减去为处置这些资产而支付的有关费用之后的净额。由于自然灾害所造成的固定资产等长期资产损失而收到的保险赔款收入，也在本项目反映。本项目应当根据“库存现金”“银行存款”“待处理财产损溢”等科目的记录分析填列。

（15）“收到的其他与投资活动有关的现金”项目，反映单位本年收到的除上述项目之外与投资活动有关的现金。对于金额较大的现金流入，应当单列项目反映。本项目应当根据“库存现金”“银行存款”等有关科目的记录分析填列。

（16）“投资活动的现金流入小计”项目，反映单位本年投资活动产生的现金流入的合计数。本项目应当根据现金流量表中“收回投资收到的现金”“取得投资收益收到的现金”“处置固定资产、无形资产、公共基础设施等收回的现金净额”“收到的其他与投资活动有关的现金”项目金额的合计数填列。

（17）“购建固定资产、无形资产、公共基础设施等支付的现金”项目，反映单位本年购买和建造固定资产、无形资产、公共基础设施等非流动资产所支付的现金；融资租赁租入固定资产支付的租赁费不在本项目反映，在筹资活动的现金流量中反映。本项目应当根据“库存现金”“银行存款”“固定资产”“工程物资”“在建工程”“无形资产”“研发支出”“公共基础设施”“保障性住房”等科目的记录分析填列。

（18）“对外投资支付的现金”项目，反映单位本年为取得短期投资、长期股权投资、长期债券投资而支付的现金。本项目应当根据“库存现金”“银行存款”“短期投资”“长期股权投资”“长期债券投资”等科目的记录分析填列。

（19）“上缴处置固定资产、无形资产、公共基础设施等净收入支付的现金”项目，反映本年单位将处置固定资产、无形资产、公共基础设施等非流动资产所收回的现金净额予以上缴财政所支付的现金。本项目应当根据“库存现金”“银行存款”“应缴财政款”等科目的记录分析填列。

（20）“支付的其他与投资活动有关的现金”项目，反映单位本年支付的除上述项目之外与投资活动有关的现金。对于金额较大的现金流出，应当单列项目反映。本项目应当根据“库存现金”“银行存款”等有关科目的记录分析填列。

（21）“投资活动的现金流出小计”项目，反映单位本年投资活动产生的现金流出的合计数。本项目应当根据现金流量表中“购建固定资产、无形资产、公共基础设施等支付的现金”“对外投资支付的现金”“上缴处置固定资产、无形资产、公共基础设施等净收入支付的现金”“支付的其他与投资活动有关的现金”项目金额的合计数填列。

（22）“投资活动产生的现金流量净额”项目，应当按照现金流量表中“投资活动的现金流入小计”项目金额减去“投资活动的现金流出小计”项目金额后的金额填列，如为负数，以“－”号填列。

筹资活动产生的现金流量“本年金额”栏各项目的填列方法如下：

（23）“财政资本性项目拨款收到的现金”项目，反映单位本年接受用于购建固定资产、无形资产、公共基础设施等资本性项目的财政项目拨款取得的现金。本项目应当根据“银行存款”“零余额账户用款额度”“财政拨款收入”等科目及其所属明细科目的记录分析填列。

（24）“取得借款收到的现金”项目，反映事业单位本年举借短期、长期借款所收到的现金。本项目应当根据“库存现金”“银行存款”“短期借款”“长期借款”等科目的记录分析填列。

（25）“收到的其他与筹资活动有关的现金”项目，反映单位本年收到的除上述项目之外与筹资活动有关的现金。对于金额较大的现金流入，应当单列项目反映。本项目应当根据“库存现金”“银行存款”等有关科目的记录分析填列。

（26）“筹资活动的现金流入小计”项目，反映单位本年筹资活动产生的现金流入的合计数。本项目应当根据现金流量表中“财政资本性项目拨款收到的现金”“取得借款收到的现金”“收到的其他与筹资活动有关的现金”项目金额的合计数填列。

（27）“偿还借款支付的现金”项目，反映事业单位本年偿还借款本金所支付的现金。本项目应当根据“库存现金”“银行存款”“短期借款”“长期借款”等科目的记录分析填列。

（28）“偿付利息支付的现金”项目，反映事业单位本年支付的借款利息等。本项目应当根据“库存现金”“银行存款”“应付利息”“长期借款”等科目的记录分析填列。

（29）“支付的其他与筹资活动有关的现金”项目，反映单位本年支付的除上述项目之外与筹资活动有关的现金，如融资租赁租入固定资产所支付的租赁费。本项目应当根据“库存现金”“银行存款”“长期应付款”等科目的记录分析填列。

（30）“筹资活动的现金流出小计”项目，反映单位本年筹资活动产生的现金流出的合计数。本项目应当根据现金流量表中“偿还借款支付的现金”“偿付利息支付的现金”“支付的其他与筹资活动有关的现金”项目金额的合计数填列。

（31）“筹资活动产生的现金流量净额”项目，应当按照现金流量表中“筹资活动的现金流入小计”项目金额减去“筹资活动的现金流出小计”金额后的金额填列，如为负数，以“－”号填列。

（32）“汇率变动对现金的影响额”项目，反映单位本年外币现金流量折算为人民币时，所采用的现金流量发生日的汇率折算的人民币金额与外币现金流量净额按期末汇率折算的人民币金额之间的差额。

（33）“现金净增加额”项目，反映单位本年现金变动的净额。本项目应当根据现金流量表中“日常活动产生的现金流量净额”“投资活动产生的现金流量净额”“筹资活动产生的现金流量净额”和“汇率变动对现金的影响额”项目金额的合计数填列，如为负数，以“－”号填列。

8.6.6 合并财务报表

按《政府会计准则第9号——财务报表编制和列报》，行政事业单位会计主体应编制合并财务报表。

1. 合并财务报表的概念和编制规定

合并财务报表是反映合并主体和其全部被合并主体形成的报告主体的整体财务状况与运行情况的报表。合并主体，是指有一个或一个以上被合并主体的行政事业单位会计主体。合并主体通常也是合并财务报表的编制主体。被合并主体，是指符合规定的纳入合并主体合并范围的会计主体。合并财务报表至少包括合并资产负债表、合并收入费用表以及报表附注。

合并财务报表按照合并级次分为部门（单位）合并财务报表、本级政府合并财务报表和行政区政府合并财务报表。

部门（单位）合并财务报表，是指以政府部门（单位）本级作为合并主体，将部门（单位）本级及其合并范围内全部被合并主体的财务报表进行合并后形成的，反映部门（单位）整体财务状况与运行情况的财务报表。部门（单位）合并财务报表是政府部门财务报告的主要组成部分。本级政府合并财务报表，是指以本级政府财政作为合并主体，将本级政府财政及其合并范围内全部被合并主体的财务报表进行合并后形成的，反映本级政府整体财务状况与运行情况的财务报表。本级政府合并财务报表是本级政府综合财务报告的主要组成部分。行政区政府合并财务报表，是指以行政区本级政府作为合并主体，将本行政区内各级政府的财务报表进行合并后形成的，反映本行政区政府整体财务状况与运行情况的财务报表。行政区政府合并财务报表是行政区政府财务报告的主要组成部分。部门（单位）合并财务报表由部门（单位）负责编制；本级政府合并财务报表由本级政府财政部门负责编制。各级政府财政部门既负责编制本级政府合并财务报表，也负责编制本级政府所辖行政区政府合并财务报表。

2. 合并财务报表的格式

以部门合并收入费用表为例，见表 8-7。

表 8-7　合并收入费用表

编制单位：________　　　　____年　　　　单位：元

项　目	本年数	上年数
一、本期收入		
（一）财政拨款收入		
（二）事业收入		
其中：非同级财政拨款收入		
（三）上级补助收入*		
（四）附属单位上缴收入*		
（五）经营收入		
（六）非同级财政拨款收入		
（七）投资收益		
（八）捐赠收入		
（九）利息收入		
（十）租金收入		
（十一）其他收入		
二、本期费用		
（一）工资福利费用		
（二）商品和服务费用		
（三）对个人和家庭补助费用		
（四）对企事业单位补贴费用		
（五）固定资产折旧费用		
（六）无形资产摊销费用		
（七）公共基础设施折旧（摊销）费用		
（八）保障性住房折旧费用		
（九）计提专用基金		
（十）所得税费用		
（十一）资产处置费用		

（续）

项　目	本年数	上年数
（十二）上缴上级费用 *		
（十三）对附属单位补助费用 *		
（十四）其他费用		
三、本期盈余		

注：1. 本表中“本期费用”各项目应当根据个别财务报表附注中“本期费用按经济分类的披露格式”所提供的信息合并填列。

2. 编制部门（单位）合并收入费用表时，标 * 的项目原则上应抵销完毕，金额为零。

8.6.7 财务会计报表附注

附注是对在会计报表中列示的项目所做的进一步说明，以及对未能在会计报表中列示项目的说明。附注是财务报表的重要组成部分。凡对报表使用者的决策有重要影响的会计信息，无论《政府会计制度》是否有明确规定，单位均应当充分披露。附注主要包括下列内容：

1. 报表基本内容说明

报表基本内容说明包括：单位的基本情况，如单位主要职能、主要业务活动、预算管理关系等；会计报表编制基础遵循政府会计准则、制度的声明；报告期内采用的重要会计政策和会计估计，如公共基础设施和保障性住房的分类、折旧（摊销）方法、折旧（摊销）年限以及其确定依据等；本期发生重要会计政策和会计估计变更的，变更的内容和原因、受其重要影响的报表项目名称和金额、相关审批程序，以及会计估计变更开始适用的时点。

2. 报表重要项目说明

单位应当按照资产负债表和收入费用表项目的列示顺序，采用文字和数据描述相结合的方式披露重要项目的明细信息。报表重要项目的明细金额合计，应当与报表项目金额相衔接。报表重要项目说明应包括但不限于货币资金、应收账款、存货、长期债券投资、长期股权投资、固定资产、无形资产、公共基础设施、受托代理资产、应付账款、其他流动负债、长期借款、事业收入、非同级财政拨款收入、其他收入、业务活动费用、其他费用等项目的余额或发生额。以受托代理资产项目说明表的披露格式为例，见表 8-8。

表 8-8　受托代理资产项目说明

资产类别	年初余额	本期增加额	本期减少额	期末余额
货币资金				
受托转赠物资				

（续）

资产类别	年初余额	本期增加额	本期减少额	期末余额
受托存储保管物资				
罚没物资				
其他				
合计				

3. 本年盈余与预算结余的差异情况说明

为了反映单位财务会计和预算会计因核算基础和核算范围不同而产生的本年盈余数与本年预算结余数之间的差异，单位应当按照重要性原则，对本年度发生的各类影响收入（预算收入）和费用（预算支出）的业务进行适度归并和分析，披露将年度预算收入支出表中“本年预算收支差额”调节为年度收入费用表中“本期盈余”的信息。本年盈余与预算结余差异说明表格式见表 8-9。

表 8-9　本年盈余与预算结余差异说明

项　目	金　额
一、本年预算结余（本年预算收支差额）	
二、差异调节	
（一）重要事项的差异	
加：1. 当期确认为收入但没有确认为预算收入	
（1）应收款项、预收账款确认的收入	
（2）接受非货币性资产捐赠确认的收入	
2. 当期确认为预算支出但没有确认为费用	
（1）支付应付款项、预付账款的支出	
（2）为取得存货、政府储备物资等计入物资成本的支出	
（3）为购建固定资产等的资本性支出	
（4）偿还借款本息支出	
减：1. 当期确认为预算收入但没有确认为收入	
（1）收到应收款项、预收账款确认的预算收入	
（2）取得借款确认的预算收入	
2. 当期确认为费用但没有确认为预算支出	
（1）发出存货、政府储备物资等确认的费用	
（2）计提的折旧费用和摊销费用	
（3）确认的资产处置费用（处置资产价值）	
（4）应付款项、预付账款确认的费用	
（二）其他事项差异	
三、本年盈余（本年收入与费用的差额）	

思考题

1. 行政事业单位财务会计较具特色的资产科目主要有哪些？分别应如何进行账务处理？
2. 什么是 PPP 项目资产，应如何核算？

3. 行政事业单位财务会计较具特色的负债科目主要有哪些？分别应如何进行账务处理？
4. 行政事业单位财务会计的收入包括哪些？
5. 国库集中支付制度下行政事业单位财务会计财政拨款收入的核算特点是什么？
6. 行政事业单位财务会计业务活动费用和单位管理费用的概念与账务处理有何不同？
7. 行政事业单位财务会计净资产种类有哪些？
8. 行政事业单位财务会计的本期盈余是如何形成的？
9. 行政事业单位财务会计报表包括哪些？编制要求是什么？
10. 资产负债表、收入费用表和净资产变动表应该如何编制？

练习题

通过扫描二维码获取

行政事业单位预算会计

学习目标

1. 了解行政事业单位预算会计的预算收入、预算支出和预算结余分类与主要经济事项的账务处理。
2. 掌握需要进行预算会计和财务会计平行记账处理的会计事项的核算与列报方法。
3. 熟悉行政事业单位预算会计报表的种类与填报方法。

参考案例

2020 年度中国人民政治协商会议深圳市罗湖区委员会“三公”经费财政拨款预算情况说明

如表 9-1 所示，2020 年，政协深圳市罗湖区委员会“三公”经费财政拨款预算为 16.45 万元，比 2019 年“三公”经费财政拨款预算减少了 23.04 万元。

1. 因公出国（境）费用。2020 年预算数 0 万元。为进一步规范因公出国（境）经费管理，我区因公出国（境）经费完全按零基预算的原则由区外事办和财政局统筹管理，调配使用，因此各单位 2020 年因公出国（境）经费预算数为 0 万元，在实际执行中根据计划据实调配。

2. 公务接待费。2020 年预算数 7.00 万元，比 2019 年减少 23.04 万元。主要用于按规定开支的各类公务接待（含外宾接待）支出。根据中央八项规定的要求，厉行节约，切实严格接待标准，减少公务接待开支。

3. 公务用车购置和运行维护费。2020 年预算数 9.45 万元，其中：公务用车购置费 2020 年预算数 0 万元，比 2019 年预算数增加 0 万元；公务用车运行维护费 2020 年预算数 9.45 万元，比 2019 年预算数增加 0 万元。主要开支为维修费、加油费、保险费等。

表 9-1 2020 年度中国人民政治协商会议深圳市罗湖区委员会“三公”经费财政拨款预算情况

单位：万元

预算单位	年度	“三公经费”财政拨款预算总额	因公出国（境）费	公务接待费	公务用车购置及运行维护费		
					小计	购置费	运行维护费
中国人民政治协商会议深圳市罗湖区委员会	2019	39.49		30.04	9.45		9.45
中国人民政治协商会议深圳市罗湖区委员会	2020	16.45		7.00	9.45		9.45

思考：“三公经费”管理的意义并对中国人民政治协商会议深圳市罗湖区委员会 2019 年度与 2020 年度“三公经费”预算进行对比分析。

资料来源：深圳市罗湖区．2020 年度中国人民政治协商会议深圳市罗湖区委员会“三公”经费财政拨款预算情况[EB/OL].（2020-02-28）[2020-09-23].http://www.sz.gov.cn/cn/xxgk/zfxxgj/zjxx/sgjf/content/mpost_6747682.html.

《政府会计准则——基本准则》规定，行政事业单位会计由财务会计和预算会计构成。其中，预算会计是核算与反映预算执行情况的专业会计，以收付实现制为记账基础，国务院另有规定的，从其规定。行政事业单位预算会计与财务会计采用不同的会计科目和会计报表。在预算会计业务中，财政授权支付视同现金支付，所产生的资金流视同现金流，一般也需要按收付实现制进行预算会计处理。

行政事业单位预算会计要素包括预算收入、预算支出和预算结余。预算收入是指政府会计主体在预算年度内依法取得的并纳入预算管理的现金流入。预算收入一般在实际收到时予以确认，以实际收到的金额计量。预算支出是指政府会计主体在预算年度内依法发生并纳入预算管理的现金流出。预算支出一般在实际支付时予以确认，以实际支付的金额计量。预算结余是指政府会计主体预算年度内预算收入扣除预算支出后的资金余额，以及历年滚存的资金余额。预算结余包括结余资金和结转资金。结余资金是年度预算执行终了，预算收入实际完成数扣除预算支出和结转资金后剩余的资金。结转资金是预算安排项目的支出年终尚未执行完毕或者因故未执行，且下年需要按原用途继续使用的资金。符合预算收入、预算支出和预算结余定义及其确认条件的项目应当列入政府决算报表。

需要注意的是，尽管行政事业单位是执行国家预算的政府单位，需要定期从政府财政取得经费拨款，所提供的预算、决算报告需要与政府财政的预算、决算报告在指标分类、统计口径和列报基础等方面保持一致，以保证国家预算的统一性和完整性，但同时，行政事业单位作为经济组织又有自身的经济活动和资金运动，因此一般情况下，涉及现金的业务既是预算会计业务，又是财务会计业务，需要按平行记账要求，在采用收付实现制进行预算会计处理的同时，再采用权责发生制进行财务会计处理。

9.1　行政事业单位预算收入

预算收入是指政府会计主体在预算年度内依法取得并纳入预算管理的现金流入，一般按实际收到的金额进行计量和确认，其确认条件如下：

（1）由政府会计主体按预算依法取得。

（2）政府会计主体实际取得了现金。

单位预算收入按来源或取得方式可分为财政拨款预算收入、事业预算收入、上级补助预算收入、附属单位上缴预算收入、经营预算收入、债务预算收入、非同级财政拨款预算收入、投资预算收益和其他预算收入。单位预算收入按收入性质可分为财政拨款预算收入和非财政拨款预算收入，财政拨款预算收入是单位从同级财政按预算取得的拨款，非财政拨款预算收入是除财政拨款以外单位组织的纳入预算管理的收入，如前述事业预算收入、上级补助预算收入等。单位预算收入按支出功能可分为基本支出收入和项目支出收入，基本支出收入用于单位日常支出，如工资福利支出、商品和服务支出、对个人和家庭补助支出以及资本性支出等，而项目支出则是用于专门项目的支出。单位预算收入的核算与分类应与《政府收支分类科目》保持一致。

符合预算收入定义和确认条件的项目，应当列入预算会计的预算收入支出表。

9.1.1　财政拨款预算收入

财政拨款预算收入是指单位从同级政府财政部门取得的各类财政拨款形成的预算收入。单位从同级财政实际取得预算拨款时，方可确认收入，并严格按预算使用和报告。单位预算会计的财政拨款预算收入与单位财务会计的财政拨款收入有业务对应关系。

为核算从同级财政取得的各类拨款，单位应设置“财政拨款预算收入”科目，并在该科目下设置“基本支出”和“项目支出”两个明细科目，按照《政府收支分类科目》中支出功能分类科目的项级科目进行明细核算；同时，在“基本支出”明细科目下按照“人员经费”和“日常公用经费”进行明细核算，在“项目支出”明组科目下按照具体项目进行明细核算。有一般公共预算财政拨款、政府性基金预算财政拨款等两种或两种以上财政拨款的单位，还应当按照财政拨款的种类进行明细核算。

（1）财政直接支付方式下取得预算拨款。单位根据收到的“财政直接支付入账通知书”及相关原始凭证，按照通知书中的直接支付金额，借记“行政支出”“事业支出”等科目，贷记“财政拨款预算收入”科目。年末，根据本年度财政直接支付预算指标数与当年财政直接支付实际支出数的差额，借记“资金结存——财政应返还额度”科目，贷记“财政拨款预算收入”科目。

【例 9-1】某行政单位通过政府采购购买一项医疗服务，价值 15 000 元，由财政通过直接支付完成付款。

借：行政支出　　15 000
　贷：财政拨款预算收入　　15 000

该业务需同时编制财务会计分录，借记“业务活动费用”科目，贷记“财政拨款收入”科目。

（2）财政授权支付方式下取得预算拨款。单位根据收到的“财政授权支付用款额度到账通知书”，按照通知书中的授权支付额度，借记“资金结存——零余额账户用款额度”科目，贷记“财政拨款预算收入”科目。年末，单位本年度财政授权支付预算指标数大于零余额账户用款额度下达数的，按照两者差额，借记“资金结存——财政应返还额度”科目，贷记“财政拨款预算收入”科目。

【例 9-2】某单位收到代理银行转来的“财政授权支付用款额度到账通知书”，收到财政拨入授权支付额度 180 000 元。

借：资金结存——零余额账户用款额度　　180 000
　贷：财政拨款预算收入　　180 000

该业务需同时编制财务会计分录，借记“零余额账户用款额度”科目，贷记“财政拨款收入”科目。

（3）实拨资金方式下取得预算拨款。单位收到财政拨款预算收入时，按照实际收到的金额，借记“资金结存——货币资金”科目，贷记“财政拨款预算收入”科目。单位收到下期预算的财政预拨款，应当在下个预算期，按照预收的金额，借记“资金结存——货币资金”科目，贷记“财政拨款预算收入”科目。

【例 9-3】某基层行政单位保留有实存资金账户用于接受财政拨款。当日取得银行进账单，注明已收到同级财政拨款 80 000 元。

借：资金结存——货币资金　　80 000
　贷：财政拨款预算收入　　80 000

该业务需同时编制财务会计分录，借记“银行存款”科目，贷记“财政拨款收入”科目。

（4）因差错更正、购货退回等发生国库直接支付款项退回的，属于本年度支付的款项，按照退回金额，借记“财政拨款预算收入”科目，贷记“行政支出”“事业支出”等科目。

年末，将该科目本年发生额转入财政拨款结转，借记“财政拨款预算收入”科目，贷记“财政拨款结转——本年收支结转”科目。年末结转后，“财政拨款预算收入”科目应无余额。

【例 9-4】年末，某单位全年累计收到财政拨款预算收入 6 320 000 元，现予结转。

借：财政拨款预算收入　　6 320 000
　贷：财政拨款结转——本年收支结转　　6 320 000

该业务需同时编制财务会计分录，借记“财政拨款收入”科目，贷记“本期盈余”科目。

9.1.2 事业预算收入

事业预算收入是指事业单位开展专业业务活动及其辅助活动取得的现金流入，包括事业单位因开展科研及其辅助活动从非同级政府财政部门取得的经费拨款。单位预算会计的事业预算收入与单位财务会计的事业收入有业务对应关系。

为核算事业预算收入业务，事业单位应设置“事业预算收入”科目。该科目应当按照事业预算收入类别、项目、来源、《政府收支分类科目》中支出功能分类科目的项级科目等进行明细核算。对于因开展科研及其辅助活动从非同级政府财政部门取得的经费拨款，应当在“事业预算收入”科目下单设“非同级财政拨款”明细科目进行明细核算。事业预算收入中如有专项资金收入，还应按照具体项目进行明细核算。

因为事业单位预算会计没有负债项目，所以当收到应缴财政专户的事业预算收入以及将该款项缴存财政专户时，不编制预算会计分录。当收到从财政专户返还的事业预算收入时，按照实际收到的返还金额，借记“资金结存——货币资金”科目，贷记“事业预算收入”科目。收到其他事业预算收入时，按照实际收到的金额，借记“资金结存——货币资金”科目，贷记“事业预算收入”科目。

【例 9-5】某事业单位当天收到同级财政部门从财政专户返还的事业预算收入 82 000 元，款项已存入单位银行。

借：资金结存——货币资金　　82 000
　贷：事业预算收入　　82 000

该业务需同时编制财务会计分录，借记“银行存款”科目，贷记“事业收入”科目。

【例 9-6】某事业单位为 A 公司开发一项专利技术，根据合同，预收 A 公司合同款 180 000 元，款项存入银行。

借：资金结存——货币资金　　180 000
　贷：事业预算收入　　180 000

该业务需同时编制财务会计分录，借记“银行存款”科目，贷记“预收账款”科目。

年末，事业单位结转预算收入时，按照是否属于专项资金收入分别结转。将该科目本年发生额中的专项资金收入转入非财政拨款结转的，借记“事业预算收入”科目下各专项资金收入明细科目，贷记“非财政拨款结转——本年收支结转”科目；将该科目本年发生额中的非专项资金收入转入其他结余的，借记“事业预算收入”科目下各非专项资金收入明细科目，贷记“其他结余”科目。年末结转后，“事业预算收入”科目应无余额。

【例 9-7】年末，某事业单位取得事业预算收入累计 520 000 元，其中非专项资金收入 400 000 元，专项资金收入 120 000 元，现全数结转上述事业预算收入。

借：事业预算收入	520 000	
贷：其他结余		400 000
非财政拨款结转——本年收支结转		120 000

该业务需同时编制财务会计分录，借记“事业收入”科目，贷记“本期盈余”科目。

9.1.3 上级补助预算收入与附属单位上缴预算收入

1. 上级补助预算收入

上级补助预算收入是指事业单位从主管部门和上级单位取得的非财政补助现金流入，一般分为专项资金补助和非专项资金补助，单位在实际收到补助收入时予以确认。单位预算会计的上级补助预算收入与单位财务会计的上级补助收入有业务对应关系。

为核算从上级取得的各项预算补助，单位应设置“上级补助预算收入”科目，按照发放补助单位、补助项目、《政府收支分类科目》中支出功能分类科目的项级科目等进行明细核算。上级补助预算收入中如有专项资金收入，还应按照具体项目进行明细核算。当单位收到上级补助预算收入时，按照实际收到的金额，借记“资金结存——货币资金”科目，贷记“上级补助预算收入”科目。年末，将该科目本年发生额中的专项资金收入转入非财政拨款结转，借记“上级补助预算收入”科目下各专项资金收入明细科目，贷记“非财政拨款结转——本年收支结转”科目；将该科目本年发生额中的非专项资金收入转入其他结余，借记“上级补助预算收入”科目下各非专项资金收入明细科目，贷记“其他结余”科目。年末结转后，该科目应无余额。

【例 9-8】某事业单位收到上级用非财政性资金安排的一笔专项补助 50 000 元，款项已存入银行。

借：资金结存——货币资金	50 000	
贷：上级补助预算收入		50 000

该业务需同时编制财务会计分录，借记“银行存款”科目，贷记“上级补助收入”科目。

【例 9-9】年末，某事业单位累计收到上级补助预算收入 260 000 元，全部为当年上级下拨的专项补助款。现予以结转。

借：上级补助预算收入　　260 000

　贷：非财政拨款结转——本年收支结转　　260 000

该业务需同时编制财务会计分录，借记“上级补助收入”科目，贷记“本期盈余”科目。

2. 附属单位上缴预算收入

附属单位上缴预算收入是指事业单位取得附属独立核算单位根据有关规定上缴的现金流入。预算会计在实际收到款项时予以确认。单位预算会计的附属单位上缴预算收入与财务会计的附属单位上缴收入有业务对应关系。

为核算取得附属单位上缴预算收入的现金流入业务，单位应设置“附属单位上缴预算收入”科目，该科目还应当按照附属单位、缴款项目、《政府收支分类科目》中支出功能分类科目的项级科目等进行明细核算。附属单位上缴预算收入中如有专项资金收入，还应按照具体项目进行明细核算。

单位收到附属单位缴来款项时，按照实际收到的金额，借记“资金结存——货币资金”科目，贷记“附属单位上缴预算收入”科目。年末，将该科目本年发生额中的专项资金收入转入非财政拨款结转，借记“附属单位上缴收入”科目下各专项资金收入明细科目，贷记“非财政拨款结转——本年收支结转”科目；将该科目本年发生额中的非专项资金收入转入其他结余，借记“附属单位上缴收入”科目下各非专项资金收入明细科目，贷记“其他结余”科目。年末结转后，该科目应无余额。

【例9-10】某事业单位收到附属独立核算单位按合同上缴的一笔收入40 000元，款项已存入银行。

借：资金结存——货币资金　　40 000

　贷：附属单位上缴预算收入　　40 000

该业务需同时编制财务会计分录，借记“银行存款”科目，贷记“附属单位上缴收入”科目。

【例9-11】年末，某事业单位的“附属单位上缴预算收入”账户累计发生数为100 000元，全部为当年附属独立核算单位上缴的非专项资金收入，现予以结转。

借：附属单位上缴预算收入　　100 000

　贷：其他结余　　100 000

该业务需同时编制财务会计分录，借记“附属单位上缴收入”科目，贷记“本期盈余”科目。

9.1.4　经营预算收入与债务预算收入

1. 经营预算收入

经营预算收入是指事业单位在专业业务活动及其辅助活动之外开展非独立核算经营

活动取得的现金流入。预算会计在实际收到该项收入时才能进行确认。单位预算会计的经营预算收入与财务会计的经营收入有业务对应关系。

为核算经营预算收入现金流入业务，单位应设置“经营预算收入”科目，该科目还应当按照经营活动类别、项目、《政府收支分类科目》中支出功能分类科目的项级科目等进行明细核算。单位收到经营预算收入时，按照实际收到的金额，借记“资金结存——货币资金”科目，贷记“经营预算收入”科目。年末，将该科目本年发生额转入经营结余，借记“经营预算收入”科目，贷记“经营结余”科目。年末结转后，该科目应无余额。

【例 9-12】某事业单位在经营活动中收到一笔预付款 20 000 元，款项已存入银行。

借：资金结存——货币资金　　20 000

　贷：经营预算收入　　20 000

该业务需同时编制财务会计分录，借记“银行存款”科目，贷记“预收账款”科目。

【例 9-13】接上例。至年末，该事业单位累计确认经营预算收入 170 000 元，现予结转。

借：经营预算收入　　170 000

　贷：经营结余　　170 000

该业务需同时编制财务会计分录，借记“经营收入”科目，贷记“本期盈余”科目。

2. 债务预算收入

债务预算收入是指事业单位按照规定从银行和其他金融机构等借入的，纳入部门预算管理的，不以财政资金作为偿还来源的债务本金，债务预算收入可以用来安排预算支出。

为核算纳入预算管理的债务收入，单位应设置“债务预算收入”科目，并按照贷款单位、贷款种类、《政府收支分类科目》中支出功能分类科目的项级科目等进行明细核算。债务预算收入中如有专项资金收入，还应按照具体项目进行明细核算。当单位借入各项短期或长期借款时，按照实际借入的金额，借记“资金结存——货币资金”科目，贷记“债务预算收入”科目。年末，将该科目本年发生额中的专项资金收入转入非财政拨款结转，借记该科目下各专项资金收入明细科目，贷记“非财政拨款结转——本年收支结转”科目；将该科目本年发生额中的非专项资金收入转入其他结余，借记“债务预算收入”科目下各非专项资金收入明细科目，贷记“其他结余”科目。年末结转后，该科目应无余额。

【例 9-14】某事业单位从商业银行借入短期借款 700 000 元，用于单位的日常业务活动，款项已划入单位账户。至年末，单位累计取得债务预算收入 2 400 000 元，其中，专项债务资金收入 1 280 000 元，非专项债务资金收入 1 120 000 元。现予结转。

（1）取得短期借款时：

	借方	贷方
借：资金结存——货币资金	700 000	
贷：债务预算收入——非专项债务预算收入		700 000

该业务需同时编制财务会计分录，借记“银行存款”科目，贷记“短期借款”科目。

（2）年末结转债务预算收入时：

	借方	贷方
借：债务预算收入——专项债务预算收入	1 280 000	
债务预算收入——非专项债务预算收入	1 120 000	
贷：非财政拨款结转——本年收支结转		1 280 000
其他结余		1 120 000

借入各项短期或长期借款时，单位预算会计需要确认债务预算收入并于年末结转该类收入，但是单位财务会计在借入短期或长期借款时不需要确认收入，所以上述业务在财务会计中没有对应的结转分录。

9.1.5　非同级财政拨款预算收入与其他各项预算收入

1. 非同级财政拨款预算收入

非同级财政拨款预算收入是指单位从非同级政府财政部门取得的财政拨款，包括本级横向转拨财政款和非本级财政拨款。预算会计在实际收到这类款项时确认收入。单位预算会计的非同级财政拨款预算收入与单位财务会计的非同级财政拨款收入有业务对应关系。

为核算单位从非同级财政取得的预算拨款收入，单位应设置“非同级财政拨款预算收入”科目，该科目还应按照非同级财政拨款预算收入的类别、来源、《政府收支分类科目》中支出功能分类科目的项级科目等进行明细核算。非同级财政拨款预算收入中如有专项资金收入，还应按照具体项目进行明细核算。对于因开展科研及其辅助活动从非同级政府财政部门取得的经费拨款，应当通过“事业预算收入——非同级财政拨款”科目进行核算，不通过“非同级财政拨款预算收入”科目核算。

单位取得非同级财政拨款预算收入时，按照实际收到的金额，借记“资金结存——货币资金”科目，贷记“非同级财政拨款预算收入”科目。年末，将该科目本年发生额中的专项资金收入转入非财政拨款结转，借记“非同级财政拨款收入”科目下各专项资金收入明细科目，贷记“非财政拨款结转——本年收支结转”科目；将该科目本年发生额中的非专项资金收入转入其他结余，借记“非同级财政拨款收入”科目下各非专项资金收入明细科目，贷记“其他结余”科目。年末结转后，该科目应无余额。

【例 9-15】某省属事业单位与某市政府开展合作项目，从市财政收到一笔专项用于合作项目的拨款 200 000 元，款项存入银行账户。

借：资金结存——货币资金　　200 000
　贷：非同级财政拨款预算收入　　200 000

该业务需同时编制财务会计分录，借记“银行存款”科目，贷记“非同级财政拨款收入”科目。

【例 9-16】年末，某事业单位累计收到非同级财政拨入的专项资金收入 350 000 元，现予结转。

借：非同级财政拨款预算收入　　350 000
　贷：非财政拨款结转——本年收支结转　　350 000

该业务需同时编制财务会计分录，借记“非同级财政拨款收入”科目，贷记“本期盈余”科目。

2. 投资预算收益

投资预算收益是指事业单位取得的按照规定纳入部门预算管理的属于投资收益性质的现金流入，包括股权投资收益、出售或收回债券投资所取得的收益和债券投资利息收入。单位在实际收到这类款项时确认收入。单位预算会计的投资预算收益与单位财务会计的投资收益有业务对应关系。

为核算投资收益现金流入业务，单位应设置“投资预算收益”科目，该科目还应当按照《政府收支分类科目》中支出功能分类科目的项级科目等进行明细核算。单位出售或到期收回本年度取得的短期、长期债券，按照实际取得的价款或实际收到的本息金额，借记“资金结存——货币资金”科目，按照取得债券时“投资支出”科目的发生额，贷记“投资支出”科目，按照其差额，贷记或借记“投资预算收益”科目。出售、转让以货币资金取得的长期股权投资的，其账务处理参照出售或到期收回债券投资。

单位出售或到期收回以前年度取得的短期、长期债券，按照实际取得的价款或实际收到的本息金额，借记“资金结存——货币资金”科目，按照取得债券时“投资支出”科目的发生额，贷记“其他结余”科目，按照其差额，贷记或借记“投资预算收益”科目。

持有的短期投资和分期付息一次还本的长期债券投资收到利息，以及长期股权投资取得被投资单位分派的现金股利或利润时，按照实际收到的金额，借记“资金结存——货币资金”科目，贷记“投资预算收益”科目。出售、转让以非货币性资产取得的长期股权投资时，按照实际取得的价款扣减支付的相关费用和应缴财政款后的余额（按照规定纳入单位预算管理的），借记“资金结存——货币资金”科目，贷记“投资预算收益”科目。

根据 2019 年《政府会计准则制度解释第 1 号》的补充规定，事业单位处置以科技成果转化形成的长期股权投资，按规定所取得的收入全部留归本单位的，应按照实际取得的价款，借记“资金结存——货币资金”科目，按照处置时确认的投资收益金额，贷记“投资预算收益”科目，按照贷方差额，贷记“其他预算收入”科目。同时，在财务会计中，按照实际取得的价款，借记“银行存款”等科目，贷记“长期股权投资”科目，按照借贷方差额，借记或贷记“投资收益”科目。

年末，将该科目本年发生额转入其他结余，借记或贷记“投资预算收益”科目，贷记或借记“其他结余”科目。年末结转后，该科目应无余额。

【例 9-17】某事业单位持有一项当年取得的短期债券投资，购入时的本金为 100 000 元。现债券到期兑现，收回本息合计 105 000 元，款项已存入银行。

借：资金结存——货币资金	105 000	
贷：投资支出		100 000
投资预算收益		5 000

该业务需同时编制财务会计分录，借记“银行存款”科目，贷记“短期投资”“投资收益”科目。

【例 9-18】某事业单位收到上月确认的一笔应收股利 1 600 元，款项已由证券公司划入单位银行存款账户。

借：资金结存——货币资金	1 600	
贷：投资预算收益		1 600

该业务需同时编制财务会计分录，借记“银行存款”科目，贷记“应收股利”科目。

3. 其他预算收入

单位其他预算收入是指除财政拨款预算收入、事业预算收入、上级补助预算收入、附属单位上缴预算收入、经营预算收入、债务预算收入、非同级财政拨款预算收入、投资预算收益之外的纳入部门预算管理的现金流入，包括捐赠预算收入、利息预算收入、租金预算收入、现金盘盈收入等。

为核算其他各项预算收入业务，单位应设置“其他预算收入”科目并按照其他收入类别、《政府收支分类科目》中支出功能分类科目的项级科目等进行明细核算。其他预算收入中如有专项资金收入，还应按照具体项目进行明细核算。单位发生的捐赠预算收入、利息预算收入、租金预算收入金额较大或业务较多的，可单独设置“捐赠预算收入”“利息预算收入”“租金预算收入”等科目。

单位接受捐赠现金资产，收到银行存款利息，以及收到资产承租人支付的租金时，按照实际收到的金额，借记“资金结存——货币资金”科目，贷记“其他预算收入”科目。每日现金账款核对中如发现现金溢余，按照溢余的现金金额，借记“资金结存——货币资金”科目，贷记“其他预算收入”科目。经核实，属于应支付给有关个人和单位的部分，按照实际支付的金额，借记“其他预算收入”科目，贷记“资金结存——货币资金”科目。单位收到其他预算收入时，按照收到的金额，借记“资金结存——货币资金”科目，贷记“其他预算收入”科目。

年末，将该科目本年发生额中的专项资金收入转入非财政拨款结转，借记“其他预算收入”科目下各专项资金收入明细科目，贷记“非财政拨款结转——本年收支结转”科目；将该科目本年发生额中的非专项资金收入转入其他结余，借记“其他预算收入”科目下各非专项资金收入明细科目，贷记“其他结余”科目。年末结转后，该科目应无余额。

【**例 9-19**】某行政单位接受某公司捐赠现金 10 000 元以及价值 5 000 元的物资一批，款项已存入银行，物资入库。

借：资金结存——货币资金　　10 000
　贷：其他预算收入　　10 000

该业务需同时编制财务会计分录，借记“银行存款”“库存物品”科目，贷记“捐赠收入”科目。

【**例 9-20**】年末，某事业单位累计取得非专项资金捐赠收入 90 000 元。现予结转。

借：其他预算收入　　90 000
　贷：其他结余　　90 000

该业务需同时编制财务会计分录，借记“捐赠收入”科目，贷记“本期盈余”科目。

9.2 行政事业单位预算支出

预算支出是指政府会计主体在预算年度内依法发生并纳入预算管理的现金流出。预算支出一般在实际支付时予以确认，以实际支付的金额计量。单位同时符合下列条件的现金流出应确认为预算支出：

（1）该现金流出由政府会计主体按预算安排执行。

（2）现金支出已实际产生。

预算支出按经济用途可分为行政支出、事业支出、经营支出、上缴上级支出、对附属单位补助支出、投资支出、债务还本支出和其他支出。预算支出按支出功能可分为基本支出和项目支出，基本支出用于单位日常支出，如工资福利支出、商品和服务支出、对个人和家庭补助支出、资本性支出等。预算支出按支出资金的性质可分为财政拨款预算支出和非财政拨款预算支出，财政拨款预算支出是用财政拨款安排的各项支出，而非财政拨款预算支出是用财政拨款以外的资金安排的各项支出。行政事业单位预算支出的核算与分类应与《政府收支分类科目》保持一致。符合预算支出定义和确认条件的项目，应当列入预算会计的预算收入支出表。

9.2.1　行政支出

1. 行政支出的概念和科目设置

行政支出是指行政单位履行其职责实际发生的各项现金流出。单位根据实际发生的行政支出现金确认该项支出。单位预算会计的行政支出与单位财务会计的业务活动费用有业务对应关系。行政支出不包括耗用存货、固定资产等非现金资产而产生的经济利益流出。

为核算行政支出产生的现金流出业务，行政单位应设置“行政支出”科目，并根据资金性质设置“财政拨款支出”“非财政专项资金支出”和“其他资金支出”等明细科目，或根据支出功能设置“基本支出”和“项目支出”等明细科目，进行明细核算，并按照《政府收支分类科目》中支出功能分类科目的项级科目进行明细核算。“基本支出”和“项目支出”明细科目下应当按照《政府收支分类科目》中部门预算支出经济分类科目的款级科目进行明细核算，同时在“项目支出”明细科目下按照具体项目进行明细核算。有一般公共预算财政拨款、政府性基金预算财政拨款等两种或两种以上财政拨款的行政单位，还应当在“财政拨款支出”明细科目下按照财政拨款的种类进行明细核算。

对于预付款项，可通过在“行政支出”科目下设置“待处理”明细科目进行核算，待确认具体支出项目后再转入该科目下相关明细科目。年末结账前，应将“行政支出”科目下的“待处理”明细科目余额全部转入“行政支出”科目下相关明细科目。

2. 行政支出的主要账务处理

（1）支付职工薪酬。行政单位向职工个人支付薪酬时，按照实际支付的金额，借记“行政支出”科目，贷记“财政拨款预算收入”“资金结存”科目。按照规定代扣代缴个人所得税、代扣代缴或为职工缴纳职工社会保险费、住房公积金等时，按照实际缴纳的金额，借记“行政支出”科目，贷记“财政拨款预算收入”“资金结存”科目。

【例 9-21】某行政单位的公务员工资由财政统一发放，现通过财政直接支付发放工资 280 000 元，单位收到相关支付凭证。

借：行政支出	280 000	
贷：财政拨款预算收入		280 000

该业务需同时编制财务会计分录，借记“应付职工薪酬”科目，贷记“财政拨款收入”科目。

（2）支付外部人员劳务费。行政单位支付外部人员劳务费时，按照实际支付给外部人员的金额，借记“行政支出”科目，贷记“财政拨款预算收入”“资金结存”科目。按照规定代扣代缴个人所得税时，按照实际缴纳的金额，借记“行政支出”科目，贷记“财政拨款预算收入”“资金结存”科目。

【例 9-22】某行政单位支付已计提的外部人员劳务费、补助及其他杂费共计 16 500 元，款项通过单位零余额账户付讫。

借：行政支出	16 500	
贷：资金结存——零余额账户用款额度		16 500

该业务需同时编制财务会计分录，借记“其他应付款”科目，贷记“零余额账户用款额度”科目。

（3）支付货款。行政单位为购买存货、固定资产、无形资产等以及在建工程支付相关款项时，按照实际支付的金额，借记“行政支出”科目，贷记“财政拨款预算收入”“资金结存”科目。

【例 9-23】某行政单位通过政府采购，购入一项存货，价值为 60 000 元。按规定，其中 48 000 元由财政直接支付，12 000 元通过单位零余额账户支付。存货已入库。

借：行政支出	60 000	
贷：财政拨款预算收入		48 000
资金结存——零余额账户用款额度		12 000

该业务需同时编制财务会计分录，借记“库存物品”科目，贷记“财政拨款收入”和“零余额账户用款额度”科目。

（4）支付预付账款。单位发生预付账款时，按照实际支付的金额，借记“行政支出”科目，贷记“财政拨款预算收入”“资金结存”科目。对于暂付款项，在支付款项时可不做预算会计处理，待结算或报销时，按照结算或报销的金额，借记“行政支出”科目，贷记“资金结存”科目。

【例 9-24】某行政单位与某公司签订了一项采购合同，从该公司采购一批商品，合同金额 500 000 元。签订合同当日，单位即预付合同款 118 000 元，款项通过单位零余额账户支付。

借：行政支出	118 000	
贷：资金结存——零余额账户用款额度		118 000

该业务需同时编制财务会计分录，借记“预付账款”科目，贷记“零余额账户用款额度”科目。

（5）支付其他行政支出。行政单位发生其他各项支出时，按照实际支付的金额，借记“行政支出”科目，贷记“财政拨款预算收入”“资金结存”科目。因购货退回等发生款项退回，或者发生差错更正的，属于当年支出收回的，按照收回或更正金额，借记“财政拨款预算收入”“资金结存”科目，贷记“行政支出”科目。

【例 9-25】月底，某行政单位当月通过财政直接支付所购商品中有价值 10 000 元的商品因质量问题退货，现通过政府采购支付平台完成退货，货款已退回财政。

	借方	贷方
借：财政拨款预算收入	10 000	
贷：行政支出		10 000

该业务需同时编制财务会计分录，借记“财政拨款收入”科目，贷记“库存物品”科目。

（6）结转行政支出。年末，将“行政支出”科目本年发生额中的财政拨款支出转入财政拨款结转，借记“财政拨款结转——本年收支结转”科目，贷记“行政支出”科目下各财政拨款支出明细科目；将该科目本年发生额中的非财政专项资金支出转入非财政拨款结转，借记“非财政拨款结转——本年收支结转”科目，贷记“行政支出”科目下各非财政专项资金支出明细科目；将该科目本年发生额中的其他资金支出（非财政非专项资金支出）转入其他结余，借记“其他结余”科目，贷记“行政支出”科目下其他资金支出明细科目。年末结转后，“行政支出”科目应无余额。

【例 9-26】年末，某行政单位“行政支出”账户累计发生数为 560 000 元。其中，财政拨款支出 450 000 元，非财政专项资金支出 70 000 元，其他资金支出 40 000 元。现进行年末结转。

	借方	贷方
借：财政拨款结转——本年收支结转	450 000	
非财政拨款结转——本年收支结转	70 000	
其他结余	40 000	
贷：行政支出——财政拨款支出		450 000
行政支出——非财政专项资金支出		70 000
行政支出——其他资金支出		40 000

该业务需同时编制财务会计分录，借记“本期盈余”科目，贷记“业务活动费用”科目。

9.2.2 事业支出

1. 事业支出的概念和科目设置

事业支出是指事业单位开展专业业务活动及其辅助活动实际发生的各项现金流出。事业单位按实际发生的事业支出现金确认该项支出。单位预算会计的事业支出与单位财务会计的业务活动费用和单位管理费用有业务对应关系。通过使用存货与固定资产等非现金资产产生的资金流出，不在事业支出项目中反映。

事业单位应设置“事业支出”科目。发生教育、科研、医疗、行政管理、后勤保障等活动的，可在“事业支出”科目下设置相应的明细科目进行核算，或单设“教育支出”“科研支出”“医疗支出”“行政管理支出”“后勤保障支出”等一级会计科目进行核算。“事业支出”科目应当根据支出资金的性质分别设置“财政拨款支出”“非财政专项资金支出”和“其他资金支出”明细科目，并根据支出功能分别设置“基本支出”和“项目支出”明细科目，进行明细分类核算，同时按照《政府收支分类科目》中支出功能分类科目的项级科目进行明细核算。“基本支出”和“项目支出”明细科目下应当按照《政府收支分类科目》中部门预算支出经济分类科目的款级科目进行明细核算，同时在“项目支出”明细科目下按照具体项目进行明细核算。有一般公共预算财政拨款、政府性基金预算财政拨款等两种或两种以上财政拨款的事业单位，还应当在“财政拨款支出”明细科目下按照财政拨款的种类进行明细核算。

对于预付款项，可通过在“事业支出”科目下设置“待处理”明细科目进行明细核算，待确认具体支出项目后再转入“事业支出”科目下相关明细科目。年末结账前，应将“事业支出”科目下“待处理”明细科目的余额全部转入“事业支出”科目下相关明细科目。

2. 事业支出的主要账务处理

（1）支付职工薪酬。事业单位支付职工（经营部门职工除外）薪酬时，按照实际支付的数额，借记“事业支出”科目，贷记“财政拨款预算收入”“资金结存”科目。按照规定代扣代缴个人所得税、代扣代缴或为职工缴纳职工社会保险费、住房公积金等时，按照实际缴纳的金额，借记“事业支出”科目，贷记“财政拨款预算收入”“资金结存”科目。

【例 9-27】某事业单位通过财政直接支付，给单位业务部门职工发放季度绩效工资26 000 元。

借：事业支出　　　　26 000
　贷：财政拨款预算收入　　　　26 000

该业务需同时编制财务会计分录，借记“应付职工薪酬”科目，贷记“财政拨款收入”科目。

（2）支付外部人员劳务费。事业单位为专业业务活动及其辅助活动支付外部人员劳务费时，按照实际支付给外部人员的金额，借记“事业支出”科目，贷记“财政拨款预算收入”“资金结存”科目。按照规定代扣代缴个人所得税时，按照实际缴纳的金额，借记“事业支出”科目，贷记“财政拨款预算收入”“资金结存”科目。

【例 9-28】某事业单位通过单位零余额账户，给在单位辅助部门工作的外部人员代缴上月已代扣的个人所得税 3 500 元。

借：事业支出　　3 500
　贷：资金结存——零余额账户用款额度　　3 500

该业务需同时编制财务会计分录，借记“其他应交税费”科目，贷记“零余额账户用款额度”科目。

（3）支付货款。事业单位开展专业业务活动及其辅助活动过程中为购买存货、固定资产、无形资产等以及在建工程支付相关款项时，按照实际支付的金额，借记“事业支出”科目，贷记“财政拨款预算收入”“资金结存”科目。

【例 9-29】某事业单位通过财政直接支付，在政府采购中购入一项不需安装的设备，价值 28 000 元。设备已验收入库。

借：事业支出　　28 000
　贷：财政拨款预算收入　　28 000

该业务需同时编制财务会计分录，借记“固定资产”科目，贷记“财政拨款收入”科目。

（4）支付预付账款。事业单位开展专业业务活动及其辅助活动过程中发生预付账款时，按照实际支付的金额，借记“事业支出”科目，贷记“财政拨款预算收入”“资金结存”科目。

【例 9-30】某事业单位订购一批图书，根据合同，预付图书款 20 000 元，款项已通过单位零余额账户用款额度支付。

借：事业支出　　20 000
　贷：资金结存——零余额账户用款额度　　20 000

该业务需同时编制财务会计分录，借记“预付账款”科目，贷记“零余额账户用款额度”科目。

（5）支付其他事业支出。事业单位对于暂付款项，在支付款项时可不做预算会计处理，待结算或报销时，按照结算或报销的金额，借记“事业支出”科目，贷记“资金结存”科目。开展专业业务活动及其辅助活动过程中缴纳的相关税费以及发生的其他各项支出，按照实际支付的金额，借记“事业支出”科目，贷记“财政拨款预算收入”“资金结存”科目。开展专业业务活动及其辅助活动过程中因购货退回等发生款项退回，或者发生差错更正的，属于当年支出收回的，按照收回或更正金额，借记“财政拨款预算收入”“资金结存”科目，贷记“事业支出”科目。

【例 9-31】某事业单位收到银行进账单，注明当月单位在管理活动中多支付一笔 1 200 元的费用。对方单位现已退回，款项已存入银行。

借：资金结存——货币资金　　1 200
　贷：事业支出　　1 200

该业务需同时编制财务会计分录，借记“银行存款”科目，贷记“单位管理费用”科目。

（6）结转事业支出。年末，事业单位将“事业支出”科目本年发生额中的财政拨款支出转入财政拨款结转，借记“财政拨款结转——本年收支结转”科目，贷记“事业支出”科目下各财政拨款支出明细科目；将该科目本年发生额中的非财政专项资金支出转入非财政拨款结转，借记“非财政拨款结转——本年收支结转”科目，贷记“事业支出”科目下各非财政专项资金支出明细科目；将该科目本年发生额中的其他资金支出（非财政非专项资金支出）转入其他结余，借记“其他结余”科目，贷记“事业支出”科目下其他资金支出明细科目。年末结转后，“事业支出”科目应无余额。

【例 9-32】年末，某事业单位“事业支出”账户累计发生数为 450 000 元。其中，财政拨款支出 350 000 元，非财政专项资金支出 80 000 元，其他资金支出 20 000 元。现进行年末结转。

借：财政拨款结转——本年收支结转　　350 000
　　非财政拨款结转——本年收支结转　　80 000
　　其他结余　　20 000
　贷：事业支出——财政拨款支出　　350 000
　　　事业支出——非财政专项资金支出　　80 000
　　　事业支出——其他资金支出　　20 000

该业务需同时编制财务会计分录，借记“本期盈余”科目，贷记“业务活动费用”“单位管理费用”等科目。

9.2.3 经营支出

经营支出是指事业单位在专业业务活动及其辅助活动之外开展非独立核算经营活动实际发生的各项现金流出。预算会计按实际发生的经营支出现金确认该项支出。单位预算会计的经营支出与单位财务会计的经营费用有业务对应关系。

为核算经营支出产生的现金流出业务，事业单位应设置“经营支出”科目并按照经营活动类别、项目、《政府收支分类科目》中支出功能分类科目的项级科目和部门预算支出经济分类科目的款级科目等进行明细核算。对于预付款项，可通过在“经营支出”科目下设置“待处理”明细科目进行明细核算，待确认具体支出项目后再转入“经营支出”科目下相关明细科目。年末结账前，应将“经营支出”科目的“待处理”明细科目余额全部转入“经营支出”科目下相关明细科目。

事业单位支付经营部门职工薪酬以及支付经营活动中的外部人员劳务费的，在实际支付薪酬以及劳务费时，按照实际支付的金额，借记“经营支出”科目，贷记“资金结存”科目。按照规定代扣代缴个人所得税、代扣代缴或为职工缴纳职工社会保险费、住房公积金时，按照实际缴纳的金额，借记“经营支出”科目，贷记“资金结存”科目。开展经营活动过程中为购买存货、固定资产、无形资产等以及在建工程支付相关款项时，按照实际支付的金额，借记“经营支出”科目，贷记“资金结存”科目。

事业单位开展经营活动过程中发生预付账款时，按照实际支付的金额，借记“经营支出”科目，贷记“资金结存”科目。对于暂付款项，在支付款项时可不做预算会计处理，待结算或报销时，按照结算或报销的金额，借记“经营支出”科目，贷记“资金结存”科目。因开展经营活动缴纳的相关税费以及发生的其他各项支出，按照实际支付的金额，借记“经营支出”科目，贷记“资金结存”科目。开展经营活动中因购货退回等发生款项退回，或者发生差错更正的，属于当年支出收回的，按照收回或更正的金额，借记“资金结存”科目，贷记“经营支出”科目。

年末，应将“经营支出”科目本年发生额全数转入经营结余，借记“经营结余”科目，贷记“经营支出”科目。年末结转后，该科目应无余额。

【例 9-33】某事业单位在经营活动中支付职工薪酬 36 500 元，款项已通过银行存款转账支付。

借：经营支出　　36 500
　贷：资金结存——货币资金　　36 500

该业务需同时编制财务会计分录，借记“应付职工薪酬”科目，贷记“银行存款”科目。

【例 9-34】某事业单位在经营活动中支付一项应付账款 22 000 元，该款项为应付的购买材料的尾款，现通过银行存款转账付讫。

借：经营支出　　22 000
　贷：资金结存——货币资金　　22 000

该业务需同时编制财务会计分录，借记“应付账款”科目，贷记“银行存款”科目。

【例 9-35】某事业单位在经营活动中缴纳应缴的所得税 2 800 元，款项通过银行存款转账付讫。

借：经营支出　　2 800
　贷：资金结存——货币资金　　2 800

该业务需同时编制财务会计分录，借记“其他应交税费”科目，贷记“银行存款”科目。

【例 9-36】年末，某事业单位预算会计累计发生经营支出 360 000 元，现予以结转。

借：经营结余　　360 000
　贷：经营支出　　360 000

该业务需同时编制财务会计分录，借记“本期盈余”科目，贷记“经营费用”科目。

9.2.4 投资支出

投资支出是指事业单位以货币资金对外投资发生的现金流出。预算会计按对外投资时实际投出的现金确认该项支出，包括已划出但暂未实际购入投资的现金。

为核算对外投资的现金流出业务，事业单位应设置“投资支出”科目并按照投资类型、投资对象、《政府收支分类科目》中支出功能分类科目的项级科目和部门预算支出经济分类科目的款级科目等进行明细核算。

事业单位以货币资金对外投资时，按照投资金额和所支付的相关税费金额的合计数，借记“投资支出”科目，贷记“资金结存”科目。出售、对外转让或到期收回本年度以货币资金取得的对外投资的，如果按规定将投资收益纳入单位预算，按照实际收到的金额，借记“资金结存”科目，按照取得投资时“投资支出”科目的发生额，贷记“投资支出”科目，按照其差额，贷记或借记“投资预算收益”科目；如果按规定将投资收益上缴财政的，按照取得投资时“投资支出”科目的发生额，借记“资金结存”科目，贷记“投资支出”科目。

出售、对外转让或到期收回以前年度以货币资金取得的对外投资的，如果按规定将投资收益纳入单位预算，按照实际收到的金额，借记“资金结存”科目，按照取得投资时“投资支出”科目的发生额，贷记“其他结余”科目，按照其差额，贷记或借记“投资预算收益”科目；如果按规定将投资收益上缴财政的，按照取得投资时“投资支出”科目的发生额，借记“资金结存”科目，贷记“其他结余”科目。

年末，应将“投资支出”科目本年发生额转入其他结余，借记“其他结余”科目，贷记“投资支出”科目。年末结转后，该科目应无余额。

【例 9-37】某事业单位从债券市场购入一项长期债券，成本为 150 000 元（含税费 1 500 元），债券成本中包含已到付息期但尚未支付的利息 2 000 元。上述款项通过银行存款支付。

借：投资支出　　　　150 000

　贷：资金结存——货币资金　　　　150 000

该业务需同时编制财务会计分录，借记“长期债券投资”和“应收利息”科目，贷记“银行存款”科目。

【例 9-38】某事业单位出售一项当年购入的短期债券投资，该投资账面成本为 100 000 元，出售价款扣除手续费为 103 000 元。款项已存入银行。

借：资金结存——货币资金　　　　103 000

　贷：投资支出　　　　100 000

　　　投资预算收益　　　　3 000

该业务需同时编制财务会计分录，借记“银行存款”科目，贷记“短期投资”和“投资收益”科目。

【例 9-39】年末，某事业单位累计发生投资支出 227 000 元，现予结转。

借：其他结余　　227 000
　贷：投资支出　　227 000

该业务不需要编制财务会计分录。

9.2.5　其他各项支出

单位预算会计支出的其他各项支出是指除了行政支出、事业支出和经营支出以外的支出，包括上缴上级支出、对附属单位补助支出、债务还本支出和其他支出。

1. 上缴上级支出

上缴上级支出是指事业单位按照财政部门和主管部门的规定上缴上级单位款项发生的现金流出。预算会计按实际发生的现金支出确认该项支出。单位预算会计的上缴上级支出与单位财务会计的上缴上级费用有业务对应关系。

为核算上缴上级款项产生的现金流出业务，事业单位应设置“上缴上级支出”科目并按照收缴款项单位、缴款项目、《政府收支分类科目》中支出功能分类科目的项级科目和部门预算支出经济分类科目的款级科目等进行明细核算。

事业单位按照规定将款项上缴上级单位的，按照实际上缴的金额，借记“上缴上级支出”科目，贷记“资金结存”科目。年末，应将该科目本年发生额转入其他结余，借记“其他结余”科目，贷记“上缴上级支出”科目。年末结转后，该科目应无余额。

【例 9-40】某事业单位根据规定，将当月应上缴上级主管部门的款项 23 000 元用银行存款上缴，并于年末结转。

（1）上缴上级款项时：

借：上缴上级支出　　23 000
　贷：资金结存——货币资金　　23 000

该业务需同时编制财务会计分录，借记“上缴上级费用”科目，贷记“银行存款”科目。

（2）年末结转该项上缴上级支出时：

借：其他结余　　23 000
　贷：上缴上级支出　　23 000

该业务需同时编制财务会计分录，借记“本期盈余”科目，贷记“上缴上级费用”科目。

2. 对附属单位补助支出

对附属单位补助支出是指事业单位用财政拨款预算收入之外的收入对附属单位补助

发生的现金流出。预算会计按实际补助支出的现金确认该项支出。单位预算会计的对附属单位补助支出与单位财务会计的对附属单位补助费用有业务对应关系。

为核算对附属单位补助支出产生的现金流出业务，事业单位应设置“对附属单位补助支出”科目，该科目应当按照接受补助单位、补助项目、《政府收支分类科目》中支出功能分类科目的项级科目和部门预算支出经济分类科目的款级科目等进行明细核算。发生对附属单位补助支出时，按照实际补助的金额，借记“对附属单位补助支出”科目，贷记“资金结存”科目。年末，应将该科目本年发生额转入其他结余，借记“其他结余”科目，贷记“对附属单位补助支出”科目。年末结转后，该科目应无余额。

【例 9-41】 某事业单位用非财政性资金 50 000 元补助所属的独立核算单位，款项通过银行存款支付并于年末结转至其他结余。

（1）补助附属单位时：

借：对附属单位补助支出　　50 000

　贷：资金结存——货币资金　　50 000

该业务需同时编制财务会计分录，借记“对附属单位补助费用”科目，贷记“银行存款”科目。

（2）年末结转对附属单位补助支出时：

借：其他结余　　50 000

　贷：对附属单位补助支出　　50 000

该业务需同时编制财务会计分录，借记“本期盈余”科目，贷记“对附属单位补助费用”科目。

3. 债务还本支出

债务还本支出是指事业单位偿还自身承担的纳入预算管理的从金融机构举借的债务本金的现金流出，此债务一般包括短期借款和长期借款等。

为核算偿还债务本金产生的现金流出业务，事业单位应设置“债务还本支出”科目，该科目应当按照贷款单位、贷款种类、《政府收支分类科目》中支出功能分类科目的项级科目和部门预算支出经济分类科目的款级科目等进行明细核算。债务利息支出通过“其他支出”科目单独核算。

单位偿还各项短期或长期借款时，按照偿还的借款本金，借记“债务还本支出”科目，贷记“资金结存”科目。年末，应将该科目本年发生额转入其他结余，借记“其他结余”科目，贷记“债务还本支出”科目。年末结转后，该科目应无余额。

【例 9-42】 某事业单位偿还一项到期一次还本付息的银行长期借款，该项借款本金为

300 000 元，利息为 72 000 元。本息已由银行从该事业单位的贷款账户划转结清。

借：债务还本支出　　300 000
　　其他支出　　72 000
　贷：资金结存——货币资金　　372 000

该业务需同时编制财务会计分录，借记“长期借款——本金”“长期借款——应计利息”科目，贷记“银行存款”科目。

4. 其他支出

其他支出是指行政事业单位除行政支出、事业支出、经营支出、上缴上级支出、对附属单位补助支出、投资支出、债务还本支出以外的各项现金流出，包括利息支出、对外捐赠现金支出、现金盘亏损失、接受捐赠（调入）和对外捐赠（调出）非现金资产发生的税费支出、资产置换过程中发生的相关税费支出、罚没支出等。

为核算其他支出产生的现金流出业务，单位应设置“其他支出”科目，该科目应按照其他支出的类别，分别设置“财政拨款支出”“非财政专项资金支出”和“其他资金支出”明细科目，按《政府收支分类科目》中支出功能分类科目的项级科目和部门预算支出经济分类科目的款级科目等进行明细核算。其他支出中如有专项资金支出，还应按照具体项目进行明细核算。有一般公共预算财政拨款、政府性基金预算财政拨款等两种或两种以上财政拨款的事业单位，还应当在“财政拨款支出”明细科目下按照财政拨款的种类进行明细核算。单位发生利息支出、捐赠支出等其他支出且金额较大或业务较多的，可单独设置“利息支出”“捐赠支出”等科目。

单位发生上述支出时，按照实际支付金额，借记“其他支出”科目，贷记“资金结存”科目。年末，将该科目本年发生额中的财政拨款支出转入财政拨款结转，借记“财政拨款结转——本年收支结转”科目，贷记“其他支出”科目下各财政拨款支出明细科目；将该科目本年发生额中的非财政专项资金支出转入非财政拨款结转，借记“非财政拨款结转——本年收支结转”科目，贷记“其他支出”科目下各非财政专项资金支出明细科目；将该科目本年发生额中的其他资金支出（非财政非专项资金支出）转入其他结余，借记“其他结余”科目，贷记“其他支出”科目下各其他资金支出明细科目。年末结转后，该科目应无余额。

【例 9-43】某事业单位支付一笔应付的借款利息 1 900 元。款项通过银行存款支付。

借：其他支出　　1 900
　贷：资金结存——货币资金　　1 900

该业务需同时编制财务会计分录，财务会计已计提该利息的，借记“应付利息”科目，贷记“银行存款”科目。

【例 9-44】年末，某事业单位“其他支出”账户累计发生数为 150 000 元。其中，财政拨款支出 90 000 元，非财政专项资金支出 40 000 元，其他资金支出 20 000 元。现进行年末结转。

借：财政拨款结转——本年收支结转 90 000
　非财政拨款结转——本年收支结转 40 000
　其他结余 20 000
　贷：其他支出——财政拨款支出 90 000
　　其他支出——非财政专项资金支出 40 000
　　其他支出——其他资金支出 20 000

该业务需同时编制财务会计分录，借记“本期盈余”科目，贷记“其他费用”科目。

9.3 行政事业单位预算结余

预算结余是指政府会计主体预算年度内预算收入扣除预算支出后的资金余额，以及历年滚存的资金余额。预算结余包括结余资金和结转资金。结余资金是指年度预算执行终了，预算收入实际完成数扣除预算支出和结转资金后剩余的资金。结转资金是指预算安排项目的支出年终尚未执行完毕或者因故未执行，且下年需要按原用途继续使用的资金。

预算结余包括资金结存、财政拨款结转、财政拨款结余、非财政拨款结转、非财政拨款结余、专用结余、经营结余和其他结余。符合预算结余定义及其确认条件的项目应当列入政府决算报表。

9.3.1 资金结存

1. 资金结存的概念和科目设置

资金结存是指单位纳入部门预算管理的资金的流入、流出、调整和滚存等情况。单位应设置“资金结存”科目并设置下列明细科目：

（1）“零余额账户用款额度”科目。该明细科目核算实行国库集中支付的单位根据财政部门批复的用款计划收到和支用的零余额账户用款额度。年末结账后，该明细科目应无余额。

（2）“货币资金”科目。该明细科目核算单位中以库存现金、银行存款、其他货币资金形态存在的资金。该明细科目年末为借方余额，反映单位尚未使用的货币资金。

（3）“财政应返还额度”科目。该明细科目核算实行国库集中支付的单位可以使用的以前年度财政直接支付资金额度和财政应返还的财政授权支付资金额度。该明细科目下可设置“财政直接支付”“财政授权支付”两个明细科目进行明细核算。该明细科目年末为借方余额，反映单位应收财政返还的资金额度。

2. 资金结存的主要账务处理

（1）资金结存的流入。单位收到财政授权支付额度时，借记“资金结存——零余额账户用款额度”科目，贷记“财政拨款预算收入”科目。收到现金预算收入时，按照实际收到的金额，借记“资金结存——货币资金”科目，贷记“财政拨款预算收入”“事业预算收入”等科目。年末确认应返还的财政直接或授权支付额度时，借记“资金结存——财政应返还额度（财政直接支付）”或“资金结存——财政应返还额度（财政授权支付）”科目，贷记“财政拨款预算收入”科目。收到从其他单位调入的财政拨款结转资金时，借记“资金结存”科目（财政应返还额度、零余额账户用款额度、货币资金），贷记“财政拨款结转——归集调入”科目。

【例 9-45】根据政府财政预算，某事业单位年度财政直接支付额度为 900 000 元，至年末已累计收到 850 000 元，年度应从财政返还的直接支付额度为 50 000 元。现予确认。

借：资金结存——财政应返还额度（财政直接支付）　　50 000
　贷：财政拨款预算收入　　50 000

该业务需同时编制财务会计分录，借记“财政应返还额度”科目，贷记“财政拨款收入”科目。

（2）资金结存的流出。单位使用现金、零余额账户用款额度、财政应返还直接额度完成支付时，借记“行政支出”“事业支出”“财政拨款结转”“财政拨款结余”等科目，贷记“资金结存”（货币资金、零余额账户用款额度、财政应返还额度）科目。向原资金拨入单位缴回非财政拨款结转资金时，借记“非财政拨款结转——缴回资金”科目，贷记“资金结存——货币资金”科目。使用专用基金时，按照实际支付金额，借记“专用结余”科目（从非财政拨款结余中提取的专用基金）或“事业支出”等科目（从预算收入中计提的专用基金），贷记“资金结存——货币资金”科目。缴纳企业所得税时，借记“非财政拨款结余——累计结余”科目，贷记“资金结存——货币资金”科目。

【例 9-46】接上例。次年年初，财政使用上年应返还的直接支付额度，为该事业单位支付一项业务活动费用 35 000 元。该事业单位应做如下账务处理。

借：事业支出　　35 000
　贷：资金结存——财政应返还额度（财政直接支付）　　35 000

该业务需同时编制财务会计分录，借记“业务活动费用”科目，贷记“财政应返还额度”科目。

（3）资金结存的调整。单位从零余额账户提取现金时，借记“资金结存——货币资金”科目，贷记“资金结存——零余额账户用款额度”科目。年末注销零余额账户用款额度时，借记“资金结存——财政应返还额度”科目，贷记“资金结存——零余额账户用款额度”科目。收到财政部门批复的上年年末未下达的零余额账户用款额度，以及年初收回被注销的零余额账户用款额度时，借记“资金结存——零余额账户用款额度”科目，贷记“资金结存——财政应返还额度”科目。

【例 9-47】年末，某事业单位“零余额账户用款额度”账户有余额 15 000 元，按规定，现予注销。

借：资金结存——财政应返还额度　　15 000
　贷：资金结存——零余额账户用款额度　　15 000

该业务需同时编制财务会计分录，借记“财政应返还额度”科目，贷记“零余额账户用款额度”科目。

（4）资金结存的退回。单位因购货退回、发生差错更正等退回国库的直接或授权支付款项，以及收回货币资金的，属于本年度支付的，借记“财政拨款预算收入”科目或“资金结存”科目（零余额账户用款额度、货币资金），贷记相关支出科目；属于以前年度支付的，借记“资金结存”科目（财政应返还额度、零余额账户用款额度、货币资金），贷记“财政拨款结转”“财政拨款结余”“非财政拨款结转”“非财政拨款结余”等科目。

年末，“资金结存”科目为借方余额，反映单位预算资金的累计滚存情况。

【例 9-48】某事业单位收回一项本年度多支付的业务活动费用 800 元，款项已退回至单位零余额账户。

借：资金结存——零余额账户用款额度　　800
　贷：事业支出　　800

该业务需同时编制财务会计分录，借记“零余额账户用款额度”科目，贷记“业务活动费用”科目。

9.3.2 财政拨款结转

1. 财政拨款结转的概念和科目设置

财政拨款结转反映行政事业单位取得的同级财政拨款结转资金的调整、结转和滚存情况。单位应设置“财政拨款结转”科目进行核算。该科目下应当设置下列明细科目：

（1）与会计差错更正、以前年度支出收回相关的明细科目——“年初余额调整”。该明细科目核算因发生会计差错更正、以前年度支出收回等，需要调整财政拨款结转的金额。年末结账后，该明细科目应无余额。

（2）与财政拨款调拨业务相关的明细科目：①“归集调入”科目，该明细科目核算按照规定从其他单位调入财政拨款结转资金时，实际调增的额度数额或调入的资金数额。年末结账后，该明细科目应无余额。②“归集调出”科目，该明细科目核算按照规定向其他单位调出财政拨款结转资金时，实际调减的额度数额或调出的资金数额。年末结账后，该明细科目应无余额。③“归集上缴”科目，该明细科目核算按照规定上缴财政拨款结转资金时，实际核销的额度数额或上缴的资金数额。年末结账后，该明细科目应无余额。④“单位内部调剂”科目，该明细科目核算经财政部门批准对财政拨款结余资金改变用途，调整用于本单位其他未完成项目等的调整金额。年末结账后，该明细科目应无余额。

（3）与年末财政拨款结转业务相关的明细科目：①“本年收支结转”科目，该明细科目核算单位本年度财政拨款收支相抵后的余额。年末结账后，该明组科目应无余额。②“累计结转”科目，该明细科目核算单位滚存的财政拨款结转资金，年末为贷方余额，反映单位财政拨款滚存的结转资金数额。该明细科目下还应当设置“基本支出结转”“项目支出结转”两个明细科目，并在“基本支出结转”明细科目下按照“人员经费”“日常公用经费”进行明细核算，在“项目支出结转”明细科目下按照具体项目进行明细核算。同时，“累计结转”科目还应按照《政府收支分类科目》中支出功能分类科目的相关科目进行明细核算。有一般公共预算财政拨款、政府性基金预算财政拨款等两种或两种以上财政拨款的，还应当在该科目下按照财政拨款的种类进行明细核算。

综上，年末，“财政拨款结转”科目下除了“累计结转”明细科目可有余额外，其他明细科目均无余额。

2. 财政拨款结转的主要账务处理

（1）与会计差错更正、以前年度支出收回相关的账务处理。①因发生会计差错更正退回以前年度国库直接支付、授权支付款项或财政性货币资金，或者因发生会计差错更正增加以前年度国库直接支付、授权支付支出或财政性货币资金支出，属于以前年度财政拨款结转资金的，借记或贷记“资金结存——财政应返还额度、零余额账户用款额度、货币资金”科目，贷记或借记“财政拨款结转——年初余额调整”科目。②因购货退回、预付款项收回等发生以前年度支出又收回国库直接支付、授权支付款项或收回财政性货币资金，属于以前年度财政拨款结转资金的，借记“资金结存——财政应返还额度、零余额账户用款额度、货币资金”科目，贷记“财政拨款结转——年初余额调整”科目。

【例 9-49】某事业单位上年度在一项采购服务中，通过财政授权支付，多付了一笔服务款 17 000 元，预算会计在上年度已将该项支出列入事业支出。款项现已按原渠道退回单位零余额账户。

	借方	贷方
借：资金结存——零余额账户用款额度	17 000	
贷：财政拨款结转——年初余额调整		17 000

该业务需同时编制财务会计分录，借记“零余额账户用款额度”科目，贷记“以前年度盈余调整”科目。

（2）与财政拨款结转结余资金调整业务相关的账务处理。①单位从其他单位调入财政拨款结转资金的，按照调增的额度或调入的资金，借记“资金结存——财政应返还额度、零余额账户用款额度、货币资金”科目，贷记“财政拨款结转——归集调入”科目。②单位向其他单位调出财政拨款结转资金的，按照调减的额度或调出的资金，借记“财政拨款结转——归集调出”科目，贷记“资金结存”科目（财政应返还额度、零余额账户用款额度、货币资金）。③单位上缴财政拨款结转资金或注销财政拨款结转资金额度的，按照上缴资金或注销额度数额，借记“财政拨款结转——归集上缴”科目，贷记“资金结存”科目（财政应返还额度、零余额账户用款额度、货币资金）。④单位经财政部门批准对财政拨款结余资金改变用途，调整用于本单位基本支出或其他未完成项目支出的，按照批准调剂的金额，借记“财政拨款结余——单位内部调剂”科目，贷记“财政拨款结转——单位内部调剂”科目。

【例 9-50】年末，某事业单位收到财政从其他单位归集调入的授权支付用款额度 70 000 元。经批准，从本单位财政拨款结余中调剂 10 000 元到财政拨款结转。用授权支付额度上缴财政拨款结转资金 20 000 元。

①收到归集调入的授权支付额度时：

借：资金结存——零余额账户用款额度　　70 000
　贷：财政拨款结转——归集调入　　70 000

该业务需同时编制财务会计分录，借记“零余额账户用款额度”科目，贷记“累计盈余”科目。

②从财政拨款结余中调剂资金时：

借：财政拨款结余——单位内部调剂　　10 000
　贷：财政拨款结转——单位内部调剂　　10 000

③上缴财政拨款结转资金时：

借：财政拨款结转——归集上缴　　20 000
　贷：资金结存——零余额账户用款额度　　20 000

该业务需同时编制财务会计分录，借记“累计盈余”科目，贷记“零余额账户用款额度”科目。

（3）与年末财政拨款结转和结余业务相关的账务处理。该类业务的处理分为以下三个步骤。

第一步，结转财政拨款预算收入与支出。年末，将财政拨款预算收入本年发生额转入“财政拨款结转”科目，借记“财政拨款预算收入”科目，贷记“财政拨款结转——本年收支结转”科目；将各项支出中财政拨款支出本年发生额转入该科目，借记“财政拨款结转——本年收支结转”科目，贷记各项支出（财政拨款支出）科目。

【例 9-51】年末，某事业单位“财政拨款预算收入”累计数为 500 000 元，事业支出——财政拨款支出为 380 000 元，其他支出——财政拨款支出为 90 000 元。现予结转。

①结转财政拨款预算收入：

借：财政拨款预算收入　　500 000
　贷：财政拨款结转——本年收支结转　　500 000

该业务需同时编制财务会计分录，借记“财政拨款收入”科目，贷记“本期盈余”科目。

②结转各项财政拨款支出：

借：财政拨款结转——本年收支结转　　470 000
　贷：事业支出——财政拨款支出　　380 000
　　　其他支出——财政拨款支出　　90 000

该业务需同时编制财务会计分录，借记“本期盈余”科目，贷记“业务活动费用”等科目。

第二步，结转“财政拨款结转”有关明细科目余额。年末，将“财政拨款结转”下各明细科目“本年收支结转”“年初余额调整”“归集调入”“归集调出”“归集上缴”“单位内部调剂”的余额转入“财政拨款结转——累计结转”科目，结转后，“财政拨款结转”科目下除“累计结转”明细科目外，其他明细科目应无余额。

【例 9-52】接【例 9-49】至【例 9-51】。年末，该事业单位“财政拨款结转”科目下有贷方余额的明细科目分别为“年初余额调整”17 000 元，“归集调入”70 000 元，“单位内部调剂”10 000 元，“本年收支结转”30 000 元；有借方余额的明细科目为“归集上缴”20 000 元。现予结转。

借：财政拨款结转——年初余额调整　　17 000
　　财政拨款结转——归集调入　　70 000
　　财政拨款结转——单位内部调剂　　10 000
　　财政拨款结转——本年收支结转　　30 000
　贷：财政拨款结转——归集上缴　　20 000
　　　财政拨款结转——累计结转　　107 000

第三步，分析财政拨款结转余额性质。年末完成上述结转后，应当对财政拨款结转各明细项目执行情况进行分析，按照有关规定将符合财政拨款结余性质的项目余额转入财政拨款结余，借记“财政拨款结转——累计结转”科目，贷记“财政拨款结余——结转转入”科目。“财政拨款结转”科目年末为贷方余额，反映单位滚存的财政拨款结转资金数。

【例 9-53】接上例。该事业单位完成财政拨款结转明细科目的年末结转后，经分析，当年实现的“财政拨款结转——累计结转”数额构成中，基本支出结转 67 000 元，项目支出结转 40 000 元。现将项目支出结转所得数额转入“财政拨款结余”科目。结转之前，“财政拨款结转——累计结转”明细科目有年初贷方余额 8 000 元。

借：财政拨款结转——累计结转　　40 000
　贷：财政拨款结余——结转转入　　40 000

年末，经上述结转处理，“财政拨款结转”科目下其他各明细科目均已无余额，仅“累计结转”明细科目有期末贷方余额 75 000 元（8 000 元 +67 000 元），该余额即为“财政拨款结转——累计结转”的下年期初余额。

9.3.3 财政拨款结余

1. 财政拨款结余的概念和科目设置

财政拨款结余是行政事业单位取得的同级财政拨款项目支出结余资金的调整、结转和滚存情况。单位应设置“财政拨款结余”科目并按要求设置下列明细科目：

（1）与会计差错更正、以前年度支出收回相关的明细科目“年初余额调整”。该明细科目核算因发生会计差错更正、以前年度支出收回等，需要调整财政拨款结余的金额。年末结账后，该明细科目应无余额。

（2）与财政拨款结余资金调整业务相关的明细科目：①“归集上缴”科目。该明细科目核算按照规定上缴财政拨款结余资金时，实际核销的额度数额或上缴的资金数额。年末结账后，该明细科目应无余额。②“单位内部调剂”科目。该明细科目核算经财政部门批准对财政拨款结余资金改变用途，调整用于本单位其他未完成项目等的调整金额。年末结账后，该明细科目应无余额。

（3）与年末财政拨款结余业务相关的明细科目：①“结转转入”科目。该明细科目核算单位按照规定转入财政拨款结余的财政拨款结转资金。年末结账后，该明细科目应无余额。②“累计结余”科目。该明细科目核算单位滚存的财政拨款结余资金，年末为贷方余额，反映单位财政拨款滚存的结余资金数。

综上，年末“财政拨款结余”下的明细科目除了“累计结余”科目可有余额外，其他明细科目均无余额。“财政拨款结余——累计结余”经批准可调剂使用。

2. 财政拨款结余的主要账务处理

（1）与会计差错更正、以前年度支出收回相关的账务处理。①因发生会计差错更正退回以前年度国库直接支付、授权支付款项或财政性货币资金，或者因发生会计差错更正增加以前年度国库直接支付、授权支付支出或财政性货币资金支出，属于以前年度财政拨款结余资金的，借记或贷记“资金结存——财政应返还额度、零余额账户用款额度、货币资金”科目，贷记或借记“财政拨款结余——年初余额调整”科目。②因购货退回、预付款项收回等发生以前年度支出又收回国库直接支付、授权支付款项或收回财政性货币资金，属于以前年度财政拨款结余资金的，借记“资金结存——财政应返还额度、零余额账户用款额度、货币资金”科目，贷记“财政拨款结余——年初余额调整”科目。

【例 9-54】某事业单位在财政拨款项目资金账目检查中发现，归属于上年的一笔项目支出少付款 20 000 元。按照收款方要求，现通过银行存款支付。

借：财政拨款结余——年初余额调整　　20 000
　贷：资金结存——货币资金　　20 000

该业务需同时编制财务会计分录，借记“以前年度盈余调整”科目，贷记“银行存款”科目。

（2）与财政拨款结余资金调整业务相关的账务处理。①经财政部门批准对财政拨款结余资金改变用途，调整用于本单位基本支出或其他未完成项目支出的，按照批准调剂的金额，借记“财政拨款结余——单位内部调剂”科目，贷记“财政拨款结转——单位内部调剂”科目。②按照规定上缴财政拨款结余资金或注销财政拨款结余资金额度的，按照实际上缴资金数额或注销的资金额度数额，借记“财政拨款结余——归集上缴”科目，贷记“资金结存——财政应返还额度、零余额账户用款额度、货币资金”科目。

【例 9-55】年末，事业单位当年财政拨款的甲项目结余资金额度为 16 000 元，按规定需要上缴财政 50% 的额度，现通过注销零余额账户用款额度方法上缴。

借：财政拨款结余——归集上缴　　8 000
　贷：资金结存——零余额账户用款额度　　8 000

该业务需同时编制财务会计分录，借记“累计盈余”科目，贷记“零余额账户用款额度”科目。

（3）与年末财政拨款结转和结余业务相关的账务处理。①年末，对财政拨款结转各明细项目执行情况进行分析，按照有关规定将符合财政拨款结余性质的项目余额转入财政拨款结余，借记“财政拨款结转——累计结转”科目，贷记“财政拨款结余——结转转入”科目。②年末冲销有关明细科目余额。将“财政拨款结余（年初余额调整、归集上缴、单位内部调剂、结转转入）科目余额转入“财政拨款结余——累计结余”科目。结转后，“财政拨款结余”科目除“累计结余”明细科目外，其他明细科目应无余额。该科目年末为贷方余额，反映单位滚存的财政拨款结余资金数额。

【例 9-56】根据【例 9-53】。该事业单位“财政拨款结余——结转转入”科目贷方余额为 40 000 元，根据【例 9-54】和【例 9-55】，“财政拨款结余——年初余额调整”科目借方余额为 20 000 元，“财政拨款结余——归集上缴”科目借方余额为 8 000 元。现将各有关明细科目余额结转至“财政拨款结余——累计结余”科目。结转之前，“累计结余”明细科目有年初贷方余额 5 000 元。

借：财政拨款结余——结转转入　　40 000
　贷：财政拨款结余——年初余额调整　　20 000
　　　财政拨款结余——归集上缴　　8 000
　　　财政拨款结余——累计结余　　12 000

经上述结转，仅“财政拨款结余——累计结余”明细科目有贷方余额 17 000 元（5 000 元 +12 000 元），其他各明细科目均已无余额，该余额经财政批准可调剂使用。

9.3.4 非财政拨款结转

1. 非财政拨款结转的概念和科目设置

非财政拨款结转是行政事业单位除财政拨款收支、经营收支以外各非同级财政拨款专项资金的调整、结转和滚存情况。单位应设置“非财政拨款结转”科目并应按规定设置下列明细科目：

（1）“年初余额调整”科目。该明细科目核算因发生会计差错更正、以前年度支出收回等，需要调整非财政拨款结转的资金。年末结账后，该明细科目应无余额。

（2）“缴回资金”科目。该明细科目核算按照规定缴回非财政拨款结转资金时，实际缴回的资金数额。年末结账后，该明细科目应无余额。

（3）“项目间接费用或管理费”科目。该明细科目核算单位取得的科研项目预算收入中，按照规定计提项目间接费用或管理费的数额。年末结账后，该明细科目应无余额。

（4）“本年收支结转”科目。该明细科目核算单位本年度非同级财政拨款专项收支相抵后的余额。年末结账后，该明细科目应无余额。

（5）“累计结转”科目。该明细科目核算单位滚存的非同级财政拨款专项结转资金。该明细科目年末为贷方余额，反映单位非同级财政拨款滚存的专项结转资金数额。

综上，年末，“非财政拨款结转”科目下除了“累计结转”明细科目可有余额外，其他明细科目均无余额。

2. 非财政拨款结转的主要账务处理

（1）与会计差错更正、以前年度支出收回相关的账务处理。①因会计差错更正收到或支出非同级财政拨款货币资金，属于非财政拨款结转资金的，按照收到或支出的金额，借记或贷记“资金结存——货币资金”科目，贷记或借记“非财政拨款结转——年初余额调整”科目。②因收回以前年度支出等收到非同级财政拨款货币资金，属于非财政拨款结转资金的，按照收到的金额，借记“资金结存——货币资金”科目，贷记“非财政拨款结转——年初余额调整”科目。

【例 9-57】某事业单位收回一项上年度多付的非财政拨款专项资金 10 800 元。款项已存入银行存款账户。

借：资金结存——货币资金	10 800	
贷：非财政拨款结转——年初余额调整		10 800

该业务需同时编制财务会计分录，借记“银行存款”科目，贷记“以前年度盈余调整”科目。应注意的是，如果金额较小，可直接记入当期的对应支出（费用）科目，不使用净资产调整科目。

（2）与非财政拨款结转调整相关的账务处理。①从科研项目预算收入中提取项目管理费或间接费时，按照提取金额，借记“非财政拨款结转——项目间接费用或管理费”科目，贷记“非财政拨款结余——项目间接费用或管理费”科目。②年末，将有关收入的本年发生额中的专项资金收入转入该科目，借记“事业预算收入”“上级补助预算收入”“附属单位上缴预算收入”“非同级财政拨款预算收入”“债务预算收入”“其他预算收入”科目下各专项资金收入明细科目，贷记“非财政拨款结转——本年收支结转”科目；将有关支出本年发生额中的非财政拨款专项资金支出转入该科目，借记“非财政拨款结转——本年收支结转”科目，贷记“行政支出”“事业支出”“其他支出”科目下各非财政拨款专项资金支出明细科目。③按照规定缴回非财政拨款结转资金的，按照实际缴回资金数额，借记“非财政拨款结转——缴回资金”科目，贷记“资金结存——货币资金”科目。

【例 9-58】某事业单位按规定从非财政拨款科研项目预算收入中提取项目管理费 900 元。

借：非财政拨款结转——项目间接费用或管理费	900	
贷：非财政拨款结余——项目间接费用或管理费		900

该业务需同时编制财务会计分录，借记“单位管理费用”科目，贷记“预提费用”科目。单位预算会计中该项提取项目管理费业务可理解为分拨部分结余资金到可供分配的“非财政拨款结余”中。

【例 9-59】年末，某事业单位“事业预算收入——非财政专项资金”累计数为 185 000 元，“其他预算收入——非财政专项资金”为 10 000 元，“事业支出——非财政专项资金”为 150 000 元。现予结转。

①结转非财政拨款专项资金收入：

借：事业预算收入——非财政专项资金	185 000	
其他预算收入——非财政专项资金	10 000	
贷：非财政拨款结转——本年收支结转		195 000

该业务需同时编制财务会计分录，借记“事业收入”“其他收入”科目，贷记“本期盈余”科目。

②结转非财政拨款专项资金支出：

借：非财政拨款结转——本年收支结转　　150 000
　贷：事业支出——非财政专项资金　　150 000

该业务需同时编制财务会计分录，借记“本期盈余”科目，贷记“业务活动费用”“单位管理费用”科目。

经上述结转，“非财政拨款结转——本年收支结转”贷方余额为 45 000 元。

（3）年末冲销有关明细科目余额。将“非财政拨款结转”（年初余额调整、项目间接费用或管理费、缴回资金、本年收支结转）科目余额转入“非财政拨款结转——累计结转”科目。结转后，“非财政拨款结转”下除“累计结转”明细科目外，其他明细科目应无余额。完成上述结转后，应当对非财政拨款专项结转资金各项目情况进行分析，将留归本单位使用的非财政拨款专项（项目已完成）剩余资金转入非财政拨款结余，借记“非财政拨款结转——累计结转”科目，贷记“非财政拨款结余——结转转入”科目。“非财政拨款结转”年末为贷方余额，反映单位滚存的非同级财政拨款专项结转资金数额。

【例 9-60】根据前述三例可知，“非财政拨款结转——年初余额调整”科目贷方余额为 10 800 元，“非财政拨款结转——项目间接费用或管理费”科目借方余额为 900 元，“非财政拨款结转——本年收支结转”科目贷方余额为 45 000 元。现将上述余额全数转入“非财政拨款结转——累计结转”科目。

借：非财政拨款结转——年初余额调整　　10 800
　　非财政拨款结转——本年收支结转　　45 000
　贷：非财政拨款结转——项目间接费用或管理费　　900
　　　非财政拨款结转——累计结转　　54 900

结转后，除“非财政拨款结转——累计结转”明细科目有贷方余额 54 900 元外，“非财政拨款结转”科目下其他各明细科目均无余额。

【例 9-61】接上例。年末，该事业单位对“非财政拨款结转——累计结转”贷方余额 54 900 元进行分析，按规定可留归本单位使用的非财政拨款专项（项目已完成）剩余资金为 3 000 元。现予结转。

借：非财政拨款结转——累计结转　　3 000
　贷：非财政拨款结余——结转转入　　3 000

经过结转，年终“非财政拨款结转——累计结转”科目贷方余额为 51 900 元（5 4900 元 −3 000 元）。

9.3.5　非财政拨款结余

1. 非财政拨款结余的概念和科目设置

非财政拨款结余是指行政事业单位历年滚存的非限定用途的非同级财政拨款结余资金，主要为非财政拨款结余扣除结余分配后滚存的金额。单位应设置“非财政拨款结余”科目并应按要求设置下列明细科目：

（1）“年初余额调整”科目。该明细科目核算因发生会计差错更正、以前年度支出收回等，需要调整非财政拨款结余的资金。年末结账后，该明细科目应无余额。

（2）“项目间接费用或管理费”科目。该明细科目核算单位取得的科研项目预算收入中，按照规定计提的项目间接费用或管理费数额。年末结账后，该明细科目应无余额。

（3）“结转转入”科目。该明细科目核算按照规定留归单位使用，由单位统筹调配，纳入单位非财政拨款结余的非同级财政拨款专项剩余资金。年末结账后，该明细科目应无余额。

（4）“累计结余”科目。该明细科目核算单位历年滚存的非同级财政拨款、非专项结余资金。该明细科目年末为贷方余额，反映单位非同级财政拨款滚存的非专项结余资金数额。

综上，年末“非财政拨款结余”科目下除了“累计结余”明细科目可有余额外，其他明细科目均无余额。

2. 非财政拨款结余的主要账务处理

因会计差错更正收到或支出非同级财政拨款货币资金，属于非财政拨款结余资金的，按照收到或支出的金额，借记或贷记“资金结存——货币资金”科目，贷记或借记“非财政拨款结余——年初余额调整”科目。因收回以前年度支出等收到非同级财政拨款货币资金，属于非财政拨款结余资金的，按照收到的金额，借记“资金结存——货币资金”科目，贷记“非财政拨款结余——年初余额调整”科目。按照规定从科研项目预算收入中提取项目管理费或间接费时，借记“非财政拨款结转——项目间接费用或管理费”科目，贷记“非财政拨款结余——项目间接费用或管理费”科目。有企业所得税缴纳义务的事业单位实际缴纳企业所得税时，按照缴纳金额，借记“非财政拨款结余——累计结余”科目，贷记“资金结存——货币资金”科目。

【例 9-62】某事业单位将上月已计算出的应交所得税 3 500 元用银行存款上缴国库。

借：非财政拨款结余——累计结余　　3 500
　贷：资金结存——货币资金　　3 500

该业务需同时编制财务会计分录，借记“其他应交税费”科目，贷记“银行存款”科目。

年末，将留归本单位使用的非财政拨款专项（项目已完成）剩余资金转入“非财政拨款结余”科目，借记“非财政拨款结转——累计结转”科目，贷记“非财政拨款结余——结转转入”科目。年末冲销有关明细科目余额，将“非财政拨款结余”(年初余额调整、项目间接费用或管理费、结转转入）科目余额结转入“非财政拨款结余——累计结余”科目。结转后，“非财政拨款结余”科目除“累计结余”明细科目外，其他明细科目应无余额。

年末，事业单位将“非财政拨款结余分配”科目余额转入非财政拨款结余。借记或贷记“非财政拨款结余分配”科目，贷记或借记“非财政拨款结余——累计结余”科目；行政单位将“其他结余”科目余额转入非财政拨款结余。借记或贷记“其他结余”科目，贷记或借记“非财政拨款结余——累计结余”科目。“非财政拨款结余”科目年末为贷方余额，反映单位非同级财政拨款结余资金的累计滚存数额。

【例 9-63】 年末，某行政单位“其他结余”科目贷方余额为 18 000 元，现全数结转到“非财政拨款结余”科目。

借：其他结余　　18 000

　贷：非财政拨款结余——累计结余　　18 000

9.3.6 其他各项预算结余

单位其他各项预算结余是指除财政拨款结转、财政拨款结余、非财政拨款结转、非财政拨款结余以外的其他预算结余，包括专用结余、经营结余、其他结余、非财政拨款结余分配。

1. 专用结余

专用结余反映事业单位按照规定从非财政拨款结余中提取的具有专门用途的资金变动和滚存情况。单位应设置“专用结余”科目并按照专用结余的类别进行明细核算。

根据有关规定从本年度非财政拨款结余或经营结余中提取基金的，按照提取金额，借记“非财政拨款结余分配”科目，贷记“专用结余”科目。根据规定使用从非财政拨款结余或经营结余中提取的专用基金时，按照使用金额，借记“专用结余”科目，贷记“资金结存——货币资金”科目。“专用结余”科目年末为贷方余额，反映事业单位从非同级财政拨款结余中提取的专用基金的累计滚存数额。

【例 9-64】 某事业单位按规定从本年度非财政拨款结余中提取专用基金 6 000 元，并于次月使用该专用基金 2 000 元，款项通过银行存款支付。

（1）提取专用基金时：

借：非财政拨款结余分配　　6 000

　贷：专用结余　　6 000

该业务需同时编制财务会计分录，借记“本年盈余分配”科目，贷记“专用基金”科目。

（2）次月使用专用基金时：

借：专用结余　　2 000
　贷：资金结存——货币资金　　2 000

该业务需同时编制财务会计分录，借记“专用基金”科目，贷记“银行存款”等科目。

2. 经营结余

经营结余是指事业单位本年度经营活动收支相抵后的差额弥补以前年度经营亏损后的余额。单位应设置“经营结余”科目并按照经营活动类别进行明细核算。

年末，将经营预算收入本年发生额转入“经营结余”科目，借记“经营预算收入”科目，贷记“经营结余”科目；将经营支出本年发生额转入“经营结余”科目，借记“经营结余”科目，贷记“经营支出”科目。完成上述结转后，如果“经营结余”科目为贷方余额，则将该贷方余额转入非财政拨款结余分配，借记“经营结余”科目，贷记“非财政拨款结余分配”科目；如果该科目为借方余额，则为经营亏损，不予结转。年末结账后，“经营结余”科目一般无余额，如有借方余额，反映事业单位累计发生的经营亏损。

【例 9-65】年末，某事业单位“经营预算收入”账户贷方余额为 156 000 元，“经营支出”账户借方余额为 135 000 元，结转经营预算收入和支出后，将余额结转至“非财政拨款结余分配”科目。

（1）结转经营预算收入：

借：经营预算收入　　156 000
　贷：经营结余　　156 000

（2）结转经营支出：

借：经营结余　　135 000
　贷：经营支出　　135 000

（3）结转经营结余：

借：经营结余　　21 000
　贷：非财政拨款结余分配　　21 000

在单位财务会计中，期末经营收入和经营费用余额应结转至“本期盈余”科目，之后再将本期盈余按规定全数转入“本年盈余分配”科目。

3. 其他结余

其他结余是指行政事业单位本年度除财政拨款收支、非同级财政专项资金收支和经营收支以外各项收支相抵后的余额。单位应设置“其他结余”科目进行核算。

年末，将有关预算收入本年发生额中的非专项资金收入以及投资预算收益本年发生额转入该科目，借记“事业预算收入”“上级补助预算收入”“附属单位上缴预算收入”“非同级财政拨款预算收入”“债务预算收入”“其他预算收入”科目下各非专项资金收入明细科目和“投资预算收益”科目，贷记“其他结余”科目（如“投资预算收益”科目本年发生额为借方净额，借记“其他结余”科目，贷记“投资预算收益”科目）；将行政支出、事业支出、其他支出本年发生额中的非同级财政、非专项资金支出，以及上缴上级支出、对附属单位补助支出、投资支出、债务还本支出本年发生额转入“其他结余”科目，借记“其他结余”科目，贷记“行政支出”“事业支出”“其他支出”科目下各非同级财政、非专项资金支出明细科目和“上缴上级支出”“对附属单位补助支出”“投资支出”“债务还本支出”科目。

年末，完成上述结转后，行政单位将“其他结余”科目余额转入“非财政拨款结余——累计结余”科目；事业单位将“其他结余”科目余额转入“非财政拨款结余分配”科目。当“其他结余”科目为贷方余额时，借记“其他结余”科目，贷记“非财政拨款结余——累计结余”或“非财政拨款结余分配”科目；当“其他结余”科目为借方余额时，做相反分录。年末结账后，“其他结余”科目应无余额。

【例 9-66】年末，某事业单位除了财政拨款收支、非同级财政专项资金收支和经营收支以外各项收支的年度累计数见表 9-2，现对其进行结转，并将结转所得的其他结余再结转到“非财政拨款结余分配”科目。

表 9-2 其他各项收支发生额 单位：元

收入支出项目	本年借方发生额	本年贷方发生额
事业预算收入——其他资金收入		220 000
附属单位上缴预算收入——其他资金收入		80 000
其他预算收入——其他资金收入		40 000
事业支出——其他资金支出	200 000	
对附属单位补助支出——其他资金支出	65 000	
其他支出——其他资金支出	30 000	
合计	295 000	340 000

（1）结转上表各项收入：

借：事业预算收入——其他资金收入 220 000
　　附属单位上缴预算收入——其他资金收入 80 000
　　其他预算收入——其他资金收入 40 000
　贷：其他结余 340 000

（2）结转上表各项支出：

借：其他结余 295 000
　贷：事业支出——其他资金支出 200 000
　　　对附属单位补助支出——其他资金支出 65 000
　　　其他支出——其他资金支出 30 000

（3）结转其他结余：

借：其他结余　　45 000
　贷：非财政拨款结余分配　　45 000

在单位财务会计中，应将上表中对应的收入与费用统一结转至“本期盈余”科目，之后再将本期盈余按规定全数转入“本年盈余分配”科目。

4. 非财政拨款结余分配

非财政拨款结余分配是事业单位本年度各项非财政性资金拨款结余的分配及结果。事业单位非财政拨款的结余，经财政批准可按规定内容和提取比例进行分配。

单位应设置“非财政拨款结余分配”科目。年末，将“其他结余”科目余额转入该科目，当“其他结余”科目为贷方余额时，借记“其他结余”科目，贷记“非财政拨款结余分配”科目；当“其他结余”科目为借方余额时，做相反分录。年末，将“经营结余”科目贷方余额转入该科目，借记“经营结余”科目，贷记“非财政拨款结余分配”科目。根据有关规定提取专用基金的，按照提取的金额，借记“非财政拨款结余分配”科目，贷记“专用结余”科目。

年末，按照规定完成上述处理后，将“非财政拨款结余分配”科目余额转入非财政拨款结余。当该科目为借方余额时，借记“非财政拨款结余——累计结余”科目，贷记“非财政拨款结余分配”科目；当该科目为贷方余额时，做相反分录。年末结账后，“非财政拨款结余分配”科目应无余额。

【例 9-67】 年末，某事业单位“经营结余”科目贷方累计数为 68 000 元，“其他结余”科目贷方累计数为 23 000 元，将其转入“非财政拨款结余分配”科目后，按规定提取 26 000 元专用基金，最后将“非财政拨款结余分配”科目余额全数转入“非财政拨款结余——累计结余”科目。

（1）结转其他结余和经营结余：

借：经营结余　　68 000
　　其他结余　　23 000
　贷：非财政拨款结余分配　　91 000

（2）提取专用基金：

借：非财政拨款结余分配　　26 000
　贷：专用结余　　26 000

该业务需同时编制财务会计分录，借记“本年盈余分配”科目，贷记“专用基金”科目。

（3）结转非财政拨款结余分配余额时：

借：非财政拨款结余分配　　65 000
　贷：非财政拨款结余——累计结余　　65 000

9.4 行政事业单位预算会计报表

行政事业单位预算会计报表是反映单位预算收入与预算支出执行情况的报表。根据《政府会计制度》，行政事业单位预算会计报表包括预算收入支出表、预算结转结余变动表和财政拨款预算收入支出表，见表 9-3。

表 9-3 行政事业单位预算会计报表

报表编号	报表名称	编制期
会政预 01 表	预算收入支出表	年度
会政预 02 表	预算结转结余变动表	年度
会政预 03 表	财政拨款预算收入支出表	年度

9.4.1 预算会计报表的编制要求

根据《政府会计制度》，行政事业单位预算会计报表的编制应遵循如下要求。

（1）预算会计报表的编制主要以收付实现制为基础，以单位预算会计核算生成的数据为准。

（2）预算会计报表至少包括预算收入支出表、预算结转结余变动表和财政拨款预算收入支出表。

（3）单位应当至少按照年度编制预算会计报表。

（4）单位应当根据《政府会计制度》的规定编制真实、完整的预算会计报表，不得违反该制度的规定，随意改变预算会计报表的编制基础、编制依据、编制原则和方法，不得随意改变该制度规定的预算会计报表有关数据的会计口径。

（5）预算会计报表应当根据登记完整、核对无误的账簿记录和其他有关资料编制，做到数字真实、计算准确、内容完整、编报及时。

（6）预算会计报表应当由单位负责人、主管会计工作的负责人、会计机构负责人（会计主管人员）签名并盖章。

9.4.2 预算收入支出表

1. 预算收入支出表的概念和意义

预算收入支出表是反映行政事业单位年度预算收入、预算支出和预算收支差额的会计报表。编制与披露该表信息的意义主要有：

（1）提供行政事业单位当年与上年度各项预算收入的累计数及其来源，主要包括财政拨款预算收入、事业预算收入、上级补助预算收入等。

（2）反映行政事业单位当年与上年度各项预算支出的累计数及其用途，主要包括行政支出、事业支出、经营支出等。

（3）反映行政事业单位当年与上年度预算收入与预算支出的收支差额数。

2. 预算收入支出表的报表格式

预算收入支出表采用垂直报告式结构，分本年数与上年数分别列报。收入支出表格式见表 9-4。

表 9-4　预算收入支出表

编制单位：________　　　　　　　　　　____年　　　　　　　　　　单位：元

项　目	本年数	上年数
一、本年预算收入		
（一）财政拨款预算收入		
其中：政府性基金收入		
（二）事业预算收入		
（三）上级补助预算收入		
（四）附属单位上缴预算收入		
（五）经营预算收入		
（六）债务预算收入		
（七）非同级财政拨款预算收入		
（八）投资预算收益		
（九）其他预算收入		
其中：利息预算收入		
捐赠预算收入		
租金预算收入		
二、本年预算支出		
（一）行政支出		
（二）事业支出		
（三）经营支出		
（四）上缴上级支出		
（五）对附属单位补助支出		
（六）投资支出		
（七）债务还本支出		
（八）其他支出		
其中：利息支出		
捐赠支出		
三、本年预算收支差额		

3. 预算收入支出表的填列方法

预算收入支出表的“本年数”按各项收入和支出以及收支差额的本年累计数填报，“上年数”即为上年度该报表的期末数。如果不同年度间报表项目有调整，应按调整后的项目规定如实列报，有必要的话，可加注说明。如果本年度预算收入支出表规定的项目的名称和内容同上年度不一致，应当对上年度预算收入支出表项目的名称和数字按照本年度的规定进行调整，将调整后金额填入本年度预算收入支出表的“上年数”栏。预算收入支出表“本年数”栏各项目的填列方法如下。

（1）“本年预算收入”项目，反映单位本年预算收入总额。本项目应当根据预算收入支出表中“财政拨款预算收入”“事业预算收入”“上级补助预算收入”“附属单位上缴预算收入”“经营预算收入”“债务预算收入”“非同级财政拨款预算收入”“投资预算收益”“其他预算收入”项目金额的合计数填列。

（2）“财政拨款预算收入”项目，反映单位本年从同级政府财政部门取得的各类财政拨款。本项目应当根据“财政拨款预算收入”科目的本年发生额填列。

“政府性基金收入”项目，反映单位本年取得的财政拨款收入中属于政府性基金预算拨款的金额。本项目应当根据“财政拨款预算收入”相关明细科目的本年发生额填列。

（3）“事业预算收入”项目，反映事业单位本年开展专业业务活动及其辅助活动取得的预算收入。本项目应当根据“事业预算收入”科目的本年发生额填列。

（4）“上级补助预算收入”项目，反映事业单位本年从主管部门和上级单位取得的非财政补助预算收入。本项目应当根据“上级补助预算收入”科目的本年发生额填列。

（5）“附属单位上缴预算收入”项目，反映事业单位本年收到的独立核算的附属单位按照有关规定上缴的预算收入。本项目应当根据“附属单位上缴预算收入”科目的本年发生额填列。

（6）“经营预算收入”项目，反映事业单位本年在专业业务活动及其辅助活动之外开展非独立核算经营活动取得的预算收入。本项目应当根据“经营预算收入”科目的本年发生额填列。

（7）“债务预算收入”项目，反映事业单位本年按照规定从金融机构等借入的，纳入部门预算管理的债务预算收入。本项目应当根据“债务预算收入”的本年发生额填列。

（8）“非同级财政拨款预算收入”项目，反映单位本年从非同级政府财政部门取得的财政拨款。本项目应当根据“非同级财政拨款预算收入”科目的本年发生额填列。

（9）“投资预算收益”项目，反映事业单位本年取得的按规定纳入单位预算管理的投资收益。本项目应当根据“投资预算收益”科目的本年发生额填列。

（10）“其他预算收入”项目，反映单位本年取得的除上述收入以外的纳入单位预算管理的各项预算收入。本项目应当根据“其他预算收入”科目的本年发生额填列。该项目所属明细项目的填列方法如下：

“利息预算收入”项目，反映单位本年取得的利息预算收入。本项目应当根据“其他预算收入”科目的明细记录分析填列。单位单设“利息预算收入”科目的，应当根据“利息预算收入”科目的本年发生额填列。

“捐赠预算收入”项目，反映单位本年取得的捐赠预算收入。本项目应当根据“其他预算收入”科目明细账记录分析填列。单位单设“捐赠预算收入”科目的，应当根据“捐赠预算收入”科目的本年发生额填列。

“租金预算收入”项目，反映单位本年取得的租金预算收入。本项目应当根据“其他预算收入”科目明细账记录分析填列。单位单设“租金预算收入”科目的，应当根据“租金预算收入”科目的本年发生额填列。

（11）“本年预算支出”项目，反映单位本年预算支出总额。本项目应当根据预算收入支出表中“行政支出”“事业支出”“经营支出”“上缴上级支出”“对附属单位补助支出”“投资支出”“债务还本支出”和“其他支出”项目金额的合计数填列。

（12）“行政支出”项目，反映行政单位本年履行职责实际发生的支出。本项目应当根据“行政支出”科目的本年发生额填列。

（13）“事业支出”项目，反映事业单位本年开展专业业务活动及其辅助活动发生的支出。本项目应当根据“事业支出”科目的本年发生额填列。

（14）“经营支出”项目，反映事业单位本年在专业业务活动及其辅助活动之外开展非独立核算经营活动发生的支出。本项目应当根据“经营支出”科目的本年发生额填列。

（15）“上缴上级支出”项目，反映事业单位本年按照财政部门和主管部门的规定上缴上级单位的支出。本项目应当根据“上缴上级支出”科目的本年发生额填列。

（16）“对附属单位补助支出”项目，反映事业单位本年用财政拨款收入之外的收入对附属单位补助发生的支出。本项目应当根据“对附属单位补助支出”科目的本年发生额填列。

（17）“投资支出”项目，反映事业单位本年以货币资金对外投资发生的支出。本项目应当根据“投资支出”科目的本年发生额填列。

（18）“债务还本支出”项目，反映事业单位本年偿还自身承担的纳入预算管理的从金融机构举借的债务本金的支出。本项目应当根据“债务还本支出”科目的本年发生额填列。

（19）“其他支出”项目，反映单位本年除以上支出以外的各项支出。本项目应当根据“其他支出”科目的本年发生额填列。该项目所属明细项目的填列方法如下：

“利息支出”项目，反映单位本年发生的利息支出。本项目应当根据“其他支出”科目明细账记录分析填列。单位单设“利息支出”科目的，应当根据“利息支出”科目的本年发生额填列。

“捐赠支出”项目，反映单位本年发生的捐赠支出。本项目应当根据“其他支出”科目明细账记录分析填列。单位单设“捐赠支出”科目的，应当根据“捐赠支出”科目的本年发生额填列。

（20）“本年预算收支差额”项目，反映单位本年各项预算收支相抵后的差额。本项目应当根据预算收入支出表中“本期预算收入”项目金额减去“本期预算支出”项目金额后的金额填列，如相减后金额为负数，以“－”号填列。

9.4.3　预算结转结余变动表

1. 预算结转结余变动表的概念和意义

预算结转结余变动表是反映行政事业单位某一会计年度内预算结转结余的变动情况及其结果的会计报表。编制和披露该报表信息的意义主要有：

（1）反映财政拨款资金的年度结余情况。

（2）反映其他资金结转结余的年度结余情况。

（3）反映财政拨款结余和其他资金结转结余的年度变动金额及其变动原因。

2. 预算结转结余变动表的报表格式

预算结转结余变动表采用垂直报告式列报结构，分“本年数”与“上年数”分别填列，报表格式见表 9-5。

表 9-5　预算结转结余变动表

编制单位：________　　　　____年　　　　单位：元

项　目	本年数	上年数
一、年初预算结转结余		
（一）财政拨款结转结余		
（二）其他资金结转结余		
二、年初余额调整（减少以“-”号填列）		
（一）财政拨款结转结余		
（二）其他资金结转结余		
三、本年变动金额（减少以“-”号填列）		
（一）财政拨款结转结余		
1. 本年收支差额		
2. 归集调入		
3. 归集上缴或调出		
（二）其他资金结转结余		
1. 本年收支差额		
2. 缴回资金		
3. 使用专用结余		
4. 支付所得税		
四、年末预算结转结余		
（一）财政拨款结转结余		
1. 财政拨款结转		
2. 财政拨款结余		
（二）其他资金结转结余		
1. 非财政拨款结转		
2. 非财政拨款结余		
3. 专用结余		
4. 经营结余（如有余额，以“-”号填列）		

3. 预算结转结余变动表的填列方法

本表“本年数”栏反映各项目的本年实际发生数。本表“上年数”栏反映各项目的上年实际发生数，应当根据上年度预算结转结余变动表中“本年数”栏内所列数字填列。如果不同年度间报表项目有调整，应按调整后的项目规定如实列报，有必要的话，可加注说明。如果本年度预算结转结余变动表规定的项目的名称和内容同上年度不一致，应当对上年度预算结转结余变动表项目的名称和数字按照本年度的规定进行调整，将调整后金额填入本年度预算结转结余变动表的“上年数”栏中。本表中“年末预算结转结余”项目金额等于“年初预算结转结余”“年初余额调整”“本年变动金额”三个项目的合计数。

本表“本年数”栏各项目的内容和填列方法如下。

（1）“年初预算结转结余”项目反映单位本年预算结转结余的年初余额。本项目应当根据本项目下“财政拨款结转结余”“其他资金结转结余”项目金额的合计数填列。

“财政拨款结转结余”项目，反映单位本年财政拨款结转结余资金的年初余额。本项目应当根据“财政拨款结转”“财政拨款结余”科目本年年初余额合计数填列。

“其他资金结转结余”项目，反映单位本年其他资金结转结余的年初余额。本项目应当根据“非财政拨款结转”“非财政拨款结余”“专用结余”“经营结余”科目本年年初余额的合计数填列。

（2）“年初余额调整”项目反映单位本年预算结转结余年初余额调整的金额。本项目应当根据本项目下“财政拨款结转结余”“其他资金结转结余”项目金额的合计数填列。

“财政拨款结转结余”项目，反映单位本年财政拨款结转结余资金的年初余额调整金额。本项目应当根据“财政拨款结转”“财政拨款结余”科目下“年初余额调整”明细科目的本年发生额的合计数填列，如调整减少年初财政拨款结转结余，以“－”号填列。

“其他资金结转结余”项目，反映单位本年其他资金结转结余的年初余额调整金额。本项目应当根据“非财政拨款结转”“非财政拨款结余”科目下“年初余额调整”明细科目的本年发生额的合计数填列，如调整减少年初其他资金结转结余，以“－”号填列。

（3）“本年变动金额”项目反映单位本年预算结转结余变动的金额。本项目应当根据本项目下“财政拨款结转结余”“其他资金结转结余”项目金额的合计数填列。

“财政拨款结转结余”项目，反映单位本年财政拨款结转结余资金的变动。本项目应当根据本项目下“本年收支差额”“归集调入”“归集上缴或调出”项目金额的合计数填列。

“本年收支差额”项目，反映单位本年财政拨款资金收支相抵后的差额。本项目应当根据“财政拨款结转”科目下“本年收支结转”明细科目本年转入的预算收入与预算支出的差额填列，差额为负数的，以“－”号填列。

“归集调入”项目，反映单位本年按照规定从其他单位归集调入的财政拨款结转资金。本项目应当根据“财政拨款结转”科目下“归集调入”明细科目的本年发生额填列。

“归集上缴或调出”项目，反映单位本年按照规定上缴的财政拨款结转结余资金及按照规定向其他单位调出的财政拨款结转资金。本项目应当根据“财政拨款结转”“财政拨款结余”科目下“归集上缴”明细科目，以及“财政拨款结转”科目下“归集调出”明细科目本年发生额的合计数填列，以“－”号填列。

“其他资金结转结余”项目，反映单位本年其他资金结转结余的变动。本项目应当根据本项目下“本年收支差额”“缴回资金”“使用专用结余”“支付所得税”项目金额的合计数填列。

"本年收支差额"项目，反映单位本年除财政拨款外的其他资金收支相抵后的差额。本项目应当根据"非财政拨款结转"科目下"本年收支结转"明细科目、"其他结余"科目、"经营结余"科目本年转入的预算收入与预算支出的差额的合计数填列，如为负数，以"-"号填列。

"缴回资金"项目，反映单位本年按照规定缴回的非财政拨款结转资金。本项目应当根据"非财政拨款结转"科目下"缴回资金"明细科目本年发生额的合计数填列，以"-"号填列。

"使用专用结余"项目，反映本年事业单位根据规定使用从非财政拨款结余或经营结余中提取的专用基金的金额。本项目应当根据"专用结余"科目明细账中本年使用专用结余业务的发生额填列，以"-"号填列。

"支付所得税"项目，反映有企业所得税缴纳义务的事业单位本年实际缴纳的企业所得税金额。本项目应当根据"非财政拨款结余"明细账中本年实际缴纳企业所得税业务的发生额填列，以"-"号填列。

（4）"年末预算结转结余"项目反映单位本年预算结转结余的年末余额。本项目应当根据本项目下"财政拨款结转结余""其他资金结转结余"项目金额的合计数填列。

"财政拨款结转结余"项目，反映单位本年财政拨款结转结余的年末余额。本项目应当根据所属"财政拨款结转""财政拨款结余"各项目金额的合计数填列，各项目金额则应分别根据对应各科目的本年年末余额填列。

"其他资金结转结余"项目，反映单位本年其他资金结转结余的年末余额。本项目应当根据所属"非财政拨款结转""非财政拨款结余""专用结余""经营结余"各项目金额的合计数填列，各项目金额则应根据对应各科目的本年年末余额填列。

9.4.4　财政拨款预算收入支出表

1. 财政拨款预算收入支出表的概念和意义

财政拨款预算收入支出表是行政事业单位反映本年财政拨款收入、财政拨款支出及相关变动的会计报表。编制和披露该报表信息的意义主要有：

（1）反映行政事业单位年度一般公共预算财政拨款收入和支出的情况。

（2）反映行政事业单位年度政府性基金预算财政拨款收入和支出的情况。

（3）反映行政事业单位年度财政拨款结转结余情况。

2. 财政拨款预算收入支出表的格式

财政拨款预算收入支出表采用专栏式列报结构。项目间关系为"年末财政拨款结转结余 = 年初财政拨款结转结余 +/- 调整年初财政拨款结转结余 + 本年归集调入 - 本年归集上缴或调出 +/- 单位内部调剂 + 本年财政拨款收入 - 本年财政拨款支出"。财政拨款预算收入支出表的报表格式见表 9-6。

表 9-6　财政拨款预算收入支出表

编制单位：________　　　　____年　　　　单位：元

项　目	年初财政拨款结转结余		调整年初财政拨款结转结余	本年归集调入	本年归集上缴或调出	单位内部调剂		本年财政拨款收入	本年财政拨款支出	年末财政拨款结转结余	
	结转	结余				结转	结余			结转	结余
一、一般公共预算财政拨款											
(一) 基本支出											
1. 人员经费											
2. 日常公用经费											
(二) 项目支出											
1. XX 项目											
2. XX 项目											
……											
二、政府性基金预算财政拨款											
(一) 基本支出											
1. 人员经费											
2. 日常公用经费											
(二) 项目支出											
1. XX 项目											
? XX 项目											
……											
总计											

3. 财政拨款预算收入支出表的填列方法

本表“项目”栏应当根据单位取得的财政拨款种类分项设置。其中“项目支出”栏根据每个项目设置，单位取得除一般公共财政预算拨款和政府性基金预算拨款以外的其他财政拨款的，应当按照财政拨款种类增加相应的资金项目及明细项目。

财政拨款预算收入支出表各栏及其对应项目的内容和填列方法如下：

（1）“年初财政拨款结转结余”栏中各项目，反映单位年初各项财政拨款结转结余的金额。各项目应当根据“财政拨款结转”“财政拨款结余”及其明细科目的年初余额填列。本栏中各项目的数额应当与上年度财政拨款预算收入支出表中“年末财政拨款结转结余”栏中各项目的数额相等。

（2）“调整年初财政拨款结转结余”栏中各项目，反映单位对年初财政拨款结转结余的调整金额。各项目应当根据“财政拨款结转”“财政拨款结余”科目下“年初余额调整”明细科目及其所属明细科目的本年发生额填列，如调整减少年初财政拨款结转结余，以“－”号填列。

（3）“本年归集调入”栏中各项目，反映单位本年按规定从其他单位调入的财政拨款结转资金金额。各项目应当根据“财政拨款结转”科目下“归集调入”明细科目及其所属明细科目的本年发生额填列。

（4）“本年归集上缴或调出”栏中各项目，反映单位本年按规定实际上缴的财政拨款结转结余资金，及按照规定向其他单位调出的财政拨款结转资金金额。各项目应当根据“财政拨款结转”“财政拨款结余”科目下“归集上缴”明细科目和“财政拨款结转”科目下“归集调出”明细科目，及其所属明细科目的本年发生额填列，以“－”号填列。

（5）“单位内部调剂”栏中各项目，反映单位本年财政拨款结转结余资金在单位内部不同项目之间的调剂金额。各项目应当根据“财政拨款结转”和“财政拨款结余”科目下的“单位内部调剂”明细科目及其所属明细科目的本年发生额填列，对单位内部调剂减少的财政拨款结余金额，以“－”号填列。

（6）“本年财政拨款收入”栏中各项目，反映单位本年从同级财政部门取得的各类财政预算拨款金额。各项目应当根据“财政拨款预算收入”科目及其所属明细科目的本年发生额填列。

（7）“本年财政拨款支出”栏中各项目，反映单位本年发生的财政拨款支出金额。各项目应当根据“行政支出”“事业支出”等科目及其所属明细科目本年发生额中的财政拨款支出数的合计数填列。

（8）“年末财政拨款结转结余”栏中各项目，反映单位年末财政拨款结转结余的金额。各项目应当根据“财政拨款结转”“财政拨款结余”科目及其所属明细科目的年末余额填列。

思考题

1. 行政事业单位预算会计的预算收入和预算支出包括哪些?
2. 行政事业单位预算会计的预算收入核算中有哪些业务需要用到“双分录”? 应该如何进行账务处理?
3. 行政事业单位预算会计的预算支出核算中有哪些业务需要用到“双分录”? 应该如何进行账务处理?
4. 行政事业单位预算会计的净资产包括哪些项目?
5. 财政拨款结转、非财政拨款结转分别应如何核算?
6. 行政事业单位预算会计的专项资金核算有何特点?

练习题

通过扫描二维码获取

民间非营利组织会计

民间非营利组织会计综述

学习目标

1. 了解我国民间非营利组织会计的基本规范、会计要素与科目安排。
2. 理解民间非营利组织会计与事业单位会计的异同。
3. 熟悉民间非营利组织会计主要会计事项的账务处理。
4. 掌握民间非营利组织会计财务会计报告的编制知识。

参考案例

财政部对《民间非营利组织会计制度解释第1号》征求意见

为进一步完善《民间非营利组织会计制度》，提高民间非营利组织会计信息质量和透明度，财政部对《民间非营利组织会计制度解释第1号》(以下简称《解释》)征求意见,《解释》阐述了起草背景。其一是为了与我国非营利组织领域相关法律法规相协调，这些法律法规包括2016年规范了慈善组织可以采取的组织形式的《中华人民共和国慈善法》，2017年发布的首次从法律层面对非营利法人进行了统一界定的《中华人民共和国民法总则》，2018年对非营利组织需满足的条件做了详细规定的《关于非营利组织免税资格认定管理有关问题的通知》等。其二是为适应我国民间非营利组织业务快速发展需要。2005年《民间非营利组织会计制度》实施前我国社会组织数量不足290 000个，截至2018年底全国登记的社会组织已达到 847 000 个。其三是为满足会计信息使用者不断增加的信息需求。

财政部还介绍了《解释》的起草过程和主要内容以及《民间非营利组织会计制度》未做规定与亟待解决和完善的问题等。

思考：《民间非营利组织会计制度》的特点和需要进一步完善的问题。

资料来源：财政部．关于征求《民间非营利组织会计制度解释第 1 号（征求意见稿）》意见的函：财会便〔2019〕39 号 [OL].（2019-11-08）[2020-08-01].http://www.gov.cn/hudong/2019-11/08/content_5450036.htm.

10.1 民间非营利组织会计概述

10.1.1 民间非营利组织的概念、分类与特点

1. 民间非营利组织的概念与分类

非营利组织在我国按所有制性质可分为公立非营利组织和民间非营利组织。公立非营利组织又称事业单位。民间非营利组织是指非公立的，不以营利为目的的，主要从事民办教育、文化、医疗卫生、慈善、宗教等活动的社会公益性组织，主要包括社会团体、基金会和民办非企业单位。

（1）社会团体。社会团体是指中国公民自愿组成，为实现会员共同意愿，按照其章程开展活动的非营利性社会组织，主要包括各种协会、学会、联合会等。社会团体应当具备法人条件，不得设立地域性的分支机构。社会团体接受《社会团体登记管理条例》的管理与监督。

（2）基金会。基金会是指利用各类社会捐赠开办的各种公益性社会组织，其主要工作领域是教育、扶贫、慈善、医疗、奖励等。基金会接受《基金会管理条例》的管理与监督。

（3）民办非企业单位。民办非企业单位是指非公立的文化、教育、科研、医疗、福利、宗教等非营利性社会组织。民办非企业单位接受《民办非企业单位登记管理暂行条例》的管理与监督。

2. 民间非营利组织的特点

（1）民间非营利组织为公益目的或者其他非营利目的而设立。这一特点决定了民间非营利组织在设立、管理与监督、会计核算、解散等方面与营利组织有根本上的区别。

（2）民间非营利组织的资源主要来自捐赠、会费、服务收入等。资源提供者不谋求任何形式的经济回报。

（3）民间非营利组织的出资人对投入该组织的财产不保留或享有任何财产权利。民间非营利组织一旦进行清算，清算后的剩余财产应按规定继续用于社会公益事业。清算财产归属于社会这一特点是民间非营利组织社会性、公益性和非营利性的另一表现。

10.1.2　民间非营利组织会计的概念和目标

1. 民间非营利组织会计的概念

民间非营利组织会计是民间非营利组织核算与反映其财务状况、收支结余和现金流量的专业会计。民间非营利组织会计工作以《民间非营利组织会计制度——会计科目和会计报表》为基本规范，以权责发生制为核算基础，以会计主体、持续经营、会计分期和货币计量为基本假设。民间非营利组织会计采用借贷记账法，以年度、季度和月度为会计期间，其中季度和月度为会计中期。民间非营利组织会计以人民币为记账本位币，外币业务应当折算为人民币。2019 年 11 月，财政部发布的《民间非营利组织会计制度解释第 1 号（征求意见稿）》对制度进行了适当补充。

2. 民间非营利组织会计的目标

民间非营利组织应该规范会计核算，提高会计信息质量，严格遵守一般公认会计原则。民间非营利组织会计的目标是通过提供会计信息，真实、完整地反映其财务状况、收支结余和现金流量，以满足会计信息使用者的需要。这里的会计信息使用者具体包括以下组织和个人。

（1）政府相关管理部门。民间非营利组织会计为政府管理部门（如民政部门等）提供真实有用的会计信息，便于政府管理部门掌握民间非营利组织的经济活动运行情况、公益事业发展情况以及民间非营利组织的履职情况等。

（2）捐赠人或会员等资源提供者。民间非营利组织向为其提供资源的组织和个人反映真实有用的会计信息，报告受赠财产的管理、使用及效果、结存结余情况等。

（3）债权人。民间非营利组织为债权人提供真实有用的会计信息，便于债权人了解其经济活动状况和偿债能力等。

（4）社会监督组织。民间非营利组织为社会监督组织提供真实有用的会计信息，有利于加强社会监督，促进社会公益活动的公平、公正和公开。

（5）服务对象。民间非营利组织为服务对象提供真实有用的会计信息，便于他们及时了解民间非营利组织的社会公益活动情况、相关资源的使用情况和收费情况等。

10.1.3　民间非营利组织会计核算的基本原则

民间非营利组织的会计核算应遵循如下基本原则。

（1）客观性。民间非营利组织的会计核算应当以实际发生的经济业务为依据，如实反映其财务状况、收支结余和现金流量。

（2）实质重于形式。民间非营利组织应当按照经济业务的经济实质进行会计核算，而不应当仅仅按照它们的法律形式作为会计核算的依据。

（3）真实性。民间非营利组织提供的会计信息应当能够真实、完整地反映其财务状况、收支结余和现金流量，以满足会计信息使用者的需要。

（4）一致性。民间非营利组织的会计核算方法前后各期应当保持一致，不得随意变更。如有必要变更，应当将变更的情况、原因和对单位财务收支情况及结果的影响在会计报表附注中予以说明。

（5）可比性。民间非营利组织应当按照规定的会计处理方法进行会计核算，会计指标应当口径一致、相互可比。

（6）及时性。民间非营利组织的会计核算应当及时进行，不得提前或延后。

（7）明晰性。民间非营利组织的会计核算应当清晰明了，便于理解和利用。

（8）权责发生制。民间非营利组织的会计核算一般以权责发生制为基础。凡是当期已经实现的收入和已经发生或应当负担的费用，不论款项是否收付，都应当作为当期的收入和费用；凡是不属于当期的收入和费用，即使款项已在当期收付，也不应当作为当期的收入和费用。

（9）配比性。民间非营利组织在进行会计核算时，收入与成本、费用应当相互配比，同一会计期间内的各项收入与相关的成本、费用应当在该会计期间内确认。

（10）实际成本。民间非营利组织的各项财产在取得时应当按照实际成本计量。其后，各项财产发生减值，应当按照规定计提相应的减值准备。除法律、行政法规和国家统一的会计制度另有规定外，民间非营利组织一律不得自行调整其财产的账面价值。

（11）谨慎性。民间非营利组织的会计核算应当遵循谨慎性原则，不得多计资产或收益，也不得少计负债或费用。

（12）合理划分收益性支出与资本性支出。凡支出的效益仅与本年度相关的，应当作为收益性支出；凡支出的效益与几个会计年度相关的，应当作为资本性支出。

（13）重要性。民间非营利组织的会计核算应当遵循重要性原则，对资产、负债、结余等有较大影响，进而影响财务会计报告使用者据以做出合理判断的重要会计事项，必须按照规定的会计方法和程序进行处理，并在财务会计报告中予以充分的披露。对于次要的会计事项，在不影响会计信息真实性和不致误导会计信息使用者做出正确判断的前提下，可适当简化处理。

10.1.4 民间非营利组织会计要素和会计科目

根据《民间非营利组织会计制度》，民间非营利组织会计要素包括资产、负债、净资产、收入、费用，共设置总分类会计科目 48 个，见表 10-1。

表 10-1 民间非营利组织会计科目表

序号	编号	科目名称	序号	编号	科目名称
		一、资产	3	1009	其他货币资金
1	1001	现金	4	1101	短期投资
2	1002	银行存款	5	1102	短期投资跌价准备

（续）

序号	编号	科目名称	序号	编号	科目名称
6	1111	应收票据	29	2206	应交税金
7	1121	应收账款	30	2209	其他应付款
8	1122	其他应收款	31	2301	预提费用
9	1131	坏账准备	32	2401	预计负债
10	1141	预付账款	33	2501	长期借款
11	1201	存货	34	2502	长期应付款
12	1202	存货跌价准备	35	2601	受托代理负债
13	1301	待摊费用			三、净资产
14	1401	长期股权投资	36	3101	非限定性净资产
15	1402	长期债权投资	37	3102	限定性净资产
16	1421	长期投资减值准备			四、收入
17	1501	固定资产	38	4101	捐赠收入
18	1502	累计折旧	39	4201	会费收入
19	1505	在建工程	40	4301	提供服务收入
20	1506	文物文化资产	41	4401	政府补助收入
21	1509	固定资产清理	42	4501	商品销售收入
22	1601	无形资产	43	4601	投资收益
23	1701	受托代理资产	44	4901	其他收入
		二、负债			五、费用
24	2101	短期借款	45	5101	业务活动成本
25	2201	应付票据	46	5201	管理费用
26	2202	应付账款	47	5301	筹资费用
27	2203	预收账款	48	5401	其他费用
28	2204	应付工资			

10.2　民间非营利组织资产

10.2.1　民间非营利组织资产的概念和分类

资产是指过去的经济业务形成的并由民间非营利组织拥有或者控制的资源，该资源预期会给民间非营利组织带来经济利益。资产包括流动资产、受赠资产、长期投资、固定资产、无形资产和其他资产。

流动资产是指可以在 1 年内（含 1 年）变现或耗用的资产。民间非营利组织的流动资产主要包括现金、银行存款、短期投资、应收及预付款项、存货、待摊费用等。

受赠资产是指民间非营利组织接受其他组织或个人自愿无偿捐赠的现金或其他资产。资产提供者允许民间非营利组织在章程规定范围内自主确定所接受资产的受益项目。如果接受资产须为资产提供者完成服务，或须将资产转交给指定的单位或个人，则不能作为受赠资产处理，而应视为交易与负债。

长期投资是指除短期投资以外的投资，包括持有时间预计超过 1 年（不含 1 年）的各种股权性质的投资、不能变现或不准备随时变现的债券投资、其他债权投资和其他长期投资。

固定资产是指民间非营利组织为开展业务活动或出租而持有的，单位价值在规定标准以上，使用期限超过 1 年的有形资产。单位价值虽未达到规定标准，但使用期限超过 1 年的大批同类物资，如馆藏图书等，也可作为固定资产核算。民间非营利组织的固定资产一般分为以下几类：房屋和建筑物、一般设备、专用设备、交通工具、陈列品、图书、其他固定资产。

无形资产是指为提供劳务、出租给他人，或为管理目的而持有的，没有实物形态的非货币性长期资产。民间非营利组织的无形资产包括专利权、非专利技术、著作权、土地使用权等。

其他资产主要是指受托代理资产等。

10.2.2　民间非营利组织资产的核算

本节仅阐述体现民间非营利组织会计特色的资产的核算，包括受赠资产、受托代理资产等。

1. 受赠资产

接受捐赠的资产应作为捐赠收入处理，受赠资产分别按不受限制捐赠、暂时受限制捐赠和永久受限制捐赠进行明细核算。受赠资产如为现金，应按实际金额入账。受赠资产如为现金以外的其他资产，应按规定确定其入账价值。捐赠方提供了有关凭据的，应按凭据上标明的金额加上应支付的相关税费作为入账价值。捐赠方没有提供有关凭据的，按如下顺序确定其入账价值：①同类或类似资产存在活跃市场的，按同类或类似资产的市场价格估计的金额，加上应支付的相关税费，作为入账价值；②同类或类似资产不存在活跃市场的，如该受赠资产的价值可以合理确定的，按确定的价值作为入账价值；如该受赠资产的价值不能合理确定的，可以暂不入账，但应设置辅助账，登记该受赠资产的数量等情况；如接受捐赠的是旧的固定资产，按照上述方法确认的价值，再减去按该项资产的新旧程度估计的价值损耗后的余额，作为入账价值。

以接受捐赠为主的民间非营利组织，对于接受捐赠的现金以外的其他资产，应在期末时按可变现净值与成本二者孰低者计量，对于可变现净值低于成本的差额，应当计提受赠资产减值准备，并单独核算，在资产负债表中作为受赠资产的备抵项目单独反映。

【例 10-1】某民间非营利组织接受某企业一笔银行存款形式的现金捐赠 10 000 元及一台价值 26 000 元的新设备。捐赠企业未对上述捐赠资产设定限制。

借：银行存款	10 000	
固定资产	26 000	
贷：捐赠收入——非限定性收入		36 000

2. 受托代理资产

受托代理资产是指民间非营利组织接受委托方委托，从事受托代理业务而收到的资产。受托代理资产的确认和计量比照接受捐赠资产的确认和计量原则。

民间非营利组织收到受托代理资产时，按照应确认的入账金额，借记“受托代理资产”科目，贷记“受托代理负债”科目。转赠或者转出受托代理资产，按照转出受托代理资产的账面余额，借记“受托代理负债”科目，贷记“受托代理资产”科目。民间非营利组织收到的受托代理资产如果为现金、银行存款或其他货币资金，可以不通过“受托代理资产”科目核算，而在“现金”“银行存款”“其他货币资金”科目下设置“受托代理资产”明细科目进行核算。在取得这些受托代理资产时，借记“现金——受托代理资产”等科目，贷记“受托代理负债”科目；在转赠或者转出受托代理资产时，借记“受托代理负债”科目，贷记“现金——受托代理资产”等科目。

期末，“受托代理资产”科目为借方余额，反映民间非营利组织期末尚未转出的受托代理资产价值。

【例 10-2】某民间非营利组织接受某企业委托，收到其提供的 50 000 元现金和价值 40 000 元的一批计算机。按委托方要求，将该批资产转赠某希望小学。

借：银行存款——受托代理资产	50 000	
受托代理资产——计算机	40 000	
贷：受托代理负债——某希望小学		90 000

10.3　民间非营利组织负债

10.3.1　民间非营利组织负债的概念和分类

民间非营利组织负债是指由过去的业务活动形成的现时义务，履行该义务预期会导致经济利益流出。负债包括流动负债和长期负债。

1. 流动负债

流动负债是指将在 1 年内（含 1 年）偿还的债务，包括短期借款、应付及预收款项、预提费用等。

短期借款是指民间非营利组织向银行或其他金融机构借入的期限在 1 年以下（含 1 年）的各种借款。短期借款应按实际借入金额入账，并按借款本金和确定的利率按期计提利息，计入当期筹资费用。应付及预收款项是指民间非营利组织在日常业务活动过程中发生的各项债务，包括应付款项（含应付账款、应付工资、应付福利费、应交税金、其他应付款）和预收款项。应付及预收款项应当按照实际发生额入账，并按往来户名设置明细账，进行明细核算。民间非营利组织接受的指定受益人的捐赠，应作为应付款项单独核算。预提费用是指民间非营利组织按照规定从成本费用中预先提取但尚未支付的费用，如预提的租金、保险费、借款利息等。预提费用应按实际发生额入账。

2. 长期负债

长期负债是指偿还期限在 1 年以上（不含 1 年）的债务，包括长期借款、长期应付款、专项应付款和其他长期负债。

长期借款是指民间非营利组织向银行或其他金融机构借入的期限在 1 年以上（不含 1 年）的各种借款。长期借款应按实际借入金额入账，并按借款本金和确定的利率按期计提利息，计入当期其他支出。长期应付款主要是指民间非营利组织融资租赁租入固定资产发生的应付租赁款。长期应付款应按实际发生额入账。专项应付款是指民间非营利组织接受政府或其他单位拨入的专项设施建设拨款而形成的负债。专项应付款应按实际发生额入账，并于专项设施建设完工后予以转销。

其他长期负债是指受托代理负债等，应按实际发生额入账。

10.3.2 民间非营利组织负债的核算

1. 短期借款

为核算借入的各种短期借款，民间非营利组织应设置“短期借款”科目，并按照债权人设置明细账，同时按照借款种类及期限等进行明细核算。

当民间非营利组织取得短期借款时，按照实际借入的金额，借记“银行存款”科目，贷记“短期借款”科目。发生短期借款利息时，借记“筹资费用”科目，贷记“预提费用”“银行存款”等科目。归还借款时，借记“短期借款”科目，贷记“银行存款”科目。

期末，“短期借款”科目为贷方余额，反映民间非营利组织尚未偿还的短期借款本金。

【例 10-3】某民间非营利组织偿还一项短期借款，本金为 100 000 元，利息为 6 000 元，款项通过银行存款支付。

借：短期借款	100 000	
筹资费用	6 000	
贷；银行存款		106 000

2. 受托代理负债

受托代理负债是指民间非营利组织因从事受托代理业务，接受受托代理资产而产生的负债。“受托代理负债”科目应当按照指定的受赠组织或个人，或指定的应转交的组

织或个人设置明细账，进行明细核算。受托代理负债应当按照相对应的受托代理资产的金额予以确认和计量。

当民间非营利组织收到受托代理资产时，按照应确认的入账金额，借记“受托代理资产”科目，贷记“受托代理负债”科目。转赠或者转出受托代理资产，按照转出受托代理资产的账面余额，借记“受托代理负债”科目，贷记“受托代理资产”科目。

期末，“受托代理负债”科目为贷方余额，反映民间非营利组织尚未清偿的受托代理负债。

【例 10-4】 接【例 10-2】，该民间非营利组织按委托方要求，将受托代理资产转赠给某希望小学。其间，发生相关费用 1 200 元。

借：受托代理负债——某希望小学	90 000	
业务活动成本	1 200	
贷：银行存款——受托代理资产		50 000
受托代理资产——计算机		40 000
银行存款		1 200

10.4　民间非营利组织收入

10.4.1　民间非营利组织收入的概念和分类

收入是指民间非营利组织为开展业务活动，依法取得的非偿还性资金。民间非营利组织的收入应同时具备两个特征：收入是民间非营利组织日常活动形成的经济利益或者服务潜力的流入；收入必然使民间非营利组织的净资产增加。

按收入来源，民间非营利组织收入分为捐赠收入、会费收入、提供服务收入、政府补助收入、商品销售收入、投资收益、其他收入。

按收入的限定性，民间非营利组织收入分为限定性收入和非限定性收入。如果资产提供者对资产的使用设置了时间限制或用途限制，则相关收入为限定性收入。除此之外的其他所有收入，为非限定性收入。时间限制是指资产提供者或者国家有关法律、行政法规要求民间非营利组织在收到资产后的某一时期或某一特定日期之后才能使用该项资产。用途限制是指资产提供者或者国家有关法律、行政法规要求民间非营利组织将收到的资产用于某一特定的用途。

按收入的交换性，民间非营利组织收入分为交换性质收入和非交换性质收入。交换性质收入是因交换关系而取得的收入，如商品销售收入、提供服务收入。非交换性质收入是不因交换关系而取得的收入，如捐赠收入、会费收入等。

民间非营利组织各项收入的具体内容如下。

（1）捐赠收入，指民间非营利组织接受其他单位或者个人捐赠所取得的收入。捐赠收入按限定性分为限定性收入和非限定性收入。捐赠收入是民办基金会和民办社会福利组织等单位的基本业务收入。

（2）会费收入，指民间非营利组织根据章程等规定向加入组织的会员单位或会员个人收取会费形成的收入。一般情况下，民间非营利组织的会费收入为非限定性收入，除非相关资产提供者对资产的使用设置了限制。会费收入是社会团体类民间非营利组织的基本业务收入。

（3）提供服务收入，指民间非营利组织根据章程等的规定向其服务对象提供服务取得的收入，包括学杂费收入、医疗费收入、培训收入等。一般情况下，民间非营利组织的提供服务收入为非限定性收入，除非相关资产提供者对资产的使用设置了限制。提供服务收入是民办教育单位、民办医疗单位或民办培训单位等民办非企业单位的基本业务收入。

（4）政府补助收入，指民间非营利组织因政府拨款或者政府机构给予的补助而取得的收入，如人员经费、办公经费补助等。政府补助收入按政府提供补助时是否设置了补助限定分为限定性补助收入和非限定性补助收入。政府补助收入是民间非营利组织收入的重要补充。政府拨入的专项拨款作为负债核算，不作为收入核算。

（5）商品销售收入，指民间非营利组织销售商品（如出版物、药品）形成的收入。一般情况下，民间非营利组织取得的商品销售收入为非限定性收入，除非相关资产提供者对资产的使用设置了限制。商品销售收入是从事商品生产和流通业务的民间非营利组织的基本业务收入。

（6）投资收益，指民间非营利组织对外投资取得的投资净损益。一般情况下，民间非营利组织的投资收益为非限定性收入，除非相关资产提供者对资产的使用设置了限制。

（7）其他收入，指民间非营利组织除捐赠收入、会费收入、提供服务收入、商品销售收入、政府补助收入、投资收益等主要业务活动收入以外的其他收入，如确实无法支付的应付款项、存货盘盈、固定资产盘盈、固定资产处置净收入、无形资产处置净收入等。一般情况下，民间非营利组织的其他收入为非限定性收入。

10.4.2 民间非营利组织收入的核算

1. 捐赠收入

为核算取得捐赠形成的各种收入，民间非营利组织应设置“捐赠收入”科目并按照是否存在限定分为非限定性收入和限定性收入，进行明细核算。因受托代理业务而从委托方收到的受托代理资产，不在“捐赠收入”科目核算。捐赠收入应在满足收入确认条件时予以确认。

民间非营利组织接受捐赠时，按照应确认的金额，借记“现金”“银行存款”“存货”“长期股权投资”“固定资产”等科目，贷记“捐赠收入——限定性收入”科目或“捐赠收入——非限定性收入”科目。对于接受的附条件捐赠，如果存在需要偿还全部或部分捐赠资产或者相应金额的现时义务时，按照需要偿还的金额，借记“管理费用”科目，贷记“其他应付款”等科目。如果限定性捐赠收入的限制在确认收入的当期得以解除，应当将其转为非限定性捐赠收入，借记“捐赠收入——限定性收入”科目，贷记“捐赠收入——非限定性收入”科目。

期末，应将“捐赠收入”科目下各明细科目的余额分别转入限定性净资产和非限定性净资产。结转限定性捐赠收入时，借记“捐赠收入——限定性收入”科目，贷记“限定性净资产”科目。结转非限定性捐赠收入时，借记“捐赠收入——非限定性收入”科目，贷记“非限定性净资产”科目。期末结转后，“捐赠收入”科目应无余额。

【例 10-5】某民间非营利组织通过银行收到某单位限定用途的现金捐赠 20 000 元。

借：银行存款　　20 000
　贷：捐赠收入——限定性收入　　20 000

2. 会费收入

为核算取得会费形成的收入，民间非营利组织应设置“会费收入”科目并按会费收入是否存在限定性分为限定性收入和非限定性收入，进行明细核算。会费收入还应按会费种类分为团体会费收入、个人会费收入等进行明细核算。

民间非营利组织向会员收取会费，在满足收入确认条件时，借记“现金”“银行存款”“应收账款”等科目，贷记“会费收入——非限定性收入”科目，如果存在限定性会费收入，应当贷记“会费收入——限定性收入”科目。

期末，应将“会费收入”科目的余额转入非限定性净资产，借记“会费收入——非限定性收入”科目，贷记“非限定性净资产”科目。如果存在限定性会费收入，则将其金额转入限定性净资产，借记“会费收入——限定性收入”科目，贷记“限定性净资产”科目。期末结转后，“会费收入”科目应无余额。

【例 10-6】某民间非营利组织收到会员单位交来的当年非限定性会费收入 3 000 元，款项已存入银行。

借：银行存款　　3 000
　贷：会费收入——非限定性收入（团体会费收入）　　3 000

3. 提供服务收入

为核算提供服务取得的收入，民间非营利组织应设置“提供服务收入”科目并按收入是否设置了限定分为限定性收入和非限定性收入，进行明细核算。一般情况下，民间非营利组织提供服务收入应于收入实际发生时确认。在同一年度内开始并完成的劳务，应当在完成劳务时确认收入。如果劳务的开始和完成分属不同的会计年度，应当在资产负债表日按完工百分比法确认收入。完工百分比法是指按照劳务的完成程度确认收入和费用的方法。

当民间非营利组织提供服务取得收入时，按照实际收到或应当收取的价款，借记“银行存款”“应收账款”等科目，按照应当确认的提供服务收入金额，贷记“提供服务收入”科目，按照预收的价款，贷记“预收账款”科目。在以后期间确认提供服务收入时，借记“预收账款”科目，贷记“提供服务收入——非限定性收入”科目，如果收入存在限定性，应当贷记“提供服务收入——限定性收入”科目。

期末，应将“提供服务收入”科目的余额转入净资产，借记“提供服务收入——非限定性收入”科目，贷记“非限定性净资产”科目，或借记“提供服务收入——限定性收入”科目，贷记“限定性净资产”科目。期末结转后，“提供服务收入”科目应无余额。

【例 10-7】某民办培训机构为企业提供一项为期两周，总金额为 200 000 元的培训服务，签订合同时已预收 60 000 元。现服务期满，完成培训并收到余款 140 000 元。

借：银行存款	140 000	
预收账款	60 000	
贷：提供服务收入——非限定性收入		200 000

10.5 民间非营利组织费用

10.5.1 民间非营利组织费用的概念和分类

民间非营利组织的费用是指为开展业务活动所发生的经济利益的流出，包括业务活动成本、管理费用、筹资费用、其他费用。

（1）业务活动成本，指民间非营利组织为了实现业务活动目标、开展项目活动或提供服务所发生的成本费用，如社会团体开展活动发生的费用、基金会的资助项目费用、民办学校的教学支出费用等。

（2）管理费用，指民间非营利组织管理部门发生的各项费用，包括人员支出、日常公用支出、对个人和家庭的补助支出、固定资产折旧和大修理费支出等。各项目的具体核算内容为：①人员支出是指支付给管理部门在职职工和临时聘用人员的各类劳动报酬、社会保障费、职工福利费等；②日常公用支出是指管理部门耗用办公用品、专用材料和劳务的支出，包括办公费、专用材料支出、印刷费、劳务费、水电费、通讯费、物业管理费、交通费、差旅费、维修费、租赁费、会议费、招待费等；③对个人和家庭的补助支出是指对个人和家庭的无偿性补助支出，包括医疗费、提租补贴、住房公积金、购房补贴、助学金等；④固定资产折旧和大修理支出是指管理部门使用的固定资产发生的折旧和大修理支出；⑤其他还包括应收款项、受赠资产减值准备、发生的财产损失等。

（3）筹资费用，指民间非营利组织为筹集业务活动所需资金而发生的费用，包括民间非营利组织为获得捐赠资产而发生的费用以及应当计入当期费用的借款费用、汇兑损失（减汇兑收益）等。其中，为获得捐赠资产而发生的费用包括举办募款活动费，准备、印刷和发放募款宣传资料费以及其他与募款或者争取捐赠有关的费用。

（4）其他费用，指民间非营利组织发生的无法归属到上述业务活动成本、管理费用或者筹资费用中的费用，包括固定资产处置净损失、无形资产处置净损失等。

10.5.2　民间非营利组织费用的核算

1. 业务活动成本

为核算在业务活动中发生的成本费用，民间非营利组织应设置“业务活动成本”科目。如果民间非营利组织从事的项目、提供的服务或者开展的业务比较单一，可以将相关费用全部归集在“业务活动成本”科目下进行核算和列报；如果民间非营利组织从事的项目、提供的服务或者开展的业务种类较多，应当在“业务活动成本”科目下分别按项目、服务或者业务大类进行核算和列报。

民间非营利组织发生业务活动成本时，借记“业务活动成本”科目，贷记“现金”“银行存款”“存货”“应付账款”等科目。

期末，应将“业务活动成本”科目的余额转入非限定性净资产，借记“非限定性净资产”科目，贷记“业务活动成本”科目。

【例 10-8】某民间非营利组织是一家培训机构。在某个培训项目中，支付场地租金和培训讲师报酬等共计 15 000 元，款项通过银行存款转账付讫。

借：业务活动成本——某培训项目	15 000	
贷：银行存款		15 000

2. 管理费用

为核算管理部门发生的各项费用，民间非营利组织应设置“管理费用”科目并按费用项目、类别等进行明细核算。

民间非营利组织发生现金、存货、固定资产等盘亏，报经批准后按照相关资产账面价值扣除可以收回的赔偿后的金额，借记“管理费用”科目，按照（可以）收回的赔偿等，借记“银行存款”“其他应收款”等科目，按照已提取的累计折旧，借记“累计折旧”科目，按照相关资产的账面余额，贷记相关资产科目。计提资产减值损失时，借记“管理费用”科目，贷记相关资产减值准备科目。提取管理用固定资产折旧及对无形资产摊销时，借记“管理费用”科目，贷记“累计折旧”等科目。发生的归属于管理部门费用的应付工资、应交税金等，借记“管理费用”科目，贷记“应付工资”“应交税金”等科目。因确认预计负债而确认的损失，借记“管理费用”科目，贷记“预计负债”科目。

期末，应将“管理费用”科目的余额转入非限定性净资产，借记“非限定性净资产”科目，贷记“管理费用”科目。期末结转后“管理费用”科目无余额。

【例 10-9】某民间非营利组织计算确认当月应付工资。其中，业务部门人员工资 280 000 元，管理部门人员工资 156 000 元。

借：业务活动成本	280 000	
管理费用	156 000	
贷：应付工资		436 000

10.6 民间非营利组织净资产

10.6.1 民间非营利组织净资产的概念和分类

民间非营利组织净资产是资产扣除负债后的余额，净资产的计量取决于资产与负债的计量。因为民间非营利组织的捐赠收入、会费收入等主要收入分为非限定性收入和限定性收入，所以净资产也相应地分为非限定性净资产和限定性净资产。非限定性净资产是指因对资产的经济利益使用与处置在使用时间与用途等方面不受资源提供者或有关规定的限制而形成的净资产。如果资产或资产的经济利益的使用与处置受到资源提供者或者有关法规的时间限制、用途限制，则由此形成的净资产为限定性净资产。限定性净资产符合解除限定条件时，可以结转为非限定性净资产。

10.6.2 民间非营利组织净资产的核算

1. 非限定性净资产

为核算没有时间限制、用途限制等限制性条款的净资产，民间非营利组织应设置“非限定性净资产”科目。期末，将各收入类科目所属“非限定性收入”明细科目的余额转入该科目，借记“捐赠收入——非限定性收入”“会费收入——非限定性收入”“提供服务收入——非限定性收入”“政府补助收入——非限定性收入”“商品销售收入——非限定性收入”“投资收益——非限定性收入”“其他收入——非限定性收入”科目，贷记“非限定性净资产”科目。同时，将各费用类科目的余额转入该科目，借记“非限定性净资产”科目，贷记“业务活动成本”“管理费用”“筹资费用”“其他费用”科目。如果限定性净资产的限制已经解除，应当对净资产进行重新分类，将限定性净资产转为非限定性净资产，借记“限定性净资产”科目，贷记“非限定性净资产”科目。如果因调整以前期间收入、费用项目而涉及调整非限定性净资产的，应当按需要调整的金额，借记或贷记有关科目，贷记或借记“非限定性净资产”科目。该科目期末为贷方余额，反映民间非营利组织历年积存的非限定性净资产。

【例 10-10】某民间非营利组织有关收入和费用的年度累计数见表 10-2。现结转各项收入与费用到相关净资产科目。

表 10-2　收入、费用年度累计数表

收入	累计数	费用	累计数
捐赠收入	900 000	业务活动成本	750 000
其中：限定性收入	200 000	管理费用	900 000
非限定性收入	700 000	筹资费用	70 000
政府补助收入	380 000	其他费用	80 000
其中：限定性收入	160 000		
非限定性收入	220 000		
提供服务收入（非限定性收入）	800 000		
其他收入（非限定性收入）	90 000		
合计	2 170 000		1 800 000

（1）结转非限定性收入：

借：捐赠收入——非限定性收入　700 000
　　政府补助收入——非限定性收入　220 000
　　提供服务收入　800 000
　　其他收入　90 000
　贷：非限定性净资产　1 810 000

（2）结转各项费用：

借：非限定性净资产　1 800 000
　贷：业务活动成本　750 000
　　　管理费用　900 000
　　　筹资费用　70 000
　　　其他费用　80 000

2. 限定性净资产

为核算有时间限制、用途限制等限制性条款的净资产，民间非营利组织应设置“限定性净资产”科目。民间非营利组织的董事会、理事会或类似机构对净资产的使用所做的限定性决策、决议或拨款限额等，属于民间非营利组织内部管理上对资产使用所做的限制，不属于限定性净资产。民间非营利组织应当在期末将当期限定性收入的实际发生额转为限定性净资产。

期末，将各收入类科目所属“限定性收入”明细科目的余额转入“限定性净资产”科目，借记“捐赠收入——限定性收入”“政府补助收入——限定性收入”等科目，贷记“限定性净资产”科目。如果限定性净资产的限制已经解除，应当对净资产进行重新分类，将限定性净资产转为非限定性净资产，借记“限定性净资产”科目，贷记“非限定性净资产”科目。如果资产提供者或者国家有关法律、行政法规要求民间非营利组织在特定时期之内或特定日期之后将限定性净资产或者相关资产用于特定用途，该限定性净资产应当在相应期间之内或相应日期之后按照实际使用的相关资产金额或者实际发生的相关费用金额转为非限定性净资产。

如果因调整以前期间收入、费用项目而涉及调整限定性净资产的，应当按需要调整的金额，借记或贷记有关科目，贷记或借记“限定性净资产”科目。该科目期末为贷方余额，反映民间非营利组织历年积存的限定性净资产。

应注意的是，民间非营利组织的费用类科目本年发生额全数结转到“非限定性净资产”科目，不结转到“限定性净资产”科目。

【例 10-11】接上例。根据该民间非营利组织“收入、费用年度累计数表”（见表 10-2），现结转各项限定性收入。

借：捐赠收入——限定性收入　　200 000

　　政府补助收入——限定性收入　　160 000

　贷：限定性净资产　　360 000

10.7 民间非营利组织财务会计报告

10.7.1 民间非营利组织财务会计报告概述

民间非营利组织财务会计报告是反映其财务状况、业务活动情况以及现金流量的书面文件，包括会计报表、会计报表附注和收支情况说明书。民间非营利组织财务会计报告按报告期分为年度、季度和月度财务会计报告。季度和月度财务会计报告统称为中期财务会计报告，见表 10-3。

表 10-3 民间非营利组织财务会计报告

编号	会计报表	编制期
会民非 01 表	资产负债表	中期、年度
会民非 02 表	业务活动表	中期、年度
会民非 03 表	现金流量表	年度
	收支情况说明书	年度

会计报表附注需要说明的情况包括：重要会计政策和会计估计变更、或有事项、接受和使用捐赠及资助情况、重要资产转让及其出售、非营利组织合并和分立情况、会计报表中重要项目的明细资料等。收支情况说明书应当说明的情况包括：非营利组织业务活动基本情况、结余和分配情况、对非营利组织财务状况与收支情况有重大影响的其他事项。

民间非营利组织财务会计报告应客观、真实、完整、及时编制，为政府部门、资源提供者、债权人和服务对象等提供准确且有用的财务会计信息。根据《关于加强和完善基金会注册会计师审计制度的通知》的相关要求，基金会在向登记管理部门报送年报前，须经注册会计师审计并提供审计报告。其他类型的民间非营利组织也应按照相关规定报送年报。

10.7.2　民间非营利组织会计报表的编制

1. 资产负债表

资产负债表反映民间非营利组织一定期间的财务状况，由资产、负债和净资产组成，采用账户式报表结构，各项目按“年初数”和“期末数”分别填列。

民间非营利组织资产负债表格式见表 10-4。

表 10-4　民间非营利组织资产负债表

编制单位：________　　　　____年____月____日　　　　单位：元

资　产	行次	年初数	期末数	负债和净资产	行次	年初数	期末数
流动资产：				流动负债：			
货币资金	1			短期借款	61		
短期投资	2			应付款项	62		
应收款项	3			应付工资	63		
预付账款	4			应交税金	65		
存　货	8			预收账款	66		
待摊费用	9			预提费用	71		
一年内到期的长期债权投资	15			预计负债	72		
其他流动资产	18			一年内到期的长期负债	74		
流动资产合计	20			其他流动负债	73		
				流动负债合计	80		
长期投资：							
长期股权投资	21			长期负债：			
长期债权投资	24			长期借款	81		
长期投资合计	30			长期应付款	84		
				其他长期负债	88		
固定资产：				长期负债合计	90		
固定资产原价	31						
减：累计折旧	32			受托代理负债：			
固定资产净值	33			受托代理负债	91		
在建工程	34						
文物文化资产	35			负债合计	100		
固定资产清理	38						
固定资产合计	40						
无形资产：							
无形资产	41			净资产：			
				非限定性净资产	101		
受托代理资产：				限定性净资产	105		
受托代理资产	51			净资产合计	110		
资产总计	60			负债和净资产总计	120		

民间非营利组织会计资产负债表的“年初数”栏内各项数字，应当根据上年年末资产负债表“期末数”栏内数字填列。如果本年度资产负债表规定的各个项目的名称和内容同上年度不相一致，应对上年年末资产负债表各项目的名称和数字按照本年度的规定进行调整，填入本表“年初数”栏内。

资产负债表的“期末数”各项目的内容和填列方法如下。

（1）“货币资金”项目，反映民间非营利组织期末库存现金、存放银行的各类款项以及其他货币资金的合计数。本项目应当根据“现金”“银行存款”“其他货币资金”科目的期末余额合计填列。如果民间非营利组织的受托代理资产为现金、银行存款或其他货币资金，且通过“现金”“银行存款”“其他货币资金”科目核算，还应当扣减“现金”“银行存款”“其他货币资金”科目中“受托代理资产”明细科目的期末余额。

（2）“短期投资”项目，反映民间非营利组织持有的各种能够随时变现且持有时间不准备超过1年（含1年）的投资，包括短期股票、债券投资和短期委托贷款、委托投资等。本项目应当根据“短期投资”科目的期末余额，减去“短期投资跌价准备”科目的期末余额后的金额填列。

（3）“应收款项”项目，反映民间非营利组织期末应收票据、应收账款和其他应收款等应收未收款项的金额。本项目应当根据“应收票据”“应收账款”“其他应收款”科目的期末余额合计，减去“坏账准备”科目的期末贷方余额后的金额填列。

（4）“预付账款”项目，反映民间非营利组织预付给商品或者服务供应单位等的款项。本项目应当根据“预付账款”科目的期末余额填列。

（5）“存货”项目，反映民间非营利组织在日常业务活动中持有以备出售或捐赠的，或者为了出售或捐赠仍处在生产过程中的，或者将在生产、提供服务或日常管理过程中耗用的材料、物资、商品等。本项目应当根据“存货”科目的期末余额，减去“存货跌价准备”科目的期末贷方余额后的金额填列。

（6）“待摊费用”项目，反映民间非营利组织已经支出但应当由本期和以后各期分别负担的、分摊期在1年以内（含1年）的各项费用，如预付保险费、预付租金等。本项目应当根据“待摊费用”科目的期末余额填列。

（7）“一年内到期的长期债权投资”项目，反映民间非营利组织在1年内（含1年）到期的长期债权投资。本项目应当用“长期债权投资”科目的期末余额中的1年内（含1年）到期的长期债权投资余额，减去“长期投资减值准备”科目的期末余额中的1年内（含1年）到期的长期债权投资减值准备余额后的金额填列。

（8）“其他流动资产”项目，反映民间非营利组织除以上流动资产项目以外的其他流动资产。本项目应当根据有关科目的期末余额分析填列。如果其他流动资产价值较大，应当在会计报表附注中单独披露其内容和金额。

（9）“长期股权投资”项目，反映民间非营利组织不准备在1年内（含1年）变现的各种股权性质的投资的可收回金额。本项目应当根据“长期股权投资”科目的期末余额，减去“长期投资减值准备”科目的期末余额中长期股权投资减值准备余额后的金额填列。

（10）“长期债权投资”项目，反映民间非营利组织不准备在 1 年内（含 1 年）变现的各种债权性质的投资的可收回金额。本项目应当根据“长期债权投资”科目的期末余额，减去“长期投资减值准备”科目的期末余额中长期债权投资减值准备余额，再减去本表“一年内到期的长期债权投资”项目金额后的金额填列。

（11）“固定资产”项目，反映民间非营利组织的各项固定资产的账面价值。本项目应当根据“固定资产”科目的期末余额，减去“累计折旧”科目的期末余额后的金额填列。

（12）“在建工程”项目，反映民间非营利组织期末各项未完工程的实际支出，包括交付安装的设备价值、已耗用的材料、工资和费用支出、预付出包工程的价款等。本项目应当根据“在建工程”科目的期末余额填列。

（13）“文物文化资产”项目，反映民间非营利组织用于展览、教育或研究等目的的历史文物、艺术品以及其他具有文化或者历史价值并做长期或者永久保存的典藏等。本项目应当根据“文物文化资产”科目的期末借方余额填列。

（14）“固定资产清理”项目，反映民间非营利组织因出售、毁损、报废等转入清理但尚未清理完毕的固定资产的账面价值，以及固定资产清理过程中发生的清理费用和变价收入等各项金额的差额。本项目应当根据“固定资产清理”科目的期末借方余额填列，如果“固定资产清理”科目期末为贷方余额，则以“–”号填列。

（15）“无形资产”项目，反映民间非营利组织拥有的为开展业务活动、为出租给他人或为管理目的而持有的没有实物形态的非货币性长期资产，包括专利权、非专利技术、商标权、著作权、土地使用权等。本项目应当根据“无形资产”科目的期末余额填列。

（16）“受托代理资产”项目，反映民间非营利组织接受委托方委托，从事受托代理业务收到的资产。本项目应当根据“受托代理资产”科目的期末余额填列。如果民间非营利组织的受托代理资产为现金、银行存款或其他货币资金，且通过“现金”“银行存款”“其他货币资金”科目核算，还应当加上“现金”“银行存款”“其他货币资金”科目中“受托代理资产”明细科目的期末余额。

（17）“短期借款”项目，反映民间非营利组织向银行或其他金融机构等借入的尚未偿还的期限在 1 年以下（含 1 年）的各种借款。本项目应当根据“短期借款”科目的期末余额填列。

（18）“应付款项”项目，反映民间非营利组织期末应付票据、应付账款和其他应付款等应付未付款项。本项目应当根据“应付票据”“应付账款”“其他应付款”科目的期末余额合计填列。

（19）“应付工资”项目，反映民间非营利组织应付未付的员工工资。本项目应当根据“应付工资”科目的期末贷方余额填列，如果“应付工资”科目期末为借方余额，以“–”号填列。

（20）“应交税金”项目，反映民间非营利组织应交未交的各种税费。本项目应当根据“应交税金”科目的期末贷方余额填列，如果“应交税金”科目期末为借方余额，则以“-”号填列。

（21）“预收账款”项目，反映民间非营利组织向购买服务和商品的单位等预收的各种款项。本项目应当根据“预收账款”科目的期末余额填列。

（22）“预提费用”项目，反映民间非营利组织预先提取的已经发生但尚未实际支付的各项费用。本项目应当根据“预提费用”科目的期末贷方余额填列。

（23）“预计负债”项目，反映民间非营利组织对因或有事项产生的现时义务确认的负债。本项目应当根据“预计负债”科目的期末贷方金额填列。

（24）“一年内到期的长期负债”项目，反映民间非营利组织承担的将于1年内（含1年）偿还的长期负债。本项目应当根据有关长期负债科目期末余额中的将在1年内（含1年）到期的金额分析填列。

（25）“其他流动负债”项目，反映民间非营利组织除以上流动负债之外的其他流动负债。本项目应当根据有关科目的期末余额填列。如果其他流动负债金额较大，应当在会计报表附注中单独披露其内容和金额。

（26）“长期借款”项目，反映民间非营利组织向银行或其他金融机构等借入的期限在1年以上（不含1年）的各种借款本息。本项目应当根据“长期借款”科目的期末余额减去其中将于1年内（含1年）到期的长期借款余额后的金额填列。

（27）“长期应付款”项目，反映民间非营利组织承担的各种长期应付款，如融资租赁租入固定资产发生的应付租赁款。本项目应当根据“长期应付款”科目的期末余额减去其中将于1年内（含1年）到期的长期应付款余额后的金额填列。

（28）“其他长期负债”项目，反映民间非营利组织除以上长期负债项目之外的其他长期负债。本项目应当根据有关科目的期末余额减去其中将于1年内（含1年）到期的其他长期负债余额后的金额分析填列。如果其他长期负债金额较大，应当在会计报表附注中单独披露其内容和金额。

（29）“受托代理负债”项目，反映民间非营利组织因从事受托代理业务，接受受托代理资产产生的负债。本项目应当根据“受托代理负债”科目的期末余额填列。

（30）“非限定性净资产”项目，反映民间非营利组织拥有的非限定性净资产期末余额。本项目应当根据“非限定性净资产”科目的期末余额填列。

（31）“限定性净资产”项目，反映民间非营利组织拥有的限定性净资产期末余额。本项目应当根据“限定性净资产”科目的期末余额填列。

2. 业务活动表

业务活动表是反映民间非营利组织在某一会计期间内开展业务活动的实际情况的书面报告，主要反映收入、费用、限定性净资产转为非限定性净资产以及净资产变动额等。报表采用分项垂直报告式结构，各项目按“本月数”和“本年累计数”分别填列。

民间非营利组织业务活动表格式见表10-5。

表 10-5　民间非营利组织业务活动表

编制单位：________　　　　____年____月　　　　单位：元

项　目	行次	本月数			本年累计数		
		非限定性	限定性	合计	非限定性	限定性	合计
一、收　入							
其中：捐赠收入	1						
会费收入	2						
提供服务收入	3						
商品销售收入	4						
政府补助收入	5						
投资收益	6						
其他收入	9						
收入合计	11						
二、费　用							
(一) 业务活动成本	12						
其中：……	13						
(二) 管理费用	21						
(三) 筹资费用	24						
(四) 其他费用	28						
费用合计	35						
三、限定性净资产转为非限定性净资产	40						
四、净资产变动额（若为净资产减少额，以“－”号填列）	45						

如果本年度业务活动表规定的各个项目的名称和内容同上年度不相一致，应对上年度业务活动表各项目的名称和数字按照本年度的规定进行调整，填入本表上年度可比期间栏目内。该表“非限定性”栏反映本期非限定性收入的实际发生数、本期费用的实际发生数和本期由限定性净资产转为非限定性净资产的金额。该表“限定性”栏反映本期限定性收入的实际发生数和本期由限定性净资产转为非限定性净资产的金额（以“－”号填列）。在提供上年度比较报表项目金额时，限定性和非限定性栏目的金额可以合并填列。

民间非营利组织业务活动表“本月数”项目填列方法如下。

（1）“捐赠收入”项目，反映民间非营利组织接受其他单位或者个人捐赠所取得的收入总额。本项目应当根据“捐赠收入”科目的发生额填列。

（2）“会费收入”项目，反映民间非营利组织根据章程等规定向会员收取的会费总额。本项目应当根据“会费收入”科目的发生额填列。

（3）“提供服务收入”项目，反映民间非营利组织根据章程等的规定向其服务对象提供服务取得的收入总额。本项目应当根据“提供服务收入”科目的发生额填列。

（4）“商品销售收入”项目，反映民间非营利组织销售商品等所形成的收入总额。本项目应当根据“商品销售收入”科目的发生额填列。

（5）“政府补助收入”项目，反映民间非营利组织接受政府拨款或者政府机构给予的补助而取得的收入总额。本项目应当根据“政府补助收入”科目的发生额填列。

（6）“投资收益”项目，反映民间非营利组织以各种方式对外投资所取得的投资净损益。本项目应当根据“投资收益”科目的贷方发生额填列，如果为借方发生额，则以“–”号填列。

（7）“其他收入”项目，反映民间非营利组织除上述收入项目之外所取得的其他收入总额。本项目应当根据“其他收入”科目的发生额填列。

上述各收入项目应当按照“限定性”和“非限定性”分别填列。

（8）“业务活动成本”项目，反映民间非营利组织为了实现业务活动目标、开展项目活动或者提供服务所发生的费用。本项目应当根据“业务活动成本”科目的发生额填列。民间非营利组织应当根据其所从事的项目、提供的服务或者开展的业务等具体情况，按照“业务活动成本”科目中各明细科目的发生额，在业务活动表第 12 行至第 21 行之间填列业务活动成本的各组成部分。

（9）“管理费用”项目，反映民间非营利组织为组织和管理其业务活动所发生的各项费用总额。本项目应当根据“管理费用”科目的发生额填列。

（10）“筹资费用”项目，反映民间非营利组织为筹集业务活动所需资金而发生的各项费用总额，包括利息支出（减利息收入）、汇兑损失（减汇兑收益）以及相关手续费等。本项目应当根据“筹资费用”科目的发生额填列。

（11）“其他费用”项目，反映民间非营利组织除以上费用项目之外发生的其他费用总额。本项目应当根据有关科目的发生额填列。

（12）“限定性净资产转为非限定性净资产”项目，反映民间非营利组织当期从限定性净资产转入非限定性净资产的金额。本项目应当根据“限定性净资产”“非限定性净资产”科目的发生额分析填列。

（13）“净资产变动额”项目，反映民间非营利组织当期净资产变动的金额。本项目应当根据业务活动表“收入合计”项目的金额，减去“费用合计”项目的金额，再加上“限定性净资产转为非限定性净资产”项目的金额后填列。

3. 现金流量表

民间非营利组织现金流量表是反映民间非营利组织在某一会计期间内现金和现金等价物流入和流出信息的报表。该表所指的现金是指民间非营利组织的库存现金以及可以随时用于支付的存款，包括现金、可以随时用于支付的银行存款和其他货币资金；现金等价物是指民间非营利组织持有的期限短、流动性强、易于转换为已知金额现金、价值变动风险很小的投资。民间非营利组织应当根据实际情况确定现金等价物的范围，并且一贯地保持其划分标准，如果改变划分标准，应当视为会计政策变更。民间非营利组织确定现金等价物的原则及其变更，应当在会计报表附注中披露。现金流量表应当按照业务活动产生的现金流量、投资活动产生的现金流量和筹资活动产生的现金流量分别反映。现金流量表所指的现金流量是指现金的流入和流出。

现金流量表采用垂直报告式结构。根据 2019 年《民间非营利组织会计制度解释第 1 号（征求意见稿）》，现金流量表除“本年金额”栏外，需增列“上年金额”栏。民间非营利组织现金流量表格式见表 10-6。

表 10-6 民间非营利组织现金流量表

编制单位：________　　____年度　　单位：元

项 目	行次	本年金额	上年金额
一、业务活动产生的现金流量：			
接受捐赠收到的现金	1		
收取会费收到的现金	2		
提供服务收到的现金	3		
销售商品收到的现金	4		
政府补助收到的现金	5		
收到的其他与业务活动有关的现金	8		
现金流入小计	13		
提供捐赠或者资助支付的现金	14		
支付给员工以及为员工支付的现金	15		
购买商品、接受服务支付的现金	16		
支付的其他与业务活动有关的现金	19		
现金流出小计	23		
业务活动产生的现金流量净额	24		
二、投资活动产生的现金流量：			
收回投资所收到的现金	25		
取得投资收益所收到的现金	26		
处置固定资产和无形资产所收回的现金	27		
收到的其他与投资活动有关的现金	30		
现金流入小计	34		
购建固定资产和无形资产所支付的现金	35		
对外投资所支付的现金	36		
支付的其他与投资活动有关的现金	39		
现金流出小计	43		
投资活动产生的现金流量净额	44		
三、筹资活动产生的现金流量：			
借款所收到的现金	45		
收到的其他与筹资活动有关的现金	48		
现金流入小计	50		
偿还借款所支付的现金	51		
偿付利息所支付的现金	52		
支付的其他与筹资活动有关的现金	55		
现金流出小计	58		
筹资活动产生的现金流量净额	59		
四、汇率变动对现金的影响额	60		
五、现金及现金等价物净增加额	61		

民间非营利组织应当采用直接法编制业务活动产生的现金流量。采用直接法编制业务活动现金流量时，有关现金流量的信息可以从会计记录中直接获得，也可以在业务活动表收入和费用数据基础上，通过调整存货和与业务活动有关的应收应付款项的变动、投资以及固定资产折旧、无形资产摊销等项目后获得。

民间非营利组织现金流量表“本年金额”各项目的填列方法如下：

（1）“接受捐赠收到的现金”项目，反映民间非营利组织接受其他单位或者个人捐赠取得的现金。本项目可以根据“现金”“银行存款”“捐赠收入”等科目的记录分析填列。

（2）“收取会费收到的现金”项目，反映民间非营利组织根据章程等的规定向会员收取会费取得的现金。本项目可以根据“现金”“银行存款”“应收账款”“会费收入”等科目的记录分析填列。

（3）“提供服务收到的现金”项目，反映民间非营利组织根据章程等的规定向其服务对象提供服务取得的现金。本项目可以根据“现金”“银行存款”“应收账款”“应收票据”“预收账款”“提供服务收入”等科目的记录分析填列。

（4）“销售商品收到的现金”项目，反映民间非营利组织销售商品取得的现金。本项目可以根据“现金”“银行存款”“应收账款”“应收票据”“预收账款”“商品销售收入”等科目的记录分析填列。

（5）“政府补助收到的现金”项目，反映民间非营利组织接受政府拨款或者政府机构给予的补助而取得的现金。本项目可以根据“现金”“银行存款”“政府补助收入”等科目的记录分析填列。

（6）“收到的其他与业务活动有关的现金”项目，反映民间非营利组织收到的除以上业务之外的现金。本项目可以根据“现金”“银行存款”“其他应收款”“其他收入”等科目的记录分析填列。

（7）“提供捐赠或者资助支付的现金”项目，反映民间非营利组织向其他单位和个人提供捐赠或者资助支出的现金。本项目可以根据“现金”“银行存款”“业务活动成本”等科目的记录分析填列。

（8）“支付给员工以及为员工支付的现金”项目，反映民间非营利组织开展业务活动支付给员工以及为员工支付的现金。本项目可以根据“现金”“银行存款”“应付工资”等科目的记录分析填列。

民间非营利组织支付的在建工程人员的工资等，在现金流量表“购建固定资产和无形资产所支付的现金”项目中反映。

（9）“购买商品、接受服务支付的现金”项目，反映民间非营利组织购买商品、接受服务支付的现金。本项目可以根据“现金”“银行存款”“应付账款”“应付票据”“预付账款”“业务活动成本”等科目的记录分析填列。

（10）“支付的其他与业务活动有关的现金”项目，反映民间非营利组织除上述项目之外支付的其他与业务活动有关的现金。本项目可以根据“现金”“银行存款”“其他应付款”“管理费用”“其他费用”等科目的记录分析填列。

（11）“收回投资所收到的现金”项目，反映民间非营利组织出售、转让或者到期收回除现金等价物之外的短期投资、长期投资而收到的现金。本项目不包括长期投资收回的股利、利息，以及收回的非现金资产。本项目可以根据“现金”“银行存款”“短期投资”“长期股权投资”“长期债权投资”等科目的记录分析填列。

（12）“取得投资收益所收到的现金”项目，反映民间非营利组织因对外投资而取得的现金股利、利息，以及从被投资单位分回利润收到的现金，不包括股票股利。本项目可以根据“现金”“银行存款”“投资收益”等科目的记录分析填列。

（13）“处置固定资产和无形资产所收回的现金”项目，反映民间非营利组织处置固定资产和无形资产所取得的现金，减去为处置这些资产而支付的有关费用之后的净额。对于自然灾害造成的固定资产等长期资产损失收到的保险赔款收入，也在本项目反映。本项目可以根据“现金”“银行存款”“固定资产清理”等科目的记录分析填列。

（14）“收到的其他与投资活动有关的现金”项目，反映民间非营利组织除上述各项之外收到的其他与投资活动有关的现金。其他现金流入如果金额较大，应当单列项目反映。本项目可以根据“现金”“银行存款”等有关科目的记录分析填列。

（15）“购建固定资产和无形资产所支付的现金”项目，反映民间非营利组织购买和建造固定资产，取得无形资产和其他长期资产所支付的现金，不包括为购建固定资产而发生的借款利息资本化的部分，以及融资租赁租入固定资产支付的租赁费。借款利息和融资租赁租入固定资产支付的租赁费，在筹资活动产生的现金流量中反映。本项目可以根据“现金”“银行存款”“固定资产”“无形资产”“在建工程”等科目的记录分析填列。

（16）“对外投资所支付的现金”项目，反映民间非营利组织进行对外投资所支付的现金，包括取得除现金等价物之外的短期投资、长期投资所支付的现金，以及支付的佣金、手续费等附加费用。本项目可以根据“现金”“银行存款”“短期投资”“长期股权投资”“长期债权投资”等科目的记录分析填列。

（17）“支付的其他与投资活动有关的现金”项目，反映民间非营利组织除上述各项之外支付的其他与投资活动有关的现金。如果其他现金流出金额较大，应当单列项目反映。本项目可以根据“现金”“银行存款”等有关科目的记录分析填列。

（18）“借款所收到的现金”项目，反映民间非营利组织举借各种短期、长期借款所收到的现金。本项目可以根据“现金”“银行存款”“短期借款”“长期借款”等科目的记录分析填列。

（19）“收到的其他与筹资活动有关的现金”项目，反映民间非营利组织除上述项目之外收到的其他与筹资活动有关的现金。如果其他现金流入金额较大，应当单列项目反映。本项目可以根据“现金”“银行存款”等有关科目的记录分析填列。

（20）“偿还借款所支付的现金”项目，反映民间非营利组织以现金偿还债务本金所支付的现金。本项目可以根据“现金”“银行存款”“短期借款”“长期借款”“筹资费用”等科目的记录分析填列。

（21）“偿付利息所支付的现金”项目，反映民间非营利组织实际支付的借款利息、债券利息等。本项目可以根据“现金”“银行存款”“长期借款”“筹资费用”等科目的记录分析填列。

（22）“支付的其他与筹资活动有关的现金”项目，反映民间非营利组织除上述项目之外支付的其他与筹资活动有关的现金，如融资租赁租入固定资产所支付的租赁费。本项目可以根据“现金”“银行存款”“长期应付款”等有关科目的记录分析填列。

（23）“汇率变动对现金的影响额”项目，反映民间非营利组织外币现金流量及境外所属分支机构的现金流量折算为人民币时，所采用的现金流量发生日的汇率或期初汇率折算的人民币金额与现金流量表“现金及现金等价物净增加额”中外币现金净增加额按期末汇率折算的人民币金额之间的差额。

（24）“现金及现金等价物净增加额”项目，反映民间非营利组织本年度现金及现金等价物变动的金额。本项目应当根据现金流量表“业务活动产生的现金流量净额”“投资活动产生的现金流量净额”“筹资活动产生的现金流量净额”和“汇率变动对现金的影响额”项目的金额合计填列。

思考题

1. 我国民间非营利组织有哪些主要类型？
2. 改革开放以来我国民间非营利组织的发展情况怎么样？
3. 民间非营利组织会计核算的资产、负债包括哪些？它们有何特点？
4. 民间非营利组织的收入构成有何特点？对收入的使用有哪些一般性限制？如何核算？
5. 民间非营利组织的费用包括哪些？主要费用如何核算？
6. 民间非营利组织净资产项目包括哪些？如何核算？

练习题

通过扫描二维码获取

各章习题答案

通过扫描二维码获取

参考资料

[1] 全国人民代表大会常务委员会．中华人民共和国会计法 [S].2017.

[2] 全国人民代表大会常务委员会．中华人民共和国预算法 [S].2018.

[3] 全国人民代表大会常务委员会．中华人民共和国政府采购法 [S].2014.

[4] 全国人民代表大会常务委员会．中华人民共和国公益事业捐赠法 [S].1999.

[5] 中华人民共和国国务院．中华人民共和国政府采购法实施条例 [S].2015.

[6] 中华人民共和国国务院．中华人民共和国增值税暂行条例 [S].2017.

[7] 中华人民共和国财政部．财政部 税务总局关于调整增值税税率的通知：财税〔2018〕32 号 [A/OL].(2018-04-04)[2020-04-17]. http://www.mof.gov.cn/gkml/caizhengwengao/wg2018/wg201805/201808/t20180820_2993671.htm.

[8] 中华人民共和国财政部．政府财务报告编制办法（试行）[S].2020.

[9] 中华人民共和国财政部．政府部门财务报告编制操作指南（试行）[S].2019.

[10] 中华人民共和国财政部．政府综合财务报告编制操作指南（试行）[S].2020.

[11] 中华人民共和国财政部．财政总预算会计制度 [S].2015.

[12] 中华人民共和国财政部．政府会计准则——基本准则 [S].2015.

[13] 中华人民共和国财政部．政府会计准则制度解释第 1 号 [S].2019.

[14] 中华人民共和国财政部．政府会计准则制度解释第 2 号 [S].2019.

[15] 中华人民共和国财政部．政府会计准则第 1 号——存货 [S].2016.

[16] 中华人民共和国财政部．政府会计准则第 2 号——投资 [S].2016.

[17] 中华人民共和国财政部．政府会计准则第 3 号——固定资产 [S].2016.

[18] 中华人民共和国财政部．政府会计准则第 3 号——固定资产应用指南 [S].2017.

[19] 中华人民共和国财政部．政府会计准则第 4 号——无形资产 [S].2016.

[20] 中华人民共和国财政部．政府会计准则第 5 号——公共基础设施 [S].2017.

[21] 中华人民共和国财政部．政府会计准则第 6 号——政府储备物资 [S].2017.

[22] 中华人民共和国财政部．政府会计准则第 7 号——会计调整 [S].2018.

[23] 中华人民共和国财政部．政府会计准则第 8 号——负债 [S].2018.

[24] 中华人民共和国财政部．政府会计准则第 9 号——财务报表编制和列报 [S].2018.

[25] 中华人民共和国财政部．政府会计准则第 10 号——政府和社会资本合作项目合同 [S].2020.

[26] 中华人民共和国财政部．社会保障基金财政专户会计核算办法 [S].2018.

[27] 中华人民共和国财政部 .2020 政府收支分类科目 [S].2019.

[28] 中华人民共和国财政部 . 关于进一步加强和改进行政事业单位国有资产管理工作的通知：财资〔2018〕108 号 [A/OL].（2018-12-26）[2020-05-28]. http://zcgls.mof.gov.cn/gongzuotongzhi/201901/t20190110_3120776.htm.

[29] 中华人民共和国财政部 . 政府会计制度——行政事业单位会计科目和报表 [S].2017.

[30] 中华人民共和国财政部 . 关于贯彻实施政府会计准则制度的通知：财会〔2018〕21 号 [A/OL].（2018-08-16）[2020-05-28]. http://nmg.mof.gov.cn/lanmudaohang/zhengcefagui/202005/t20200520_3517052.htm.

[31] 中华人民共和国财政部 . 关于进一步做好政府会计准则制度新旧衔接和加强行政事业单位资产核算的通知：财会〔2018〕34 号 [A/OL].（2018-12-06）[2020-04-29].http://nmg.mof.gov.cn/lanmudaohang/zhengcefagui/202006/t20200609_3528689.htm.

[32] 中华人民共和国财政部 . 关于印发高等学校执行《政府会计制度——行政事业单位会计科目和报表》的补充规定和衔接规定的通知：财会〔2018〕19 号 [A/OL].（2018-08-17）[2020-04-13]. http://nmg.mof.gov.cn/lanmudaohang/zhengcefagui/202005/t20200520_3517050.htm.

[33] 中华人民共和国财政部 . 民间非营利组织会计制度——会计科目和会计报表 [S].2005.

[34] 中华人民共和国财政部 . 民间非营利组织会计制度解释第 1 号（征求意见稿）[S].2019.

[35] 中华人民共和国国务院 . 关于完善大中型水库移民后期扶持政策的意见：国发〔2006〕17 号 [A/OL].（2006-05-17）[2020-04-30]. http://www.gov.cn/zhengce/content/2008-03/28/content_2997.htm.

[36] 中华人民共和国国务院 . 事业单位登记管理暂行条例 [S].2004.

[37] 中华人民共和国财政部 . 财政部中国人民银行关于零余额账户管理有关事项的通知：财库〔2009〕47 号 [A/OL].（2009-06-02）[2020-05-20]. http://www.mof.gov.cn/gkml/caizhengwengao/2009niancaizhengbuwengao/caizhengwengao2009diliuqi/200909/t20090911_206541.htm.

[38] 中华人民共和国财政部 . 政府性基金管理暂行办法 [S].2011.

[39] 中华人民共和国财政部 . 核电站乏燃料处理处置基金征收使用管理暂行办法 [S].2010.

[40] 中华人民共和国财政部 . 深化政府采购制度改革方案 [S].2018.

[41] 中华人民共和国财政部中国人民银行 . 关于全面开展省级地方国库现金管理的通知 [S].2017.

[42] 中华人民共和国财政部 . 中央行政事业单位国有资产配置管理办法 [S].2018.

[43] 郭道扬 . 郭道扬文集 [M]. 北京：经济科学出版社，2009.

[44] 郭道扬 . 会计史研究：三卷 [M]. 北京：中国财政经济出版社，2008.

[45] 王建忠，柳士明 . 会计发展史 [M].4 版 . 大连：东北财经大学出版社，2016.

[46] 刘永泽，陈立军 . 中级财务会计 [M]. 大连：东北财经大学出版社，2018.

[47] 储敏伟，章辉 . 财政学 [M]. 4 版 . 北京：高等教育出版社，2018.

[48] 梁伟样 . 中国税制 [M]. 北京：高等教育出版社，2015.

[49] 付志宇，成龙 . 现代财政学 [M]. 北京：机械工业出版社，2016.

[50] 常丽，何东平 . 政府与非营利组织会计 [M].5 版 . 大连：东北财经大学出版社，2018.

[51] 赵建勇 . 政府与非营利组织会计 [M]. 4 版 . 北京：中国人民大学出版社，2018.

普通高等教育“十三五”应用型教改系列规划教材
财会系列

即将出版			
会计学基础： 基于企业全局视角 （李爱红）	财务会计	高级财务会计	成本核算与管理
管理会计基础与实务	税法基础	纳税实务： 计算、申报、筹划	财务管理基础
中级财务管理	会计信息系统	生产运作管理	审计基础与实务
行业会计比较	VBSE跨专业综合实训教程	财务报告分析	Excel会计数据处理

推荐阅读

序号	书号	定价	书名
1	63332	40.00	客户关系管理：销售的视角（第2版）
2	47911	39.00	个人理财
3	47354	30.00	管理沟通
4	61048	40.00	品牌管理(第3版)
5	61764	40.00	服务营销：理论、方法与案例（第2版）
6	63955	40.00	统计学（第3版）
7	48770	30.00	财务管理学
8	49158	35.00	企业会计综合实训
9	48755	35.00	市场营销学
10	63642	45.00	国际贸易理论与实务(第3版)
11	49566	35.00	金融学（第2版）
12	49492	35.00	网络营销实务（第2版）
13	49871	35.00	商务礼仪实务教程
14	64718	45.00	企业资源计划（ERP）原理与实践(第3版)
15	50483	30.00	商务谈判与沟通
16	50601	25.00	应用统计学习题与参考答案
17	50645	35.00	组织行为学
18	51020	45.00	工程造价与控制
19	51344	35.00	策划原理与实践 第2版
20	51818	30.00	网络营销实务
21	52425	35.00	供应链管理（第2版）
22	52423	35.00	企业资源计划（ERP）原理与沙盘模拟：基于中小企业与ITMC软件
23	52483	35.00	广告理论与实务
24	64680	45.00	营销渠道管理（第3版）
25	53174	35.00	现代实用市场营销
26	53799	40.00	管理学
27	54022	35.00	公共关系学
28	54494	25.00	计量经济学基础
29	54631	29.00	科学技术概论
30	54639	35.00	物流管理概论
31	54660	35.00	物流系统规划与设计
32	54839	30.00	实用运筹学